2014

北京地税年鉴

BEIJING LOCAL TAXATION YEARBOOK

北京市地方税务局　编

中国税务出版社

图书在版编目(CIP)数据

北京地税年鉴.2014/北京市地方税务局编.
--北京:中国税务出版社,2015.12
ISBN 978-7-5678-0340-4

Ⅰ.①北… Ⅱ.①北… Ⅲ.①地方税收-北京市-2014-年鉴
Ⅳ.①F812.710.42-54

中国版本图书馆CIP数据核字(2015)第280280号

书　　名: 北京地税年鉴(**2014**)
作　　者: 北京市地方税务局　编
责任编辑: 陈金艳　杨　鹤
责任校对: 于　玲
技术设计: 刘冬珂
出版发行: 中国税务出版社
北京市丰台区广安路9号国投财富广场1号楼11层
邮政编码:100055
http://www.taxation.cn
E-mail:swcb@taxation.cn
发行中心电话:(010)83362083/86/89
传真:(010)83362046/47/48/49
经　　销: 各地新华书店
印　　刷: 北京联兴盛业印刷股份有限公司
规　　格: 889毫米×1194毫米　1/16
印　　张: 18.75　　彩插:2.25
字　　数: 425000字
版　　次: 2015年12月第1版　2015年12月第1次印刷
书　　号: ISBN 978-7-5678-0340-4
定　　价: 200.00元

《北京地税年鉴（2014）》编辑委员会

《北京地税年鉴（2014）》通讯员名单

（按姓氏笔画排序）

牛泽厚	王　凡	王元锋	王国军	文德生	邓前英
刘　嘉	刘海琳	孙方芳	孙丽莉	安　娣	朱立彤
闫宝艺	吴　澄	吴翠萍	张　红	张　玲	张　鹏
张　慧	张　麟	张卫彬	张冬梅	李　伟	李　阳
李　杨	李运玲	李兴宇	李京宇	李佳星	李春霞
李钰瑾	杨　超	杨　頔	陈　阳	周非平	房　洁
林丽丽	郑薇薇	侯燕玲	姜　喆	战香名	禹珊瑚
赵振波	唐　雯	唐乃清	夏　冰	徐　翀	晋春辉
海　岩	秦　一	高　阳	崔　犇	黄　斐	黄建达
葛　玮	韩　旭	韩晓君	窦秀芳	潘国强	翟　敏
穆德谊	戴　征				

《北京地税年鉴（2014）》编辑部

主　任　周上序

副主任　邵　凌

编　辑　李　楠　高　阳　王式苓

2013年4月9日，国家税务总局局长王军（正中）在北京市地方税务局长杨志强（左一）的陪同下到海淀区地方税务局羊坊店税务所调研，并看望慰问一线税务干部。

2013年2月4日，北京市委常委、常务副市长李士祥（前排右一）到海淀区地方税务局羊坊店税务所看望慰问一线干部。

2013年12月5日，国家税务总局党组成员、副局长丘小雄（左三）到北京市朝阳区地方税务局调研，并看望一线税务干部。

2013年12月9日，国家税务总局督察内审司司长冯光泽（左）与北京市地方税务局局长杨志强（右）会谈。

2013年9月11日，北京市纪委副书记杨逸铮（*右排左*）到北京市地方税务局就干部队伍建设及党风廉政建设情况进行调研。

2013年10月10日，北京市委副秘书长、市委宣传部副部长严立强（*右二*）到北京市地方税务局调研指导税收宣传工作。

2013年9月6日，北京市地方税务局局长杨志强（右三）到延庆县地方税务局调研组织收入、征收管理、干部队伍建设及基建工作情况。

2013年1月20日，时任北京市地方税务局局长王晓明（右一）到通州区地方税务局慰问干部。

2013年11月30日，北京市地方税务局党组书记刘江平（右一）巡视《小企业会计准则》验收考试工作。

2013年7月22日，北京市地方税务局副局长郝硕博（中）到房山区地方税务局听取“营改增”扩围试点改革工作专题汇报。

2013年12月4日，北京市地方税务局巡视员王京华（左二）到西城区地方税务局就2013年党风廉政建设责任制及惩防体系建设工作落实情况开展专项检查。

2013年12月24日，北京市地方税务局副局长朱元广（中）到深圳证券信息（北京）公司调研。

2013年11月20日，北京市地方税务局纪检组长吴鼎（右二）到怀柔区地方税务局汤河口镇税务所调研。

2013年9月11日，北京市地方税务局副局长吕兴渭（左三）到东城区地方税务局办税服务大厅实地查看国标发票明细报数工作进展情况。

2013年9月24日，北京市地方税务局副局长卜祥来（前排左）到怀柔区中影基地调研。

2013年1月11日，北京市地方税务局副巡视员王勇生（中）到顺义区地方税务局检查党风廉政责任制落实和2013年工作务虚情况。

2013年5月14日，北京市地方税务局副巡视员刘宝忠（左一）到石景山区地方税务局调研。

2013年12月4日，北京市地方税务局副巡视员杨文俊（前排右一）到怀柔区地方税务局调研。

2013年1月7日，2013年北京市地方税务工作会议召开。

2013年2月26日，北京市地方税务局召开2013年北京市地税系统党风廉政建设工作会议。

2013年10月28日，北京市地方税务局召开全系统党建思想政治工作会暨税务所长会议。

2013年12月20日，北京市地方税务局召开稽查体制机制改革工作会议。

2013年5月29日，北京市地方税务局服务西城区域经济发展座谈会在西城区政府召开。

2013年6月21日，北京市地方税务局服务房山区域经济发展座谈会在房山区政府召开。

2013年7月3日，北京市地方税务局服务东城区域经济发展座谈会在东城区地方税务局召开。

2013年7月11日，北京市地方税务局服务朝阳区域经济发展座谈会在朝阳区政府召开。

2013年7月12日，北京市地方税务局服务门头沟区域经济发展座谈会在门头沟区政府召开。图为市局领导到门头沟区永定楼和石泉安置房建设地块进行实地调研。

2013年7月12日，北京市地方税务局服务海淀区域经济发展座谈会在海淀区政府召开。

2013年7月12日，北京市地方税务局服务平谷区域经济发展座谈会在平谷区政府召开。

2013年8月8日，北京市地方税务局服务密云区域经济发展座谈会在密云县政府召开。图为市局领导到张裕爱菲堡庄园实地调研。

2013年8月13日，北京市地方税务局服务石景山区域经济发展座谈会在石景山区政府召开。图为市局领导到首钢二通园区进行实地调研。

2013年8月20日，北京市地方税务局服务燕山区域经济发展座谈会召开。图为市局领导到北京石化新材料产业基地和中石化集团北京燕山分公司化工六厂实地调研。

2013年8月22日，北京市地方税务局服务大兴区域经济发展座谈会召开。图为市局领导到大兴生物医药基地实地了解生产建设情况。

2013年9月2日，北京市个人所得税完税证明自助服务系统试点工作启动仪式在西城区地方税务局金融街税务所举行，首位使用个人所得税完税证明自助服务系统的纳税人不到1分钟的时间便打印出了2013年1—6月个人所得税完税证明。

2013年9月3日，北京市地方税务局服务昌平区域经济发展座谈会在昌平区政府召开。

2013年9月5日，北京市地方税务局服务怀柔区域经济发展座谈会在怀柔区雁栖经济开发区管委会召开。图为市局领导到北京雁栖湖生态发展示范区实地调研。

2013年9月26日，北京市地方税务局服务丰台区域经济发展座谈会在丰台区政府召开。图为市局领导到丰台区规划馆和北京市汽车博物馆调研参观。

2013年10月12日，北京市地方税务局服务顺义区域经济发展座谈会在顺义区地税局召开。

2013年10月16日，北京市地方税务局服务开发区区域经济发展座谈会召开。图为市局领导到新区展厅和京东方、北京奔驰厂区参观调研。

2013年10月18日，北京市地方税务局服务延庆区域经济发展座谈会召开。图为市局领导到中材科技风电叶片股份有限公司实地调研。

2013年3月29日，北京市地方税务局、北京市国家税务局在市地税局新浪官方微博，以“税收·发展·民生”为主题联合举办了“微答疑”活动，拉开了全市第22个全国税收宣传月的帷幕。

2013年4月25日，北京市地方税务局召开税务稽查工作新闻发布会，通报2012年稽查工作情况，介绍2013年稽查工作重点。

2013年6月20日，北京市地方税务局组织召开营业税改征增值税扩围工作动员部署会。

2013年4月1日，北京市朝阳区地方税务局联合北京交通广播电台制作推出了“税收伴您同行——办税我帮您”税法宣传特别节目。

2013年4月5日，北京市地方税务局西站分局围绕“税收·发展·民生”主题开展税收宣传送驻区武警部队系列活动。

2013年4月23日，北京市地方税务局燕山分局走进星城小学，开展“我是小小税收宣传员”税收知识宣传进学校活动。

2013年8月16日，北京市地方税务局领导班子成员开展集中学习。图为市局领导参观“复兴之路”展览。

2013年7月4日，北京市地方税务局局长杨志强（左排中）、党组书记刘江平（左排右二）一行到北京市公安局就党建工作进行座谈交流，市委常委、市公安局党委书记、局长傅政华（右排中）出席座谈会。

2013年8月26日，北京市地方税务局组织处级以上领导干部开展党的群众路线教育实践活动集中学习。

2013年10月12日，北京市地方税务局第一党支部组织第一次集体学习，市局领导班子成员以及各区县局、分局、直属单位党政“一把手”，市局机关各处室正职参加了集体学习。

2013年12月9日，北京市地方税务局宣传教育处党支部召开专题组织生活会。

2013年8月29日，北京市地方税务局档案处组织召开全市地税系统税务档案工作人员更新知识培训会。

2013年9月12日，北京市地方税务局举办全市地税系统“微博时代的舆论引导”专题讲座。

2013年10月14日，北京市地方税务局与中国人民大学财政金融学院联合举办的北京市地方税务局国际税收业务培训班正式开班。

2013年11月8日，北京市地税系统国际税收业务培训班在中国人民大学财政金融学院举行结业式。

2013年11月14日，北京市地方税务局与北京市文资办联合举办文化企业税收政策培训会。

2013年11月30日，北京市地方税务局组织机关业务处室178人参加专业知识考试，抽取各区县局、分局业务科室、税务所人员600人参加了《小企业会计准则》验收考试。

2013年12月3日，北京市地方税务局举办北京市地税新闻发言人及联络员培训班，23个区县局、分局的新闻发言人及联络员参加培训。

2013年12月19日，北京市地方税务局举办2013年地税大讲堂——金融业相关知识专题讲座。

2013年5月22日，北京市地方税务局局长杨志强（正排中）、副局长王京华（正排左三）召集相关处室及分局人员与普华永道会计师事务所共同召开房产税征收与管理座谈会。

2013年6月4日，北京市地方税务局领导与辽宁省地方税务局领导就高新技术企业税收优惠政策进行座谈。

2013年7月12日，北京市财政局局长杨晓超（正排左）一行到北京市地方税务局就预算管理工作进行座谈。

2013年7月9日，北京市地方税务局与北京市总工会举办“职工之家”创新管理试点签约仪式，北京市人大常委会副主任、市总工会主席梁伟（中）出席。

2013年8月13日，北京市审计局党组书记、局长吴素芳（正排中）一行到北京市地方税务局就开展党的群众路线教育实践活动进行座谈。

2013年10月17日，北京市金融局局长王红（左）与北京市地方税务局局长杨志强（右）座谈。

2013年10月23日，北京市国家保密局局长陈静（左排中）带队到北京市地方税务局就“六五”保密法制宣传教育工作进行督导检查。

2013年5月30日，北京市地税系统第一届“健康杯”乒乓球赛在广安体育馆举行。

2013年8月22日，北京市地方税务局参加由北京市委宣传部、市文化局、市总工会等单位联合举办的第九届首都职工文化艺术节《我的舞台》舞蹈比赛。

2013年9月26日，北京市地方税务局机关工会组织了主题为“我的中国梦，唱响地税最强音”的全市地税系统卡拉OK比赛。

2013年9月28日，北京市地方税务局参加市直机关第七届“和谐杯”乒乓球比赛并取得优异成绩。

2013年11月29日，北京市平谷区地方税务局组织干部参加平谷区现代广场舞比赛并荣获一等奖。

编 辑 说 明

《北京地税年鉴》是记述北京市地方税收工作的资料性工具书。1996 年创办，按年编纂，逐年反映上一年度的情况。分篇目、分目、条目三个层次，条目为基本单元和表现形式，反映基本的工作信息。

《北京地税年鉴（2014）》记述北京市地方税务 2013 年的工作情况和税收数据，设综合、领导讲话、税收政策、征收管理、税收法治、纳税服务、纳税评估、税务稽查、信息化建设、队伍建设、行政管理、后勤工作、基层工作、社会团体、统计资料、机构人员和大事记 17 个篇目，篇目下设分目，分别反映各个方面的工作。

本年鉴稿件由北京市地方税务局各处室、直属单位，各区县地方税务局、各地方税务分局提供。编纂工作得到了各方面的大力支持，在此表示衷心感谢！

《北京地税年鉴》编辑部

目 录

征收管理

统计资料

机构人员

大事记

综　合

2013 年北京市地方税收工作要点

2013 年是全面贯彻落实党的十八大精神的开局之年，也是实施“十二五”规划承前启后的关键一年，做好地方税收工作意义重大。全市地税工作的总体要求是：深入学习贯彻党的十八大和北京市委全会精神，以邓小平理论、“三个代表”重要思想、科学发展观为指导，紧紧围绕主题主线，牢牢把握稳中求进的工作总基调，以组织收入为中心，深入推进依法行政，严格依法征管，持续优化服务，加强税政管理，狠抓作风建设，密切联系群众，推动地税事业科学发展，为首都经济持续健康发展和社会和谐稳定作出新贡献。

一、深入学习贯彻党的十八大精神

（一）以党的十八大精神为指导推动地税事业科学发展。将学习宣传贯彻党的十八大精神作为全系统当前和今后一个时期的首要政治任务，认真组织学习党的十八大报告、新修订的党章，深刻领会、全面准确把握精神实质，将党的十八大精神转化为推动地税发展的工作干劲和强大动力。围绕高举中国特色社会主义伟大旗帜，以科学发展观统领地税工作全局。围绕全面落实五位一体总体布局，进一步发挥税收职能作用。围绕深入推进改革开放，积极参与税制改革，进一步推进征管改革。围绕全面提高党的建设科学化水平，进一步加强党的建设、领导班子建设、干部队伍建设和党风廉政建设，狠抓作风建设，努力造就高素质专业化干部队伍。

（二）抓好中央和北京市重要会议精神的学习贯彻。认真学习、深刻领会、贯彻落实好中央经济工作会议、市委十一届二次全会、全国税务工作会议精神，牢牢把握“稳中求进”的工作总基调，扎实做好各项工作，推动北京地税事业科学发展。

二、依法组织税收收入，切实提高收入质量

（三）充分认识首都经济和税收形势。当前，首都转方式、调结构不断取得新成效，居民收入保持稳定增长，必将有力推动税基扩大、税源质量提高，但落实结构性减税政策、“营改增”试点改革也将对地方税收产生重要影响。要加强税收分析预测，准确把握影响短期收入变化的因素，科学预判中长期收入发展趋势，增强工作主动性和前瞻性。

（四）不断强化组织收入工作机制。坚持各级领导班子集体领导、“一把手”负总责、各部门各负其责，增强组织收入工作合力。多向区县党委、政府汇报，争取关心和支持；多与有关部门沟通协调，争取理解和配合。

（五）加强收入质量管理。坚持依法征税、应收尽收，坚决不收过头税，强化重点税源监控，努力完成收入任务目标，实现尊重经济决定

税收规律的、实实在在的、没有水分的增长，争取收入增长与首都经济发展相协调、与主体功能区建设相协调、与市区两级公共财政需求相协调。

三、深入推进依法行政，进一步提高税收法治水平

（六）加大工作统筹力度。认真落实“十二五”时期依法行政工作规划，对依法行政工作进行再宣传、再动员。以开展考核试点和示范单位创建为重点，以点带面、点面结合，统筹推进全系统依法行政工作。

（七）严格坚持依法科学民主决策。严格落实政府采购管理办法、合同管理办法等内部管理制度，重要事项严格按规定程序集体讨论决定，“一把手”不直接分管人事、财务。建立健全决策执行情况反馈机制，加强对决策执行情况的督办和评估。

（八）强化制度执行。加强对新梳理完成的政务流程和制度的宣传培训，做到人人了解制度、人人掌握流程、人人执行规定。认真总结行政处罚裁量权试点工作经验，并适时推广。做好税务行政复议和应诉工作，化解税收争议。

（九）加强督察内审。认真开展税收执法督察，改进督察方式方法，加强整改情况检查和督察结果分析，促进制度完善。推进税收执法责任制。强化对基层执法的指导和服务，引导干部增强风险防范意识，有效降低执法风险。开展内部审计，尝试开展绩效审计，提高财政资金使用效率。积极接受外部审计监督部门的监督检查。

四、持续优化纳税服务，不断提高税法遵从度

（十）加强宣传辅导。开展第22个全国税收宣传月活动，充分发挥地税网站、咨询电话、官方微博和地税公告等渠道作用，围绕纳税人关注的问题及时开展税收宣传。重视税收政策解读工作，做到文件和解读同步起草、同步报批、同步发布。

（十一）改进办税服务。提升办税服务厅功能，拓展网上办税范围，推广发票明细数据采集和网上报数授权。继续推动个人所得税完税凭证自助打印服务。要创新纳税服务，在大企业税收管理中，尝试使用事先裁定等方法，帮助纳税人准确理解和适用税法，解决税政确定性问题。

（十二）强化权益保护。加强纳税人投诉管理，及时回应纳税人诉求。探索建立纳税人需求分析机制，进一步提高服务的针对性和实效性。

五、依法征收管理，推进征管改革

（十三）继续夯实征管基础。完善国地税联合登记管理，进一步加强减免税、退税、欠税、委托代征、税务档案管理，加强个体工商户、自然人税收源泉控管，落实取消普通发票工本费政策。做好残保金、工会经费代征（收）工作。

（十四）稳步推进分类分级管理。根据税源结构和风险特点进行分类，将不同类型税源的管理职责在不同层级、不同岗位进行合理划分，适当提升复杂重要事项的管理层级，规范基层税务所设置。不断完善相关的征管配套制度体系。

（十五）强化风险管理。坚持风险管理为导向，建立风险分析监控平台，完善风险处置体系，对低风险纳税人进行提醒和辅导，对中风险纳税人开展纳税评估，对高风险纳税人进行税务稽查。把纳税评估作为税源专业化管理的核心手段，积极构建分行业风险预警指标体系，对建筑、住宿、物业管理等行业开展专项评估。组织开展重点税源企业检查和资本交易等项目专项检查，严厉查处重大税收违法案件，继续开展打击发票违法犯罪活动。

（十六）全面启动大企业专业化管理。将大企业管理作为深化征管改革的重要突破口，明晰职责分工，加强管理力量。按照国家税务总局拟定的大企业标准，选择20～30户大型集团企业开展专业化管理，实施个性化服务，逐步构建大企业税收管理工作体系。

（十七）加强国际税收管理。以税收协定执行、非居民取得收入、反避税、情报交换与利用为重点，不断提高国际税源监控能力，维护国家税收权益。

（十八）深化信息管税。规范数据管理职责，进一步完善外部信息采集机制，丰富信息内容，加强信息比对。加强税收管理员平台应用，强化税源户管理。关注金税三期工程建设试点情况，做好试点推广准备工作。切实做好现行信息系统的运行维护，确保系统安全稳定运行。

六、加强税政管理，充分发挥政策导向作用

（十九）落实结构性减税政策。做好中关村创新创业税收新政实施工作，加强文化产业、节能环保等战略性新兴产业税收政策落实，促进首都经济发展方式转变；落实好保障性住房、“三农”、小微企业、就业、非营利组织等方面的税收政策，促进社会和谐。

（二十）积极参与税制改革。做好“营改增”扩大试点行业的准备，继续深化改革试点工作。深入开展科技、文化新政执行效果分析，研究完善政策建议。研究适用金融保险业和境外劳务免征营业税政策。配合做好房地产税制改革、城市维护建设税和印花税联动改革、资源税改革、环境保护税等立法准备工作，推进地方税体系建设。

（二十一）大力加强税种管理。适应深化征管改革需要，创新税政管理方式方法。加强季度预缴、汇算清缴和后续管理，强化企业所得税管理的真实性、完整性。加强股权转让、限售股转让等非工薪所得的管理，发挥个人所得税调节分配作用。加强土地增值税差别化预征和清算管理，深化存量房评估工作，强化房地产税收一体化管理和车船税等零散税源社会化管理，提高地方税总体管理水平。

七、加强学风建设，提高履职能力

（二十二）切实改进学风。既要注重抓好以党的十八大精神为主要内容的政治理论学习，学好中国特色社会主义理论，学好党和国家的方针政策和市委、市政府的决策部署，牢固树立科学发展观；也要注重抓好税收、财会、法律、经济、管理等业务知识的学习，使自身素质和税收工作要求相适应。坚持多学善思、学研并重、学以致用。重点落实理论联系实际的马克思主义学风，通过工作研讨、案例剖析、岗位大练兵、到专业机构实习等方式加强实践锻炼，提高实战能力。各级领导干部要带头学业务、懂业务、抓业务，以自己的精湛业务和工作规范引领下属，培养骨干，形成务实学风和“传帮带”传统。

（二十三）全面落实干部教育规划。注意区别领导和干部、执法人员和行政人员、业务骨干和新录用人员等不同群体的知识需求，提高教育培训的针对性和实效性。丰富培训形式，充分利用网络课堂、税务大讲堂等多种形式开展普及型知识教育。在政策允许的范围内，采取有效措施鼓励干部参加“三师”资格考试、在职学习、脱产培训和学历教育，变“要我学”为“我要学”。

八、加强政风建设，提高工作效能

（二十四）深入开展调查研究。局、处两级

领导干部既要经常深入基层一线了解情况、指导工作，又要经常与纳税人座谈交流，听取意见；既要到工作开展好的地方去总结经验，又要到困难矛盾多的地方去解决问题。调研要减少陪同、简化接待、方便基层。市局领导每年深入基层不得少于两个月，处级领导要尽可能安排时间深入基层。局、处级领导每年至少亲自主持撰写一篇情况清楚、分析深入、建议可行的调研报告。

（二十五）改进会风文风。要少开会、开短会，统筹会议安排，控制会议规模，注重会议质量，提高会议效率。涉及全系统的会议尽可能采用电视电话会议形式。要少发文、发短文，严格执行规范性文件制定管理规程和公文处理办法，力求简明扼要、直奔主题，提高针对性、实效性和可操作性。全面清理和简并各类简报资料，压缩简报篇幅。

（二十六）厉行勤俭节约。切实树立过紧日子的思想，依法编制经费预算，严格控制“三公”经费支出，不断降低税收行政成本。加强固定资产管理，提高资产利用率。继续通过以奖代补方式对区县局进行补助，继续争取安排资金支持税务所改造。各区县局要管好、用好经费和资产，切实提高使用效益。

九、加强行风建设，提高服务水平

（二十七）认真执行行风建设规范。积极参与首都文明行业评比，认真落实行风建设规范和要求，将行风建设与税收征管、纳税服务和队伍建设相结合。严格落实《十要十不准》等规定，坚决纠正“人情税”“关系税”等不正之风。

（二十八）健全监督考评机制。通过热线电话、调查问卷、举报投诉等形式广泛听取纳税人意见。充分发挥特约监察员的作用，积极参加民主评议基层站所活动，自觉接受监督。纪检监察、基层工作等部门要加强行风建设的统筹规划、组织协调和监督检查，推动行风建设深入开展。

十、加强党建和队伍建设，夯实地税事业科学发展基础

（二十九）加强党建和思想政治工作。加强各级领导班子思想政治建设，认真学习遵守党章，进一步坚定广大党员理想信念，巩固创先争优活动成果，进一步发挥基层党组织的战斗堡垒作用和广大党员的先锋模范作用。全面落实市局党组《关于加强和改进新形势下党建和思想政治工作的指导意见》，完善思想政治工作联席会议工作机制，构建思想政治工作一体化工作格局。按照上级要求，开展好以为民务实清廉为主要内容的党的群众路线教育实践活动，引导党员干部牢固树立正确的世界观、权力观、事业观。

（三十）加强领导班子建设。坚持“德才兼备、以德为先”用人标准，采取多种方式，把德才素质好、工作业绩突出、群众公认的干部选拔到领导岗位上来。认真开展处级领导班子和干部的考核测评工作，调整充实领导班子，优化班子结构。积极开展区县局科级领导干部选拔工作，优化科级干部队伍结构。加强处级、科级非领导职务管理，用足用好非领导职数，调动广大干部积极性。

（三十一）优化干部队伍结构。坚持“凡进必考”原则，做好公务员招考和军转干部接收安置工作。推进机关和基层干部交流，从基层遴选一批干部充实到市局机关和直属分局，安排缺乏基层工作经历的机关年轻干部到基层培养锻炼。根据现代化税收征管需要，适当引进财会、税收、法律、计算机等人才。积极争取将地税系统纳入国家专业技术类公务员管理试点，逐步形成

三类公务员分途协调发展的成长模式。

十一、加强廉政建设，打造风清气正的地税机关

（三十二）进一步落实党风廉政建设责任制。各级领导干部要充分认识党风廉政建设和反腐败工作的重要性，进一步履行好“一岗双责”，切实把廉政建设与业务工作一起部署、一起落实、一起检查、一起考核。

（三十三）进一步加强反腐倡廉教育。深刻汲取近年来违纪违法案件的惨痛教训，巩固反腐倡廉专题教育活动成果。广泛宣传《税收违法违纪行为处分规定》，丰富廉政教育形式和内容，引导广大税务干部自觉构筑拒腐防变的思想道德防线和工作底线。

（三十四）全面推进廉政风险防控管理。认真学习贯彻全市廉政风险防控管理工作交流推进会精神，把廉政风险防控管理作为反腐倡廉建设的重要工程，在试点的基础上全面推广风险防控工作，确保权力规范运行。

（三十五）强化监督检查。纪检监察部门要对党风廉政建设、重点工作的完成和作风的改进情况进行检查，确保各项工作落到实处。加强纪检监察干部的学习培训，不断提升执纪执法的能力和水平。统筹调配和使用全系统纪检监察人力资源，增强工作合力。

十二、加强文化建设，营造和谐地税环境

（三十六）积极践行社会主义核心价值观。深化对社会主义核心价值观的理解，弘扬“爱国、创新、包容、厚德”的北京精神，牢记“为国聚财、为民收税”的工作使命，引导广大干部形成共同价值取向。

（三十七）大力加强税务职业道德建设。全体干部要加强思想修养，陶冶道德情操，保持昂扬的精神状态，做到“爱岗敬业、忠于职守、廉洁奉公、顾全大局”。各级领导干部要率先垂范、以身作则，做到“依法行政、以德服人”。

（三十八）营造和谐地税氛围。充分发挥工青妇等组织的作用，积极开展丰富多彩的文体活动。办好《北京地税》杂志和内外网站，加强两个学会建设，编好《地方税务志》，改善餐饮、交通、医疗等后勤服务，做好离退休干部工作，抓好安全维稳工作，不断积累正能量，建设平安北京和谐地税。

全系统要认真贯彻北京市委、市政府和国家税务总局重大决策部署，深入贯彻党的十八大精神，稳中求进，求真务实，真抓实干，扎实开局，圆满完成全年各项税收工作任务，为首都经济社会科学发展作出新的贡献。

2013年北京市地方税收工作完成情况及2014年工作思路

一、2013年工作回顾

刚刚过去的一年，全系统在北京市委、市政府和国家税务总局正确领导下，依法征收，优化服务，落实结构性减税政策，积极服务首都经济社会发展，较好地完成了各项工作任务。

（一）组织收入任务圆满完成

面对复杂的国内外经济环境和结构性减税带来的减收压力，全系统勇于担当、迎难而上，落实组织收入工作责任制，加强统筹督导，强化税源监控，提前21天完成了全年收入任务，累计完成各项税费收入3100.3亿元，同比增收203.5亿元，增长7%；完成地方公共财政预算收入2318.7亿元，同比增收100.9亿元，增长4.5%，为首都的改革发展提供了坚实财力保障。东城、延庆、门头沟、直属分局等局在收入形势特别困难的情况下，强化组收措施，着力堵漏挖潜，较好地完成了收入任务。

（二）税收职能作用有效发挥

服务区域经济社会发展取得积极成效。全系统围绕首都经济社会发展大局，在促进双轮驱动和稳增长上下功夫。市局制定关于积极发挥税收职能作用促进区域经济社会发展的意见，主动走访区县党委、政府，广泛征集意见建议，及时制定改进措施。积极解决市属国有企业税收历史遗留问题，促进企业发展。加强与科研院所、高校等单位的交流合作，拓展工作局面。各区县局也围绕服务区域发展，做了大量工作。海淀局建立税源建设联动机制，丰台局加大服务重点功能区力度，石景山局支持首钢产业转型，顺义局加强临空经济区税源分析，大兴局建立服务首都新机场建设工作机制，房山局做好“7·21”受灾企业减免税工作，通州局成立城市副中心建设政策服务组，这些工作得到了各区县党委、政府的肯定。

税制改革举措得到有效落实。积极推进“营改增”扩围工作，配合国税局做好典型调查和数据支持，确保了改革平稳有序运行，共有31万户企业纳入试点改革，试点纳税人减税150亿元，96.6%的试点纳税人实现了税负下降或基本持平。与有关部门开展资源税联合调研。组织地方税体系建设、房地产税制改革等重点课题攻关。认真落实文化创意、就业、养老、中关村示范区创新创业等税收优惠政策。加强税收政策执行效应研究，会同有关部门提出中关村新四项税收优惠政策。认真贯彻房地产市场宏观调控措施，做好土地增值税差别化预征，两次调整存量房评估值，有效堵塞了税收漏洞。

（三）税收征管得到切实加强

征管改革取得突破。研究制定深化征管改革的意见。优化组织机构，成立数据管理处，单独设立国际税务管理处，成立第三、第四稽查局。启动稽查体制机制改革。

征管基础工作得到改进。开展无税申报企业清理核实工作，规范欠税管理，加强委托代征和个体工商户税收征管，创新税务档案管理。加强企业异地纳税问题调研，成功解决中海油财务公司异地纳税问题。加强税务登记管理，清理非正常注销户5.35万户。取消普通发票工本费，减轻纳税人负担5500余万元。完善国标税控报数授权功能，实现发票税控明细及网络报数授权。加强代征代收工作，代征残保金26.2亿元，代收工会经费38.7亿元。朝阳局有效应对国五条带来的二手房业务量激增的挑战，昌平局开发征管服务辅助系统，怀柔局推进以地控税试点，效果明显。

税种税源管理逐步完善。加强重点税源管理，2.17万户纳税百万元以上企业缴纳税费2497.4亿元，占总收入的80.6%。研究税种税源管理问题，加强应征已征税款比对，提出改进措施。制发企业所得税核定征收鉴定操作规程公告，细化操作流程。加强印花税、土地增值税管理，开展车船税专项检查。加强股权转让等非工薪所得、高收入者、外籍人员个人所得税管理，对全市1757家律师事务所和8380名合伙人实行了查账征收。

纳税评估逐步规范。深入研究、重新定位纳税评估工作。编写土地增值税纳税评估模型，开展建筑业、房地产经纪业以及车船税专项评估。以住宿业为切入点，在省级税务机关中率先开展国税、地税联合评估。全年共评估72025户，入库税款15亿元。

稽查工作全面加强。统一税务检查证管理。研究制定重大案件审理工作办法，恢复重大案件审理委员会。开展房地产、金融和高校等专项检查，对5个集团42户重点企业进行税收检查。探索开展电子查账。全年共检查3086户，入库税款17.6亿元。

信息化支撑保障作用得到提升。跟踪金税三期工程进展。升级改造47个信息化项目。上线运行财税库银横向联网批量扣税项目，减少了75%的手工税票。健全上市公司税收风险管理机制，探索从第三方购买信息数据。开发企业基础数据交换系统，与市工商局、国税局等实现基础信息共享，交换数据2700万笔。与住建委交换信息，核实二手房原值，审核购房资格申请人缴纳个人所得税情况。通过小客车指标调控管理信息系统与市交通委核对数据28万笔。开发个人出租房屋税收管理系统，实现了代征点机打完税凭证。深化税源监控平台应用，开展存量房交易征管台账先行先试。实施内外网物理隔离，确保信息系统安全稳定运行。

（四）纳税服务水平持续提升

服务方式不断创新。开发个人所得税完税证明自助打印系统，实现业务通办。拓展网上办税功能，全面改版北京地税网站，模拟实体办税厅场景展示涉税服务事项，方便纳税人快速了解办税要求。推广网上领购发票预约服务。搭建地方税收业务知识库，统一政策解答口径。加强咨询服务，整合热线业务，全年12366热线共处理话务70万件。西城局开设服务央企绿色通道，密云局全程代理个体工商户税务登记，平谷、开发区、燕山等局开展重点企业走访调研，受到纳税人欢迎。

宣传辅导更具实效性。市局、区县局两级税务部门有针对性地开展税收政策培训，满足不同层次纳税人多元化涉税需求。国际税收研究会和地方税务学会发挥自身优势，高质量开展了企业办税人员培训。改进纳税辅导工作，共辅导纳税人1.5万人次。加强税收宣传工作，编印宣传材料88.6万册，在各类媒体发表稿件848篇。建立健全新闻发布和舆情工作制度，在区县局设立新闻发言人，利用地税官方微博正面引导社会舆论。

权益保护机制进一步完善。加强投诉管理，畅通受理渠道，强化过程监督，加强责任追究，落实复议、诉讼权益告知制度。探索完善纳税人满意度调查机制，得到税务总局领导肯定。

（五）税收法制建设深入推进

法制工作取得新成效。认真落实“十二五”时期推进依法行政工作规划，参与税务总局依法行政考核试点。巩固政务流程梳理成果，提高制度执行力。清理税收规范性文件1068件。汇编部分税种法规制度。升级改版地税网站税收法规库，实现法规库内外网同步查询。研究建立政府部门间涉税信息共享和执法协作机制。推进行政处罚裁量权基准试点。组织清理税收执法文书。妥善处理涉税纠纷，办理行政复议案件15起、应诉案件38起。加强税收法制研究，筹建北京市税收法制建设研究会。

执法督察有效开展。对基层税务所承担的执法事项进行归类统计，对10个税务所开展执法督察。对已转任的区县分局领导干部进行经济责任审计，配合有关单位开展外部监督，探索借助信息化手段开展绩效审计，规范行政行为，提高资金使用效率。

（六）党的建设和干部队伍建设得到加强

党的建设扎实推进。深入学习党的十八大、十八届三中全会和习近平总书记重要讲话精神，举办处级干部党的十八大精神轮训班。全面开展党的群众路线教育实践活动，通过学习教育、查摆问题、整改落实，切实解决“四风”方面存在的突出问题，确保活动取得实效，得到市委督导组充分肯定。召开党建思想政治工作会暨税务所长会。成立第一党支部，加强对“一把手”的教育、管理、监督。坚持“三会一课”制度，严格党内生活，推进党务公开。

领导班子能力得到提升。严格落实关于改进工作作风密切联系群众有关规定，制定关于进一步加强调查研究服务基层工作的意见。市局领导带头转变作风，深入基层调研，解决实际问题。推进处级干部选拔任用和交流调整工作，共选拔52名、交流44名处级领导干部。

干部队伍素质明显提高。开展分级分类培训和岗位大练兵，举办国际税收业务骨干培训，鼓励干部参加专业资格考试和在职研究生学习。推进机关和基层干部交流，选派市局机关干部赴基层锻炼，遴选118名基层干部进入市局直属单位。

党风廉政建设更具针对性。持续推进廉政风险防控管理工作，对存量房交易税收涉及的廉政风险问题进行重点防控。加强反腐倡廉宣传教育，建立廉政教育基地，编写警示录。制定加强对党政“一把手”监督管理的实施意见，加强区县局重大事项报告工作。开展会员卡专项清退活动。做好行政审批制度改革工作。在18个税务所开展“两规范、一提高”试点工作。

基层建设得到加强。制定机关与基层税务所联系工作办法，32个处室与124个科、室、所进行了挂钩联系，深入基层调研189次。积极争取增加科级非领导职数，推动解决基层干部待遇问题。制定基层税务所规范化管理实施办法，统筹基层工作部署，开展税务所干部工作情况调查，修订考核办法，减轻基层负担。修订青年文明号活动管理办法和先进集体、先进工作者评选办法。3个区县分局获得首都劳动奖状，3名基层干部获得首都劳动奖章，28个集体、1个单位分别被命名为北京市青年文明号和全国青年文明号。

行政管理更加规范。严格落实中央和市委有关规定，厉行勤俭节约，转变文风会风，严格控制外事活动。加强对机关干部考勤、着装等管理。加强信息工作，上级采用率明显提升。规范财务管理，推行公务卡结算方式改革。加强预算资金审批执行，严格执行政府采购程序。精打细算推进基层服务场所和机关办公场所维修改造。切实加强“三公”经费管理。严格执行政府信息公开制度。加强调查研究，实现调研成果转化169项。开展丰富多彩的工会和共青团活动，安排500名先进工作者和基层干部进行疗休养，做好老干部工作。狠抓安全维稳，后勤保障水平有所提高。

总的来说，过去的一年，在大家的共同努力下，地税工作取得了显著成绩，税务总局王军局长、北京市李士祥常务副市长等领导多次到地税调研，对地税工作表示肯定。这是市委、市政府和总局正确领导的结果，是社会各界和广大纳税人大力支持的结果，也是全系统干部职工特别是基层一线干部职工辛勤工作、依法履职的结果。在此，向大家表示衷心的感谢！

在看到成绩的同时，我们也要清醒地认识到，地税工作与上级要求、纳税人期望相比，还有很大差距。全国税务工作会议深入分析了税收工作存在的服务大局、职能转变、依法治税、信息管税、人才支撑、合作竞争六方面差距，这些差距我们也都不同程度地存在。与此同时，我们还存在一些比较突出的问题，主要表现为：一是征管方式较为粗放。税务干部下户少，对分管户税种税源状况底数不清、情况不明，政策研究不深不透。部分异地纳税企业基本处于放任自流的状态，外籍个人纳税存在征管真空，这种“有税不征、有户不管”的情况，造成了国家税款流失，损害了税法尊严。二是管理体制亟待完善。工作统筹协调不够，没有形成有效的工作合力。基层开展稽查、评估、大企业管理等复杂管理工作的效能不高，迫切需要在体制机制、职能定位上进行调整。三是服务工作不够扎实。两级机关对基层的请示答复不及时、不规范。少数领导干部工作作风不扎实，抓落实不力。少数干部执法存在随意性，服务意识不强，甚至恶意刁难纳税人。四是队伍专业素质有待提升。具有经济、税收、法律等专业背景的干部比例较低，干部队伍业务培训力度不足、针对性不强，部分干部缺乏主动学习的意识，无法胜任高水平专业化的税务管理工作。五是违纪违法问题仍有发生。个别单位不依法征税、搞违规建设、组织虚假培训，个别干部存在收受卡物、酒后驾车等违纪违法行为，造成了恶劣影响。对于上述问题，我们要高度重视，采取有力措施加以解决。

二、2014年重点工作安排

党的十八届三中全会对全面深化改革做出了系统部署，中央经济工作会议、北京市委全会、全国税务工作会议分析了当前的形势，对2014年的工作进行了安排。当前，我国财税体制改革进一步深化，将对地方税源结构、税种构成、征管方式产生深刻影响，地税部门加快自身职能转变的任务更为繁重。

从机遇上看，中央决定将加快房地产税立法并适时推进改革，消费税等税种改革深入推进，有利于完善地方税体系。市委十一届三次全会确定，“十二五”期间全市地区生产总值要实现年均增长7.5%的目标。首都大力实施创新驱动战略，加快转方式调结构，经济发展的质量和效益不断提高，为地方税收收入持续增长提供了良好的税源基础。

从挑战上看，“十二五”时期，随着“营改增”进一步扩围，占地方收入规模四成以上的营业税将全部转为增值税，地方税收收入面临骤减压力。因兼营业务和地方税种管理的双重原因，在地税登记户数保持稳步增长的同时，重点税源难以实现同步增长。地方税收工作将更广泛地服务自然人和家庭，征管难度倍增。这些都需要我们提前研究，借鉴经验，摸清情况，培养人才，做好落实改革的基础工作。

根据市委、市政府和税务总局工作部署，结合地税实际，北京地税局2014年总体工作要求是：全面贯彻党的十八大、十八届三中全会精神，牢牢把握稳中求进的工作总基调，围绕全面推进税收现代化的主题，进一步解放思想、改革创新，收好税，带好队，执好法，服好务，扎实推进地方税收工作再上新台阶，为促进首都经济社会发展作出积极贡献。要着力抓好以下七方面工作：

（一）依法组织税收收入，确保完成收入任务

坚持依法征收。2014年，北京市初定全市财政收入计划增长9%，北京地税局计划安排地方公共财政预算收入2497.4亿元，增长7.7%，其中区县局总体收入计划增长6%。各区县局要坚决落实组织收入原则，严格落实组织收入工作目标责任制，在稳中有为、涵养税源、堵漏增收等方面下功夫。市局要加强对组织收入工作的领导，建立与市财政局的收入计划安排会商机制。不折不扣地落实结构性减税政策，确保各项税收优惠政策落到实处。

强化堵漏增收。加大对重点税种、重点区域、重点行业、重点税源的管理、评估和检查力度，严厉惩处涉税违法犯罪行为。稽查部门和评估部门要分别完成全年税收任务的1%和0.7%。

提高分析水平。加强综合分析，创新分析品牌和统计产品。研究建立国地税定期、定项联合分析机制，为科学决策提供全面准确的税收情况和数据。开展纳税能力估算研究。合并、简化、统筹安排重点税源监控、减免税调查和税收调查，探索重点企业直接向税务总局报数据。

（二）积极落实税制改革，发挥税收职能作用

贯彻税制改革要求。继续推进“营改增”扩围，加强对推进过程中有关征管、收入变化和相关政策的研究，做好与国税部门的征管衔接。落实资源税改革要求。加强环境保护税研究。深入研究房地产税制改革中的征管和操作问题。配合开展消费税改革调研。

发挥税收调控作用。进一步挖掘中关村鼓励创新创业8条税收优惠政策的执行潜力，研究政策执行中的具体问题。认真落实小型微利企业、非营利组织、扶持就业税收政策，增强经济活力，促进社会和谐。

规范税政问题解答工作机制。着力规范税政答复工作程序，对于基层请示的重要、复杂税政问题要集体研究，书面答复。税政联席会议要研究制定税政答复办法，上半年正式实施。按季度编写税政答复汇编，确保政策执行的统一性。

（三）抓紧推进征管改革，提升税收征管质效

贯彻征管改革意见。市局、区县局两级征管改革领导小组和工作小组要充分发挥统筹协调作用，建立机制，完善措施，做好培训，确保改革方案落到实处。进一步完善组织机构，在纳税评估处加挂大企业管理处牌子，在西站分局加挂直属二局牌子，统筹开展大企业税收征管工作。将地方税处更名为财产和行为税处。在部分区县局

设立国际税务管理科。修订“三定”（主要职责、内设机构和人员编制规定）方案。

加强征管基础工作。与市国税局共同研究并适时推行税务登记改革，提升登记办理层级，探索分类管理税务登记的方案。针对为领取政府补贴办理税务登记的无税户和农民生产合作社等税源户，研究完善税务登记管理方式。继续加强无税申报分类管理，落实滞纳金管理办法，制定税源管理一体化机制。加大欠税清缴力度，完善欠税公告制度，研究将欠税信息纳入经信委的社会信用体系，研究阻止欠税人出境管理办法，加大对欠税人的惩戒力度。完成新一轮发票定点印制企业招投标工作。加强企业办税人员管理。落实税务档案管理办法。加强委托代征管理，结合乡镇、街道网格化管理及新型经济组织的发展，建立动态税源管理机制。做好异地纳税企业管理工作。推动制定北京市税收保障办法。

加强重点税源管理。建设重点税源监控平台，将上年度纳税超过百万元以上的企业全部纳入重点税源监控范围，把握重点税源发展情况。完善国际税收管理体系，加强对税收协定的研究，加快推进反避税工作。探索开展大企业税务审计。采取多种措施，着力服务好总部企业和在京央企。

强化税种税源管控。改进工作方法，将税种税源管理和落实税收政策紧密结合，加强对税种税源的调研，建立税种税源数据管理制度，掌握分管税种税源情况，与已征税款情况作比对，开展税种税收流失分析，提出加强征管的措施。加强部门配合，强化对各税种的征管、服务、分析、评估、稽查工作。

推进稽查体制改革。加大直属稽查局办案力度，提高办案质量，发挥稽查震慑力。研究电子税务稽查。集中解决办案时间长、办案程序复杂、积案过多、执行和处罚力度不够等问题。研究推进稽查体制机制改革，实现选案、立案、检查、定案的省级全覆盖。利用好第三方涉税信息，提高选案的准确性。加强涉税案件移送工作，强化与公安等部门工作联系，争取工作支持。

调整纳税评估工作职能。改革评估体制、机制、流程、文书和方法，使纳税评估成为实施税收风险管理的有效手段。积极建章立制，逐步构建分级管理、重点监控、部门联合、统筹协调的税收风险防范监控体系。探索建立涵盖风险分析、识别、排序、推送、应对、信息反馈等环节的风险管理工作流程。着手建立分地区、分行业、分税种的税收风险评估模型和风险监控情报交换数据库，研究开发风险监控信息化支撑平台。

强化信息管税。密切关注金税三期工程情况，完成业务和数据的差异分析，做好对接准备。加强数据管理制度建设，理顺机构职能，完善数据管理流程，建立数据库，健全数据监控指标体系，规范数据发布模式，实行税收数据专业化和标准化管理。加强与财政、国税、工商、公安、保监局和保险协会、住建委、人民银行等部门的信息交流，创新数据交换机制，完善手段，拓展渠道，加强第三方数据采集工作。充分利用财税库行联网数据，改变多年来零点报数的工作模式。建设实时反映税收收入和税源户动态变化的信息监控系统。

（四）持续优化纳税服务，构建和谐征纳关系

改进办税服务。坚决纠正门难进、脸难看、事难办的问题，对于恶意刁难纳税人的，一有发生，必须严办。逐步推进涉税事项受理、审核、审批环节向办税服务厅前移，优化流程，精简环

节，实现“一窗受理，一站办结”，推动区域通办。完成12366北京呼叫中心业务整合工作。加快推进个人所得税完税证明自助查询打印工作，拓展自助服务终端的覆盖范围和办税功能，研究延长服务时间。加强办税服务厅标准化建设，实现服务工作的规范、统一，积极推进覆盖全市办税服务厅的实时监控系统建设。做好网站后台数据管理和分析利用，实现网上审批功能。

加强宣传辅导。编写热点问题和税种政策宣传手册，有针对性地开展税法宣传辅导。尝试开展纳税风险提示，做好政策异议处理，帮助纳税人降低涉税风险。编辑发行好税务公告。

强化权益保护。完善服务投诉管理机制，认真处理纳税人投诉事项。将投诉率纳入考核范畴，提高投诉处理质效。研究建立风险防范机制，减少损害纳税人权益行为的发生。

（五）深入推进依法行政，切实规范税收执法行为

做好税收执法基础工作。认真执行规范性文件管理制度。做好行政复议办理、诉讼案件应诉工作，落实权益告知制度，积极运用和解、调解手段化解争议。加强部门协调沟通，有效解决执法过程中的实际问题。

规范权力运行。实施执法权力清单制度。建立税务行政审批事项目录清单制度，大力推进网上审批。组织对税务所和稽查局的专项执法督察，加强内部审计，进一步规范执法行为。全面推行税务行政处罚裁量权管理制度，改进窗口处罚管理系统功能，规范税务行政处罚行为。

（六）切实加强党建和队伍建设，激发干事创业活力

加强党建和思想政治工作。继续深入开展党的群众路线教育实践活动，确保整改落实、建章立制取得实效。加强政治理论学习，教育引导党员、干部增强党性修养，坚定政治立场。适应形势要求，加强和创新党组织建设。健全第一党支部制度规定，严格落实“三会一课”制度，发挥党员先锋模范作用和党组织战斗堡垒作用。

推进领导班子建设。坚持“德才兼备、以德为先”，坚持公开、平等、竞争、择优，严格按照干部任用条例开展干部选拔任用工作。继续做好民主推荐选拔干部工作，推进竞争性选拔，注重选拔业绩突出、经过多岗位锻炼、群众公认的干部。抓紧研究处级领导干部一人多职问题，尽快配齐区县分局领导班子。结合处级领导班子考核情况，做好干部交流，优化班子结构。

加强干部队伍建设。做好公务员招录工作，加大对口专业招录力度。加快干部管理制度改革，做好处级非领导职务干部的选拔任用，研究副调研员的使用问题。完善后备干部管理制度。继续抓好基层公务员队伍建设，加强科级领导干部特别是税务所长的轮岗交流。加强分级分类培训，大力开展岗位练兵，针对工作需求设计培训课程、进行案例教学，市局有关领导和处室负责人直接参与考题设计，引导干部在干中学、学中干。继续支持干部报考“三师”及其他专业资格考试，扎实推进与高校、科研院所合作，举办首届税收专业硕士研究生班。落实总局绩效管理有关规定，完善考核办法，注重对税收中心工作完成情况的考核评价，减轻基层负担，提高工作质效。

狠抓反腐倡廉建设。建设二级电子行政监察平台，加快实现与市纪委监察局联网。运用信息化技术，加强对税收工作的痕迹管理，力争在科技控权上取得新进展。深入推进联合纪检监察，细化完善管理措施。加强与纪委、公检法等部门沟通交流，提高预防腐败工作水平。加大廉政教育力度，发挥廉政教育基地作用。推进廉政文化

建设，申报“全国税务系统廉政文化示范点”。加大查办案件力度，严肃处理顶风违纪案件。

（七）不断加强行政管理，提升机关工作效能

深入开展调查研究。市局领导要围绕税收现代化、税制改革、征管改革和队伍建设等组织重点课题攻关，各单位、各部门要结合实际开展课题研究，集中精力出精品，促进成果转化。

传播地税正能量。勤俭节约办好建局20周年系列活动，宣传好典型，树立新形象，充分展现地税干部良好精神风貌。市局成立活动领导小组，统筹推进活动开展，各单位、各部门要积极配合，协同参与，发挥好自身作用。两级党组要增强首都意识，提高政治敏锐性，高度重视和做好宣传工作。抓好政务微博建设，办好北京地税杂志。筹建北京税务博物馆。

提高行政管理效能。加大督查督办力度，规范公文运转，改进文风会风。认真执行财经纪律，厉行勤俭节约。做好后勤保障服务，开展办公用房调整工作。研究区县局经费垂直管理问题。2014年4月底前完成地方税务学会、国际税收研究会换届和税收法制建设研究会成立工作。发挥好工会、共青团桥梁纽带作用。做好老干部工作。

2013年北京市地方税收收入完成情况

2013年，全市地税系统坚决贯彻落实北京市委、市政府和国家税务总局各项工作要求，坚持一手抓组织收入，一手抓服务经济发展，稳中求进、主动工作、攻坚克难，实现了税收收入与首都经济的协调发展。主要情况如下：

一、税收收入完成情况及特点

2013年，全市地税系统各项税费收入突破3000亿元，达到3100.3亿元，同比增收203.5亿元，增长7%。其中，完成地方公共财政预算收入2318.7亿元，同比增收100.9亿元，增长4.5%，提前21天完成市政府下达的全年收入任务，比任务数超收105.2亿元，占全市公共财政预算收入比重达到63.4%。

（一）税收收入增幅缓中趋稳

2013年1季度，地方公共财政预算收入同比增长11.6%，在宏观调控和同期基数抬高的影响下，5月开始连续出现减收，2、3季度末累计增幅分别回落至7.2%和2.7%。随着“营改增”进入政策可比期，10月、11月、12月同比分别增长13.8%、8.6%和5.8%，累计增幅回升至4.5%。

（二）房地产、金融业收入规模居前

在首都大力发展服务业的有力推动下，第三产业税收主体地位稳固，完成2063.6亿元，占比达到89%。房地产业、金融业、现代服务业收入规模居前，合计完成1617.9亿元，占比达到69.8%，其中：房地产业完成577.2亿元，同比增长25.3%，占比为24.9%；金融业完成377亿元，同比增长9.8%，占比为16.3%；现代服务业完成663.7亿元，受“营改增”试点改革影响同比下降11%，占比由33.6%降至28.6%。

（三）所得税收入占比超过流转税

北京市“营改增”试点改革一年多来，营业税持续下滑，全年完成1032.3亿元，同比下降10.4%，占比由39.8%降至33.3%，其中“营改增”试点行业同比下降42.2%。个人所得税增收超百亿元，完成834.5亿元，同比增长18.6%；企业所得税较快增长，完成258.1亿元，同比增长16.8%，两项所得税占比由31.9%升至35.2%。其他各税费合计975.4亿元，其中：土地增值税完成187.2亿元，同比增长41.8%；契税完成177.5亿元，同比增长40.2%；代收工会经费38.7亿元，同比增长22.3%；代征残疾人就业保障金26.2亿元，同比增长16.9%。

（四）重点税源户收入占比超8成

截至2013年底，全市地税系统共有税源户119万户。其中全年纳税百万元以上企业为21741户，共缴纳各项税费2497.4亿元，占比达到80.6%；纳税亿元以上企业达到384户，共缴纳各项税费967.2亿元，占比达到31.2%。

（五）各功能区税收均实现正增长

首都功能核心区完成地方公共财政预算收入659.1亿元，同比增长0.5%；城市功能拓展区完成1035.8亿元，同比增长0.5%；城市发展新区完成498.7亿元，同比增长19.3%；生态涵养区完成125.1亿元，同比增长11.3%。各功能区收入占比分别为28.4%、44.7%、21.5%和5.4%。

（六）税收收入规模位居全国第6位

全国地税系统完成税收收入47298.2亿元，同比增长12.2%。收入规模前6位的省市依次为，广东省（5084.7亿元，增长9.5%）、江苏省（4685.8亿元，增长13.2%）、浙江省（3067亿元，增长4.9%）、上海市（3033.6亿元，增长7.6%）、山东省（3029.1亿元，增长13.2%），北京地税局税收收入为2895.3亿元，同比增长7.1%，占全国地税收入的比重为6.1%。

二、主要增减收因素分析

（一）首都经济平稳发展奠定税收增长基础

2013年以来，首都经济增长质量和效益继续提升，预计全年地区生产总值增长7.6%以上，居民消费价格指数上涨3.4%左右，1—11月，固定资产投资增长8.2%，社会消费品零售额增长8.8%，有力推动相关领域税收增长。从行业看，房地产业、金融业、批发和零售业、居民服务和其他服务业带动整体收入增长7.9个百分点；从税种看，个人所得税、土地增值税和契税带动整体收入增长7.1个百分点。

（二）“国五条”出台形成房地产大额增收

3月、4月，全市购房需求集中释放，房地产业税收增幅超过60%。二手房交易税费持续快速增长，全年共征收157.4亿元，同比增长135.2%，其中房屋转让所得个人所得税40亿元，同比增长238.5%，有力带动整体房地产税收的增长。据统计，由“国五条”形成的大额增收达到93.6亿元。

（三）结构性减税实施效果显著

全年，各项结构性减税政策共影响地税收入300亿元，影响增幅10.5个百分点。其中，“营改增”试点改革影响280亿元，一年期以上返还性人身保险免征营业税政策退税13.7亿元，个人取得上市公司股息实施差别化个人所得税政策减征4.9亿元。同时，高新技术企业、小微企业等税收优惠政策共减免95亿元，同比多减免30亿元。

（四）国家政策导向对税源产生较大影响

全市加快产业结构升级，加快高耗能产业退出，制造业税收增幅有所放缓，完成102.1亿元，同比增长5%。坚决落实中央八项规定，集团消费大幅减少，影响餐饮、旅游、会议、高端消费服务等行业税收16亿元，其中，住宿和餐饮业同比下降4.7%，旅游业同比下降10.6%。

三、组织收入工作开展情况

2013年，全市地税系统紧紧围绕组织收入中心工作，坚持依法组织收入，注重通过深化分析挖收入，细化征管保收入，优化服务促收入，具体开展了以下几项工作：

（一）不断提高税收增长的质量

坚决贯彻组织收入原则，依法征税、应收尽收，坚决不收“过头税”。充分发挥组织收入工作机制作用，全面落实市、区、所三级组织收入工作目标责任制，确保任务到所、责任到人、措施到位，进一步提高了税收增长的质量。

（二）促进区域经济发展

制定《关于积极发挥税收职能作用　促进区

域经济社会发展的意见》，更好地发挥税收职能作用，服务区域经济发展。逐一走访各区县政府，召开座谈会17次，收集意见问题115条，逐条提出解决方案和改进措施。

（三）全面推进综合税收分析

紧紧围绕首都经济发展热点、区域、行业热点，全面推进专题分析工作，摸清税源底数，把握发展规律。从现代服务、房地产、金融、外商投资企业税收等角度，反映全市经济社会发展，服务各级政府科学决策。加强税种税源研究，开展了对个人所得税、车船税、印花税税源分析。

（四）切实加强税收征管

全面开展无税申报户管理，完成了首批1.06万户核实清理，补税2103万元。全面加大稽查、评估和清欠力度，全年共入库33.7亿元。配合做好“营改增”试点工作，确保改革平稳顺畅。贯彻房地产市场税收调控措施，做好土地增值税差别化预征和清算管理，两次调整存量房评估值，有效堵塞税收漏洞。

（五）大力优化纳税服务

加快标准化办税服务场所建设，全面改版北京地税网站。开发个人所得税完税证明自助打印系统，实现全市业务通办。开展纳税服务满意度调查，深入了解纳税人需求，针对纳税人提出的问题，提出相应整改措施，进一步提高纳税服务水平。

领导讲话

在北京地税系统领导干部会议上的讲话

北京市地方税务局局长　杨志强

（2013 年 7 月 29 日）

同志们：

这次会议的主要任务是：学习贯彻北京市 2013 年上半年经济形势分析会精神，总结上半年工作，部署下半年任务，推进党的群众路线教育实践活动，统一思想，振奋精神，努力完成全年各项目标任务。刚才，办公室、征管处、纳服处分别就有关工作进行了通报，吴鼎同志就做好新形势下的党风廉政建设工作作了讲话，讲得都非常好。会后，大家要认真学习领会，切实抓好落实。下面，我讲两点意见。

一、关于上半年工作

（一）组织收入工作取得来之不易的成绩

今年以来，面对复杂的国内外经济环境，我市坚持稳中求进，着力稳增长、调结构、抓改革、惠民生，经济运行总体平稳，质量效益明显有提高，社会民生持续有改善。上半年我市地区生产总值增长 7.7%，地方公共财政收入增长 12.7%。这其中，全市地税系统也付出了巨大的努力。在投资消费增速放缓，特别是“营改增”影响地方税收 140 亿元的情况下，上半年，全系统累计完成各项税费收入 1644.7 亿元，同比增收 141.2 亿元，增长 9.4%；完成地方公共财政预算收入 1239.6 亿元，同比增收 83.5 亿元，增长 7.2%，完成全年收入进度的 56%，提前 22 天完成了上半年收入任务。

（二）税收职能作用有效发挥

主动服务区域经济社会发展。市局党组围绕首都经济社会发展大局，在促进“双轮驱动”和稳增长上下功夫，制定关于积极发挥税收职能作用、促进区域经济社会发展的意见，要求全系统认真落实优惠政策，采取有效措施，服务区域经济社会发展。市局主动提出市国资委系统各项税收历史遗留问题的解决方案，与西城、朝阳等六个区县党委、政府举行座谈会，与中国国际税收研究会、市总工会签署合作协议，加强沟通交流，拓展工作局面。各区县局及时制定工作措施，建立协商沟通机制，主动向区县党委、政府汇报工作，服务区域发展。积极、开放的工作方法赢得了各方支持和赞誉，提升了地税部门影响力。

积极落实税制改革。认真做好“营改增”扩围准备，强化组织领导，梳理有关政策，做好数据测算，确保改革有序推进。着手开展地方税体系建设研究、房地产税制改革课题攻关，利用各种时机，为推进改革建言献策。与市财政局、市国土局就我市征收资源税等事项进行联合调研，推进我市资源税改革，促进首都生态文明建设。

发挥税收调控作用。做好中关村示范区创新

创业税收新政实施工作，召开部分中关村创新型企业和文化创意企业座谈会，联合相关部门研提税收政策建议。严格落实文化创意、支持和促进就业、养老机构等税收优惠政策，上半年共减免税50.6亿元。落实“以地控税”要求，做好土地增值税差别化预征，深化存量房评估工作。认真贯彻房地产市场宏观调控税收措施，主动争取各方支持，开展宣传辅导，加强舆论引导，充实征管力量，维护了税收工作秩序，确保了中央和市委决策落到实处。

（三）税收征管工作有序推进

加强征管基础工作。深入分析当前征管工作存在的问题，主动向税务总局请示汇报，提出意见建议。总局高度重视，积极回应了我们的建议。开展企业无税申报问题研究，规范欠税管理，研究滞纳金管理制度，完善国地税联合登记管理，加强个体工商户税收征管和委托代征工作，修订发票税控操作手册，规范税务档案管理。加强残保金、工会经费等代征代收管理。深化税源监控平台建设和应用，开展存量房交易征管台账先行先试。取消普通发票工本费，减轻纳税人负担1422万元。加强重点税源管理，1—6月，1.4万户纳税百万元以上的企业缴纳各项税费1328.6亿元，占整体收入的80.8%。

强化税种税源管控。重点研究各税种税源管理问题，分析应征税款和已征税款的差距，研究问题存在的原因，提出改进措施。制发企业所得税核定征收鉴定操作规程公告，细化操作流程，降低执法风险。查找个人所得税征管薄弱环节，强化征管措施。调查了解影视机构纳税情况，加强股权转让等非工薪所得、高收入行业、高收入者个人所得税管理，对全市1659家律师事务所和7890名合伙人实行了查账征收。

规范评估、强化稽查。深入研究评估工作性质以及评估与征管、稽查的关系。编写旅游业和土地增值税纳税评估模型，进行建筑业、房地产中介业重点评估，开展城市维护建设税、教育费附加、地方教育附加与增值税、消费税比对。与市国税局开展住宿业联合评估工作。上半年，共评估补税8.7亿元。推进稽查体制改革，合理选案，推广电子查账软件，研究合并、简化稽查文书，开展重点企业税收检查，严厉打击发票违法犯罪活动。上半年，共查补税款9.5亿元。

推进信息管税。全面开展金税三期工程前期准备工作，实现核心征管业务数据定时向总局集中。完成财税库银横向联网优化改造项目开发，规范数据管理职责，完善外部信息采集机制，丰富信息内容，加强信息比对。

（四）纳税服务工作持续改进

优化服务平台。推进办税服务厅建设，开展网站后台升级改造，拓展网站互动功能。推广网上领购发票预约服务，开辟“园博会”发票审批绿色通道，加强地方税收业务知识库平台的建设与维护，方便纳税人办税。

强化权益保护。加强政策宣传与培训，发行《税务公告》12.5万册，辅导纳税人3.2万人次，向社会公开信息1.3万余条，保障了纳税人的知情权。改版网上权益保护专区，实现两级机关网上复议信息共享。开展行政复议和应诉工作，妥善化解矛盾纠纷。

完善评价机制。开展纳税服务满意度调查，深入了解纳税人需求，针对纳税人提出的问题，提出相应整改措施。该做法受到总局主要领导充分肯定。开展绩效考评，完善评价指标，健全绩效评价通报工作机制。

（五）法制工作水平稳步提升

坚持依法行政，制发我局“十二五”时期推进依法行政工作规划。以参与税务总局依法行政考核试点为契机，探索将行风评议、纳税人满意度调查等结果纳入区县局考核，推进依法行政工作向纵深发展。巩固政务流程梳理成果，切实提高制度执行力。加强规范性文件管理，探索文件异议处理机制。完成电子法规库升级改版，提升了工作效率。总结试点经验，会同市国税局修订处罚裁量基准。开展税收执法文书清理，及时补充完善有关内容。有效开展执法监督，探索开展绩效审计，两权运行进一步规范。

（六）干部队伍建设得到加强

加强党的建设。认真学习贯彻落实党的十八大精神，举办处级干部党的十八大精神轮训班。学习贯彻新党章，增强党员党性修养。开展以“北京地税大讲堂”“我的中国梦”主题教育实践活动为载体的多种形式的思想政治教育，努力践行社会主义核心价值观，保持地税系统党的先进性和纯洁性。全面加强党的思想、组织、作风、反腐倡廉和制度建设，提高党建科学化水平。深入开展创先争优活动，以建党92周年系列活动为契机，大力表彰先进基层党组织和优秀党员。组织开展机关青年技能大赛，引导广大干部立足本职、岗位建功。

加强领导班子建设。严格落实中央和市委关于改进工作作风密切联系群众有关规定，制定加强调查研究服务基层的意见。市局领导带头转变作风，深入基层一线调研，处室、科室不断完善与基层的沟通机制，及时发现和协调解决问题。推进处级干部选拔任用和交流调整工作，选拔任用处级干部21人，优化了班子结构。

加强干部队伍建设。召开区县局工作座谈会，听取意见建议，研究整改措施。推进机关和基层干部交流，选派15名市局机关干部赴基层锻炼。加强教育培训，开展分级分类培训和岗位大练兵，做好全员在线学习，提升了队伍素质能力。加强对机关干部考勤、着装等管理，树立税务机关良好形象。广泛开展干部喜闻乐见的文体活动，不断积累正能量。

狠抓反腐倡廉。加强反腐倡廉宣传教育，开展廉政微小说、公益广告创作征集以及“勤廉之星”推荐活动，筹备建立系统廉政教育基地，汇编系统典型案例，用身边人、身边事教育广大干部。全面推进廉政风险防控工作，特别是对存量房交易税收涉及的廉政风险问题，进行了重点防控。认真做好信访举报和案件查办工作。开展纪检监察干部会员卡专项清退活动。

提升行政效能。规范财务管理，推行公务卡结算方式改革，严格执行政府采购程序。加大督查督办力度，加强公文管理，精简会议活动。狠抓安全维稳，关心干部工作生活，做好干部职工疗休养工作，改善办公环境，提升餐饮、医疗、公务用车等服务质量，后勤保障水平有所提高。

上半年，在大家的共同努力下，地税工作取得了一定的成绩，税务总局和市委、市政府有关领导同志对我们的工作给予了充分肯定。但也要清醒地看到，地税工作与上级要求、纳税人的期望相比，还有很大差距，主要表现为：

第一，组织收入工作仍需挖掘潜力。对宏观经济形势、区域经济发展状况、重大税制改革的分析和研判能力还不够强，税收分析预测水平还有待提升，面对复杂形势的应对措施还不够多，对一些企业和行业税源监控还不到位。

第二，征管工作基础还比较薄弱。一是税源管理需大力改进。1—6月，企业无税申报占比达44%，其中个别区县达到58%。部分区县局对异地税源缺乏有效管理措施。有关税种的税源监管不到位。欠税管理口径不统一，个别区县局仍有漏报少报现象。二是稽查效率不高。稽查体制亟待调整，查账手段比较滞后。稽查人员配置不够合理，一线能担负起稽查职责的人员偏少。三是纳税评估的定位还需进一步研究，评估程序和执法文书还不够规范。四是征管改革的顶层设计需要加快推进，相关改革成效不突出。五是信息化建设还不能满足征管一线需求。核心征管系统网速比较慢，内网维护不够及时。

第三，纳税服务的质量和效率有待进一步提高。少数干部服务意识不强，服务态度生冷硬；一些干部业务不熟，咨询答复不准确，服务效率不高。有的办税环节程序繁琐，让纳税人多头跑、反复找。部分区县局在办公场所张贴大量口号，内容不规范，不统一。

第四，队伍建设尚需进一步加强。一是工作作风浮躁。机关服务基层的意识不强，对基层反映的问题不够重视，存在一定的官僚主义。个别区县局领导干部对上级工作部署抓落实不得力，业务水平和管理能力都有待提高。二是队伍能力素质有待提升。懂外语、精通税法、财务会计、会计电算化的专业人才严重匮乏。三是考核制度仍需完善。绩效考核流于形式，没有真正起到奖勤罚懒、奖优罚劣、促进工作的作用。对于这些问题，必须高度重视，采取有力措施加以解决。

二、关于下半年工作

7月16—17日，我市召开上半年经济形势分析会。会议总结了上半年全市工作，分析了当前面临的形势，明确了下半年的目标任务。市委书记郭金龙同志强调，全市要按照稳中求进的要求，坚持以提高质量和效益为中心，把深化改革开放、强化创新驱动贯穿到经济发展、结构调整和民生改善的全过程，稳中有为、稳中提质，完成全年经济社会发展目标任务。市长王安顺同志部署了全市下半年重点工作，针对税收工作，安顺同志明确提出，要稳步推进“营改增”试点改革扩围，严格落实各项结构性减税政策。加强税收征管，保障年度财政收支平衡。这次会议对于我们做好下半年工作具有重要指导意义。全系统要认真学习会议精神，坚持统筹兼顾，突出重点，创新工作，做到教育实践活动与税收工作两手抓、两不误、两促进，全面完成全年各项工作任务。

（一）依法组织收入，全力完成税收收入任务

下半年，随着税制改革的逐步深入和结构性减税力度的不断加大，特别是“营改增”试点改革的进一步扩围，地方税收面临较大增收压力。我们要在稳中有为、涵养税源、堵漏增收等方面下功夫，密切关注首都经济运行态势，全面掌握影响税收发展的各项因素，特别要落实税务总局王军局长关于做好税收分析工作的批示，努力使税收分析有深度、有措施，提升组织收入工作的针对性和前瞻性。要坚持依法征税、应收尽收，严格落实组织收入工作目标责任制，认真落实各项征管措施，确保完成全年税收任务。

（二）强化服务意识，不断提升纳税服务水平

我局在纳税服务中比较早进行了很多有益探索，当前的工作重点是在新起点上推进工作创新。一要牢固树立服务至上理念。全面落实税务总局关于税务系统转变职能的意见，抓紧出台我局具体落实措施。全系统特别是一线窗口单位，要以服务纳税人为中心，在征管和执法的各个环节都要首先考虑如何更加便利纳税人依法纳税，尊重纳税人的合法权益，依法履行基本服务职能，努力做到让纳税人满意。二要加强服务平台建设。研究制定办税服务厅（场所）服务标准，规范办税服务行为。加强网站建设，推进网站改版，拓展网上预约服务范围，3季度全面实现税控机打发票网上报数授权。扩大自助办税终端试点范围，开展纳税信息网上查询工作。抓紧推进个人所得税完税证明自助打印工作，9月1日在

西城试点，10 月在城六区局推广，年底前在全市推开。三要着力开展税收宣传辅导。有效利用网站、微博、报刊等各类媒体，宣传好税收政策，使纳税人交明白税、放心税。开展不同层级、不同类型的纳税辅导，完善网上辅导专区，不断提升辅导专业化水平。四要强化纳税人权益保护。总结试点单位网上权益救济工作经验，加强投诉的登记管理、过程监督、结果回访和典型案例分析。完善执法文书的权益告知内容，在税收工作的各个环节主动告知纳税人享有的权益。认真落实纳税人满意度调查后提出的整改措施，开展 2013 年度满意度调查，持续改进服务工作。

（三）落实税改举措，积极发挥税收调控作用

一要做好“营改增”改革工作。落实市局“营改增”工作督导方案，认真开展扩大试点涉及纳税户的筛选、确认，加强与市国税局的沟通，明确适用政策，保证改革工作平稳运行。二要发挥税收调控作用。落实好鼓励中关村创新创业和文化创意产业发展的税收优惠政策，服务首都“双轮驱动”战略。三要加强税收政策研究。发挥税务部门专业优势，继续做好地方税体系建设、房地产税、资源税、环境税改革等调研，积极促进税制改革，服务首都经济社会发展。

（四）做好改革设计，推进征管创新

一要积极探索推进征管改革创新。紧紧把握首都产业结构升级、总部经济聚集、税源分布集中、信息资源丰富等特点，按照税务总局要求，在年底前完成我局税收征管改革方案。征管改革方案要重点理清评估、稽查和税源管理的关系；推进稽查机构改革，优化稽查资源配置；加强数据管理，筹备成立数据管理处，进一步整合信息管理部门力量；研究税政处室与征管等部门的关系，增强税源管理合力。二要扎实开展无税申报企业专项核实清理。摸清情况，深入分析，研究措施，切实堵塞征管漏洞。三要加强税收遵从风险管理。研究解决基础信息风险指标的技术支持问题，组织按户的风险管理任务派发工作。加强对大企业、总部企业和“走出去”企业等重点税源的税收风险管理和个性化服务，有效开展风险应对。四要推进信息管税。健全信息共享和协税护税机制，深化第三方数据的共享应用，完成与市国税局、工商局、质监局企业基础信息交换平台和个人出租房屋税收管理系统相关工作，研究推进税务工商登记一体化。8 月完成内外网物理隔离，确保信息安全。五要强化税务稽查。统一税务检查证。9 月底前在市局、区县局两个层面恢复重大案件审理委员会制度，完善集体决策机制。推广电子查账软件，研究重点行业检查模型，制定电子查账操作规程，提高稽查工作质效。六要加强税种税源监控。贯彻落实税务总局关于加强企业所得税后续管理的指导意见，制定后续管理办法。强化印花税、车船税、土地增值税等相关税种税源分析和管理工作。研究改善房产税、城镇土地使用税属地征收管理。开展车船税专项检查。继续推进土地使用税“以地控税”试点，加强源头管控。七要规范国际税收管理。做好反避税、情报交换、税收协定执行、非居民纳税人税收征管等各项工作。积极推动目前由直属二局管理的部分居民企业（分支机构转实体的企业）改由属地地税机关征收，8 月出台工作方案，12 月底落实到位。

（五）推进依法行政，建设法治型地税机关

依法行政是税收工作的生命线。要严格按照建设法治政府和服务型政府的要求，合理配置权力，规范行使权力，有效监督权力，依法调解争议，保护纳税人合法利益。下半年，要结合依法行政考核试点工作，抓紧修订对区县局的考核管理办法，从收入、征管、服务、队伍四个方面确

定考核项目，剔除日常工作和没有实质意义的考核指标，以考核促进各项工作水平的提升。在制度建设方面，要巩固政务流程梳理的成果，促进制度执行；进一步清理执法文书，加强税收法规库管理，四季度要上线电子法规库，便于基层查询。在规范执法方面，市局、区县局两级内审监督部门要会同监察部门做好执法监督、经济责任审计、领导干部离任审计，重点对税务所长履行职责情况进行监督检查。要高度重视审计部门检查出的问题，加强整改，完善制度，杜绝类似问题再次发生。四季度，我局要发起成立北京市法学会税收法制建设研究会，加强税法研究，推进税收法制建设。

（六）加强队伍建设，促进干部队伍精神面貌加快转变

一要扎实开展党的群众路线教育实践活动。要按照教育实践活动统一部署，坚持正面教育为主、批评与自我批评、讲求实效、分类指导、领导带头的基本原则，着力抓好学习教育、听取意见，查摆问题、开展批评，整改落实、建章立制三个环节工作，确保活动不走过场。要把教育实践活动真正作为一次引导干部思想升华的过程，使为民务实清廉的要求内化于心，外化于行；作为集中解决形式主义、官僚主义、享乐主义和奢靡之风这“四风”问题的过程，在服务基层、服务纳税人上取得新突破。市局领导要带头调查研究，解决实际问题。各处室要在服务基层、便利纳税人、推进各项工作落实上拿出具体举措。各区县局要在8月中旬前完成教育实践活动的动员部署，不折不扣把规定动作做到底、做到位；把自选动作抓出特色，抓出成效。

二要加强党建和思想政治工作。筹备成立政治部，统筹全系统思想政治工作。筹备成立巡视工作办公室，加强对各级领导班子的监督。9月上旬召开全系统思想政治工作会和税务所长会，研究新时期加强思想政治工作的新思路、新举措，加强基础工作，推进基层建设。开展精神文明创建活动，建立全系统评优评先工作制度和机制，强化正向激励。加强对干部的人文关怀，开展形式多样的文体活动。

三要加强干部队伍建设。开展处级、科级干部选拔任用工作，加大副处级领导干部交流力度，制定税务所长交流制度。组织岗位大练兵，下半年组织开展税收业务知识抽考，评选征管能手、稽查能手、服务标兵，营造比学赶超的良好氛围。积极培养专业人才，鼓励干部报考“三师”资格和职称。组织开展境外培训，培养一批地税事业急需的具有国际视野的专业化骨干人才。关心干部生活，制定疗休养工作规划，进一步改进餐饮、医疗等后勤服务。

四要加强党风廉政建设。贯彻中央关于党政机关停止新建楼堂馆所和清理办公用房的通知要求，严格纪律，令行禁止。深化廉政教育，建设廉政教育基地，广泛宣传“勤廉之星”。认真落实党风廉政建设责任制实施办法，确保责任落实到位。深入推进廉政风险防控管理，落实整体推进阶段重点任务，加强监督检查，确保抓出实效。继续开展存量房交易等重点环节风险防控工作，重点运用信息化手段加强监督，确保权力运行不出轨。加强政风行风建设，制定《税务人员廉政禁令》，强化廉政要求。开展民主评议基层科所活动，做好信访办理工作，加大案件查办力度。

同志们，做好下半年的工作，是对开展党的群众路线教育实践活动成效的最好检验。让我们在市委、市政府和国家税务总局领导下，再接再厉，扎实工作，全面完成全年各项工作任务，为首都经济社会发展作出新贡献！

统一思想　凝聚力量　大力加强北京地税党建思想政治工作和基层建设

北京市地方税务局党组书记、副局长　刘江平

（2013 年 10 月 28 日）

同志们：

加强党建思想政治工作和基层建设，是地税系统工作的重要内容，也是各级领导机关、领导干部持之以恒要抓好的重要工作。下面，我代表市局党组讲三点意见。

一、召开党建思想政治工作会暨税务所长会议的重要性紧迫性

今年以来，在北京市委、市政府和国家税务总局领导下，市、区局两级党组结合实际，不断改革创新党建思想政治工作，为地税事业提供精神动力；开展以为民务实清廉为主要内容的党的群众路线教育实践活动，加强调查研究，密切联系群众，改进工作作风；推进市局机关与区县局、分局干部交流调整，大力加强领导班子、干部队伍建设；筹备建立系统廉政教育基地，推进党风廉政建设；探索税控机发票网上授权、个税完税凭证自助打印等工作，缓解基层税务干部压力，减轻纳税人负担，为积极发挥税收职能作用，促进区域经济社会发展提供思想政治保障和人才支持。

再过两个多月，就到年底了。为切实保证教育实践活动取得实效，推进各项任务圆满完成，在这个时候召开今天的会议，非常及时，非常重要。

第一，这次会议是进一步贯彻落实党的十八大精神，统一思想、提高认识、明确任务的需要。党的十八大提出，以改革创新精神全面推进党的建设新的伟大工程，要加快改革财税体制、完善公共财政体系。市十一次党代会要求，必须以改革创新精神全面加强党的自身建设，不断提高领导水平和执政能力。如何紧密结合经济和税收工作形势，落实税收征管改革要求，服务区域经济社会发展，加强地税系统党建思想政治工作和基层建设，需要我们进一步统一思想、提高认识、明确任务，发挥各级党组织的战斗堡垒作用、领导干部的带头表率作用和党员的先锋模范作用，提高党建思想政治工作和基层建设水平；需要我们加强领导，创新方法，认真履行税收工作职责，稳中有为地完成税收任务。

第二，这次会议是进一步深化教育实践活动的需要。我们目前正在开展的教育实践活动是党中央在新形势下坚持党要管党、从严治党的重大决策。我们作为全市开展教育实践活动的第一批单位，如何以加强和改进党的作风建设为切入点，增强贯彻群众路线、改进工作作风的自觉性

和坚定性，进一步密切征纳关系、干群关系、党群关系，需要大家切实提高思想认识，进一步查找领导机关、领导班子和领导干部“四风”方面的突出问题，分析原因、提出对策，立足当前、着眼长远，建立健全党员干部为民务实清廉的长效机制。

第三，这次会议是进一步加强新时期北京地税系统党建思想政治工作和基层建设的需要。思想政治工作是经济工作和其他一切工作的生命线，是收好税、带好队的强大思想武器。目前，全系统拥有全市第二大公务员队伍，其中，党员干部5303人，占71.9%，基层税务所干部职工3523人，占47.8%。如何把党建和思想政治工作融入税收征收管理、税收执法、纳税服务等工作实践，教育引导干部职工提高服务纳税人、服务经济社会发展能力，是摆在我们面前的重要课题。市、区局两级党组需要认真总结经验，破解党建思想政治工作和基层建设的难题；需要加强领导、突出重点，弘扬正气、凝聚力量，建设更加坚强有力的高素质地税干部队伍，为完成各项工作任务打下坚实基础。

第四，这次会议是进一步解决系统内突出问题的需要。近年来，随着社会环境、经济环境、体制机制的发展变化，依法行政进程逐步加快，对队伍素质、征管水平、服务能力等方面的要求越来越高，系统内出现一些不符合依法治税要求、不能满足纳税人合理需求、不适应税收职能需要的问题和现象，影响了北京地税形象和征管改革的推进。如何适应新形势、新任务要求，解决这些长期累积的问题，需要我们集思广益，群策群力，开展研究讨论，提出对策措施；需要我们围绕首都经济社会发展大局和税收工作实际，解放思想、与时俱进，开拓创新、规范管理，巩固和扩大教育实践活动成果，建立完善相关制度规定，把北京地税事业不断推向前进。

二、党建思想政治工作和基层建设存在的突出问题

今年7月我们召开的全系统领导干部会议，指出了干部队伍建设中的一些突出问题。从近期情况看，大多数问题引起了各单位、各部门的重视，正在采取措施予以解决，但是仍有一些问题需要我们下功夫去研究解决，主要表现在以下几个方面：

一是理想信念不够坚定。有的单位理想信念教育抓得不紧，对党的理论、路线、方针、政策学习教育不够，思想教育与解决干部的现实问题结合不紧，流于形式，效果不佳。有的领导干部对科学发展观缺乏全面、深刻、正确地理解，受社会上众说纷纭的“杂音”影响较大，表率作用发挥不好。有的党员干部放松世界观、人生观、价值观改造，思想空虚，精神不振，不思进取，得过且过。个别党员不能按照共产党员的标准严格要求自己，缺乏原则立场，好事不点头，坏事不摇头。个别干部价值取向扭曲、宗旨意识淡化，关注个人得失多，关心他人感受少，个人享受多，艰苦奋斗少。

二是依法行政意识有待增强。不按权限、依据、时限、程序执法的现象依然存在。有的干部以依法行政为借口，推脱责任，不干事。个别干部工作随意、不规范，缺乏按规章制度办事的自觉性。有的基层干部在行使处罚裁量权时执法尺度畸轻畸重，显失公正的情况仍有发生。管理员管户的模式扁平化，后续管理检查跟不上。外部监督和内控机制尚未健全，乱作为、不作为现象不能及时发现，依法行政的风险隐患不能及时排除。

三是服务水平有待提高。少数干部服务意识

淡薄，对待纳税人，颐指气使，盛气凌人。有的同志征管程序不熟悉，政策业务不掌握，工作能力与岗位要求差距较大，让纳税人多次跑、多头问、反复找。有的业务问题，同一政策，国地税答复不一样；同一税务机关，不同部门答复不一样；同一部门，不同人员答复不一样；同一干部，不同时间答复不一样。机关为基层、上级为下级服务不到位，有时答复问题含糊其辞，有些流程操作、政策解释、环节处理等具体工作，缺乏针对性。税务所建设缺乏长远规划，缺乏规范措施，办税厅管理标准不够统一。

四是基层建设不够扎实。干部素质不适应岗位需要，有的业务干部不熟悉税收政策，有的政工干部不会做思想政治工作，有的稽查干部看不懂企业账目。税收专业化人才缺乏，目前，全系统有“三师”等注册师资格的干部有190名，只占全系统干部的2.58%。这些都与我们现在担负的任务和我们的地位极不相称。个别税务所长重业务、轻党务，面对干部思想的独立性、选择性、多变性和差异性，在说服力、感染力上存在差距，工作方式方法简单，不会做思想政治工作。个别税务所长带队伍能力欠缺，用干部挑听话的、干工作找顺手的，遇到个性比较突出的，就不会管、管不住。基层一线人员偏少，征管稽查力量不足，老龄化现象开始凸显。

五是党员干部作风方面存在不容忽视的问题。在市、区局两级领导机关中，个别领导干部形式主义比较严重，下基层身入而心不入，蜻蜓点水，走马观花，不掌握具体情况，不解决实际问题，制定措施不符合基层实际。有的区县局、分局口号多，提法多，既不统一，也缺乏实效。官僚主义比较严重，对基层问题推诿扯皮，不负责任，不敢担当，给基层增加了不必要的负担。有的只关注本部门工作，对其他部门工作的配合不积极、不主动。工作多头下达，重复布置，使基层疲于应付。对广大纳税人和基层税务干部多年来持续反映的问题熟视无睹，求稳怕事，敷衍塞责，拖拖拉拉。享乐主义、奢靡之风一定程度存在，个别领导干部计较待遇，追名逐利，少数税务干部庸懒松散，拈轻怕重，安于现状。在生活中追求物质享受，热衷灯红酒绿，讲究排场，铺张浪费。

六是违纪违法问题时有发生。个别干部廉洁从税意识淡薄，吃拿卡要报等损害纳税人利益的问题依然存在。有法不依、执法不严现象时有发生。因工作人员办事效率低下、工作能力差引起的投诉事件屡见不鲜。法纪观念薄弱，腐化堕落、以权谋私、以税谋私，侵害国家利益等违纪违法案件仍有发生。对部分单位在选人用人、财物管理、公款消费、民主作风等方面问题的反映也有发生。

七是制度机制不健全不完善。市区局两级机关对办税全过程、各环节缺乏实时、有效的监控，未形成科学的管理评价机制，对服务效率、服务质量、服务承诺的考评力度不够。先进典型的挖掘、宣传和培育机制尚未建立起来，缺乏有影响力的先进集体、先进个人。市局管理考核指标设置不尽合理，没有发挥应有的作用。干部的考核评比与晋升使用脱钩，激励机制作用弱化，不能有效调动各层面干部的积极性创造性。

出现这些问题的原因是多方面的，有主观原因，也有客观原因。从主观上讲，少数领导班子和领导干部不注意政治理论学习，政治理论水平不高，学习不系统、不深入，有计划不落实，有形式没内容，联系实际不紧密。有的单位对党建思想政治工作不重视，没有摆上重要议事日程，存在“一手硬、一手软”现象。少数领导干部责任心不强，管理跟不上，不敢管、不愿管、不会管，特别是对一些错误言行不批评、不纠正、不教育，怕得罪人，好人主义严重。对干部职工特点掌握不准，组织生活不严肃，没有积极作为，没有认真履职。少数干部存在的攀比心理、从众心理、弥补心理、侥幸心理、迷信心理，影响了党建思想政治工作和基层建设的效果。

从客观上讲，我们地税系统党的组织关系实行属地管理、行政上实行垂直管理的体制下，市局对基层党建指导不够，特别是对区县局、分局“一把手”的管理力度不够。随着“营改增”试点扩围、结构性减税工作深化，组织收入形势复杂，基层一线干部工作压力较大。考核激励手段单一，使干部对职务看得越来越重，工作动力不足。北京高新企业、总部经济聚集，纳税人知识层次高，对干部能力素质提出更高要求。住房、收入分配、子女教育等现实问题，以及微博、微信等新媒体负面情绪交织，给干部工作生活带来干扰和后顾之忧。

这些问题的存在，挫伤了干部积极性，影响了纳税人利益，降低了工作质效，制约了北京地税的长远发展，也给地税系统的党建思想政治工作和基层建设带来了压力和挑战。各级党组织、领导干部要提高思想认识，保持政治警醒，正确把握形势，以教育实践活动为契机，严肃整治这些与形势任务要求不合拍、不合律的现象，保证各项税收工作的圆满完成。

三、统一思想，凝聚力量，大力加强党建思想政治工作和基层建设

加强系统党建思想政治工作和基层建设，是一项长期的战略任务，是我们做好税收工作的根本保证。各单位、各部门要把党建思想政治工作和基层建设摆上重要议事日程，围绕中心、服务大局，精心组织、周密部署，切实抓紧抓好、抓出成效。

（一）坚持“两手抓，两手都要硬”方针，把党建工作贯穿于税收工作全过程

党的十八大提出了全面提高党建科学化水平的总体要求和八大任务，我们各级领导机关、领导班子和领导干部要从战略和全局高度，坚持“两手抓，两手都要硬”方针，将党建工作与税收业务一同部署、一同检查、一同考核，贯穿到税收工作全过程。

一是进一步加强理想信念教育，牢固树立正确的世界观、人生观、价值观。各级党组织要加强理想信念教育，用科学的理论武装干部，用良好的道德塑造干部，用严明的纪律约束干部，推动形成实现中国梦的强大精神力量。要引导党员干部联系中国特色社会主义伟大实践，加强对社会发展规律的认识，正确对待事业发展中的曲折，进一步坚定理想信念。要按照党章要求，努力实践全心全意为人民服务的宗旨，抵制拜金主义、享乐主义、极端个人主义等腐朽思想侵蚀，经得起权力、金钱等方面诱惑。要引导党员干部正确处理国家、集体、个人三者之间关系，发扬吃苦在前、享受在后的奉献精神。

二是进一步发挥各级党组织的战斗堡垒作用，为税收工作提供坚强的组织保证。各单位、各部门党政主要领导要亲自挂帅，统筹协调各方面力量，落实党建各项工作。领导班子其他成员要各司其职，密切配合。越是在关键时候，越是在工作困难的时候，越要加强党的建设，充分发挥党组织的战斗堡垒作用，在日常工作、生活中让干部职工感受到党组织的坚强后盾。市局党建工作指导小组要加强对系统党建工作的指导，形成党组统一领导、职能部门各负其责、业务部门齐抓共管、干部职工全员参与的工作格局。

三是进一步发挥领导干部的带头表率作用，

营造干事创业的良好氛围。各级领导干部要自觉增强政治意识、大局意识、责任意识，牢固树立“抓好党建工作是本职、不抓党建工作是失职、抓不好党建工作不称职”的理念。领导干部要率先垂范，做理想信念的坚守者，做为民务实的践行者，做勤政廉政的执行者。要当好政府的参谋，结合区域经济发展，积极出主意、想办法、拿举措。税务所长是带好队伍的关键岗位，要靠前指挥、身先士卒，重要问题想在前、干在前，带头保持昂扬向上、奋发有为的精神状态。为加强对区县局、分局领导班子特别是“一把手”的管理，市局成立了“第一党支部”。市局第一党支部要认真履行职责，充分发挥作用，坚持组织生活制度，落实“一岗双责”，为加强系统基层党建探路子、作表率、当标杆。

四是进一步发挥党员的先锋模范作用，立足本职创一流业绩。每个党员都要以强烈的责任感、使命感，自觉把发挥先锋模范作用落实到行动上，通过自己的骨干、带头和桥梁作用，影响带动周围的干部职工。任务繁重的时候，党员要能够看得出来，干部职工最需要的时候，党员要能够站得出来。机关党员要牢固树立为基层服务意识，把心思和精力放到提高政策业务水平和服务基层能力上来。基层党员要牢固树立全心全意为纳税人服务的意识，依法行政，秉公办事，提高服务纳税人的工作质量和工作效率。要充分发挥党员示范岗、优秀党员等先进典型的作用，定期评选优秀共产党员，形成模范引领效应，带动全系统党员干部创先争优当先进，立足岗位做贡献，保持先进性和纯洁性。

（二）发挥主观能动性，认真做好经常性思想政治工作

邓小平同志讲过，思想战线上的同志，都应当是人类灵魂的工程师。领导干部不仅要抓业务、抓收入，还要会做人的工作，会管理干部，会做思想工作。

一是加强理论学习，提升思想政治素质。各级领导干部要把系统深入地掌握马克思主义基本理论作为看家本领，认真研读理论原著，积极提升自己的理论素养。要关注形势发展变化，重视学习时事政治，提高把握政策能力，增强政治敏感性，自觉服从服务税收工作大局。要通过学习，提高素质，按照科学发展观要求想问题、办事情、作决策。新任职干部和年轻干部尤其要抓好理论学习，通过坚持不懈学习，学会运用马克思主义立场、观点、方法观察和解决问题。要建立健全学习制度，把干部的学习情况特别是运用理论解决实际问题的能力作为评价和使用干部的重要依据，增强学习的积极性、主动性。

二是掌握科学方法，提高做思想政治工作的能力。要分析研究干部职工的思想情况，有针对性地开展思想教育。对干部严格要求、严格管理，开展经常性的教育活动，对于苗头性的问题要常抓不懈。要结合税收形势任务的发展变化，为干部职工解疑释惑，寻找理想和现实的最佳结合点，增强教育的针对性。要着重解决思想道德领域的突出问题，大力弘扬主旋律，积极传播正能量，严肃纠正错误倾向。了解掌握不同层面干部职工的真实需求，注意启发引导和心理慰藉，缩短领导与干部之间的心理距离，及时向干部职工送去党组织和领导的关心关怀。落实谈心制度，发挥其在理顺情绪、化解矛盾、加深了解、增进团结等方面的突出作用。在坚持传统思想政治工作方式、方法的同时，从实际出发、从生活出发、从群众出发，积极探索有利于破解工作难题的新举措、新办法，认真总结提炼做思想政治工作的丰富经验，不断推进工作创新。

三是发挥职能部门作用，突出思想政治工作

的实效性。各级职能部门以及工会、共青团、妇联要充分发挥作用，组织开展形式多样、积极向上、群众喜闻乐见的活动。要用真情对待干部职工，用实事温暖干部职工，用丰富的活动吸引干部职工，用高尚的人格感召干部职工。要充分考虑和尊重干部职工的意见，让他们心里话有处说，难题有处诉，从思想上、政治上、心理上给予关心和体贴，及时回复和落实他们的意见需求，答疑解惑，增强认同，理顺情绪，化解矛盾，增强干部队伍凝聚力。市局将适时组织系统思想政治工作座谈会，深入分析干部职工的思想状况，研究新形势下加强和改进思想政治工作的具体办法。

（三）采取有力措施，稳步推进干部队伍建设

要以更宽的视野、更高的境界、更大的气魄，不断提高干部综合素质，培养求真务实、真抓实干、勇于担当，真正对北京地税事业负责的干部队伍。

一是查摆问题，制定措施，确保教育实践活动不虚、不空、不偏、不走过场。按照这次教育实践活动查摆问题、开展批评环节的要求，各单位、各部门要开好民主生活会，真开门，广泛征求意见，真亮丑，敢于自我揭短，真批评，直指问题要害，真正达到照镜正容，洗澡除尘，醒脑治病的效果。要扎实抓好整改落实，属于本人的问题，要认真进行整改，属于本单位的问题，要从体制机制上去研究解决。要结合地税工作实际，认真落实总局“三个三”要求：体现“为民”的总要求是做到“三个服务”，即服务税户、服务基层、服务大局；体现“务实”的总要求是做到“三个实在”，即任务求实、干事踏实、说话朴实；体现“清廉”的总要求是做到“三个禁止”，即执法禁贪、服务禁懒、管理禁散，扎实推进领导机关、领导班子和领导干部以及全系统干部队伍的作风建设，确保群众路线教育实践活动扎实有效进行。

二是整合资源，形成合力，提高干部队伍整体素质。在干部选拔、教育培训、经费使用等方面，要基层优先，为基层干部搭建干事创业的平台。各单位、各部门要认真落实《关于鼓励干部参加专业资格考试和在职研究生学习的通知》，开展岗位大练兵，加强分级分类培训，特别是税收、财会、法律、经济等知识培训，鼓励参加“三师”资格考试、在职学习、脱产培训和学历教育，提高干部专业素质和综合能力，着力培养一批税收专业化人才。这次全系统有四十多人参加了总局领军人才的面试。对取得执业资格证书和高级职称的干部，要纳入专业骨干人才队伍管理，发挥其在税收工作中的骨干作用，在竞争上岗、领导干部选拔任用、组织推荐学习培训时，同等条件下优先使用或推荐。

三是创新方式，改进方法，落实干部队伍建设措施。改善干部队伍结构，抓好专业对口年轻干部的招录工作，着力解决基层户多人少、年龄偏大、工作繁重等问题。适应“营改增”后任务变化特点，梳理岗位职责，转变工作职能。要加强干部交流，多向区县委、政府输送人才，为地税干部成长搭建更广阔的平台。推进机关与基层干部交流，从基层遴选干部充实市局机关和直属分局，安排缺乏基层工作经历的机关年轻干部到基层培养锻炼。修订市局考核办法，突出对任务完成、队伍建设、征收管理、纳税服务的指标考核，奖优罚劣，表扬先进，鞭策后进，增强干部队伍的凝聚力和战斗力。

（四）围绕税收中心工作，不断提升系统基层建设水平

加强基层建设，是有效发挥税收职能作用的

内在要求，是保证北京地税科学发展的现实需要。

一是推进税务所规范化建设。加强对税收征管改革的探索，深化征管评查联动机制，理清税务所工作职责，研究纳税评估工作定位、稽查机构设置等问题，提高税源专业化管理水平。研究制定系统《税务所长轮岗交流指导意见》，强化干部资源均衡合理配置和基层干部的统筹管理，实现基层干部队伍健康、可持续发展。认真落实《基层税务所规范化管理实施办法》，按照功能完善、执法规范、管理有序、整洁美观要求，统一建设标准，提升基层建设的整体水平。全面清理各种指导思想、理念、目标、口号，树立北京地税规范统一、求真务实的良好形象。

二是加强先进典型的宣传培育工作。研究制定系统《先进集体先进工作者评选办法》，集中力量，多方面、多角度、多层面大力宣传、培育各类先进典型，重点抓好国家级、市级先进典型培育工作。充分发挥先进典型的示范导向作用，宣扬先进事迹，交流典型经验，在全系统营造学习先进、崇尚先进、争当先进的浓厚氛围。

三是坚持市、区局两级机关联系基层制度。进一步畅通市、区局两级机关与基层的沟通渠道，搭建机关与基层联系互动的平台。市、区局两级机关要及时解决基层需求和实际困难，积极协调解决基层在征收管理、纳税评估、税务稽查、纳税服务和干部队伍建设中的困难和问题。市、区局两级机关要靠前指导，总结经验，发现典型，加强一线税收力量，提升整体工作水平。

四是大力加强依法行政。要树立依法行政、按法办事的观念，切实把规范行为、克服执法随意性上升到保护自己、保护干部、保护队伍的高度上来。税务所长要加强学习研究，培养对法律实务的驾驭能力，对日常税收工作涉及的法律法规既要有宏观驾驭能力，又要有具体事务的把握能力，对监管风险点更要心中有数，既能当好指挥员，更能当好战斗员。要严格贯彻执行市地税局和市国税局已出台的有关自由裁量权规定，减少基层行政执法行为的随意性。同时，要健全内控机制，及时发现问题，及时纠正问题。

五是提高基层纳税服务水平。落实税务总局关于税务系统转变职能的意见，提升服务转型升级的主动意识，健全完善具体措施。落实市局《办税服务厅（场所）服务行为规范》，提高对外服务水平。以切实减轻纳税人负担为出发点，逐步将依纳税人申请事项纳入办税服务厅集中受理，推行“一窗式”“一站式”办公，简化办税环节，不断创新行政审批方式。以维护纳税人权益为重点，积极运用和解、调解手段化解税收争议，提升纳税人投诉的处理质效，及时响应纳税人合理诉求。完善执法文书中权益救济告知内容，拓宽涉税救济渠道，加强救济工作过程监控。持续开展满意度调查，搜集纳税人需求，形成以查促改的良性循环。

近期，中央电视台等一些媒体连续曝光了一系列窗口服务单位或执法部门为群众服务方面存在的问题。国家税务总局针对这些案例反映的情况，先后紧急下发了《关于切实做好办税服务的紧急通知》和《关于进一步做好当前有关工作的紧急通知》两份文件，税务总局领导在有关会议上也提出具体要求。前几天，市局下发了贯彻落实通知。这些问题，对我们窗口单位来讲，其实不是什么新问题。这就要求我们在提高纳税服务水平的同时，在依法合规的前提下，要学会换位思考，多站在纳税人角度考虑问题，主动为纳税人做好涉税服务。注重人性化服务，创新服务手段，讲究服务的方式方法，能一次性告知的事项，要注意一次性告知，尽力避免纳税人多次跑、反复找。学会化解矛盾，迅速办结事项，妥善解决纳税人办税过程中遇到的一些现实问题。服务水平的高低，往往就体现在这些细节之中。

（五）加强党风廉政建设，营造风清气正工作环境

加强党风廉政建设是推动地税各项工作又好又快发展的有力保障。我们作为公共权力相对集中的经济管理部门，要大力推进党风廉政建设，营造廉洁高效的政务环境。

一是加强反腐倡廉教育。从市局领导班子做起，要带头开展廉政教育。对处级以上领导，要着重进行权力观教育和执政意识、危机意识教育；对全体干部职工开展党纪政纪教育，强化法纪观念。筹建廉政教育基地，选用近年来系统内发生的多个典型案例，开展警示教育，进一步增强做好党风廉政工作的责任感、使命感。

二是加强廉政风险防控管理工作。领导干部要树立廉政风险防控意识，坚持把廉政风险防控管理融入业务工作全过程。要针对税收政策的变化，及时主动调整、改进廉政风险防控措施。加强对权力运行的制约和监督，重点加强对领导干部和人、财、物管理等关键岗位的监督防控。加强信息化防控体系建设，充分利用科技手段，实现对权力运行全过程的痕迹管理，降低廉政风险的发生概率。

三是加强对干部队伍的监督管理。严格执行税务总局《税收违法违纪行为处分规定》《〈税务系统领导班子和领导干部监督管理办法〉实施细则》，落实市局党组《党风廉政建设责任制实施办法》《进一步重申若干纪律规定》的“六个严禁”，加强区县局、分局重大事项报告工作，进一步加强干部监督管理。积极开展信访监督工作，严肃处理纳税人反映强烈的税务人员滥用职权、刁难群众、吃拿卡要报等问题。加大案件查办力度，重点查处税务人员贪赃枉法、以税谋私、利用中介机构串通牟利等严重损害国家和纳税人利益的案件。

四是加强政风行风建设。全系统要按照市纪委关于开展“两规范一提高”试点工作的要求，以加强和改进政风行风、密切联系群众为主线，以规范执法行为、规范政务服务、提高执法能力和服务水平为主要内容，集中治理本单位基层行政执法和纳税服务中存在的突出问题，不断扩大纳税人的参与和监督，提高群众满意度。

同志们，新时期北京地税系统党建思想政治工作和基层建设任务艰巨、使命光荣、责任重大。我们要以此次党的群众路线教育实践活动为契机，在市委、市政府和国家税务总局的领导下，坚定理想信念，加快作风转变，持续优化服务，密切联系群众，全力推进北京地税事业科学发展。

税收政策

收入规划核算

【综述】2013 年，全市地税系统收入规划核算部门深入开展党的群众路线教育实践活动，解放思想、服务大局、完善制度、深化改革，紧紧围绕一个中心（组织收入中心工作），突出一个重点（全面深化税收综合分析工作），不断夯实会计、统计、票证等工作基础，扎实开展各类调查，不断强化队伍建设，全系统收入规划核算工作在攻坚克难中稳步前行，有效发挥自身职能作用。2013 年，全系统各项税费收入 3100.3 亿元，突破 3000 亿元，同比增长 7%。其中，完成地方公共财政预算收入 2318.7 亿元，同比增长 4.5%，占全市公共财政预算收入比重达到 63.4%；完成税收收入 2895.3 亿元，同比增长 7.1%。

【组织收入工作机制】紧紧围绕首都经济发展和税制改革，认真贯彻以依法征税为主要内容的组织收入原则，全面落实各项结构性减税政策，注重通过深化分析挖收入，把握工作主动权；细化征管保收入，全力以赴促增收；优化服务促收入，提升税法遵从度。全系统各部门、各区县（分）局强化统筹、协调联动、齐抓共管、狠抓落实，顶住结构性减税影响 300 亿元的巨大压力，实现了税收收入的平稳较快增长。继续强化组织收入工作机制，坚持收入规划动态调整机制，加强与各级政府部门、与局内各单位以及市局与区县（分）局之间的沟通，全年共召开全市范围收入形势分析会 3 次，区域性分析会 6 次，专题会 4 次。

【预测机制】加强对各项结构性减税政策落实情况的监督反馈，重点关注税收政策调整对重点税种、重点行业和重点区域的影响。认真分析组织收入工作的成效和面临的困难，准确把握区域经济、政策对税源的影响。全年全系统税收预测准确率达到 97.2%。

【跨省铁路运输企业税收分享】积极与天津、上海、山西等 7 省市地税局密切联系、充分沟通，确定统一的申报方法、缴款流程、资料交换形式等，确保跨省铁路运输企业税收分享工作在北京市的顺利开展。

【综合税收分析】一是加强制度建设。印发《北京市地方税务局关于全面加强综合税收分析的意见》，全面推进全系统综合税收分析工作的开展，形成市、区、所三级，以及收入、税政、征管等部门多层面、多角度的分析机制。二是深化税收收入分析。进一步完善和规范日常分析，优化分析内容，拓展分析领域，加快实现从单纯的收入进度和因素分析，向收入结构和趋势分析转变。通过宏观经济分析税收增长，通过税收分析透视宏观经济运行，不断探索税收与经济发展的规律。三是强化税收专题分析。围绕首都经济发展热点、区域、行业热点，结合地税工作，全面推进专题分析工作，从税收视角客观反映宏观经济运行状况，揭示存在的问题，进一步提高决策支持服务水平。形成房地产业、印花税、异地纳税等专题分析9篇，其中报送市政府4篇，得到市政府领导的肯定，6篇分析材料得到市委、市政府主要领导和税务总局领导的批示，全系统共22篇发表在《中国税务报》上。《北京地方税收收入增长与经济发展的关系》一文在《税务研究》杂志上发表。

【大中小微企业划型】 完成113.3万户大中小微企业划型工作，其中市局充分利用系统数据并与市国税局密切配合，划型111万户，区县（分）局核实后划型2.3万户。

【重点税源监控】 继续做好重点税源监控，与市国税局联合部署，统一导入“同期数据、税款应缴、已缴数据”，减轻基层税务机关审核以及纳税人填报工作量。完善报表审核公式，并推送至重点税源直报平台，从数据源头提高质量，2013年在全国年度考核中排名第二。

【税收调查】 继续与市国税局联合部署，共计上报8927户调查企业数据，顺利通过全国数据汇审。北京地税局荣获税收调查和企业集团调查优秀单位称号。海淀、顺义地税局税收调查分析报告由市局报送至税务总局。

【减免税统计调查】 共涉及企业71.2万户，并对20余万个体工商户数据进行测算，基本覆盖全部调查对象，调查率接近100%。调查中将税务总局下发的580多项减免税政策梳理简化为市局适用的180余项指标，优化调查表收集程序，切实减轻纳税人和基层税务机关负担。

【报表编制】 及时、准确、全面编报完成2012年各类税收会计、统计、票证年度报表和情况说明，审核并向税务总局报送全国年报会审材料。在税务总局2012年度税收会计、统计、票证年度报表会审中，北京地税局继续保持了数据零差错。积极布置落实2013年报表工作，修订会计、统计报表式样，编写报表系统维护业务需求，下发工作通知全面部署报表工作。各局严格执行税收会计、统计制度，核算准确，截至2013年12月底，市局和各区县（分）局共编报报表7683张。

【财税库银横向联网】 对宁波银行北京分行等6家新申请商业银行进行了系统测试、评审，2013年，财税库银横向联网银行增加至39家。积极完成财税库银横向联网升级改造项目试点和推广，11月全市推广上线后，区县局手工税票共减少75%以上，切实为基层减负。完成财税库银横向联网计付手续费有关工作，与有关部门共同完成35家联网商业银行2012年度计付手续费工作。

【税收票证管理办法落实准备】 根据税务总局新票证管理办法的要求和市局工作实际，制定并发布《北京市地方税务局税收票证管理办法》，为新办法的贯彻提供制度保障。确定市局税收票证样式和适用联次，并增加防伪措施，提高安全性能。对区县（分）局无法消化的库存，在全市范围内进行调剂。及时协调各业务处室和科技信息部门确认需求、修改程序，为新办法的运行提供技术保障。大力协调税收票证章戳工作，为全系统各局统一办理税收票证专用章戳的刻制工作，确保2014年1月1日新票证管理办法的顺利实施。

【税收会计检查】 下发《检查工作通知》，明确检查时间、检查内容、检查范围，规范了检查工作底稿、检查工作统计表。制作《税收会计检查指南》，组织成立20个检查小组，历时4个月对全市20个区县（分）局7个方面、51个检查项目、80多个检查点进行检查。从检查结果看，全系统税收资金管理整体情况较好，税收会计核算和税收票证的管理规范，但在票证管理、税款征收、减免税、退税管理等工作中也发现一些问题，需要进一步规范管理，强化监督。

【业务培训】开展业务培训，紧密结合基层实际工作需要，邀请税务总局领导和市局业务管理人员授课、利用召开培训会、税收会计检查以干代训和具体负责人员业务交流等方式，就税收分析、预测、会计、统计、票证管理等方面进行六次专题培训，促进整体业务素质的不断提升。

【考察调研】组织区县局及相关处室人员分两批赴外省市考察学习，考察内容涉及税收分析、大秦铁路税收分享、重点税源监控、票证管理、信息化建设等多个方面，通过考察交流经验，开拓思路，考察成果及报告得到市局领导的肯定。2013 年共成立四个调研课题组，充分挖掘各区县局、分局的智力资源，合作完成《文化创意产业研究》《重点税源管理研究》《税收资金运行管理研究》《房地产业研究》等调研，并积极开展调研成果转化，努力服务实际工作。

【党的群众路线教育实践活动】按照市局党组党的群众路线教育实践活动领导小组工作安排和工作要求，认真开展各项活动，积极落实学习教育、听取意见、查摆问题、开展批评环节各项工作，加强学习，聚焦“四风”，服务基层，服务纳税人。市局收入处通过召开座谈会、走访、发放调查问卷、谈心谈话等多种方式征求意见建议，共征求到意见建议 18 条。对群众提出的焦点问题，积极整改，并列入 2014 年重点工作项目。

（周非平）

营业税　文化事业建设费管理

【综述】2013 年，全市共组织入库营业税 1032 亿元，完成年度计划 1042 亿元的 99.04%，营业税占全系统各项税费收入 3062 亿元的 33.72%，占税务总局口径税收收入 2895 亿元的 35.65%，占地方公共财政预算收入 2319 亿元的 44.52%。2013 年同口径营业税增收 123 亿元，对比同口径增长 13.48%。在营业税征收管理方面主要工作：（1）“营改增”试点工作顺利开展。北京作为全国首个国税、地税机构分设的“营改增”试点地区，自 2012 年 9 月 1 日实施“营改增”试点以来，“营改增”应税服务范围已涵盖交通运输业、部分现代服务业、广播影视服务、铁路运输和邮政。纳入本市“营改增”试点范围的纳税人已从“1 + 6”行业的 13.8 万户增至 31 万户，增幅达到 124.64%。随着“营改增”试点的不断推行，本市 2013 年营业税收入的总额呈下降趋势，与 2012 年相比下降 10.44%。（2）优惠政策落实到位。为进一步规范减免税管理，2013 年调整营业税减免税统计表样，全市共减免营业税 579836 万元，同比增加 168663 万元，增长 41.02%。本期减免营业税主要集中在个人销售已购住房和一年期以上返还性人身保险两项，两项减免营业税额占全市减免营业税的 97.92%。2013 年享受个人销售已购住房减免的共 204472 户，同比增加 76362 户，增长 59.61%；本期减免营业税 482314 万元，同比增加101900万元，增长26.79%。一年期以上返还性人身保险业务免征营业税85457万元，占全市减免营业税的14.74%，同比增加64386万元，增长305.57%。（3）加大调查研究力度；围绕税制改革这一重大课题，结合北京经济发展现状，对本市建筑业营业税的调研，得到相关部门的支持和局领导的充分肯定，并发布公告规范本市建筑业营业税纳税地点。此外，开展并撰写的《“营改增”后北京地税文化事业建设费征收情况调研》四篇调研，全部在市局《调查研究》上刊登。（4）服务小微企业发展。截至2013年12月31日，享受免征营业税优惠政策的纳税人共计233.87万户次，占企业和非企业性单位的87.57%；免征营业税共计3675.37万元，占企业和非企业性单位应纳税额395.4亿元的0.09%，其中，零申报纳税人约占95%以上。享受优惠政策纳税人免征营业税税额呈现上升的趋势，减免营业税从第一个征期的409万元上升至1012.86万元，增幅为147.64%，户均免税从373.96元上升至450元，增幅达到20.3%。从北京市享受小微企业减免营业税的情况看，减免营业税主要集中在服务业（约占85%），其次是娱乐业、建筑业，三税目合计超过减免营业税总额的95%。（5）服务区域经济建设。围绕首都经济社会发展大局，积极发挥税收职能作用，主动走访全市50个挂账村，广泛征集政策建议，及时制定征管措施。在市局下发《市区两级机关与基层税务所联系工作暂行办法》后，坚持与海淀科技园税务所、西城金融街税务所和朝阳二所、五所四个联系所开展处所联系活动。（6）落实税收征管措施。加强与市建委的联系，充分利用第三方数据，积极推进北京市不动产和建筑业营业税项目管理工作，将不动产和建筑业工程项目情况登记表纳入财产行为税税源监控管理平台，共计评估2022户企业，补缴营业税553万元。同时，在市局层面受理企业购车复核工作及部分纳税人上门咨询工作，全年共受理企业购车审核50692条，审核合格35707条，审核不合格14985条，并及时向市调控办进行反馈。（7）大力加强税法宣传。全面细致地完善营业税处内、外网信息公开工作、认真办理TAX861咨询件54件，密切关注全国税改动向，做好营业税及文化事业建设费有关政策的宣传服务；处理各类提案33件，得到人大代表、政协委员的赞扬；编纂1994—2010年的营业税、文化事业建设费税志和《营业税政策汇编》。

【教育劳务营业税政策执行】随着社会经济文化的发展，教育模式日趋多样，教育产业规模迅速扩大，为调查和规范教育劳务营业税政策执行情况，确保营业税优惠政策贯彻落实到位，市局开展对教育行业的调研，了解北京市教育行业发展现状，并就营业税问题提出相应建议：（1）联合办学营业税建议。建议对于没有学历授予资格的单位，在联合办学过程中与从事学历教育的联合方共同为学员学历教育服务取得的教育劳务收入，视同为从事学历教育的学校，为学员提供学历教育取得的符合有关文件规定的收入，免征营业税；而对于联合办学中未提供教育劳务的单位，就其取得的收入，不应作为教育服务收入适用“文化体育业”税目，更不得适用教育劳务营业税减免税政策，应根据其具体提供的劳务种类，确定其适用税种、税目。（2）中外合作办学项目营业税建议。对于中外合作办学项目中，境外教育机构授予的学历如果通过教育部留学服务中心认证，属于中国承认的学历，那么虽然外国教育机构不是经中国“教育行政部门批准成立”，但其确实提供中国承认学历的教育劳务，因此建议将其在合作办学过程中，因提供国家承认学历的教育劳务而取得的符合文件规定的收入，作为从事学历教育的学校提供教育劳务取得的收入，免征营业税。（3）技工学校适用营业税减免税政策建议。建议对于技工学校提供教育劳务取得的符合政策规定的收入，免征营业税，并适时完善、规范现行文件表述。（4）公办、民办教育机构享受税收优惠政策。建议出台新文件扩大优惠政策适用范围，对政府举办和民办教育机构适用相同税收优惠政策，明确从事学历教育的学校举办进修班、培训班取得收入，全部归学校所有的，免征营业税。（5）明确预收学费的营业税纳税义务发生时间。建议对预收款按照财务会计制度将预收款确认为收入的时间，作为营业税纳税义务发生时间。此项调研在2013年北京地税《调查与研究》第71期刊发。

【其他服务业务营业税征收管理】 为更好地掌握“营改增”北京市的税源变化，加强营业税征收管理，市局组织对其他服务业营业税征收管理有关情况进行调研，了解其他服务业务营业税征管的情况，梳理工作中存在的问题，并有针对性提出建议：（1）积极向相关部门反映营业税的征管现状，进一步推进营业税改征增值税的进程。营业税改征增值税试点的应税服务注释与现行营业税税目注释无法准确对应，在实际征管过程中对征管范围界定不清的同时，也加大数据统计与分析的难度，不利于为下一步税制改革提供准确信息。为此积极向财政部、国家税务总局反映营业税的征管现状，建议上级部门充分考虑现行营业税税目，细化营业税改征增值税的应税服务范围注释，并明确具有解释权的主体。（2）加强税法宣传，引导纳税人进行营业税明细申报。充分利用广播、电视、网络等媒体，向纳税人宣传税法知识和现行税收政策，以及如实申报的重要意义，督促纳税人如实申报。联合评估部门在开展专项评估工作的同时对营业税适用税目一并进行评估，加强对其他服务业的评估，对于申报错误要及时纠正。（3）完善营业税纳税申报界面，优化纳税人申报模块，为纳税人创造良好的纳税环境。从细化其他服务业务营业税的征管入手，优化现行北京地方税务综合服务管理信息系统，调整营业税纳税申报界面，为纳税人提供简便、易操作的电子申报环境，全面提高营业税的征管质量。此项调研在2013年北京地税《调查与研究》第74期刊发。

【文化事业建设费征收】 为全面反映北京市“营改增”后文化事业建设费征收情况，加强费源管理，市局就文化事业建设费征管范围的变更，以及费源分布状况进行归集整理，着重分析“营改增”对市局文化事业建设费收入的影响程度，反映了当前文化事业建设费征管过程中存在的问题，并提出相关具体建议：（1）加强文化事业建设费与娱乐业税目比对工作。以信息化为手段，建立娱乐业营业税、文化事业建设费管控比对机制。细化征管措施，完善文化事业建设费的纳费申报，通过源泉控管加强收入分析、监控力度，全面提高服务管理水平。（2）简化北京市娱乐业营业税税率。北京市娱乐业税率分为5%、10%、20%三档，2009年恢复地方娱乐业营业税税率制定权以来，全国多个省份在规定幅度内全面下调娱乐业营业税税率，从而降低娱乐业纳税人税负，体现税收对文化产业的支持。此外，个别项目适用税目界限不清，容易加大税收征管难度。从加强文化事业建设费与营业税收入比对的角度考虑，单一税率更有利于税务部门的监管。（3）加强费源管理，堵塞征管漏洞。一是进一步加强对辖区内缴纳娱乐业营业税纳税人的费源管理，摸清费源底数，督促其按时、足额缴纳文化事业建设费。二是加强对纳税人的培训辅导，使纳税人正确核算营业收入，准确确定缴费依据。三是加强娱乐业营业税征收与文化事业建设费征收情况比对分析，查找征管薄弱环节。同时，大力拓展宣传载体和宣传渠道，进一步加大宣传力度，提高纳税人对文化事业建设费的重视程度，增强其缴费意识，确保文化事业建设费及时、足额入库。此项调研在2013年北京地税《调查与研究》第75期刊发。

【“营改增”试点工作】为进一步落实营业税改征增值税工作，解决“营改增”工作中遇到的问题，市局组织对六个不同省市、地区“营改增”工作开展情况进行调研。在实地调研的基础上，对各省区涉及的收入测算、征管衔接、政策管理、宣传舆情、信息保障等方面情况进行介绍，提出下一步扩围工作中值得学习借鉴的经验做法：（1）浙江省地税局科技信息部门，自主开发的批量处理取数软件，以及在核心系统内加入“全部改征”或者“部分改征”标识的做法，可为各级税务机关后续相关数据调取、税源户查询比对、收入预测等工作提供高效便捷的服务平台。（2）四川省地税局在“营改增”试点工作的准备过程中，对营业税全税目进行先行测算，通盘考虑试点工作对地税税收收入的影响，四川省地税局通过测算，如营业税全面改征后，需要将增值税的分成比例调整为6.5（中央）∶3.5（地方），才能确保地方公共财政预算收入不下降。此项调研在2013年北京地税《调查与研究》第80期刊发。

【建筑业营业税纳税】随着市场经济的不断发展和投资环境的逐步改善，国家基础设施建设加大投入，建筑业作为北京市一个重要的产业，对地方经济作出较大贡献。由于建筑施工企业多而杂、内部管理规范化程度不一、工程项目流动分散等特点，给税收征管工作带来一定的难度和压力，亟须税务部门研究，加以管理和规范。结合北京市建筑业营业税征管中存在的问题和原因，市局通过调研提出相应建议：（1）加大税法宣传的针对性。有效利用电视、广播、网络等现代新闻媒介进行税法宣传，扩大影响面。重视对施工单位，特别是工程项目承包人的税法宣传，把宣传材料送到建筑工地，让工程承包人知法、懂法、守法，形成自觉纳税的共识，从源头减少偷逃税；另外，抽调专业人员，对施工单位的财务人员进行培训式的税法宣传，使纳税人明确各自的权利和义务，从而形成自觉依法纳税、社会协税护税的良好氛围。（2）调整建筑业纳税地点。一是对本市建筑业营业税固定业户纳税人，在本市范围内提供建筑业应税劳务的纳税地点，由向税务登记地主管税务机关申报纳税，调整为向劳务发生地主管税务机关申报纳税。二是考虑到对外地进京施工企业营业税的源泉控管，继续由“外管处”代征外地进京施工企业营业税，其代征税款由财政部门划转劳务所在地区、县，既保证全市财力不减少，平衡各区县的财政利益。（3）加强纳税评估分析。充分发挥纳税评估的专业特点，加强对建筑行业税收宏观分析和对企业微观经营情况和缴纳税收及影响税源的减免税、税前扣除、政策变动因素等指标的评估分析，结合建设、规划、审计等反馈的征管信息，选择行业中部分具有典型性的企业作为样本进行调查、剖析，确定行业的税收负担率，实行行业税收预警，对在行业负担率以下的企业列入预警对象，实施专项评估，税收稽查或检查。（4）打击偷漏税违法行为。加大对做假账、用假发票、搞假申报行为的查处力度，加大对漏征漏管项目的清理，堵塞征管漏洞，发挥以查促管作用对重大案件进行通报，准确反馈案件查处情况和稽查信息，及时曝光典型涉税案件，加大以涉税案例宣传税法的深度和广度。通过对偷税行为处罚、曝光，惩前毖后，进一步加强税法的刚性和严肃性，营造良好的治税环境。（5）逐步推进建筑业营业税项目管理工作。加强与建设、规划、审计等职能部门协作，充分利用第三方信息，逐步推进以建筑企业和个人承接建筑业工程项目为管理对象，以建筑业发票为控管手段，通过对建筑工程项目基本情况、税收征管信息数据的采集、分析、比对，最终实现建筑业税收的科学化、精细化、信息化管理目标。此项调研在2013年北京地税《调查与研究》第93期刊发。

【新兴金融交易机构营业税问题】随着首都科技金融创新和文化金融创新有力推进，多层次资本市场和金融要素市场也加快发展。为进一步推动首都金融交易市场的健康持续发展，深入了解新兴金融交易平台的税收征管情况，市局特选取全国中小企业股份转让系统有限责任公司及北京金融资产交易所进行专项调研，提出相应对策建议：（1）进一步修订细化《金融保险业营业税税目注释》。针对金融保险业营业税税目注释落后于时代发展的情况，市局应积极建议上级单位，根据实际情况，对金融保险业营业税税目注释进行修订。可通过单行文的形式，将已经出现的新兴的金融业务进行补充，并对每一个子目进行更加细化的解释，同时对未来可能出现的金融经济现象做出展望。（2）进一步完善金融保险业相关政策。面对各种新出现的金融业务，营业税管理处深入调研，根据实际情况，及时调整、明确配套税收政策，使边缘政策清晰化，既有利于基层税务征管人员做好日常税收征管工作，也有利于纳税人正确理解税收政策，做好税收缴纳工作，提高税收遵从度。如对从事新兴金融业务的纳税人，考虑能否出台相关文件，规范此类纳税人，对其从事各类金融交易服务类的收入，统一按照“金融保险业——金融经纪业”进行缴纳，让纳税人有明确的文件可依，不再出现误读税收政策。（3）加强新兴金融企业的政策培训。针对新兴金融企业税收征管的复杂性，一要加大对此类纳税人的培训力度，邀请金融税收政策专家对其进行专业知识培训，召开税企政策辅导会、座谈会，着力提高其对相关税收政策理解的准确性。二要不断加强税务部门对金融企业的纳税宣传、日常辅导，增强金融企业依法纳税的能力。通过税务机关与金融企业的共同努力，最终实现纳税人满意与北京金融业税收稳步增长的双赢局面。

【“营改增”试点改革工作】2013年4月10日，国务院常务会议决定进一步扩大“营改增”试点，为全面贯彻落实中央税制改革精神，推动北京市税制改革进程，市地税局按照财政部、国家税务总局下发的各项文件规定，全力以赴做好“营改增”试点改革扩围工作，8月1日实施广播影视行业“营改增”扩围后，总体运行态势良好，各项工作平稳有序进行：（1）召开局长办公会专题研究“营改增”扩大试点落实工作。充分发挥“营改增”工作小组办公室职责，在总结2012年“营改增”试点工作基础上，就本次扩大试点政策精神、前期准备以及下一步工作计划安排，在市局局长办公会议上进行专题汇报，按照第4次市局局长办公会议精神，就2013年扩围行业涉及市局工作，与各成员单位一同完善工作方案。（2）召开成员单位专题工作会。组织召开成员单位专题工作会，传达部署国务院、北京市政府及上级部门关于“营改增”相关会议精神，研究具体工作方案，将15项任务分解到处室。（3）召开全系统扩围工作动员部署会。安排布置税源户筛选任务，动员全系统积极做好“营改增”扩围的各项准备，确保北京市“营改增”扩围工作顺利实施。（4）对扩围行业进行政策梳理。对此次扩大试点范围所涉及的广播影视作品的制作、播映、发行等部分现代服务业的相关政策进行梳理。（5）提供税源户数据信息和确认工作。将地税系统内各纳税人状态全部纳税人共193万户的相关基础信息，以及2012年1月1日至2013年4月30日营业税分税目、分月数据提供给市国税局。（6）分区县召开“营改增”工作汇报会。听取各区县局前期“营改增”试点运行情况、此次扩大试点相关工作准备情况，以及开展“营改增”工作的建议等方面的汇报。会议要求，各区县局要在思想上高度重视，市区两级税务部门要继续做好户数和税款的梳理工作，参会单位要将此项工作及时向领导汇报。（7）协助市财政局审核扶持资金的申请。按照北京市“营改增”过渡性财政扶持政策有关规定，积极会同财政、国税部门开展受理、审核工作，截至2013年12月底，已对403户因“营改增”税收负担增加的企业，审核拨付财政扶持资金1.8亿元，保障试点改革平稳实施。此外积极配合市财政局开展“财政部关于开展‘营改增’试点情况专项调查”工作。（8）对税改相关数据进行测算。本市从事广播影视作品的制作、播映、发行的纳税人有2.6万户，其中有税户为1.2万户，2012年入库营业税1.54亿元，预计影响本年度营业税近2亿元。（9）组织开展“营改增”经验交流考察活动。6月24日—7月22日，市局“营改增”工作考察组赴厦门等地，对当地“营改增”试点工作进行考察，分别与厦门市地税局等多家单位从收入测算、技术保障、安全转户、税政宣传等方面进行交流学习。（10）做好“营改增”相关数据统计工作。8月1日，实施广播影视行业“营改增”扩围工作后，改革效果逐步显现，96.6%的试点纳税人实现税负下降或基本持平，试点纳税人总体税负下降41.2%。自2012年9月1日实施“营改增”改革以来，实施“营改增”试点的纳税人已从“1+6”个行业的13.8万户增至31万户，增幅达到124.64%。随着“营改增”试点的不断推行，营业税收入的总额呈下降趋势，与2012年相比下降10.4%。收入的影响主要集中在交通运输业、服务业和转让无形资产，三税目共计减收营业税223.4亿元，其中服务业减收198亿元，交通运输业减收21.4亿元，转让无形资产减收4亿元。

【交通运输业和部分现代服务业“营改增”试点应税服务范围】根据交通运输业和部分现代服务业营业税改征增值税试点情况，财政部、国家税务总局联合印发《关于交通运输业和部分现代服务业营业税改征增值税试点应税服务范围等若干税收政策的补充通知》（财税〔2012〕86号），就有关税收政策进行明确。2013年1月15日，北京市财政局、北京市国家税务局、北京市地方税务局以京财税〔2013〕27号对财税〔2012〕86号文件进行转发，并根据该文件第四条规定申请享受免征增值税税收优惠的纳税人，应当按照《北京市国家税务局关于营业税改征增值税试点期间有关增值税优惠政策管理问题的公告》（北京市国家税务局公告2012年第8号）第二条的规定，于申报免税销售额前，向主管税务机关提交《北京市营业税改征增值税优惠政策备案登记表》2份及批准从事电影制片、发行、放映的证明材料原件、复印件各一份办理免征增值税备案手续。

【交通运输业和部分现代服务业“营改增”试点税收政策】根据国务院进一步扩大交通运输业和部分现代服务业营业税改征增值税试点的要求，财政部、国家税务总局联合印发《关于在全国开展交通运输业和部分现代服务业营业税改征增值税试点税收政策的通知》（财税〔2013〕37

号）就有关事项进行明确。2013年6月24日，北京市财政局、北京市国家税务局和北京市地方税务局以京财税〔2013〕1184号对财税〔2013〕37号文件进行转发，并对本市销售应税服务的增值税起征点补充规定：自2012年8月1日起，按期纳税的，为月应税销售额20000元（含本数）；按次纳税的，为每次（日）销售额500元（含本数）。同时明确，《北京市财政局、北京市国家税务局、北京市地方税务局转发财政部、国家税务总局关于应税服务适用增值税零税率和免税政策的通知》（京财税〔2012〕17号）、《北京市财政局、北京市国家税务局、北京市地方税务局转发财政部、国家税务总局关于交通运输业和部分现代服务业营业税改征增值税试点若干税收政策的通知》（京财税〔2012〕19号）、《北京市财政局、北京市国家税务局、北京市地方税务局转发财政部、国家税务总局关于交通运输业和部分现代服务业营业税改征增值税试点若干税收政策的补充通知》（京财税〔2012〕1519号）、《北京市财政局、北京市国家税务局关于明确应税服务增值税起征点的通知》（京财税〔2012〕2619号）和《北京市财政局、北京市国家税务局、北京市地方税务局转发财政部、国家税务总局关于交通运输业和部分现代服务业营业税改征增值税试点应税服务范围等若干税收政策的补充通知》（京财税〔2013〕27号）自2013年8月1日起废止。

【扩大“营改增”试点税收管理事项】自2013年8月1日起，北京市将营业税改征增值税试点改革范围扩大至广播影视服务业。为顺利开展试点扩围工作，2013年7月2日，北京市国家税务局、北京市地方税务局联合下发《关于扩大营业税改征增值税试点税收征收管理若干事项的公告》，就有关税收征收管理事项进行明确：（1）扩大试点的应税服务范围。自2013年8月1日起，广播影视服务纳入营业税改征增值税试点范围。广播影视服务，包括广播影视节目的制作服务、发行服务和播映服务。广播影视节目制作服务，是指进行专题、专栏、综艺、体育、动画片、广播剧、电视剧、电影等广播影视节目和作品制作的服务。具体包括与广播影视节目和作品相关的策划、采编、拍摄、录音、音视频文字图片素材制作、场景布置、后期的剪辑、翻译、字幕制作、片头、片尾、片花制作、特效制作、影片修复、编目和确权等业务活动。广播影视节目发行服务，是指以分账、买断、委托、代理等方式，向影院、电台、电视台、网站等单位和个人发行广播影视节目以及转让体育赛事等活动的报道及播映权的业务活动。广播影视节目播映服务，是指在影院、剧院、录像厅及其他场所播映广播影视节目，以及通过电台、电视台、卫星通信、互联网、有线电视等无线或有线装置播映广播影视节目的业务活动。（2）税务登记、申报纳税事项办理。2013年7月31日前，凡提供广播影视服务的单位和个人应按照《公告》有关规定申报办理税务登记信息核对等手续。2013年8月25日前，国税机关将统一为试点纳税人办理网上申报申请手续，试点纳税人领取的数字证书自领取之日起至2014年12月31日期间无须交纳证书服务费。2013年9月征期前，国税机关为试点纳税人统一办理电子缴税申请手续。2013年9月1日起，试点纳税人在国税机关申报纳税。（3）税控机具使用和发票衔接。自2013年8月1日起，试点纳税人使用国税税控机具，享受的优惠政策参照《公告》的有关规定执行。试点纳税人提供广播影视服务应当开具国税局监制的发票，不得再开具地税局监制的发票。自2013年7月1日起，试点纳税人可以向国税主管税务机关申请办理发票票种核定、税控机具推行和发票领用手续，使用印制有本单位名称发票的试点纳税人应按照有关要求办理有关手续。试点纳税人领用的发票自2013年8月1日起启用，不得提前开具。

【“营改增”试点过渡性财政扶持资金事项】 为继续落实好营业税改征增值税试点改革过渡性财政扶持资金政策，2013年8月8日，北京市财政局、北京市国家税务局、北京市地方税务局联合下发《关于营业税改征增值税试点过渡性财政扶持资金若干事项的通知》（京财税〔2013〕1596号），就有关事项进行明确：（1）关于跨区县审核工作协调问题。扶持资金申请企业国地税税收关系跨区县的，由申请企业增值税主管税务机关所在区县财政局组织受理。主管区县财政局负责填写《财政扶持资金申请资料传递单》，将传递单连同企业申请资料传递至申请企业原营业税主管税务机关。申请企业原营业税主管税务机关负责审核按照原营业税政策规定还原计算的营业税，补充填写《财政扶持资金申请资料传递单》，反馈给发起审核资料传递的财政部门。传递过程中，申请企业原营业税主管税务机关所在区县财政局协助联系。（2）关于增值税完税凭证原件的核验。申请企业提交资料包含的增值税完税凭证原件，可由受理申请资料的工作人员在受理时核验复印件与原件一致性后，退还给申请企业。（3）关于计算税负变化的期间。各区县财税部门要按照《北京市财政局关于开展营业税改征增值税试点过渡性财政扶持资金管理工作的补充通知》（京财税〔2012〕2989号）的要求，严格执行税负变化时段的计算方法，对首次提出扶持资金申请的企业，应自企业纳入试点改革的首月开始计算税负变化。（4）关于扶持资金落实情况的上报。各区县财政部门要按照《北京市财政局关于开展营业税改征增值税试点过渡性财政扶持资金管理工作的补充通知》（京财税〔2012〕2989号）的要求，以正式文件的形式及时上报扶持资金审核、拨付情况，并通过“信息采集与综合查询”系统上报相关电子信息。（5）关于税负变化表的调整。为适应试点改革政策调整，印发调整后的《北京市营业税改征增值税试点企业税负变化表（适用于增值税一般纳税人）》和《北京市营业税改征增值税试点企业税负变化表（适用于增值税小规模纳税人）》，并自2013年9月1日起执行，《北京市财政局、北京市国家税务局、北京市地方税务局关于印发〈北京市营业税改征增值税试点企业税负变化表〉的通知》（京财税〔2012〕2157号）附件1、附件2同时停止执行。

【明确“营改增”试点有关文化事业建设费征收管理】 为促进文化事业发展，加强全国营业税改征增值税试点中文化事业建设费的征收管理，财政部、国家税务总局联合下发《关于营业税改征增值税试点有关文化事业建设费征收管理问题的通知》（财综〔2013〕88号）就有关问题进行明确。2013年10月11日，北京市财政局、北京市国家税务局、北京市地方税务局以京财综〔2013〕2078号文件对财政部、国家税务总局财综〔2013〕88号文件进行转发，并补充规定：《北京市财政局、北京市国税局、北京市地税局转发财政部、国家税务总局关于营业税改征增值税试点中文化事业建设费征收有关问题的通知》（京财综〔2012〕2295号）和《北京市财政局、北京市国税局转发财政部、国家税务总局关于营业税改征增值税试点中文化事业建设费征收有关问题的补充通知》（京财综〔2012〕2970号）同时废止。

【调整北京市建筑业营业税纳税地点】 为加

强建筑业税收征管，解决本市建筑业营业税纳税地点问题，根据《中华人民共和国营业税暂行条例》及其实施细则、《税务登记管理办法》的有关规定，2013 年 12 月 19 日，北京市地方税务局下发《关于调整我市建筑业营业税纳税地点的公告》，就北京市建筑业营业税纳税地点进行明确：（1）自 2014 年 1 月 1 日起，本市固定业户纳税人签订建筑安装工程合同（不含装饰）的，其营业税纳税地点为建筑安装劳务发生地。建筑业征收范围内的装饰业务暂不调整，仍在其机构所在地申报缴纳营业税。本公告所称的装饰是指单独签订装饰合同的业务。（2）本市固定业户纳税人签订建筑安装工程合同（不含装饰）后，应按照《税务登记管理办法》（国家税务总局令 2003 年第 7 号）的规定，向建筑安装劳务发生地主管税务机关申报办理临时税务登记，其临时税务登记证号应按照“行政区域码 + 组织机构代码”的编码规则进行编制，其中行政区域码为纳税人劳务发生地的行政区域码。（3）纳税人承包的建筑安装工程跨区县的，应向其机构所在地主管税务机关申报缴纳营业税。（4）外地进京施工企业应缴纳的营业税及其附加，继续按照《北京市地方税务局关于建筑业营业税纳税地点有关问题的通知》（京地税营〔2008〕177 号）规定，统一由北京市建设工程专业劳务发包承包交易中心代征代缴。（5）本公告自 2014 年 1 月 1 日起施行。原京地税营〔2008〕177 号文件第一条同时废止。

【铁路运输和邮政业纳入“营改增”试点税收事项】 自 2014 年 1 月 1 日起，北京市将营业税改征增值税试点改革范围扩大至铁路运输和邮政业。为顺利开展试点扩围工作，2013 年 12 月 27 日，北京市国家税务局和北京市地方税务局联合下发《关于将铁路运输和邮政业纳入营业税改征增值税试点税收征收管理若干事项的公告》，就有关事项进行了明确：（1）税务登记、申报纳税事项办理。2013 年 12 月 31 日前，凡提供铁路运输和邮政服务的单位和个人（以下简称试点纳税人）应按照《公告》有关规定申报办理税务登记信息核对等手续，原增值税一般纳税人兼营营业税改征增值税业务的不需办理一般纳税人重新认定手续。2014 年 1 月 31 日前，国税机关统一为试点纳税人办理网上申报申请和电子缴税手续，试点纳税人领取的数字证书自领取之日起至 2014 年 12 月 31 日期间无须交纳证书服务费。2014 年 2 月 1 日起，试点纳税人在国税机关申报纳税。（2）税控机具使用和发票衔接。自即日起，试点纳税人可以向国税主管税务机关申请办理发票票种核定、税控机具推行和发票领用手续，使用印制有本单位名称发票的试点纳税人应按照有关要求办理有关手续。试点纳税人领用的发票自 2014 年 1 月 1 日起启用，不得提前开具。试点纳税人使用国税税控机具，享受的优惠政策参照《公告》的有关规定执行。自 2014 年 1 月 1 日起，试点纳税人提供铁路运输和邮政服务应当开具国税局监制的发票。试点纳税人应当于 2014 年 1 月 31 日前到原主管地税机关办理结存地税局监制的不再使用的发票缴销手续。对纳税人不再使用的税控机具依纳税人申请办理注销手续。部分提供收派服务的试点纳税人使用的在地税局领用的《北京市地方税务局通用定额发票》和经地税局批准印制的印有单位名称发票设置发票过渡期。过渡期内，铁路运输、邮政业类试点纳税人可以开具地税局监制的上述发票，并缴纳增值税。该类试点纳税人应当于过渡期结束后的一个月内到原主管地税机关办理结存发票的缴销手续。发票过渡期具体截止期限为：①《北京市地方税务局通用定额发票》：2014 年 1 月 31 日。②北京顺丰速运有限公司经地税局批准印制的印有单位名称发票：2014 年 3 月 31 日。

【文化事业建设费】 2013 年，全市共组织入库文化事业建设费 3368 万元，同口径文化事业建设费增收 152 万元，增长 4.7%，完成年度计划 12000 万元的 28%。本期文化事业建设费中央级收入 295 万元，占全市文化事业建设费的 8.8%；本期地方级收入 3073 万元，占全市文化事业建设费的 91.2%。从目前广告业已纳入"营改增"范围以及娱乐业营业税完成情况看，虽然本期娱乐业增幅达到 14.4%，但娱乐业中应征收文化事业建设费的项目比重较低，2013 年全市 20 个征收局 7 个区同口径文化事业建设费负增长。历来文化事业建设费排在首位的海淀区，本期同口径文化事业建设费减收 1784 万元，减幅 94.5%。

（邢志红）

企业所得税管理

【综述】 2013 年，全市共组织企业所得税收入 258.1 亿元，同比增长 16.8%。其中，国有企业所得税完成 15.2 亿元，同比增长 15.2%；集体企业所得税完成 4.95 亿元，同比下降 2.6%；股份合作企业完成 2.58 亿元，与去年同期持平；股份公司企业所得税完成 180.82 亿元，同比增长 20.9%；私营企业所得税完成 46.98 亿元，同比增长 8.8%；其他企业所得税完成 7.57 亿元，同比增长 1.5%。

【修改核定征收鉴定操作规程】 2013 年 3 月 27 日，为保障纳税人权益，规范企业所得税核定征收鉴定操作规程，北京市地方税务局发布《北京市地方税务局关于修改企业所得税核定征收鉴定操作规程的公告》（北京市地方税务局公告 2013 年第 2 号），明确核定征收工作职责、工作流程以及提交资料等。

【修改部分企业减免税备案项目内容】 2013 年 4 月 2 日，为规范和加强企业所得税减免税备案管理工作，根据财政部、国家税务总局有关文件以及《北京市地方税务局关于印发〈企业所得税减免税备案管理工作规程（试行）〉的通知》（京地税企〔2010〕39 号）、《北京市地方税务局关于对部分企业所得税减免税项目进行备案管理的公告》（北京市地方税务局公告 2012 年第 2 号）的规定，发布《北京市地方税务局关于修改部分企业所得税减免税备案项目内容的公告》（北京市地方税务局公告 2013 年第 4 号），对全部三十二项减免税备案项目的政策依据等内容进行修订。

【中关村自主创新示范区试点税收政策】 2013 年 5 月 2 日，北京市财政局、北京市国家税务局、北京市地方税务局、北京市科学技术委员会、中关村科技园管理委员会联合下发了《关于贯彻落实国家支持中关村科技园区建设国家自主创新示范区试点税收政策的通知》（京财税〔2013〕610 号），明确企业所得税研究开发费用扣除、备案管理等具体规定。

【企业政策性搬迁企业所得税管理】 2013 年

6月3日，为进一步规范企业政策性搬迁所得税征收管理，根据《国家税务总局关于发布企业政策性搬迁所得税管理办法的公告》（国家税务总局公告2012年第40号）《国家税务总局关于企业政策性搬迁所得税有关问题的公告》（国家税务总局公告2013年第11号）规定，北京市国家税务局、北京市地方税务局发布《关于企业政策性搬迁所得税管理有关问题的公告》（北京市国家税务局、北京市地方税务局公告2013年第4号），明确企业在政策性搬迁中有关资产、费用、所得以及所得税等具体确认、处理规定。

【企业参与棚户区改造企业所得税政策】2013年9月30日，北京市财政局、北京市国家税务局、北京市地方税务局转发《财政部、国家税务总局关于企业参与政府统一组织的棚户区改造有关企业所得税政策问题的通知》（京财税〔2013〕2516号），明确企业参与政府统一组织的棚户区改造享受企业所得税政策的条件以及税前扣除等具体规定。

【企业所得税后续管理实施意见】2013年10月14日，北京市地方税务局下发《北京市地方税务局关于加强企业所得税后续管理的实施意见》（京地税企〔2013〕154号），明确了后续管理的制度框架、工作内容、工作机制及各部门工作职责等。

【有限合伙制创业投资企业法人合伙人企业所得税政策】2013年11月12日，北京市财政局、北京市国家税务局、北京市地方税务局、中关村科技园区管理委员会转发《财政部、国家税务总局关于中关村国家自主创新示范区有限合伙制创业投资企业法人合伙人企业所得税试点政策的通知》（京财税〔2013〕2295号），明确有限合伙制创业投资企业法人合伙人有关企业所得税试点政策，并对有限合伙制创业投资企业的法人合伙人概念、备案要求等进行补充。

【中关村示范区内企业技术转让所得税政策】2013年11月12日，北京市财政局、北京市国家税务局、北京市地方税务局、中关村科技园区管理委员会、北京市科学技术委员会、北京市商务委员会转发《财政部、国家税务总局关于中关村国家自主创新示范区技术转让企业所得税试点政策的通知》（京财税〔2013〕2315号），明确中关村国家自主创新示范区内居民企业符合条件的技术转让所得享受企业所得税优惠政策试点，对备案要求等进行补充。

（牛泽厚　付晓彬　王旭刚
毛　江　王素江）

个人所得税管理

【综述】2013年，北京地税系统个人所得税工作按照市局工作部署，深入开展税源和纳税情况分析，加强税收形势预研预判；认真落实税收政策，深入开展政策实施效果评价；积极完善征收管理，服务首都改革发展和税制改革；积极加强工作创新，下大气力优化纳税服务；实现个人所得税收入平稳较快发展，圆满完成了各项工作任务。四是持续完善税收征管措施。加强对股权转让所得源泉控管。依法推进律师事务所查账征收工作。继续做好明细申报和12万申报基础工作。加大信息化对征管工作的支持保障力度。五是下大气力做好三个服务。积极研究政策执行空间，用好税收政策服务首都改革发展。加强国内外个人所得税政策和征管制度研究，服务税制改革。加强税收政策宣传辅导，持续优化纳税服务，提高为基层税务机关服务水平。六是创新完税证明发放工作。依法调整个体户业主个人所得税核定征收标准。认真研究完善房屋转让所得装修费用扣除标准。

【个人所得税收入】2013年，北京市共征收个人所得税834.5亿元，同比增收131亿元，增长18.6%；占全市地税系统各项税费收入3100.67亿元的26.9%，在各税种收入中位列第二；税收收入规模占全国个人所得税总收入的12.9%，位居全国第二，增幅高于全国平均水平5.7个百分点。

【税源和纳税情况分析】综合利用核心系统、明细申报系统和外部涉税信息，探索建立了包括申报人数、申报收入、缴纳税款和适用税率等情况的统计分析指标体系。按月份、季度、年度深入开展税源和纳税情况统计分析，研判收入形势，服务领导决策。全面梳理11项所得涉及的税收政策，对各项所得税源和纳税申报情况进行分析，了解税源结构，分析查找政策执行薄弱环节。市区所三级征收机关紧密协作，对重点扣缴单位和纳税个人适用政策情况进行调查核实，进一步夯实了税种税源管理基础工作。

【在京港澳台同胞和外籍人员纳税申报情况统计分析】从国籍、收入水平、从事行业和主管税务机关等方面，加强对在京港澳台同胞和外籍人员纳税申报情况的统计分析，掌握征管基数。组织部分区县（分）局对住房补贴、子女教育费等8项税前扣除优惠政策执行情况进行调查，研究强化征管措施。

【重点税源快速反应处理】建立重点税源快速反应处理机制，强化市区所三级征收机关配合协作。分别对部分演艺机构、NBA中国体育赛事和知名外籍教练在京纳税情况进行了调查核实，有效处理涉税舆情。

【股权转让所得源泉控管】加强与工商行政管理部门的协作配合，依法对股权转让收入和股权原值进行核定，认真登记股权转让所得纳税申报电子台账，及时研究处理政策执行中的问题，严格落实股权转让所得源泉控管措施。2013年，股权转让所得共征收税款19.3亿元，同比增收10.3亿元，增长1.2倍。

【律师事务所查账征收】认真落实国家税务总局要求，依法对全市律师事务所进行查账征收。及时梳理生产经营所得个人所得税查账征收政策，会同司法局、律协等部门，对全市1800多家律师事务所开展培训辅导。加强对律师事务所查账征收政策执行统计分析，积极学习借鉴上海、重庆等地经验，研究政策执行潜力，依法明确政策执行标准。及时研究处理市司法局、市律协和人大代表对律师事务所查账征收提出的政策意见建议，加强向市政府的汇报，积极争取上级部门支持。2013年，全市律师事务所合伙人缴纳税款与去年同期基本持平，其中3/4的经营规模较小的律师事务所税负下降，个人所得税调节收入分配作用得到进一步强化。

【落实支持中关村发展税收政策】中关村“新四条”政策出台后，及时制定《中关村国家自主创新示范区企业转增股本个人所得税试点工作管理办法》，进一步明确分期纳税相关工作制度流程。配合中关村管委会，分别对16个分园、区县科委和财政局及相关企业财务人员进行政策辅导，推动优惠政策落地见效。调查了解中关村企业股权奖励优惠政策落实中存在的政策和制度障碍，研究提出股权奖励环节暂缓征税的意见建议，向财政部和国家税务总局争取进一步政策优惠。参与中关村企业股权激励方案审核工作，加强政策宣传，提前帮助企业用好用足相关税收政策。开展对科研机构和高等院校科技成果转化优惠政策执行情况的统计分析，评价政策实施效果。

【创新完税证明发放工作】针对基层反映完税证明开具工作量大、年度完税证明发放难度大等问题，认真研究取消集中发放完税证明发放工作方案和后续服务措施。积极研究推行完税证明自助打印，截至2013年底，全市已上线完税证明自助打印终端122台，覆盖了全市19个区县局、分局的106办税服务厅，方便纳税人，切实减轻基层负担。简化完税证明开具和查询密码获取业务流程，认真做好完税证明全城通开工作。

【调整个体户业主个人所得税核定征收标准】针对区县局反映个体户业主个人所得税核定征收标准政策规定过于复杂和个体户业主反映税负偏高等问题，对核定征收标准进行了调整，统一个体户税负，简化税率表，对月收入2万元以下的个体户免征个人所得税，惠及全市30.6万个体户，新政策实施两个月共为全市个体户减税1200多万元。

【落实房地产调控政策】中央房地产调控“国五条”出台后，认真研究贯彻北京市强化税收征管措施。注重部门间配合协作，加强政策宣传辅导，积极引导舆论引导，及时增设服务窗口，充实征管一线力量，优化纳税服务。研究完善房屋原值查询制度流程，严格执行据实征收政策，全力确保了中央加强住房转让所得个人所得税征管措施在本市的平稳顺利实施。4—12月，全市累计受理房屋转让所得纳税申报9.1万件。2013年，全市房屋转让所得共征收税款39.9亿元，同比增收28.1亿元，增长2.4倍。

【研究完善房屋转让所得装修费用扣除标准】针对房屋转让所得核实征收后发生的纳税人取得装修凭证不规范、基层审核工作量大、以房屋原值作为扣除基数对持有房屋时间较长的售房人有失公平等问题进行认真研究后，决定对纳税人支付的住房装修费用，在售房成交价格的10%范围内允许扣除，不再需要纳税人提供装修凭证；使纳税人切实享受政策优惠，降低基层执法风险，提升服务纳税人水平。

【开展政策执行情况分析和实施效果评价】对海外高层次引进人才享受特定生活待遇优惠政策执行情况进行统计分析。通过中国证券登记结算公司，详细了解上市公司股息所得个人所得税扣缴制度和流程，并选择部分上市公司进行调查核实，开展政策实施效果评价。加强对房地产调控新政实施后房屋转让所得个人所得税征收情况的统计分析。密切关注限售股源泉扣缴和汇算清缴情况，加强对纳税人报送资料的审核，确保税款应征尽征。

【政策研究服务税制改革】结合经济合作与发展组织（OECD）国家个人所得税制和征管改革经验，认真研究关于非货币性资产评估增值、生产经营所得查账征收、房屋转让成本费用扣除、信用社分红等方面的税收政策建议，加强向国家税务总局的反馈，服务领导决策。积极参与完成国家税务总局交办的构建地方税收体系和市局承办的促进首都人才战略实施税收政策等调研工作。

【个人所得税政策宣传辅导】对市局制发的181个个人所得税文件进行系统梳理。将个人所得税文件汇编成册，供基层学习参考。积极参与编写体育产业税收政策汇编。加强与中关村管委会、司法、教育、国资委、文化资产管理等政府主管部门协作，集中为纳税人开展专项政策培训。分事项、分专题为征管一线开展二手房、中关村优惠政策、生产经营所得查账征收、完税证明开具等方面政策培训，切实增强政策培训针对性。深入基层，广泛听取意见建议，加强市区所三级征收机关配合协作，优化工作机制。建立个人所得税业务政策请示答复管理制度，对个人所得税热点和难点问题进行系统梳理和分类研究；对征管中已形成较为科学合理执行标准的，在符合个人所得税立法精神和便于操作的基础上，统一政策口径，为基层执行提供执行依据；对需要请示总局的政策，积极提出政策建议，争取尽快落实。

【信息化保障】研究提出了完税证明自助打印系统和网上涉税信息查询密码推送系统开发需求。进一步完善了综合服务管理信息系统中生产经营所得年度综合申报功能。加强对个人所得税服务管理信息数据查询使用记录的管理，确保数据使用安全。及时向国家税务总局提交个人所得税全员全额扣缴申报信息，支持税务总局自然人数据库建设。加强与住建委信息交换，核实二手房原值，审核购房资格申请人缴纳个人所得税情况。全年通过小客车指标调控管理信息系统与市交通委核对数据 28 万笔。结合业务需要，集中力量认真研究个人所得税服务管理信息系统完善方案和相关业务需求。

（夏宏伟）

土地增值税、城镇土地使用税、教育费附加、地方教育附加、印花税、城市维护建设税、资源税、房产税、车船税、契税、耕地占用税、外商投资企业土地使用费管理

【综述】2013 年，地方税管理处认真落实北京市委、市政府、国家税务总局工作部署和北京市地税局党组各项工作要求，依法组织税收收入，配合推进税制改革，充分发挥税政职能，深入实施信息管税，着力夯实税源税基，切实强化征管措施，认真落实依法行政，扎实开展素质建设，圆满完成全年各项工作任务。2013 年，“九税三费”总收入 909. 98 亿元，完成年度计划 807. 3 亿元的 113%，占全局各项税费收入 3061. 65 亿元的 29. 72%，占全局地方公共财政预算收入 2318. 71 亿元的 39. 25%，同比增收 166. 28 亿元，增幅 22. 36%。“九税三费”收入完成情况见下表：

北京市2013年地方税“九税三费”收入完成情况表　　单位：万元

税种（按收入排序）	本期收入	年度计划	占年度计划（%）	同期收入	同期进度（%）	比上年同期累计	
						增减额	增减（%）
土地增值税	1872364	1424000	131.49	1320656	103.58	551708	41.78
城市维护建设税	1789818	1743000	102.69	1621502	98.09	168316	10.38
契税	1774920	1350000	131.48	1265844	89.14	509076	40.22
房产税	1225420	1200000	102.12	1107209	99.93	118211	10.68
教育费附加	829521	804000	103.17	747332	98.14	82189	11
地方教育附加	555974	534000	104.11	420727	93.49	135247	32.15
印花税	522206	490000	106.57	447060	99.13	75146	16.81
车船税	258199	230000	112.26	222935	127.39	35264	15.82
城镇土地使用税	163390	166500	98.13	162568	96.77	822	1
耕地占用税	89962	113000	79.61	102719	88.55	-12757	-12.42
外商投资企业土地使用费	9814	10000	98.14	10417	90.58	-603	-5.79
资源税	8238	8500	96.92	8032	200.8	206	2.56
合　计	9099826	8073000	113	7437001	98	1662825	22.36

注：“九税三费”：资源税、城市维护建设税、房产税、印花税、城镇土地使用税、土地增值税、车船税、耕地占用税、契税、教育费附加、地方教育附加、外商投资企业土地使用费。

2013年，主要完成了以下工作：认真贯彻落实宏观调控措施；调整差别化预征率，继续加强土地增值税预征和清算管理；继续推进和深化存量房评估工作；加强地方税制改革调研；配合推进环境保护税改革相关工作；深入开展资源税改革调研；贯彻北京市摩托车免税政策；发挥税政职能作用，服务首都区域经济发展；认真落实契税差别化税收政策；加强房屋登记过程中完税凭证的审核管理工作；明确以售后回租方式进行融资等有关契税政策问题；明确土地登记与税收管理相关工作；明确中信集团公司重组改制过程涉税问题；明确城市公交站场道路客运站场免征城镇土地使用税；调整北京市土地增值税纳税地点；明确房改房用地未办理土地使用权过户期间城镇土地使用税政策问题；明确兵器集团公司所属企业城镇土地使用税政策问题；加强耕地占用税管理工作；深化房地产税收一体化管理；积极配合“营改增”试点工作；认真推进“以地控税”试点工作；完善印花税征收管理工作；完善税收收入预测和分析；认真落实依法行政工作要求；认真做好城市维护建设税、教育费附加国地税数据比对工作；加强部门协作配合，深化信息管税；配合推进印花税票销售凭证管理子系统的开发建设；深化税源监控平台建设和应用；加强培训辅导，提升干部队伍素质。

【贯彻落实宏观调控措施】认真贯彻“国五条”“京十九条”，与市住建委联合发布公告明确土地增值税等政策和征管措施。编发新闻通稿，做好媒体宣传工作，正面引导社会舆论，赢得广大纳税人对地税征管工作的理解、支持和配合，维护正常税收征管秩序，服务首都和谐稳定大局。

【土地增值税预征和清算管理】将差别化预征率由2%～5%调整为2%～8%，抑制定价过高，价格上涨过快的房地产开发项目，引导房地产企业合理定价。全年全市共有287个房地产开发项目上报预计增值率，其中适用2%、3%预征率的项目数量分别为221个、44个，占项目总数的92.33%，引导房地产企业合理定价效果明显。继续推进清算管理和工作进度，已受理完成房地产开发清算项目108个，清算入库税款50.02亿元，同比清算入库增加4.44亿元。

【存量房评估工作】坚持存量房交易评估值动态更新机制，根据全市房地产市场变化情况，与市财政局、市住建委分别于4月1日、7月1日两次调整存量房交易计税价格评估值，使之更加贴近市场实际，进一步堵塞“阴阳合同”产生的税收漏洞。下半年，根据财政部、国家税务总局工作部署，北京市启动经营性房地产模拟评税数据测算工作，为下一步房产税改革决策提供数据支持。

【地方税制改革调研】落实上级部署要求，与市财政局开展城市维护建设税条例执行情况调研，研提改革建议。配合开展构建地方税体系课题调研，形成研究报告并上报税务总局，为推进地方税制改革建言献策。围绕房产税改革重点难点问题，组织开展房产税制国际比较、房屋基本情况调查、房地产征税技术、房产税法律规范和房屋基础信息系统建设五项课题研究，为下一步推进相关税种改革打好基础。

【环境保护税改革相关工作】配合税务总局研究起草环境保护税立法草案，并积极协调市财政局、环保局、发改委研究本市环境保护税改革试点申请工作，为建设“两型社会”打好基础。

【资源税改革调研】与市财政局、市国土局对北京市地热、矿泉水税目征收资源税、石灰石税额标准及煤炭征税方式进行调研，加强外省市经验借鉴，以推进本市资源税改革，服务首都“两型社会”建设。

【贯彻北京市摩托车免税政策】根据北京市人民政府12月27日发布的《北京市人民政府关于对本市部分摩托车暂免征收车船税的通知》（京政发〔2013〕42号）规定，对本市排气量1000毫升以下（含本数）的摩托车，暂免征收车船税，免征期限为2014年1月1日—2018年12月31日；对本市排气量在1000毫升以上的摩托车，继续按照《北京市人民政府关于印发北京市实施〈中华人民共和国车船税法〉办法的通知》（京政发〔2011〕77号）的有关规定执行。

【发挥税收职能作用】严格执行廉租房、经适房、公租房、棚户区改造安置住房等税收优惠政策，减轻保障性住房开发企业税收负担，落实物流、农产品市场、企业改制重组等各项优惠政策，服务首都转方式调结构惠民生。同时，对支持首都产业结构调整、高端制造业新区、医养结合养老试点、都市农业等涉税问题积极研究，依法用足用好现行地方税政策，支持首都“两轴两带多中心”发展。

【落实契税差别化税收政策】加强与市住建委的协作配合，利用其房屋交易权属系统查核纳税人家庭唯一住房情况，在满足基层窗口征管工作需要的同时，确保家庭唯一普通住房契税差别化税收优惠政策准确适用。截至2013年12月底，共受理个人购买90平方米（含）以下且家庭唯一普通住房的契税申报11.58万件，减税6.07亿元。

【房屋登记过程中完税凭证的审核管理】与市住建委联合下发《北京市地方税务局、北京市住房和城乡建设委员会关于加强部门协作共同维护正常税收秩序的通知》（京地税地〔2013〕3

号)，加强房屋登记过程中完税凭证的审核管理工作。

【以售后回租方式进行融资等有关契税政策问题】与市财政局联合转发《北京市财政局、北京市地方税务局转发财政部、国家税务总局关于企业以售后回租方式进行融资等有关契税政策的通知》（京财税〔2013〕53号），明确企业以售后回租方式进行融资等有关契税政策。

【土地登记与税收管理相关工作】与市国土资源局联合下发《北京市国土资源局、北京市地方税务局关于进一步加强土地登记与税收管理相关工作的通知》（京国土调〔2013〕213号），进一步完善土地登记环节涉及契税、土地增值税涉税证明的管理工作，以及各级地税和国土资源部门继续加强信息交换与共享工作。

【中信集团公司重组改制过程涉税问题】与市财政局联合转发《北京市财政局、北京市地方税务局转发财政部、国家税务总局关于中国中信集团公司重组改制过程中土地增值税等政策的通知》（京财税〔2013〕434号），明确中国中信集团公司重组改制过程中涉及的土地增值税、印花税问题。

【城市公交站场道路客运站场免征城镇土地使用税】与市财政局联合转发《财政部、国家税务总局关于对城市公交站场道路客运站场免征城镇土地使用税的通知》（京财税〔2013〕638号），执行期限为2013年1月1日—2015年12月31日。

【调整本市土地增值税纳税地点】与市财政局联合印发《北京市地方税务局、北京市财政局关于调整北京市土地增值税纳税地点的公告》（北京市地方税务局公告2013年第5号），公告自2013年7月1日起施行。

【房改房用地未办理土地使用权过户期间城镇土地使用税政策】与市财政局联合转发《财政部、国家税务总局关于房改房用地未办理土地使用权过户期间城镇土地使用税政策的通知》（京财税〔2013〕2088号），对于北京市符合财税〔2013〕44号文件规定的，按照《北京市税务局转发国家税务总局〈关于转发关于土地使用税若干具体问题的解释和暂行规定的通知〉的通知》（89）市税三字第56号文件第二条“对个人自有自住房屋占用的土地及院落暂不征收土地使用税”的规定，免征城镇土地使用税。

【兵器集团公司所属企业城镇土地使用税政策】与市财政局联合转发《财政部、国家税务总局关于中国兵器工业集团公司和中国兵器装备集团公司所属企业城镇土地使用税政策的通知》（京财税〔2013〕2470号），对中国兵器工业集团公司和中国兵器装备集团公司所属专门生产枪炮弹、火炸药、引信、火工品的企业，除办公、生活区用地外，其他用地继续免征城镇土地使用税，免税期限自2013年1月1日起至2015年12月31日止。

【耕地占用税管理】与市国土局联合印发《关于加强耕地占用税管理工作的公告》（北京市地方税务局、北京市国土资源局公告2013年第20号），对进一步加强耕地占用税管理工作的有关事项进行公告，自2014年1月1日起施行。

【房地产税收一体化管理】认真履行牵头处室职责，组织相关部门召开2013年房地产税收一体化管理工作会议，会同相关处室总结2012年工作，安排2013年工作任务，明确18个工作项目并形成工作计划分解表，由各成员单位各负其责，协同落实。及时协调相关处室研究解决房地产交易税收问题，化解基层执法风险。

【配合“营改增”试点】积极配合北京市“营改增”试点扩围，明确城市维护建设税及附加和印花税等政策规定，预测收入影响，服务基层征管。

【“以地控税”试点工作】印发并实施《北京市地方税务局转发国家税务总局关于在全国范围内开展城镇土地使用税以地控税试点工作的通知》（京地税地〔2013〕85号），将怀柔局确定为首个试点单位，研究制定北京市“以地控税”试点工作方案和业务需求，加强与市国土局沟通交流，为深化部门间信息共享应用，提升土地使用税征管质效打好基础。

【印花税征收管理】开展全市印花税票代售单位清查工作，进一步规范代售行为。完成印花税核定征收管理办法的修订工作，加强对区县局业务指导，确保印花税核定征收工作科学、规范开展。

【税收收入预测和分析】认真落实组织收入各项措施，完善地方税收入预测分析。在按照国家税务总局、市地税局要求定期完成收入分析报告的基础上，实行收入分析月通报制度，按月将地方税收入情况分析通报发送各区县（分）局。加强对区县（分）局月报分析的管理，对区县（分）局收入下降和进度未达要求的，要求上报组织收入措施并加强收入预测工作。强化税源税基管理，逐税种开展税源、税基和税款入库比对分析，梳理查找征管薄弱环节，有效应对经济增速放缓对组织收入的不利影响，确保地方“九税三费”税收收入持续平稳增长。

【落实依法行政工作要求】认真落实国家税务总局和市政府依法行政工作要求，清理确认“九税三费”规范性文件225件，保留行政许可事项1项，非行政许可审批事项4项。认真梳理行政审批事项，防范税收执法风险。配合税务总局执法督察组做好迎接检查工作，研究制定整改措施。

【城市维护建设税、教育费附加数据比对】下发《关于认真做好2012年度城市维护建设税和教育费附加两税比对工作的通知》，明确市区两级税政、评估部门的职责分工，引入评估辅导和纳税人自查方式，将免抵退税企业的增值税免抵信息纳入比对工作，提高涉税疑点的准确性和比对效率。通过数据清分、筛选，查找重点差异信息，生成疑点户并下发主管税务所逐一核实。全市共核实信息9193户次，共查补税费及滞纳金4238.92万元。

【信息管税】与北京市发改委协商取得新批房地产开发项目立项信息，与北京市国土局联合发文，明确土地信息传递和协税把关工作要求，积极协调北京市住建委、保险、交管等部门，健全信息共享和协税护税机制，加强工作衔接，夯实税源税基，进一步提高契税、土地增值税、车船税等地方税征管质效。就印花税委托代征工作开展调研，研究加强印花税税源管控，防范税收风险。印发《北京市地方税务局关于委托北京市建设工程专业劳务发包承包交易中心和北京市建设工程发包承包交易中心代征印花税有关事项的公告》（北京市地方税务局公告2013年第13号），就两个中心代征印花税有关事项进行明确。公告自2014年1月1日起施行。

【印花税票销售凭证管理子系统】改变目前人工管理印花税票的工作模式，实现印花税票的信息化管理，减少人为操作误差。加强对印花税票销售凭证的计划、印制、领发、保管、作废、停用、盘点、缴销及核销各环节进行信息化管理，以利于税务机关准确掌握印花税票销售及代售的具体情况，特别是对印花税票代售单位跨区域售花的情况加以有效监控，提升印花税票代售管理工作水平。

【税源监控平台建设和应用】加强平台功能优化完善，配合科技部门优化完善存量房税收征管系统，提高工作效率，为基层干部减负。做好房产税、城镇土地使用税数据比对和核实补税工作。全年共核实异常户6.2万户次，补缴税款1.4亿元，其中，房产税1亿元，城镇土地使用税2200万元。

【业务培训辅导】落实年度培训计划，举办全系统印花税、城市维护建设税及附加、土地增值税、估价技术、无原值房产核定等业务培训，加强政策解读和案例分析，提高培训针对性和实效性。根据大兴等局业务培训需求，开展土地增值税管理和税源监控平台操作应用培训，提升基层干部业务能力和依法行政水平。配合落实国税12366业务培训工作，提供服务保障。继续做好地方税政策文件续编，对内部通知、批复、学习简报、政策解读等进行综合整理，形成电子版汇编，发至基层干部供学习、参考。

（钱剑兰　宗立元　张　旺　马　萌　李　玮　杨　頔　谢　云　赵　玮　姜　华　佟云飞　刘　月　何　跃　李亚菲　王红艳　沈　媛　张　翼　丁　琳）

残疾人就业保障金管理

【综述】坚持依法行政，依法依规做好代征工作。2013年，共代征残保金26.2亿元，比2012年增收3.78亿元，增长16.8%；完成计划任务23.9亿元的110%。有40.6万户（次）缴费单位缴纳当年或补缴以前年度残保金，缴费单位增加2万户（次），增长4.9%。实现连续8年代征收入、入库户数的稳定增长。

【代征工作】与北京市残联积极配合，做好代征准备和部署工作。残保金管理处先后与市残联就业中心召开5次联席会，共同研究代征启动、宣传辅导、系统改造、基础数据提供等工作。共同起草《2013年用人单位申报安排残疾人就业情况和征缴残疾人就业保障金通告》，签发《关于做好北京市2013年残疾人就业保障金审核征缴工作的通知》。1月下旬，在三个业务部门联合召开的工作会上，总结2012年工作，布置2013年工作，并提出工作要求。

【系统改造】经与北京市残联商讨，对数据交换接口进行改造，增加审核数据的导入条数，已于征期前正式上线运行。为实现电子缴费，提交财税库行联网改造项目需求，已完成市地税局局内立项手续，该项目预计2015年建设完成。为完善退费管理和查询统计功能，提交两个模块改造的申请。

【宣传工作】利用宣传、辅导、温馨提示等办法引导社会用人单位依法履行安置残疾人就业、缴纳残保金义务。制发《关于2013年残保金代征宣传工作方案》；在地税网站发布征缴通告；对外网信息和内网信息交流平台进行更新维护。制作鼠标垫、扇子等宣传品，于征期前面向全市用人单位发放，取得较好效果。

【服务基层和缴费单位】从一线工作和缴费单位实际需要出发，改版编发缴费指南50万册。依据往年使用和本年度税务登记户数变动情况对

《一般缴款书》进行统计，并联系相关处室安排印制70余万份，于征期前全部发放到位。对需要与相关部门沟通解决的问题，及时与北京市残联、北京市财政等相关部门联系，积极提出意见建议，共同研究解决问题的措施办法。

（田鸿雁）

工会经费代收管理

【综述】 2013年，各级地税机关按照“依法行政、严格征管、优化服务、加强税政、狠抓作风、联系群众”的指导思想，与工会组织密切配合，认真履职，圆满完成了2012年工会经费税务代收工作。全市累计代收工会经费38.25亿元，缴费金额比上年同期增长7.03亿元，同比增长22.51%。自代收以来，全市新建工会组织16.87万个，增长994.93%，覆盖法人单位18.91万个，增长517.54%

【依法行政】 完善了《缴费单位收缴期内申报及缴纳工会经费（筹备金）事项》，开展工会经费税务代收系统用户管理情况检查工作，明确工会经费税务代收信息系统地税用户管理要求，进一步梳理业务流程，规范代收工作。

【强化代收管理】 多次建议市总工会在全市范围内均衡发展会员单位，尽快解决费源分布差异较大的问题；强化费源管理，针对费源名单不准确的问题，积极调研并协调市总工会深入开展核实清理工作。分析总结零申报情况，及时与市总工会相关部门沟通，按照职责共同做好核实与管理工作，限制虚假零申报行为。强化收缴期管理，坚持收缴期日报制度，全面监控收缴进度，及时指导基层开展各项代收工作。加强全市代收情况分析总结工作，分析增减因素和存在的问题，研究解决意见；强化申报缴费辅导和缴费提示等代收管理工作，规范缴费单位的缴费行为，费款同比净增加2.22亿元。

【加强服务】 按照区域特点和工作事项组织召开座谈会和代收系统功能完善工作研讨会，加强基层工作交流，查找解决问题，听取意见建议；深入开展调研，实地解决问题；加强缴费辅导，开展12366工作人员内部培训，更新缴费流程演示视频和缴费指南折页，提高缴费服务质量；强化收缴期内业务指导工作，主动与基层沟通，指导基层有针对性地加强各项代收工作。共解决主管机关不准确等问题19个。

【信息技术支撑】 从查询、统计、分析等方面研提69项功能修改需求，提交市总工会开发完善。完成19项完善需求的开发测试工作，并修订了操作手册。并组织召开代收信息系统操作培训；与市总工会、中国人民银行营管部共同完成了代收信息系统与银行间数据传输的测试工作；与市总工会相关部门研讨我局与市总工会间数据联网传输工作，最终确定采用前置机联网传输的方式。

【党的群众路线教育实践活动】 继续加强“三个建设”和廉政建设，认真开展群众路线教育实践活动，强化队伍的凝聚力、战斗力和创造力。加强理论学习，掌握科学方法，提升整体思想政治素质；查摆问题，制定措施，确保教育实践活动不走过场；完成创先争优活动的自查总结，做好民主评议党员和党支部工作；求真务实，扎实推进“三个建设”；尽职尽责，强化廉政风险防控。

【开展合作】以“职工之家”创新管理试点工作为契机，稳妥推进代收工作。联合市总工会相关部门召开有区县（分）局、区总工会参加的工作协调会，将西站分局的联系工会调整为丰台区总工会，并再次明确直属税务分局的联系工会为东城区总工会，彻底解决区总工会与西站分局、直属税务分局间联系机制落实不到位的问题。积极做好与市总工会相关部门的沟通协调工作，尽快推动工会法和北京市实施办法的工作，建立约束性机制，确保代收工作顺利进行。

【关注舆情】在认真分析总结的基础上，要求各区县局、分局站在维护社会稳定的高度重视舆情工作，加强与工会沟通，及时反馈，按照职责依法、规范做好舆情处理工作。及时协调市总工会相关部门加大工会职能、经费使用等方面的宣传力度，帮助缴费单位正确认识工会组织，自觉履行缴费义务，为工会经费收缴工作打好社会基础。

（李春霞）

国际税收

【综述】2013 年，市区两级国际税务管理部门深入学习宣传贯彻党的十八届三中全会精神，充分发挥地税职能作用，有效服务区域经济社会发展，求真务实、开拓创新，圆满完成各项工作任务。10 月，经北京市地税局党组决定，国际税务管理处独立设置。

【非居民税收管理】协调有关处室、区县局、分局，完成美国大使馆建设工作免税事项、哈萨克斯坦驻华使馆来函涉及事项、土耳其驻华使馆照会事项、美国运通公司纳税事项，以及德国、荷兰、香港税收相互协商案件的调查和处理。开展联络沟通工作，与北京市商务委、市工商局、市社保局、市公安局出入境管理总队、市政府外事办公室等单位进行沟通，交流有关工作情况，商讨建立信息交流沟通机制的可行性，共同加强外籍个人管理。加强非居民源泉扣缴管理工作，做好非居民企业所得税合同备案登记。

【反避税】推行关联申报工作。在 9 个区县 100 家企业推行关联申报，制定详细工作方案，编写印制《关联申报辅导手册》，有针对性地对各区县局进行辅导培训。经过审核分析，发现避税疑点，并约谈进行初步排查。开展关联企业调查研究。选取 6 个区县局，围绕制造业、金融业、餐饮业、动漫网游、中外合作办学等 10 个行业，组织开展企业关联关系、关联业务的特点调查研究。开展案件调查。组织对本市首例受控外国企业案进行调查会审。组织开展税务总局交办的股权转让案、某制造企业的外籍人员个人所得税典型案、某制药企业关联交易案，以及某国际著名球星代言情况的个人所得税和某文献研究院在华培训及纳税情况的调查。指导开展微软和马士基双边预约定价执行后续跟踪管理工作。

【情报交换】组织开展税务总局交办的外来情报核查任务，对国内某著名演艺人士个人所得税、某贸易公司佣金往来所涉及营业税等情况实施调查。核查中，深挖情报线索，提高利用价值，特别关注是否存在中方纳税人逃避纳税义务的行为，在对国内某著名演艺人士个人所得税调查中，形成完整的自然人居民身份判定案例。全年核查外来情报10份，通过核查补缴税款178万余元。

【教育培训】组织全系统开展税收协定、非居民税收管理、情报交换和反避税等国际税收基础业务培训，每期参训人员100余人。组织开展“税基侵蚀和利润转移（BEPS）”讲座，邀请外国专家来京进行专题授课。组织筹划在中国人民大学举办的为期4周的国际税收业务全脱产培训班，培养国际税收专业化队伍。

【加强调研】积极开展调研工作，完成税务总局关于开展“走出去”企业服务与管理的调研报告、北京市外籍人员和华侨缴纳个人所得税情况的报告，组织开展区县局、分局关于税收政策执行情况的调研。

（葛　玮）

征收管理

税收征管

【综述】2013年，征管部门紧紧围绕北京市地税局党组的整体工作部署，从积极服务首都经济社会发展的大局出发，按照征管工作安排，密切结合群众路线教育实践活动的开展，进一步解放思想，转变作风，加大调查研究的力度，在做好日常征管工作的前提下，不断探索进取，稳步推进税收征管改革，坚持依法行政、创新征管、完善制度，推动整体工作持续深入开展，使征管工作不断呈现出新的局面。截至2013年底，全市地税系统共有税务登记户1189997户，其中正常户1122968户。同比分别增加61067户和86716户，增长5.41%和8.37%。第四季度平均纳税申报率为99.37%，税款入库率99.91%，继续保持较高水平。截至2013年12月31日，全市共有非正常户53870户，同比减少24716户，降低31.45%。纳税人遵从度逐步提升。

【部署全系统征管工作】2013年1月29日，征收管理处与档案处、票证管理中心联合召开电视电话工作会。市局副局长吕兴渭、副巡视员杨文俊参加会议并讲话，各区县局、分局的主管领导、征管科长等相关人员参加会议。会上，对2012的征管工作进行回顾，对2013年地税系统的征管工作任务进行整体部署。会议要求各相关单位要认真领会党的十八大以及市局2013年工作报告的精神实质，提高思想认识，改进工作作风，真抓实干，将各项工作任务落到实处。

【服务区域经济发展】市地税局对北京市跨区（县）异地经营企业开展调查研究工作，对北京市异地企业摸清底数。2013年末，共有36843户企业工商注册地与税务登记地不一致，占全部税源户的3.3%。涉及税款231.05亿元，占税收总额的8.1%。就此类问题与市财政局共同对“北京奔驰”“北汽集团”等重点大型企业开展实地调研，对企业存在的问题提出解决意见。针对纳税人提出的税源户跨区（县）迁移申请，本着“依法行政、稳妥实施”的原则制定相应工作调整方案。为促进首都经济的建设，支持国有企业的良性发展，汇总各部门的相关资料，形成《关于国资委所属企业税收的相关情况》，供领导决策参考。从服务区域经济角度出发，对北京市部分外资银行实施属地登记划转工作。按照此项工作的调整方案，共涉及74家外资银行由直属分局调整到北京市东城、西城、朝阳3个属地区县局。通过一系列征管举措，规范企业合理流动，促进区域经济发展。

【无税申报清理】按照征管工作发展的要求，市地税局采取多种形式开展对无税申报的清理核查。收集整理申报率统计资料，查询全市35.8万户无税申报企业的分布情况，分析总结全市无税申报的主要特点和成因。完成全市无税申报总体情况报告和工作方案，召开全市动员部署会，开展对一万多户无税申报企业的清理核实工作。并于7月16日印发《北京市地方税务局关于印发〈北京市地方税务局进一步加强全市无税申报企业税收征管工作方案〉的通知》（京地税征〔2013〕111号）。

【配合第三次全国经济普查】 按照《北京市第三次全国经济普查实施方案》的进度安排，市地税局作为此次普查的成员单位，全力做好三方面工作：一是按要求向北京市统计局提供截至2013年6月30日的全部税务登记基础信息数据。二是以北京市经普办、市国税局、市地税局、市工商局的名义联合制发《关于配合做好北京市第三次全国经济普查相关工作的通知》。三是配合北京市统计局（国家统计局北京调查总队）做好“部门统计工作巡查调研”的前期准备工作。

【欠税管理】 2013年全局清缴入库欠税总计45249.53万元，年末全局欠税累计余额为204175.74万元。主要工作：一是开展欠税数据清理工作。有8个局报送84户账外欠税，欠缴税费滞罚总计4.37亿元。二是开展欠税清理分析工作。对全局现有欠税户欠税情况进行梳理，分析清缴欠税的可行性。三是核实欠税公告信息。对核心征管系统的欠税数据和欠税公告情况进行了初步逐一梳理比对，核实清理信息375条。四是下发文件，进一步加强欠税管理，6月9日印发《北京市地方税务局关于进一步规范欠税管理工作的通知》（京地税征〔2013〕93号）。五是发布四期欠税公告，涉及13个区县局的52户企业，公告欠税金额合计13104.11万元。并于12月10日在《北京日报》对大额欠税人和走逃失踪欠税人共55户，再次实施公告。

【税收规范性文件清理】 为解决部分执法文书存在的问题，以及行政审批事项清理要求，市局着重开展以下工作：一是税收征管执法文书法律救济权利事项清理，对25种文书进行补充和修改。二是行政审批事项清理，将征管业务所涉及的行政审批事项确定为3项。三是税收规范性文件清理，开展对74份税收规范性文件的清理工作。

【委托代征基础管理】 在调研的基础上，结合北京市征管实际印发公告和文件，下发《北京市地方税务局关于加强委托代征管理有关问题的通知》（京地税征〔2013〕132号）明确本市代征人范围、代征条件、代开发票基本内容以及委托人（税务机关）与代征人之间的权利义务关系以及开展代征工作的流程、内部监督制约机制、各相关部门职责以及修订与委托代征事项相关的表、证。

【“两个服务”】 继续完善和实践市、区两级统筹部署工作的机制，发挥服务基层服务纳税人工作领导小组职责，采取多项措施推进服务基层减轻基层负担工作。年初组织召开工作部署会，明确工作要求。汇总统计2013年市局各处室拟向基层部署的123项工作情况，下发区县局执行。做好优化税收业务流程工作，审核36个税收业务流程更新需求。全年共完成三批次业务流程的审核、修订和发布，涉及税收业务流程57个，其中新增事项9个，变更事项27个，废止事项21个。对权力运行流程图进行校对整理，按照业务流程指导手册电子版的格式要求，重新制作新的流程图60份。联合丰台地税局共同研发税收业务流程指导手册电子版导航搜索模块。为深入开展党的群众路线教育实践活动，贯彻落实国家税务总局关于“三个服务、三个实在、三个禁止”的工作要求，按照“加强统筹协调、减少多头部署、减轻基层负担”的原则，市局印发《北京市地方税务局关于进一步服务基层减轻基层负担的通知》（京地税征〔2013〕153号），不断健全工作机制、优化职责分工，明确工作要求，采取多项措施，推进服务基层减轻基层负担工作。

【数据分析比对】 为深入推进上市公司税收专业化管理，建立健全上市公司税收风险管理体制机制，市局尝试充分利用现有的社会资源，从第三方数据分析公司购买上市公司的会计、税务、各类相关经济数据情报及分析报告等，着力解决税企双方信息不对称和上下级税务机关之间信息共享等问题。市局与第三方数据分析公司签订初步合作合同，逐步开展相关工作。共收集金融和房地产行业在京38家上市公司近10万条财务数据信息，并获取30余万条行业数据库信息。

【平台应用】 北京市地税局相关人员多次参加税收管理员工作平台例会，听取开发商关于税收管理员平台2.1版上线使用的情况的报告，及时了解各基层单位在平台使用中的反馈建议，深入基层调查了解归纳收集运行中存在的问题，积极协调有关部门予以解决。征管、科技等部门一起到西站分局调研，就如何全面应用平台各个征管业务模块应用进行专题讨论。

【企业基础数据交换系统开发】 企业基础数据交换系统开发完成后，实现与北京市国税局在税务登记后续管理的过程中信息共享、联动办理；与北京市工商局实现在企业和个体工商户工商登记信息、企业股权转让信息以及北京市地税局税务登记信息和状态异常户的认定、解除信息、欠税信息、行政处罚信息、信用评定信息等方面的信息共享；与北京市质监局实现在组织机构代码证的颁发、变更、注销信息及企业法人基础信息方面的信息共享。

【个人出租房屋税收管理系统开发推广】 个人出租房屋税收管理系统以征收管理工作的实际需求为出发点，以提高工作效率为着力点，集房屋信息收集、征收信息采集、各项数据统计信息归集于一体，并实现各代征点机打完税凭证，使各代征点的个人出租房屋工作得到进一步规范，提高工作效率和工作质量。

【个体工商户税收征管】 为促进全市个体工商户的发展，提高征管效率，减轻纳税人负担，市地税局印发《北京市地方税务局进一步加强个体工商户税收征管工作的通知》（京地税征〔2013〕135号）。并于10月8日发布公告（2013年第10号）对调整个体工商户个人所得税核定征收率等内容进行明确。同时积极推动财税库银横向联网批量扣税项目上线运行。联网批量扣税项目投入运行，为广大个体工商户申报纳税带来更多便利：一是完税信息可直接打印在纳税人的存折上；二是各区县的扣款银行不再限定一个，纳税人可自选；三是每月比原来多一次扣款机会。同时也极大降低基层税务所工作量，采用电子缴库记账凭证，减少收规部门的纸质税票销号工作量；税务机关与扣款银行无需签订委托代征协议；每月月末最后一个工作日无需基层税务干部手工生成批扣信息，而是由计算机系统在每月1日凌晨自动生成批扣信息。

【征管质量监控分析】 按照市地税局征管状况监控分析工作要求，工作小组办公室组织各有关成员单位整理征管状况监控分析材料，定期发布监控分析通报。从税收征管基本状况、纳税遵从状况、税源结构状况等28项指标进行分析和风险提示，统一就“无税申报户”“建安业异常户”等风险点进行识别和推送。2013年，全市税源与征管状况整体情况持续向好，个别指标略有波动。税务登记户数仍稳步增加，受“营改增”因素影响，营业税纳税人户数有所下降。申报、入库管理继续保持较高水平，申报率和入库率均有小幅提高。支撑全市收入90%的50%纳税人数量的占比继续降低，集中度不断提高。纳税评估和税务稽查作用显著。

【征管改革试点工作】 积极指导协调试点单

位推进改革。密切与试点单位的联系，及时了解税收征管改革试点单位工作推进情况。多次组织试点单位召开征管改革税收业务流程衔接工作座谈会，听取意见和建议，并及时研究处理。指导房山、顺义局拟订完善征管改革工作方案。参加通州局征管改革工作动员会，指导通州局试点方案和多个配套制度的制发工作。组织试点单位专题汇报，局长、主管局长到会听取各试点单位工作情况的汇报，并就有关工作提出具体要求。

【深化税收征管改革工作意见】通过赴山东、陕西等省地学习征管改革的先进经验，结合北京地税的特点，摸索研究符合北京地税实际的征管改革实施意见。成立征管改革工作意见编写组，由征管处处长任编写组长，组织市局相关处室和通州、顺义、房山及原直属一局的有关人员进行集中编写。期间，局长、主管局长多次召开专题会议，听取情况汇报，指导修改完善，全系统各层级干部广泛参与，提出改进意见。起草中的《关于深化税收征管改革工作意见》，是市局贯彻落实国家税务总局深化税收征管改革工作要求的重要举措，文件的出台，对市局提高税源管理能力，提升纳税服务水平，促进依法行政，推进信息管税，增强税务稽查的震慑力，打造高素质的干部队伍，推动北京地税事业科学发展有着重要而深远的意义。

（高　红）

发票管理

【综述】2013 年，票证管理中心紧紧围绕税收中心工作，秉承“收好税、带好队、执好法、服好务”的工作要求，依法行政，服务基层，扎实有效开展印务管理、税控收款机管理、发票制度建设等各项工作，提升发票工作科学化水平并取得良好成效。

【普通发票印制】根据“营改增”扩围情况，及时调整印制计划，制定周期，努力降低北京市地税局发票库存，发票供应进入良性循环。2013 年共安排印制普通发票 6.77 亿份，市局调拨 6.3 亿份，向纳税人发放 6.12 亿份。2013 年共安排印制冠名发票 6.5 亿份。

【税收票证印制供应】2013 年共安排印制税务登记证 48 万张，税收票证 903.1 万份，各类申报表 2105.6 万份，机关普通印刷品 121.9 万份。

【落实取消发票工本费】贯彻落实国务院通知要求，自 2013 年 1 月 1 日起在全市范围取消发票工本费，及时修改发票销售系统模块，启用《北京市地方税务局发票领取单》，完成《收费许可证》注销和 20 个区县（分）局非税汇缴零余额账户撤销工作。经统计，2013 年纳税人共领取发票 6.12 亿份，免收发票工本费 5555 万元。

【全系统旧版发票收缴】组织召开专题会议，制订详细的发票缴销计划。对各区县局库存旧版发票进行统计、核实。责成承印企业按期完成全市 18 个区县（分）局库存旧版发票的收缴和销毁工作，并全程录像，监控销毁过程，保证安全。经统计，共缴销旧版发票 74 个版面，

6700余万份。

【加强承印企业监督】结合日常管理，修改完善承印企业管理综合考核评价体系的相关内容，使考核更具有针对性。开展对发票承印企业数据安全管理实地检查，对检查中发现的安全隐患研究应对措施，保证发票印刷数据安全，并监督整改。

【实现国标税控网络报数授权】按照北京市委、市府和国家税务总局关于减轻纳税人不必要的办税负担和基层税务机关额外工作负担，进一步优化纳税服务的工作要求，重新启动国标税控完善性建设项目，实现发票明细数据采集和网络报数授权。全面研究分析、梳理调整2008年提出的业务需求，为减轻纳税人负担增加外挂式税控器网络直连报数方式；与科技信息处、信息中心、系统开发商多次研究实施方案，协调解决项目研发中遇到的各种问题；完成软件开发、方案评审、安装调试、培训辅导等工作；在各区县（分）局的大力配合下，在全市范围印制发放公告及政策解读宣传材料，组织开展对纳税人的广泛宣传和外挂式税控器免费升级的工作，确保项目顺利上线。国标税控完善性建设项目于2013年8月1日上线，9月1日正式受理纳税人发票明细数据并实现网络报数授权。截至12月31日，全市共计13.01万户纳税人使用税控收款机，报送发票明细数据共计51.21万次，累计报送数据4595.3万条；其中6.53万户纳税人通过网络，完成报数授权21.66万次，约占50.2%。网报比例逐月上升，12月单月网报比例达到49%。项目上线后，全市窗口日受理税控报数授权的业务量从8月的5193次逐月下降到12月的3004次，下降42.2%；缩短纳税人办税时间，减轻纳税人负担；减轻基层窗口工作压力，提高税务机关服务效能，真正实现"两个减负"工作目标。发票明细数据向各局实时回放，改变税务机关无法掌握纳税人发票明细数据的状况，对税收风险防控工作起到支撑作用。

【升级改造外网发票查询系统】为方便纳税人查询发票开具信息明细，有效防范遏制发票违法行为，在全面采集税控机打发票明细数据的基础上，2013年11月，对外网发票查询系统升级改造。从原先的对发票号码、密码印制信息验证升级为对发票票面开具信息的查询。纳税人通过外网可以查询地税局监制的国标税控机打发票、非国标税控机打发票、税务机关代开发票、定额发票以及冠名发票等不同种类发票的票面信息。同时对于尚未报数发票明细信息的国标税控机打发票，启用防伪码验证辅助查询功能，通过税控收款机国家标准加密算法对尚未报送发票明细信息的发票票面信息进行验证。11月14日上线至12月31日，外网共受理发票信息查询220.5万次，同比增加89.1万次，增长67.8%。外网发票查询的全面升级是市地税局科学利用发票明细数据，以信息化手段服务纳税人和税收征管的具体体现，有效遏制和打击了大头小尾、虚开发票等违法行为。

【发票业务政策调整】做好行政审批项目清理工作。贯彻落实国务院和国家税务总局关于取消行政审批项目和做好税务系统职能转变的工作要求，将冠名发票的管理方式由行政审批改为备案制，调整《北京市地方税务局代开申请表》并印发公告，明确代开发票申请资料，规范办理流程，缩减纳税人报送材料。2013年共办理续印冠名发票备案248份，首次和变更印制冠名发票备案55份。

【完善委托代开发票管理规定】落实国家税务总局《委托代征管理办法》，在听取基层税务机关意见的基础上，进一步完善委托代开发票制度，发布委托代征管理公告，明确委托代开发票的具体要求，便于基层开展委托代开工作，方便纳税人办理涉税事项。

【修订《发票税控操作手册》】针对2012年发票换版及“营改增”试点改革工作推进过程中发票税控管理制度和工作流程的新调整，及时梳理修订《北京市地方税务局发票税控操作手册》，新《操作手册》作为基层税务干部在实际工作中的操作指南，便于一线税务干部查阅。

【委托第三方代开发票管理系统上线】自2013年1月1日起，在全市范围顺利部署上线“税务机关委托第三方代开发票管理系统”，保障了基层税务机关委托代开发票的管理需要。截至2013年12月31日，朝阳区、海淀区、西城区95个委托单位共代开发票34.76万张，累计开具1285.37亿元。

【非税控机打发票信息采集功能上线】面向全市200余家使用非税控机打发票纳税人和部分银行保险业纳税人广泛摸底调研，深入了解非税控机打发票管理现状；邀请部分保险企业、银行企业、高速收费企业等重点企业进行座谈、征求意见；研究系统建设的重点难点，确定信息化需求。2013年8月1日，北京市非税控信息采集系统顺利部署上线，10月1日起纳税人可以上报非税控机打发票信息。截至12月31日，共采集非税控发票申报信息7.24万条，金额2.81亿万元。

【2012年度个人所得税完税证明印制】及时组织协调承印企业按时完成全市560万份的印制、分送；配合纳税服务处完成个人所得税完税证明自助打印上线测试和7万份自助打印用纸的印制、发送，为此项工作的按期启用提供了有力的保障。

【2014年度新版税收票证供应】按照国家税务总局的工作要求，计划自2014年1月1日起启用新版税收票证，为做好新版税收票证的印制和供应工作，就新税收票证票样、印制计划、防伪等事项与收入规划处沟通协调，及时安排印制、发送，保证如期启用新版税收票证。

【合理使用有奖发票经费】合理使用2013年有奖发票兑奖经费，降低布奖资金的沉淀，研究拟订加大投入布奖金额的有奖发票布奖方案，提高布奖率。2013年，共印制有奖发票9500万份，布入奖金1亿元，综合布奖率为1.9%，创历史新高；完成2013年度有奖发票兑奖经费4200万元的拨付，保证了北京市地税局有奖发票兑奖资金的有效使用。经统计，2013年共兑付奖金3143.08万元，同比增长7%。结合“营改增”试点改革进展情况，为规避资金兑付风险，节约财政资金，适时研究提出取消有奖发票并向市政府报送《北京市地方税务局关于取消有奖发票的请示》。经市政府同意，市地税局自2014年1月1日起新印制的《通用机打发票》（卷式）不再布奖。票证管理中心重新设计发票票样、完成税控机具打印测试和印制工作，并于2013年12月向社会发布公告。同时，做好已布奖发票兑奖资金后续保障工作。

【发票鉴别】积极配合协助税务稽查和司法部门做好发票鉴别工作，有效打击制售假发票和非法代开发票等违法犯罪活动。经统计，2013年共鉴别普通发票2.15万份，发出协查通知87份，高效的服务得到协作单位和纳税人的好评。根据发票鉴别工作中发现的问题，及时向稽查部门和主管税务机关移交发票违法线索，协助区县分局和公安部门破获多起重大发票违法犯罪案件。

（吴　澄　安宏志　程艳琳
刘　嘉　云　鹏　朱　宁
马　洁　姜惠丽　丛树茂）

业务档案管理

【综述】 2013 年档案处围绕中心，服务大局，通过进一步规范管理制度、加强综合检查、优化馆藏结构、提高人员素质、发挥档案价值、开展专题调研等工作，进一步夯实税务档案工作基础，提高税务档案管理效能，较好地完成了各项工作任务，实现了年初确定的工作目标。

【修订《税务档案管理办法》】 为规范北京地税系统税务档案工作，提高全系统税务档案管理水平，减轻基层负担，减缓档案库房紧张的压力，根据北京地税局领导的工作要求，档案处结合工作实际，在广泛征求国家税务总局及全系统各相关业务处室、区县局、分局意见的基础上，在北京市档案局的指导下，与北京市档案局联合印发《北京市地方税务局税务档案管理办法》（京地税档〔2013〕197 号）。

【修订《税务档案鉴定销毁办法》】 为做好税务档案鉴定销毁工作，方便基层操作，简化工作环节，降低档案保管成本，缓解库房库存压力，科学有效利用档案库房资源，实现库存税务档案的“能进、能出”，档案处重新修订《税务档案鉴定销毁办法》（京地税档〔2013〕166 号）。

【税务档案综合检查】 为及时了解各区县局、分局档案业务培训、归档质量情况，档案处组织人员分季度对各区县局、分局进行了综合检查。通过综合检查工作，及时发现并纠正基层工作中存在的问题，减少归档工作失误，促进全系统顺利完成当年的立卷归档工作。

【税务档案人员知识更新培训】 2013 年共开展三次业务培训工作。3 月，就税务档案归档有关规定，对全系统的档案工作小教员进行专题培训；9 月，就数字档案馆建设和档案安全工作，邀请市档案局专家对全系统专职档案人员进行更新知识培训；12 月，就新修订的《税务档案管理办法》和《税务档案鉴定销毁办法》，对全系统档案管理人员进行讲解和答疑。

【管理系统运行维护】 修改系统业务需求，积极协助市局相关处室完成税务档案管理系统立项申报有关工作；配合市局网络改造工作，积极处理档案扫描系统遗留问题。

【税务档案移库】 2013 年，市局档案馆按计划开展馆藏档案移库工作，对馆内档案进行整理合并、抽真空打包，共合并档案约 9.8 万盒，抽真空 2291 包，释放密集架 552 架。共完成移库约 48.6 万盒，占全部应移库量的 72%。通过整理合并移库工作，优化库藏结构，为案接收入库提供空间。

【税务档案利用】 市区两级税务档案管理部门在确保档案安全、保密的基础上，积极开展档案提供利用工作，为税收工作提供服务。市局档案馆按照相关借阅管理制度，严格履行审批手续，为基层提供借阅服务，全年共接待各区县局、分局来馆借阅档案 25 批次，借阅 240 卷，复印 750 页。各区县局、分局全年共接待档案借阅1036批次，借阅11619卷，借阅量同比增加16.6%。从借阅用途看，以系统内部借阅为主，占97.5%，外单位借阅和纳税人借阅占2.5%；从借阅目的看，依然是以发挥档案的查证作用为主。档案借阅利用工作为税务机关开展征管、稽查工作和公检法司法机关调查取证工作提供重要的凭证和依据。

【税务档案专题调研】2013年，针对梳理制度、精简资料、房地产交易档案管理、基层税务所自存税务资料管理、机关处室联系税务所等工作，档案处深入区县局、分局、一线税务所，进行专题业务调研和座谈，协调解决全系统税务档案工作中存在的问题。

（张　麟）

《公告》编辑发行

【综述】2013年，北京地方税务公报编辑部认真贯彻北京市地税局年初召开的全市税务工作会议精神，以党的十八大及十八届三中全会精神为指引，认真落实市局党组确定的各项工作思路、要求、措施，坚持以宣传、服务纳税人为中心的原则，做好《北京地方税务公告》（以下简称《公告》）编辑赠阅工作。2013年共出刊12期，累计出刊120期，共编辑法规性文件50件，累计编辑文件1155件，完成了年度出刊任务。全年累计向纳税人免费赠阅发行《公告》30万册，印刷《公告》合订本4000册，发布电子版《公告》12期，为市级重点税源单位免费投递《公告》2.3万册，在税法宣传、服务纳税人、服务基层方面发挥重要作用。

【《公告》编辑】2013年《公告》全年出刊12期，编辑税收法规性文件50件。全年《公告》编辑出刊呈现两个特点：一是从实际出发。近年来市局制发的文件比较少，延续上年无固定页码的惯例，根据文件多少确定页码，2013年有两期合刊，其余9期为不固定页码，最少一期24页，最多一期48页。二是增加新栏目。为方便纳税人学习、掌握国家税务总局发布的最新政策信息，对市局办公室发来的国家税务总局公告进行筛选编辑，全年共刊登相关公告10件。在出刊质量上，坚持按编辑工作规程操作，认真做好筛选、编辑、审核、校对工作，做到保质保量按时出刊。

【《公告》赠阅】为加强《公告》赠阅管理工作，更好地服务基层，编辑部开展了调研工作，落实各区县局、直属分局对免费索取《公告》数量的需求工作。2013年每期印刷2.5万册，全年累计向纳税人免费赠阅发行30万册，其中，全年为市级重点税源单位1876户免费投递《公告》2.3万册；发布电子版《公告》12期；根据基层的实际需求2013年合订本印制4000本。赠阅工作为纳税人和税务干部提供税收政策支持和服务。

（王　岩）

税收法治

税收法治工作

【综述】2013年，法制部门秉持求真务实、开拓创新的工作理念，有效落实工作要求，在推进依法行政、规范执法行为、提供法律服务和加强权益保护等方面取得良好的成绩。

【依法行政】为全面推进“十二五”时期北京地税系统依法行政工作，加强法治型地税机关建设，制发《北京市地方税务局“十二五”时期推进依法行政工作规划》，对依法行政工作任务进行分解、细化分工、明确时间，确保责任落实到人。按照国家税务总局2013年度依法行政综合绩效考核试点工作安排，北京市地税局作为全国税务系统10家考核试点单位之一，认真研究考核指标，整合考核资源，将试点考核与依法行政示范单位创建相结合，从市局和区县（分）局两个层面推动考核工作向纵深发展，积极开展依法行政的考核试点工作。

【规范执法行为】一是组织推进处罚裁量权规范试点。组织指导试点单位落实《规范税务行政处罚裁量权实施办法（试行）》及执行标准，及时反馈试行情况。积极会同北京市国税局研究修改裁量基准，做好在全市范围内统一推行处罚裁量基准所需各项准备。二是研究起草税收滞纳金管理制度。各部门通力配合，深入研究《税收征管法》与《行政强制法》的衔接问题，对2004年制定的《滞纳金管理办法》进行修改，形成新的滞纳金管理制度，经市地税局局长办公会审议通过后，于2014年1月1日起在六个中心城区和有稽查历史积案的区县（分）局试行。三是积极开展税收执法文书清理。从征管、行政处罚、行政许可文书入手，逐步扩大清理范围，对全系统287个执法文书进行清理，发现问题文书64个。对问题文书补充完善了复议诉讼权利、条件、期限、复议机关及受诉人民法院等告知内容，提出增加网上“权益保护”专区链接提示的建议。

【税收制度管理】认真开展税收规范性文件合法性审核及文件发布后的备案工作。对市地税局发布的20件规范性文件进行了合法性审查，并按时向国家税务总局和北京市政府法制办报送备案。按照市政府文件清理工作部署，于2013年下半年组织开展税收规范性文件清理工作，共清理文件1068件，分保留、修改、废止三类向社会公布。

【优化法律支持和服务】积极发挥职能，围绕热点问题从合法性和合理性的角度为领导决策提出建议。开展强制法与征管法、行政法与刑法衔接的专题研究，为解决相关工作问题提出建议；参与征管改革、地方税体系建设、对个人住房征收房产税课题的研究和报告撰写。制定《北京市地方税务局合同管理办法》，对合同的起草、审查、签订、履行、备案等进行规范。协助办公室、地方税处等各部门就政府信息公开、信访等工作提供法律意见与建议，完成征求意见稿207件次，会签各类文件41件次，审核各类合同161

件次。指导各区县局、分局办理复议应诉案件，举办行政裁量权、以案说法等相关讲座，加强服务基层的力度。围绕降低行政诉讼风险、参与破产企业债务清偿清算、协助执行司法裁判等问题，与市政府法制办、市高院、市一中院进行交流；就行刑衔接、降低执法风险、预防职务犯罪等问题与市检察院、市公安局交换意见；就开展执法文书清理、规范行政处罚裁量权标准、网上权益保护专区建设等工作情况向国家税务总局政策法规司做了专题汇报，得到国家税务总局领导的肯定和支持。

【加大权益保护】在广泛征求纳税人和基层税务机关意见的基础上，对北京地税局官网中“权益保护”专区进行改版，增加复议机关绑定等功能，完善辅助提示，全面提升网络界面友好程度。同时，在官网开展执法文书清理和改进权益保护专区、规范税务行政处罚裁量权和税收法规库升级改版的问卷调查，就相关工作广泛征求一线执法干部和社会公众的意见和建议。共计18237人次参与调查，《北京日报》和《中国税务报》就有关工作进行报道。充分发挥房地产一体化、“两个服务”等工作小组机制作用，积极协调解决“经转商”购房时间判定、民事判决书的认定、退税办理时限、计税房产价格核定等问题。法制处全年共协调解决行政纠纷11起。

【复议和应诉】着力提升税务行政复议和行政诉讼应诉工作质量和效率，及时纠正违法或者不当的行政行为。2013年，全系统共办理行政复议案件15起、应诉案件38起。其中，复议案件市局发生3起，区县局、分局发生12起。依法受理的13起案件中，维持5起，申请人撤回申请3起，被申请人改变具体行政行为后申请人撤回申请4起，驳回申请1起。应诉案件市局发生2起，区县局、分局发生36起。其中，维持原具体行政行为4起，判决被申请人履行法定职责6起，驳回起诉24起，裁定终结1起，未审结1起，原告主动撤诉2起。

【法制队伍建设】认真组织落实年度领导干部学法用法计划，配备学习资料，组织专项学习，邀请法律顾问为全系统税务干部进行预防职务犯罪的讲座。完成税收法规库的升级改版工作。在内网“税收法制”栏目下建立“典型案例”“法制动态”和“热点问题”等子栏目，收集整理系统内近年来发生的复议应诉典型案例并进行评析，在平台上发布；增加各区县局、分局法制工作总结、新法规提示等内容，为全系统开展法制工作交流提供便利。会同有关部门，组织全市地税系统172人参加2013年上半年全国税务人员执法资格统一考试，提升全系统执法人员的素质和能力。

（李钰瑾）

纳税服务

概 况

2013年，全市地税系统各级纳税服务部门牢牢把握稳中求进的工作基调，围绕“强基础、重质效、促和谐、持续优化纳税服务”的工作目标，加强理论探索和制度建设，深入开展宣传辅导，持续改进办税服务，日益加强权益保护，有效推进信用体系建设，较好地完成了各项工作任务。

网站建设

【综述】北京市地方税务局网站是北京市地税局面向社会为纳税人提供服务的重要窗口，开展和加强网站建设对于推动北京市地税局电子政务的开展，提高税收征管质量和效率，降低征纳成本，保障纳税人合法权益，创建良好税收秩序，起到了十分重要的作用。2013年，北京市地税局采取各项保障措施。以纳税人需求建议为导向进行了改版，完善相关制度，确保网站安全平稳运行，为纳税人提供方便、快捷的网上服务。全年发布各类信息、公告共21390条，网站首页全年访问量达到1638万人次。自2002年开始，北京市地税局网站连续多年被北京市政府评为优秀政府网站，近年来在全国税务系统网站评比中一直名列前茅。

【网站改版】在认真分析现状的基础上，以上级网站建设要求为指导，以纳税人需求建议为导向，参照门户网站设计理念，多方征求意见，将原网站设置的5个区域共140余个栏目，梳理出以信息公开、办税服务、税收宣传、公众参与、区县网站组成的五大板块。通过改版，明确了北京地税门户网站的功能定位，优化了业务架构，整合了网站资源，新增了三项特色服务：一是搭建场景化“网上办税服务厅”，采用模拟实体办税服务厅场景展示方式，设置自助办税区和下载专区，提供信息查询和资料下载等服务；二是增加移动终端浏览方式，推出手机客户端，纳税人可以通过下载安卓（Android）操作系统软件或扫描二维码随时通过手机浏览重要提示、最新政策，实现纳税咨询、投诉举报和查找办税地点等多种涉税服务事项；三是推出RSS个性化定制服务，纳税人可通过下载阅读器定制自己关注的网站栏目，随时可以获取最新信息；新增“办税通道”“网上税校”“权益保护”“热点问题”等多个服务专区，对关注度高的栏目或事项实现快捷访问。北京地税网改版上线后，受到纳税人一致好评，《北京日报》《中国税务报》等十余家主流媒体对此进行了相关报道。

【修订《网站更新维护管理办法》】按照全市地税系统共同参与办网建站的工作机制和模式，根据考评要求，对原有网站管理制度进行梳理，并征求、吸纳了各处室、区县局、分局意见，形成了《北京市地方税务局网站更新维护管理办法（试行）》。

【新版网站后台上线】北京市地税局TAX861网站“网站维护管理信息系统”（网站后台）上线，新版网站后台对历史数据进行了归档，对网页管理员权限进行了更新维护，增加了网页管理员内部交流平台和任务提醒功能，完善了数据统计功能，开发了民意征集程序。

【网络互动】在网站设立了“局长信箱”“网上咨询”“网上投诉”“网上举报”等多个栏目与纳税人进行互动交流。2013年，网站共受理局长信箱229件、网上咨询9545件、网上举报838件、网上投诉37件。邀请房山地税局、公报编辑部、西城地税局、燕山地税分局等单位，举办了12期网上在线答疑活动，平均每次答疑活动网友提出问题30个，平均在线浏览量达7800余人次。对答疑活动中纳税人提出的问题，全部在规定时限内进行反馈。

【政风热线信件】继续配合北京市纠风办、信息办开展政风行风评议和督查评议活动。在受理并解决政策业务咨询、举报和投诉信件时件件答复详尽、清晰、公开、透明，并及时将纳税人的意见向相关部门反馈并提出改进建议，力争从根本上解决纳税人反映强烈的热点、难点问题，解决损害群众利益的问题。全年共接收政风热线来件100件，均在规定时限内签收并成功办理。

【税务总局互联网站内容保障】在积极配合国家税务总局网站改版工作的同时，完善了网上办税项目的内容，全年共受理税务总局转办咨询问题729件，全部按规定进行了回复。

【网站维护日常检查】组织人员开展网站维护日常检查，2013年共检查出网站问题114个，其中，网站内容错误问题42个，未及时更新16个，建议事项49个，催办事项7个，工单均转交相关处室和区县局，问题已解决并反馈。

（张　博　杨建宁　王　玉　崔　鹏　曲　婷　刘玲玲　王　坚　刘　涛）

12366 纳税服务热线

【综述】12366北京地税热线是为纳税人提供税收咨询服务、查询服务、受理涉税举报和违规投诉的综合服务系统。作为服务纳税人的重要平台，12366北京地税热线坚持以提高“三个服务”水平为宗旨，架起和谐征纳关系的桥梁，为北京市地税局的税收现代化建设作出了贡献。

【热线人工受理】2013年，12366北京地税热线中心座席工作人员接听处理215267件（含主动回拨话务44033件），远程座席工作人员接听处理话务175036件。按业务类型划分：纳税咨询 386983 件，涉税举报 3097 件，纳税服务投诉 223 件，所有话务均已按照规定时限、程序处理答复或转交相关部门办理。按咨询问题的内容分：税收政策类问题 47%，申报办税类问题 20%，涉及发票类问题 13%，税收法制类问题 1%，其他类咨询问题 19%；按咨询问题所涉及的税种分，各税种所占比例是：个人所得税 44%，车船税 6%，营业税及其附加 24%，企业所得税 9%，契税 4%，房产税 2%，城镇土地使用税 1%，印花税 6%，土地增值税 1%，其他 3%。

【热线系统自动处理】12366 北京地税热线自开通以来始终信守提供全天候不间断纳税服务的承诺，除工作日 9：30—17：30 期间由工作人员接听外，还可以提供发票查询、电话报税、个人所得税明细申报查询等 24 小时系统自动受理服务。2013 年系统自动处理话务 311085 件，其中包括：语音留言 786 个，接收传真 642 件，纳税人收听语音咨询 88660 次，发送传真 1077 件，电话报税 8447 件。系统本月共受理发票查询 58423 次，个人所得税明细申报查询 3709 次。

【非京籍个人购房、购车个税复核】2013 年 9 月 1 日，纳服中心接办非京籍个人购房、购车个人所得税复核工作以来，重点对复核工作制度和办事流程进行了系统梳理、规范和优化，统一制定“一次性告知单”，明确了办理内容、流程以及相关注意事项等，对纳税人的办理事项实行第一时间主动告知，确保复核一次性办理成功，减少重复办理次数，提高办事效率和纳税服务质量。个税复核窗口已接听纳税人来电咨询 5449 件，接待现场咨询 2297 人次，实现零投诉。

【地方税收知识库初装及推广应用】按照国家税务总局对纳税服务热线税收业务知识库工作要求，建设完成地方业务知识库，初步搭建起一个服务全市地方税务干部的内容完整统一、规范实用的政策解答平台。通过对个人所得税、企业所得税、营业税等 15 种地方级税费及征管、发票规定进行全面梳理，整理出适用于全市地税系统的问题解答、办税流程、业务专题、表证单书、税收法规等知识内容，并在知识库软件中进行知识采集、审核与发布。共录入税收法规 2295 条，办税流程 181 个，问题解答 358 个。通过对地方知识库建设以及税务总局和地方知识库的推广、应用、更新、维护，为广大税务干部提供口径一致、权威准确的税收政策共享信息平台，提升咨询服务质量，同时便于税务干部学习掌握业务知识，提高整体业务水平和依法行政能力。

【统一规范涉税咨询答复】针对“内外对口较多、政策出口较多”的特点，对通过各渠道受理的涉税咨询，从答复流程和标准等关键环节上进行系统梳理和完善，对政策的出口进行统一整合和规范，严把政策出口关。同时加强与北京市地税局各业务处室、区县局以及首都之窗等部门的联系，及时有效地发挥政策的反馈和交流作用。2013 年，受理 12345 北京市非紧急救助服务中心信件 827 件；协助解答地税官方微博涉税咨询问题 76 件。

（李思峰　李　科　王　墨　康　宁）

其他纳税服务工作

【理论探索和制度建设】2013年，共完成12篇理论调研，继续落实《北京市“十二五”时期纳税服务工作规划》，先后制发北京市地方税务局《关于进一步加强纳税辅导管理工作的通知》《关于进一步加强纳税服务投诉管理的意见》和《办税服务厅（场所）服务行为规范》等文件制度。

【上线试运行个人所得税完税证明自助服务系统】1月1日，在个人所得税处、科技处等处室及房山地税局的大力协助和配合下，北京市个人所得税完税证明自助服务系统在房山区综合行政服务中心上线试运行，成功实现纳税人自助查询和打印个人所得税完税证明。

【召开纳税服务工作专业会议】1月22—23日，纳税服务处、纳税服务中心在昌平培训中心联合召开2013年纳税服务工作专业会议，总结2012年工作，部署2013年重点任务，并就相关工作进行了分组讨论。会上，播放了2012年纳税人满意度调查暗访部分视频及音频录像。

【纳税信用等级评定】4月9日，完成北京市2013—2014年度纳税信用A级企业国税局、地税局联合评定工作，共评定出3389户A级企业。在北京地税系统内统一规范和开展了纳税信用D级企业评定工作，共评定出126户D级企业。选定顺义地税局、密云地税局水库税务所和门头沟地税局石龙税务所试点开展了纳税信用C级企业评定工作，三个试点单位结合本局实际做出有益探索和尝试，共评定出1088户C级企业。

【征纳沟通】5月14日、5月24日分别召开中关村自主创新示范区企业、文化创意企业座谈会。来自东城雍和园、西城德胜园、朝阳电子城以及海淀园的12家科技创新企业和来自新影联、天桥剧场、北广传媒、北青传媒等12家文化创意企业参加了座谈。企业分别从完善税收政策、优化工作程序、强化纳税辅导、增强征纳沟通、减轻办税负担等方面提出意见和建议。

【纳税辅导工作机制】6月4日，印发《北京市地方税务局关于进一步加强纳税辅导管理工作的通知》（京地税纳〔2013〕89号），对纳税辅导的工作职责、组织实施、经费和师资等方面提出更加统一和明确的要求。

【分层次分类型纳税辅导】在税收宣传月期间组织全市开展“主题突出、内容丰富、特色鲜明”的纳税辅导工作，共有15000多人次参加了纳税辅导；针对中央在京企业的服务需求，开展对105家央企的个性化辅导；与北京市文资办联合对近200家文创企业开展辅导；分层次组织1.1万余人次的企业管理层、财务主管、办税人员纳税辅导；组织近1500人次纳税辅导小教员培训。

【规范宣传材料】全年共印发纳税人常用文书填写范本、税收政策解读，以及热点难点问题解答等辅导手册15类88.6万余册，实现了宣传材料科学分类、合理摆放、及时更新、按需编印。

【启动个人所得税完税证明自助服务系统】9

月2日，北京市个人所得税完税证明自助服务系统试点工作启动仪式在西城区地方税务局金融街税务所举行。凡在北京市地税局申报缴纳过个人所得税的纳税人，只要申请初始密码，即可采取在自助服务终端机上扫描第二代身份证的方式查询个人所得税完税信息、打印个人所得税完税证明，并可以持密码在网上查询个人所得税纳税信息。《中国税务报》《北京日报》《北京晚报》、北京电视台等10家媒体对启动仪式进行了采访。

【推进北京市企业信用体系建设】贯彻落实《北京市人民政府关于进一步加强企业信用监管 推进企业信用体系建设的意见》（京政发〔2012〕42号），按照北京市工作部署，通过市工商局向北京市企业信用信息网提供市地税局2012年度行政处罚信息25255条，以及3389户北京市2013—2014年度纳税信用A级企业名单。

【2012年度纳税人满意度调查】委托第三方调查公司开展2012年度纳税服务满意度调查暨征询纳税人意见工作，调查包括办税人员满意度、办税服务场所满意度和电话咨询满意度调查三方面，主要围绕纳税服务质量、信息与税法宣传服务、咨询服务、依法行政、行业比较、咨询服务、办税环境、便民措施、税容风纪和首问责任制等方面进行。除满意度评价外，也针对纳税人需求进行调查，注重收集纳税人对税务机关的意见和建议，发现工作中的问题和差距，为解决和提高纳税服务质效提供真实的参考依据。与2011年相比，扩大了办税服务场所暗访覆盖面，取消了纳税人高层调查，新增电话咨询调查。办税人员调查完成10990个样本；办税服务场所暗访调查完成130个样本（覆盖65个税务所），电话咨询暗访调查完成534个样本（覆盖所有对外公开的咨询电话）。调查结果表明，办税人员满意度得分从2011年的91.3分提升至2012年的92.1分，提升幅度为0.88%。由于研究对象和研究范畴发生变化，年度综合满意度得分从2011年的91.5分下降至2012年的89.2分，下降幅度为2.51%。一是扩大了办税服务场所的暗访范围（从2011年19个办税服务厅扩大到65个办税服务场所），办税服务场所评价得分从2011年的90.6分下降至2012年的87.2分，下降幅度为3.75%。二是取消纳税高层调查，替换为电话咨询暗访调查（对税务所向外公开的232个咨询电话进行534次电话暗访），电话咨询评价得分为77.6分。

【纳税服务投诉管理】11月13日，印发《北京市地方税务局关于进一步加强纳税服务投诉管理的意见》（京地税纳〔2013〕165号），从夯实基础、明确职责、畅通渠道、规范流程、加强监督、严格考核几方面对纳税服务投诉管理工作进行规范，做到受理、转办、处理、反馈、回访各工作环节全面提速。统一投诉归口管理，建立市局处室和区县分局横纵协调办理机制，对所有投诉件办理情况“登账填表”、归档备查，将纳税人满意作为重要结案依据，将各级税务机关落实情况纳入执法检查，对典型案件进行案例分析通报，在解决一位纳税人问题的同时举一反三，促进纳税服务质效的整体提升。2013年北京市地税局共处理各类纳税人诉求244件，比2012年的277件减少12%。

【规范办税服务厅（场所）服务】11月25日，印发《北京市地方税务局办税服务厅（场所）服务行为规范》（京地税纳〔2013〕177号），全面规范办税服务厅（场所）服务环境、着装礼仪、岗前准备、办税服务、文明用语、工作纪律，实现办税服务厅（场所）服务行为全程规范。

（程　鹏　王　强　张　红　周　聪
林　娜　薛　青　王小虎）

纳税评估

纳税评估工作

【综述】 2013 年，北京市纳税评估部门以依法行政为准则，规范行业纳税遵从为主导，加强部门间协作为基础，努力提升纳税评估工作精细化水平，较好地完成各项工作任务。截至 2013 年 12 月 31 日，全市共对 7.45 万户次纳税人实施纳税评估，同比增长 1%，占全局税务登记户数 118 万户的 6.3%；发现有问题户 3.05 万户，有问题率 40.9%；经过评估，入库税款（含滞纳金和罚款，下同）15.03 亿元，同比增长 20.5%，占全局各项税费收入 3100 亿元的 4.8‰。

【人员与职责调整】 6 月，征收管理专用税务检查证的管理工作由纳税评估处移交稽查处。10 月 21 日，根据北京市地税局党组文件，王磊任纳税评估处处长。12 月，根据市局税收征管改革精神，对纳税评估工作定位进行调整，由纳税评估调整为税收风险管理，建立由纳税评估处牵头，相关部门参与的税收风险管理体系。

【召开 2013 年纳税评估工作会议】 1 月 17 日，组织召开 2013 年纳税评估工作电视电话会议。各区县（分）局纳税评估工作的主管局长，纳税评估科、专业评估所全体干部在分会场参加会议。会议对 2012 年度全市评估能手和评估先进单位进行通报表扬，总结 2012 年全市纳税评估工作，部署 2013 年重点工作任务。

【纳税评估制度建设】 3 月 19 日，制定下发《北京市地方税务局关于征收管理专用税务检查证管理有关工作的通知》，自发布之日起施行。明确市、区两级评估部门对征收管理专用税务检查证（以下简称“检查证”）的管理职责，对检查证的发放范围、办证流程、证件管理等进行规定。4 月 10 日，制定下发《关于在 2013 年行业评估工作中对稽查涉案纳税人中止评估程序的通知》。纳税评估处从配合稽查工作以及服务基层、服务纳税人角度出发，要求各级评估部门根据 2013 年稽查工作名单，及时中止对稽查涉案纳税人的评估程序，进一步强化部门间信息沟通，减轻纳税人负担和避免基层税务干部重复劳动。11 月 15 日，制定下发《关于做好 2013 年度纳税评估收尾工作的通知》。由于纳税评估工作制度与流程将根据北京市地税局征管改革方案进行调整，因此通知要求区县局、分局未办结的纳税评估工作尽量于 12 月 31 日前办结，自 2013 年 12 月 1 日起，暂不开展新的纳税评估工作。

【行业评估】 3 月 5 日—8 月 31 日，在全市范围组织开展对建筑业专项评估工作。根据从北京市建委获取的数据和建筑业评估模型，对纳税人进行风险等级测算和排序，从中选取 2022 户企业作为评估对象。为便于基层开展工作，下发《建筑业纳税评估工作指南》，明确评估步骤，细化疑点核实内容，提高工作的针对性和可操作性。共评估 2022 户，发现有问题 719 户，入库税款 2207 万元。7 月 1 日—9 月 28 日，在全市范围组织开展对房地产经纪行业（个人住宅交易部分）专项评估工作。通过将市建委2009—2012年度房地产经纪公司成交的个人住宅交易数据与市局核心征管系统营业税入库数据进行比对，确定了高风险纳税人791户，经过核实，发现有问题138户，入库税款200万元。7月1日—10月31日，组织全市对一、二级资质的物业管理公司开展专项评估工作。在前期准备工作中，针对物业行业评估模型，设计便于纳税人填写的《信息采集表》，通过系统内部数据与纳税人填报数据进行比对查找疑点，为核实工作找到突破口。在核实过程中，采取集中培训、深入基层座谈、开展团队式评估等多项措施，使评估工作开展得稳中求进、扎实有序。共评估230户，发现有问题70户，入库税款195万元。

【税种评估】6月14日—8月23日，按照国家税务总局要求，与市局地方税处联合部署对2012年度城市维护建设税、教育费附加、地方教育附加与流转税两税比对专项评估工作。纳税评估处与地方税处对税务总局提供的2012年度增值税、消费税回放数据进行清分，组织全市各区县（分）局按照不低于50%的比例进行评估核实。共评估12884户，入库税款4614万元。7月24日—10月18日，按照市局领导的要求，为加强车船税税源管理，与地方税处联合，首次在全市范围组织开展车船税专项评估工作。以市交管局北京市机动车登记信息为税源基础信息，将2012年度核心征管系统中无纳税记录、免税信息的纳税人作为评估对象。共评估2.5万户，涉及6.5万辆车，共有10820辆车补缴车船税，入库税款1307万元。9月9日—12月5日，按照国家税务总局要求，与企业所得税处、个人所得税处联合部署对2012年度个人工资薪金所得与企业的工资费用支出比对专项评估工作。共评估3.1万户，入库税款320万元。

【加强与国税部门协调配合】7月9日—10月31日，北京市国税、地税评估部门以住宿业（星级宾馆饭店）为切入点，在全国省级税务机关首次开展联合评估工作。前期，评估部门在对北京市统计局、市公安局数据进行初步分析和开展验证式评估的基础上，建立国税局、地税局统一的行业评估模型和风险指标。7月9日，纳税评估处与市国税局第一直属分局联合召开住宿业专项评估工作部署会，并进行相关业务培训，北京市地税局党组成员、副局长卜祥来，北京市国税局党组成员、总经济师郑怀远到会并讲话。住宿业共评估346户，发现有问题118户，入库税款1976万元。其中国税局、地税局联合评估15户，有问题率100%，入库税款1520万元，涉及国税967万元，地税552万元，调减亏损额2312万元。国税、地税联合评估工作，秉承“一次进户、统一评估”“各司其职、相互协作”以及“举证资料、一证两用”的工作原则，减轻纳税人负担，提高评估工作效能。同时，双方在信息共享、风险分析识别体系建设、协调配合机制建设等方面进行了有益尝试。

【参加业务专题会议】12月30日，在北京市地税局局长杨志强主持召开的研究税收风险管理工作专题会议上，纳税评估处汇报税收风险管理体系建设工作方案。会议决定：一是由纳税评估处负责，抓紧制定和完善税收风险管理工作制度体系，明确工作目标、职责、流程等内容，特别是要研究制定简易程序，提高工作效率；二是由纳税评估处会同稽查处，研究评估与稽查工作衔接的具体流程和办法；三是由纳税评估处负责，于2014年上半年组织开展无税申报企业专项评估工作，将2013年清理出的无税申报户作为低风险纳税户，统一推送，由区县局、分局进行风险应对。

【研究编写评估模型】结合2013年度开展的行业评估，完善建筑业、住宿业、物业管理业、房地产中介业（个人住宅交易部分）评估模型。为适应税制改革需要，除继续完善行业评估模型外，还开始探索编写重点税种的评估模型。2013年，完成土地增值税和房产税评估模型的编写工作。

【调查研究】6月，完成调研《关于做好纳税评估工作的思考》，全面分析纳税评估工作存在的问题，并提出相关建议，为北京市地税局税收征管改革对纳税评估工作的重新定位提供参考。8月5日，《中国税务报》头版刊登文章《北京市国税局、地税局联合开展纳税评估》，就住宿业国税、地税部门联合评估工作进行报道；B6版“纳税评估那些事儿有奖征文”栏目，刊登纳税评估处在总结2012年保险业专项评估工作基础上撰写的文章《创新工作方式有利于提升纳税评估质效》。

【配合国家税务总局工作】3月19—26日，参加国家税务总局在江西省召开的纳税评估工作规程编修工作会议。来自11个省市的国税局、地税局干部共40余人参加会议。国家税务总局征管和科技发展司征管质量监控处处长司京民对税务总局起草《纳税评估工作规程（试行）》的背景和设计思路进行介绍，与会人员对工作规程整体框架和所列条款进行讨论。纳税评估处参会人员根据工作实践，对纳税评估工作定位、工作程序、使用文书、纳税评估工作中对税收核定权、税务检查权的运用，以及如何规避纳税评估执法风险等内容进行发言。

【信息化建设】1月1日，税收管理员平台评估模块正式上线。统一日常评估和专项评估的信息化操作平台，统一日常评估和专项评估的评估报告文书样式，减轻一线评估人员工作负担。平台上线后，纳税评估处及时了解运行过程中存在的问题，积极协调有关部门加以解决。

【业务培训】7月9日，结合住宿业专项评估工作，邀请了知名会计师事务所的资深专家，对基层评估干部做了关于住宿行业经营模式、财务报表、会计准则、主要税收风险等方面知识的业务培训。

（张冬梅）

税务稽查

税务稽查工作

【综述】2013 年，北京市地税局稽查系统紧紧围绕“收好税、带好队、执好法、服好务”的工作目标，启动稽查改革、完善体制机制、壮大专业队伍，加强工作管理，使全市税务稽查工作迈上新台阶，全面完成全年稽查工作任务。2013 年，全市稽查系统共对各类纳税人立案 3316 户，实施检查 3086 户，有问题 2974 户，有问题率 96%，结案 3029 户。查补收入共计 174243.49 万元（其中：税款 149353.28 万元，滞纳金 18890.89 万元，罚款 5999.32 万元）；入库收入合计 175972.85 万元（其中：税款 153058.26 万元，滞纳金 19228.35 万元，罚款 3686.24 万元），入库率 101%。为认真贯彻落实北京市地税局税收工作会议精神，结合税务总局稽查局 2013 年税务稽查工作要点，稽查处组织召开系统税务稽查工作会议，全面总结上年工作经验，科学规划 2013 年工作安排，通报了 2012 年度十大重大案件、十大精品案例和 23 名查账能手。各稽查局统一思想、坚定信心、责任落实、真抓实干，全力以赴完成工作任务。全市地税稽查系统围绕组织收入中心工作、服务大局，坚持依法行政的基本准则，以整顿和规范税收秩序为目标，通过查处重大税收违法案件、开展税收专项检查和区域税收专项整治、重点税源企业检查和打击发票违法犯罪等重点工作，创新稽查体制机制改革，充分发挥税务稽查职能作用，各项工作成效显著。

【重大税收违法案件查处】2013 年，全市稽查部门共受理中纪委、税务总局等上级机关督办（交办）案件 20 件涉及 48 户企业，分别由第一、第二稽查局、西城、朝阳、海淀、昌平、通州稽查局承办。全市各稽查局共查补税款 50 万元以上的重大案件 140 件，查补收入合计 3.97 亿元。

【税收专项检查】按照国家税务总局明确的税收专项检查工作要求，结合北京市地方税收征管状况，2013 年，重点开展证券基金、房地产业、建筑安装业、承接出口货物业务的货代公司、报关公司、工程设计监理公司及中介、培训服务机构等税收专项检查项目，部署对部分大型房地产公司、脱媒金融企业、涉外企业和两所高等院校共 36 户的专项检查工作。全市地税系统开展专项检查共立案检查 2346 户，查补收入 43378.15 万元（其中：查补税款 33581.20 万元、滞纳金 7891.05 万元、罚款 1905.90 万元）；实际入库 45430.09 万元。组织 133 户企业开展税收自查，自查组织收入 7145.43 万元。

【重点税源企业检查】按照国家税务总局工作部署，围绕北京市地税局中心工作，重点开展对中国中信集团、中国化工集团、中国铁路物资股份有限公司、中国机械工业集团公司、中国黄金集团 5 户重点税源企业在京总部及分支机构、成员单位共计 349 户企业的税收自查工作，自查收入 1.95 亿元。对其中 42 户自查不彻底、效果不明显的企业开展重点检查工作，查补收入

334.3万元；为规范企业属地管理，针对中海油存在的异地缴纳税款问题，组织对其下属在京二级企业共18户开展自查检查工作，自查收入187.2万元，并确定对第一批8户企业开展重点检查。

【税收专项整治】2013年，开展无税申报清理工作，向稽查系统下发了《关于对无税申报户开展税务稽查工作的通知》，要求对一定比例的无税申报企业开展税务稽查。全市稽查部门共接到征管部门转来的无税申报户594户，其中，立案稽查334户，调查核实345户；检查有问题304户，占总承办任务量的51%。稽查查补收入共计1257.72万元，其中：税款1006.79万元，加收滞纳金、罚款250.93万元。通过检查分析向征管部门反馈了无税申报的成因，促进征收管理工作。

【打击发票违法犯罪活动】2013年，北京市地税局认真履行作为北京市打击发票违法犯罪活动牵头单位的工作职责，全面开展虚假发票"卖方市场"和"买方市场"整治工作。制定《发票违法信息动态监控及综合治理制度》《公安、税务、通信部门联席会制度》《警税协作联合办案制度》等工作制度，切实提高工作的科学化、规范化水平；拟订《进一步加强北京市打击发票违法犯罪活动工作的意见》，在市政府专题会议后正式印发并部署工作；2013年，对房地产与建筑安装、餐饮、娱乐、药品与医疗器械、营利性教育培训等行业的497户企业开展发票使用情况重点检查，对22户律师行业和1户广告企业开展发票使用情况专项检查，取得预期的检查效果；集中开展兜售、代开虚假发票专项整治行动，配合公安机关破获"1·11"团伙制售假发票案、"5·05"特大出售非法制造发票案，收缴各类假发票273万份。查处违法受票企业777户，查获非法发票7314份，查补收入1.84亿元。

【稽查体制机制改革】2013年，针对稽查工作存在着机构设置不科学、工作环节多、对重点企业检查力度不够等问题，北京市地税局于6月启动税务稽查体制机制改革工作，到基层调研，借鉴外省市先进管理模式和工作经验，按照"稽查机构扁平化、稽查手段现代化、稽查队伍专业化"的工作要求，实现税务稽查"职能强化、配置优化、管辖明确、机制健全、技能突出"的改革总体目标。12月18日，印发了《北京市地方税务局关于深化税务稽查体制机制改革的意见》（京地税稽〔2013〕189号）。12月20日，召开北京市地方税务局稽查体制机制改革工作会议暨第三稽查局、第四稽查局揭牌仪式。国家税务总局稽查局局长马毅民、市局局长杨志强在会上做重要讲话，市局全体局领导、各处室处长、各区县（分）局局长参加会议。12月24日，印发《北京市地方税务局税务稽查机构改革方案》（京地税人〔2013〕194号），制定改革总体目标、主要内容和实施步骤；明确稽查机构和稽查人员调整的具体实施要求。全市稽查人员定编1255人，其中：市局直属稽查局由2个增加到4个，人员编制由255人增加到437人，直属稽查局内设机构由10个科室简并为5个；20个区县（分）稽查局818人，内设机构由4个简并为2个；全市稽查局均增加了检查科数量，并针对重点监管行业进行专业化分工，4个直属稽查局共设置40个检查科，16个区县稽查局共设置66个检查科，全市一线检查人员950人，占全市稽查人员定编的76%。

【稽查制度建设】为规范税务稽查案件协查工作，提高协查质量和效率，依据《税务稽查案件协查管理办法》及相关法律法规，重新修订印发《北京市地方税务局税务稽查案件协查管理办法》。为进一步规范重大税收违法案件审理工作，根据国家税务总局《重大税务案件审理办法(试行)》的有关规定，印发《北京市地方税务局重大税收违法案件审理工作办法》，恢复市、区两级重大案件审理委员会工作机制，明确各级重大案件审理委员会审理范围、程序，完善重大案件审理工作。调整北京市地税局重大税收违法案件审理委员会组成人员。印发《北京市地方税务局关于加强税务检查证管理工作的通知》，明确税务检查证使用管理中的职责划分、发放范围、办证流程、证件管理，完成全市税务检查证统一管理工作。

【涉税违法案件检举】2013 年，北京市地税系统共受理检举案件 4368 件，到期结案 4308 件，到期结案率 99%；对 1714 件检举案件进行立案检查、评估约谈和征管核查，结案 1702 件，检查有问题案件 747 件，有问题率为 44%，查补收入 16076.99 万元（其中：税款 9606.9 万元，滞纳金 3349.87 万元，罚款 3120.22 万元），入库合计 9818.77 万元；奖励 7 名检举人，支付检举奖金 1.6 万元。

【案件协查】按照国家税务总局工作部署，开通国家税务总局协查信息管理系统，确保全国地方税务局协查信息管理系统全面应用。2013 年，全市地税系统共收到受托协查 974 户次，涉及发票 2715 张，完成 973 户次发票协查工作，平均回复率 99.9%。

【稽查队伍建设】北京市地税局稽查处及宣教处共同组织全系统稽查岗位人员业务知识练兵考试，强化基本技能。通过竞争性遴选税务干部，有 90 名优秀基层干部加入稽查系列。根据北京市编办批准，增加两个市属直属稽查局即北京市地方税务局第三稽查局、第四稽查局，并于 2013 年 12 月 20 日举行揭牌仪式。

【稽查人才库建设】2013 年 1 月，根据《国家税务总局税务稽查人才库 2012 年入库人员选拔工作方案》，北京地税局从稽查系统业务骨干中选拔出靳辉、尤鹏南、易守权、任嵘 4 名同志进入国家税务总局稽查人才库，并获取国家税务总局荣誉证书。

【稽查业务培训】2013 年 4 月 1—3 日，在昌平培训中心组织召开 2013 年税收专项检查业务培训会。对全市 180 名稽查业务骨干进行业务培训和典型案例经验交流。聘请专家讲解证券基金、房地产行业和工程设计监理公司的运作模式及税收政策，为开展专项检查提供帮助，收到较好的学习效果。

【稽查信息化建设】2013 年，北京地税局积极试点推广电子查账软件，制定电子查账操作规程，提高稽查工作质效。将建立以“电子稽查操作指南”为依托，以“征管数据和第三方信息”为支撑，以“电子会计资料”与“电子业务资料”检查相结合为主要内容的工作规范，并针对电子数据信息“易篡改、易隐匿、易销毁”的特点和工作中存在的主要问题，重点研究和完善“现场勘验检查电子数据程序”和“电子数据分析方法”“重点行业检查底稿”等内容，逐步构建市局“电子税务稽查”工作体系。

（周燕玲）

案例举要

【案件名称】某服务行业公司出租农业大棚少缴税款案

【案件基本情况】本案为涉税检举案件，该公司成立于2001年2月20日，经济性质为其他有限责任公司，注册资金600万元，经营范围：技术开发，技术服务，技术转让，信息咨询，园林绿化工程施工及设计，农业高新技术及产品的开发。举报人反映该公司存在非法经营、偷税漏税、非法敛财等现象。该公司前法人与其他两个股东租赁西营村土地建设50米温室大棚，取得销售大棚收入约1.09亿元，上述收入只开具收据，未开具发票、未入账，也未申报纳税。北京地税局对该公司2008—2012年取得收入的情况进行了检查，该公司最终补缴税款、滞纳金共计856.73万元。案件特点为该公司对外出租农业大棚，未申报缴纳相关税款。因该公司账簿及资料缺失，检查组到现场勘验了大棚数量，并根据公司提供的出租合同核定其收入金额。此为一起典型的核定征收案例，也是市局首次在案件中使用勘验笔录。

【检查过程及违法事实】（1）查办过程：检查组接到案件之后，首先在互联网上查找被查单位的宣传资料，初步对大棚数量和规模有了一定了解。针对该公司账簿资料缺失的情况，检查组向该公司所属主管税务机关发出协查函，要求协助调查该公司申报纳税情况。经主管税务机关函复，该公司2008—2012年未申报缴纳营业税金及附加，仅缴纳了城镇土地使用税、房产税、车船税、印花税及个人所得税。同时，检查组对该公司开户银行调查取证，未发现该公司取得大棚租赁收入的线索。为核实大棚出租情况，依据举报线索，检查组到北京某社区服务中心进行外调取证，该服务中心出具情况说明，并未从该公司租赁大棚。为进一步确定该公司大棚的实际数量，检查组于2013年7月18日对该公司的大棚数量进行了实地勘验，并制作了勘验笔录，勘验结果显示该公司共有用于出租的大棚484个，其中正常使用463个。鉴于该公司的实际情况，检查组依据《税收征管法》第三十五条相关规定，按照该公司提供的21份已退款的租赁合同记载的租金收入进行核定征收。经计算，核定收入总计为10671万元。（2）违法事实：账簿问题：该公司称因2008—2013年多次更换法人和股东，导致2008—2011年的账簿全部丢失，2008—2011年部分凭证丢失，2012年仅有总分类账和明细账各一本。该公司向税务机关提供的账簿为2012年总分类账和明细账各1本，凭证是2008—2012年55本。随后经检查组多次督促，并于2013年4月17日下发提供纳税资料通知书，该公司仅提供了部分电子账，一直未提供全部账簿资料。收入问题：该公司在北京市某区建设农业大棚并出租，2008年开始施工建设，于2009年开始取得大棚租赁收入。该公司提供了部分电子账和21份已经退款的大棚租赁合同。

经查，电子账中所记载的大棚出租收入每年只有100万元左右，与举报信中所列情况差距很大。对于此种情况，该公司法人解释说是因为该公司本身于2009—2011年间因拖欠工程款，将大棚收入分给建筑公司来抵债，因此在销售过程中，全部收入被该公司坐支。

【处理结果】（1）营业税。根据《中华人民共和国税收征收管理法》第三十五条第四款、《中华人民共和国营业税暂行条例》第二条第一款、第四条、第十二条的规定，该公司应补缴营业税533.55万元。（2）城市维护建设税。根据《中华人民共和国城市维护建设税暂行条例》第二条、第三条、第四条第一款、第五条的规定，该公司应补缴城市维护建设税37.35万元。（3）教育费附加。根据国务院《教育费附加征收问题的通知》第一条的规定，该公司应补缴教育费附加16万元。（4）滞纳金。根据《中华人民共和国税收征收管理法》第三十二条的规定，对该公司未按规定申报缴纳的营业税、城市维护建设税按日加收5‱的滞纳金，其中营业税滞纳金252.17万元，城市维护建设税滞纳金17.65万元，共计滞纳金269.82万元。（5）罚款。根据《中华人民共和国税收征收管理法》第六十条的规定，对该公司处以5000元罚款。

【案例点评及分析】（1）企业纳税意识淡薄，税法宣传有待加强。在本案检查过程中，检查组发现该公司负责人纳税意识淡薄，在2009—2011年收取房屋租金过程中并未申报缴纳营业税，其后该公司多次更换法定代表人，导致账簿资料保管不善，以致大部分丢失。不但造成了国家税款流失，更给检查工作带来很大困难。（2）稽查过程中的核定征收应考虑全面，取证准确。检查组利用企业提供的21份退款合同进行核定，将21份合同金额汇总并计算平均值，再乘以463份合同的总数，确定了该公司的收入金额，企业负责人对此没有异议。（3）勘验笔录要图文结合，勘验结果力求准确。本案检查过程中，检查组为核实该公司实际大棚数量，使用了勘验笔录，同时还对大棚实际情况拍摄了多张照片，图片和笔录相结合，准确地核实了该公司的大棚数量，对后来的收入核定、税款计算工作起到重要作用。

（王顺麒）

【案件名称】北京某化工贸易公司股票收益少缴税款案

【案件基本情况】本案为专项自选案源。北京某贸易公司成立于1995年7月，成立后一直从事化工贸易，2008年之后化工行业不景气、行业利润偏低，于2008年10月停止贸易业务，利用企业闲置资金进行股票投资。该公司于2008年10月在证券公司开立股票交易账户，于2012年3月在证券公司开立融资融券账户。

【检查过程及违法事实】（1）检查过程：选案人员在某财经网站查询十大流通股股东变化情况时，发现该公司在2009—2012年期间买卖三支股票，选案人员选取该公司购买一支交易数额较大的GCN股票公司进行分析比对，GCN上市公司的市场公开信息显示该公司是十大流通股股东之一，持有GCN公司股票268.69万股。从信息披露得知2009—2010年十大流通股股东变化情况，发现该公司从2009年第四季度到2010年第一季度、第二季度分批减持了股票，2010年第三季度十大流通股股东名单上已经找不到该公司的名字。选案人员分析，该公司在2009年二季度之前购买了大量GCN公司股票并卖出赚取差价收益，经过选案人员对其建仓期间平均股价，估算其购入该支股票大致成本和通过减持期间平均股价，以及大宗交易系统平台估算其卖出价格，从而估算出该公司获利约为900万元左右。经市局征管系统中查询，该公司企业所得税入库金额与收入明显不匹配，可能存在隐瞒股票收益未申报的行为。检查组将获取的外部信息与该公司申报入库信息进行比对，发现涉税疑点较大。检查组调取了该公司的财务报表及相关会计凭证，发现2009—2012年的损益表中除了2010年租赁业收入15.7万元外，其他年份营业收入均为零，2009—2012年资产负债表中的其他货币资金科目年末余额在亿元以上。根据前期外部获取的股票交易信息，检查组与企业管理人员进行了沟通，企业承认在二级市场买卖多支股票，将所有投资股票的资金和取得的投资收益计入其他货币资金科目。检查组对其总账和明细账的其他货币资金科目有针对性地开展了检查。为了进一步确认该公司买卖股票取得的差价收入，检查组又调取了该公司在证券营业部的股票交易信息和融资融券信息。经确认，该公司2009—2012年累计股票交易达到3284笔，累计购买股票达113支。检查组将该公司买卖股票取得的差价收入应缴纳企业所得税和营业税的政策向企业告知后，企业财务人员表示不解，辩称买卖股票取得的收入不应缴纳企业所得税和营业税。检查组对其财务人员进行了耐心细致的辅导，公司财务人员又到处咨询各会计师事务所，最终同意补缴股票买卖差价收入的企业所得税、营业税及附加。（2）违法事实该公司在2009—2012年买卖多支股票，取得股票差价收入共计7054.52万元。其中2009年买卖股票取得差价收入3540.54万元，取得的股息收入为14万元；2010年买卖股票取得差价收入2835.7万元，取得的股息收入为42万元；2011年买卖股票取得差价收入678.27万元，取得的股息收入为1.8万元；2012年买卖股票取得差价收入－2537万元，取得的股息收入为118万元。

【处理结果】（1）营业税。根据《中华人民共和国营业税暂行条例》第一条、第二条第一款、第四条第一款、第五条、第十二条第一款、第十五条第二款的规定，应补缴营业税352.72万元。（2）城市维护建设税。根据《中华人民共和国城市维护建设税暂行条例》第二条、第三条、第四条的规定，应补缴城市维护建设税24.69万元。（3）教育费附加。根据《征收教育费附加的暂行规定》第二条、第三条第一款的规定，应补缴教育费附加10.58万元。（4）企业所得税。根据《中华人民共和国企业所得税法》第一条第一款、第三条第一款、第四条第一款、第五条、第六条第一款第（三）、（四）项、第八条、第二十二条、第五十三条第一款、第五十四条第三款的规定，应补缴企业所得税868.73万元。（5）滞纳金。根据《中华人民共和国税收征收管理法》第三十二条规定，对该公司加收营业税滞纳金215.78万元，城市维护建设税滞纳金15.1万元，企业所得税滞纳金303.89万元，合计534.78万元。经税务机关检查，该公司补缴税款及滞纳金共计1796万元。

【案例点评及分析】（1）案件特点。以证券市场为主体的资本市场是市场经济中最重要的市场，随着中国资本市场二十年的快速发展，越来越多的企业从事实业投资、持股联营、上市融资、股权交易等，以获取日常生产经营之外的资本性投资收益，企业买卖股票也越来越普遍，如何发现企业股票交易中存在的税收问题，从而采取有效策略加强税收管理，引导企业提高税收遵从度是税务机关面临的新课题。本案在选案环节从外网信息出发，锁定了公司买卖股票获取巨额利润为线索，开展股票交易专项检查，使检查具有针对性，本案的查处为资本交易项目的选案方法和检查提供了很好的工作思路值得借鉴。(2)应加强对资本交易项目的征管和稽查。随着越来越多的企业进入股票市场，统计数据显示，2012年沪深两市股票和基金交易额为32.28万亿元，日均成交金额1328亿元。企业股票交易成交数额体量巨大，活跃的股票交易已经形成潜在的新税源。税务部门有必要加强对股票交易的管理，增加税收收入、规范资本市场税收秩序，促进资本市场依法、有序健康发展。(3)应加强对买卖股票企业税法宣传力度。部分企业对在二级市场买卖股票是否缴纳营业税存在一定的误区。修订前的《中华人民共和国营业税暂行条例实施细则》(财法字〔1993〕第40号)第三条规定，非金融机构和个人买卖外汇、有价证券或期货，不征收营业税。而2009年修订后的营业税暂行条例实施细则规定，所有纳税人买卖金融商品均应征收营业税，取消了原来非金融机构买卖金融商品不征收营业税的规定。部分企业不了解2009年之后的营业税政策，还停留在2009年之前的非金融机构买卖金融商品不征收营业税的理解上，没有更新相关税收政策知识。(4)税务人员应拓宽股票交易数据的信息采集渠道。股票投资收益属于金融资本投资所得，相对于企业自身经营所得较为独立，这也就意味着该项目与财务报表中的其他项目之间的关联性较弱，仅通过分析企业的财务报表较难发现端倪，而行业参数、历史参数在这方面的参考意义也不大。这就需要税务机关及时掌握第三方信息，提升股票交易数据的信息占有量，如获取工商、证券公司、证券交易所、大型的财经网站等机构取得的信息等。通过获取的信息，用一定的方法进行筛选，并与税务征管数据进行交叉比对，从而精准定位企业的涉税违法疑点。

(王顺麒)

北京市地方税务局检查情况表

表 1

2013 年税务稽查机构查处税收违法案件情况统计表

单位：万元

项目		查处税收违法案件 本月	查处税收违法案件 累计	项目			查补总额 本月	查补总额 累计	实际入库 本月	实际入库 累计
检查户数（户）		427	3086	合计			20177	174243	18217	175973
立案户数（户）		70	3316	稽查机构查补收入	税款		5436	85109	4033	89063
有问题户数（户）		415	2974		其中：	千万元案件		12120		47109
其中：	千万元案件（户）		7			百万元案件	3462	26503	2575	26783
	百万元案件（户）	8	77			偷税案件	846	2640	528	774
	偷税案件（户）	2	13		滞纳金		1415	14840	941	15191
结案户数（户）		542	3029		没收非法所得					
其中：	千万元案件（户）		8		罚款		1362	5999	1119	3686
	百万元案件（户）	7	70		其中：	偷税罚款	846	2363	564	2319
	偷税案件（户）		6		小计		8213	105948	6093	107940
稽查机构组织企业自查户数（户）			542	稽查机构组织企业自查收入			11964	68295	12124	68033

表 2

2013 年税务稽查机构查处税收违法案件情况统计表

单位：户、万元

项目	户数	查补税款	滞纳金	罚款	没收违法所得	合计	实际入库额		项目	查补税款	入库税款	项目	户数	税款	金额
栏次							合计	其中：税款	栏次			栏次			
类别	14	15	16	17	18	19	20	21	类别	22	23	类别	24	25	26
合计	3029	85109	14840	5999		105948	107940	89063	合计	85109	89063	—	—	—	—
偷税	13	2640		2363		5003	3093	774	增值税			调减留抵税额			—
逃避追缴欠税									消费税			不予抵扣税款			—
骗取出口退税									营业税	10299	15812	不予免、抵、退税			—
抗税									企业所得税	21030	20759	调整应纳税所得额		—	
编造虚假计税依据									个人所得税	2027	2148	其中：弥补亏损		—	
不进行纳税申报									其他	51753	50344				
发票违法	474	2934	245	732		3911	3034	2291							
其他	2542	79535	14595	2904		97034	101813	85998							

注：1. 空格表示没有此项数据。

2. “—”代表不涉及该项内容。

表 3　2013 年税务稽查机构行政强制措施及移送司法机关案件情况统计表

单位：户、万元

项　目	税收保全措施		强制执行措施					其他行政措施				项　目	移送司法机关案件		
栏　次	户数	金额	户数	金额合计	税款	滞纳金	罚款	户数	人数	金额	欠缴税款	栏　次	件数	人数	金额
类　别	1	2	3	4	5	6	7	8	9	10	11	类　别	12	13	14
合计	3	55	4	733	6	727						本期移送司法机关处理案件		—	—
冻结存款	3	55	—	—	—	—	—	—	—	—	—	其中：不予立案退回		—	—
扣押查封财产			—	—	—	—	—	—	—	—	—	公安机关提前介入及联合办理案件		—	—
扣缴税款	—	—	4	733	6	727		—	—	—	—	免于起诉或予以驳回		—	—
依法拍卖或变卖	—	—						—	—	—	—	已判决案件			—
责成提供纳税担保			—	—	—	—	—	—	—	—	—	判决情况 管制			—
暂停出口退税	—	—	—	—	—	—	—		—	—	—	判决情况 拘役			—
收缴或停售发票	—	—	—	—	—	—	—		—	—	—	判决情况 有期徒刑			—
行使代位权、撤销权	—	—	—	—	—	—	—		—	—		判决情况 无期徒刑			—
阻止出境	—	—	—	—	—	—	—			—		判决情况 死刑			—
提请人民法院强制执行	—	—	—	—	—	—	—		—		—	判决情况 罚金		—	
												判决情况 没收财产		—	

注：1. 空格表示没有此项数据。

2. “—”代表不涉及该项内容。

信息化建设

概　况

【综述】2013年，北京地税系统信息化部门围绕大局，攻坚克难，支持税收征管改革，服务地税业务工作，较好地完成了各项工作任务。一方面，加强日常维护和安全管理，及时更新老旧设备，保证信息系统安全稳定运行；另一方面，开发完成47个信息化升级改造项目，为征管改革提供强有力的技术支持和保障。同时，落实国家税务总局要求，及时完成金税三期工程各项准备工作。通过全市信息化部门的共同努力，服务税收事业发展取得积极成效。信息系统为全市120万单位用户、2000万自然人用户、8000余名税务干部提供服务。通过信息系统日均征收税款14.85亿元，网上征收2306.48亿元，占总入库的75.01%，网上地税局集约高效作用充分发挥。通过信息系统平均每月完成申报85万户，每月完成申报笔数87万笔，单日最大交易33万笔；共印刷发票10.2亿份，发票兑奖39万次，真伪查询459万次，开具发票120万笔，开票金额1.3万亿元；个人所得税系统累计纳税人数共2000万，累计单位申报共4.9万户，其中年所得12万元自行申报系统累计申报112.77万人；累计开具完税证明约3113万份。纳税服务水平持续提升。开通新版网站，满足纳税人多元化、多层次需求。完成“个人所得税完税证明自助服务终端自助开具”的试运行及城六区的试点技术支持工作。方便纳税人查询、打印个人所得税完税证明，同时简化流程，提高服务效率和质量，实现“双减负”。针对浏览器版本兼容问题，改造核心征管网上申报相关程序，服务纳税人网上申报。数据共享与业务协同能力不断加强。深化第三方数据的共享应用，推进信息管税。北京市地税局信息系统通过专网，与市工商局、质监局、交管局、国税局、统计局、残联以及36家银行、36家保险公司的信息系统进行联网，实现数据交换和共享。累计交换数据2877.7万笔，税务全社会综合治理的网络基本形成。完成与市住建委居民家庭缴纳个人所得税情况数据交换工作，核对数据6.42万条，有力支持房地产宏观调控措施的落实。通过小客车调控指标管理信息系统与市交通委进行数据核对28.18万笔，积极为缓解交通拥堵贡献力量。

（崔　犇）

信息化管理系统建设和应用

【支持税收政策法规落实】完成47个信息化升级改造项目工作，为征管改革提供强有力的技术支持和保障。积极配合“营改增”扩围工作，做好数据查询统计与技术支持，确保改革平稳有序运行。实现国标税控明细数据网上报数、授权，以及发票明细数据的采集，全面落实新发票管理办法和信息管税要求，为深化数据利用创造条件。开发耕地占用税升级改造项目，实现耕地占用税税源管理、减免税管理、征收管理和报表查询等业务需求，落实国家税务总局工作要求。推广个人出租房屋税收管理系统，实现各代征点机打完税凭证。上线运行财税库银横向联网批量扣税项目，减少了75%手工税票。

【金税三期工程第一阶段城域网改造项目业务系统改造】北京市地税局信息化部门组织信息化服务提供商和全市各区县局、直属分局，按照国家税务总局金税三期工程第一阶段网络建设的总体目标和省级广域网改造的各项标准规范，完成市局内部IP地址和域名解析的重新规划设计、部署调整，使其符合国家税务总局新规，将市局全部46个业务系统的割接切换，区县局机关和税务所窗口系统服务进行了测试，全市地税系统各信息化业务系统的运转正常，标志着此次业务系统改造顺利完成。本次业务系统改造，是市局金税三期工程广域网改造的重要内容之一。金税三期工程广域网改造是金税三期工程大型基础性建设项目，市局2013年的工程重点项目，也是自1998年以来，全系统市、区、所三级城域网从链路层到协议层的全面更新改造。此项目的积极稳妥、保质保量实施，关系到市局未来金税三期工程推广的基本网络基础环境，直接影响此后金税三期工程在市局的推广工作。市局城域网改造项目的建设完成，将提高市局网络系统处理效率，有效提升市局现有业务系统的服务质量。

【金税三期工程建设】把握金税三期工程进展。密切关注金税三期工程建设试点情况，主动加强与国家税务总局的沟通联系，落实金税三期工程总体工作要求，积极做好各项推广准备工作，为金税三期工程在市局推广创造信息化基础设施条件。实现自动向国家税务总局集中征管数据。上线运行向国家税务总局自然人数据库（个税部分）上报数据项目，完成核心征管业务数据定时向国家税务总局集中，满足国家税务总局数据分析与管理的需要项目。配合金税三期工程测试受表彰。配合国家税务总局在昌平培训中心的“金税三期工程测试工作”，积极协调各方面资源，短时间内搭建“测试环境”，受到国家税务总局领导表扬。其他准备齐头并进。按照国家税务总局金税三期工程对省市计算机房的要求，完成市局机房环境调整，待国家税务总局金税三期工程省级实施方案确定后，依据方案对市局机房进行设计，做好基础环境准备。组织业务处室开展金税三期工程业务培训，了解金税三期工程业务架构、核心征管业务需求和上线前的准备工作事项，进行业务准备。配置国家税务总局金税三期工程标准组编制《税务数据字典设计规范——征求意见稿》，为向金税三期工程过渡预做数据准备。

【内外网物理隔离】落实国家税务总局安全管理相关要求，组织实施完成北京市地税局内外网络物理隔离项目，完成市局车公庄、马甸、档案处办公区和干部培训中心、老干部活动中心、昌平容灾中心6个办公区的无线网络建设，将办公桌面终端与用于连接国际互联网的个人终端进行物理隔离，降低办公桌面终端被攻击概率，提高工作秘密信息的安全性。

【企业数据交换项目工商查询接口正式上线】2013年7月30日，北京市地税局企业数据交换项目工商查询接口正式部署上线，为市工商局提供查询税务登记信息、提请吊销信息、纳税人信用登记信息、加解锁信息和欠税信息。通过市局与工商部门的努力，两局实现企业基础信息共享，市局通过共享平台可以实时查询企业和个体工商户的工商登记信息及股权转让信息，并且可以通过共享平台向工商部门发送非正常户、证件失效户、欠税户、注销户等信息，从而加强对全市税源户的监管，堵塞征管漏洞。

【设备管理】北京市地税局完成332台台式机、224台笔记本、150台打印机等办公设备的采购配发工作，完成市局各处室临时性的设备调配工作，完成7批次硬件设备报废工作。全市各区县局、分局也依据自身实际情况，完成办公设备的更新，满足工作需要，改善办公条件。

【专业技术培训】在深入开展培训需求调研的基础上，北京市地税局组织开展6期专业技术培训，培训市、区、所信息化部门干部约600人。各区县局、分局也开展大量形式多样、卓有成效的专业技术培训，对提升全市地税系统干部的信息化能力发挥了重要作用。

【北京市经信委领导到市地税局调研】2013年5月29日，北京市经信委副主任童腾飞带领电子政务处、信息资源中心、首都之窗和信息化项目评审中心一行6人来市地税局调研。市局副局长郝硕博，科技信息处、信息中心、安保中心副处级以上干部与市经信委一行座谈。信息处简要介绍了信息化工作情况，金税三期工程基本情况以及对市局信息系统的影响，2013年及2014年市局信息化工作重点。双方就市局信息化项目进一步沟通情况。市经信委领导对全市着重推广的法人库、一证通、经济领域数据整合共享3项重点工作做简要介绍，对需要市局配合的工作事项进行沟通。

（崔　犇）

信息系统运营维护及安全保障

【运维服务管理系统建设】2013年，完成运维服务管理系统软件开发、系统测试以及上线运行工作，实现对信息系统维护工作的电子化，改变了北京市地税局自建局以来IT运维长期手工作业的工作模式，涵盖市局应用服务支持、运行服务监管、事件处理三方面的工作内容。实现了以下效果：建立全局IT资源库；建立全局运维文档库；实现运维事件处理的电子化；建立运维公司日常工作平台，完善对运维公司日常维护工作监管；建立运维工作记录数据库，对运维工作中产生的各类数据进行记录和存储。

【信息安全等保测评】为贯彻落实北京市经信委对信息安全风险评估工作的要求，按照2013年项目工作安排，4—6月，配合北京信息安全测评中心对市局信息系统安全风险评估现场测评工作，开展现场资产评估、管理安全测评、等保备案变更相关工作。重新梳理机房结构图、拓扑图、各系统资产清单；安全管理方针、制度、操作规程、执行记录；安全建设及实施方案等工作内容。通过评测，共整理出的风险点1517项，按照脆弱性等级共分为五个等级。已完成整改风险点共402项，约占全部风险点的26.5%；其中五级风险点已整改的占85.71%，四级风险点已整改的占31.33%，三级以下风险点已整改的占25.92%。组织各相关运维公司完成了对所有等保三级系统高危风险点的整改梳理工作，为信息系统的安全运行提供保障。

【信息安全检查】为更好地开展信息安全检查工作，于2013年初参照专业测评公司的测评表制定北京市地税局信息系统安全巡检工作具体检查工作项，每项工作量化考核，客观打分，一方面可以让市局看到各区县局、分局开展安全保障工作的情况，另一方面可以让区县局、分局有的放矢地开展整改工作。6—10月，带领北京信息安全测评中心对部分区县局、分局的机房进行实地检测。结合新的检查项，发现安全管理上存在的问题，并针对有安全问题的区县局、分局下发整改通知，督促完成安全整改。

【信息安全建设】为应对日益严峻的信息安全形势，对现有信息系统的安全状况和防御措施进行全面梳理，制定市局信息安全整体规划，并针对性地提出分步建设的目标和内容。完成抗DDOS攻击系统和WEB应用防火墙系统的部署工作，有效防御互联网上的各种攻击，尤其是在国际黑客组织对中国政府网站的攻击期间，市局网站和各业务系统没有出现安全问题。

【配合金税三期工程试点环境安全管理工作】为配合做好税务总局金税三期工程试点环境安全管理工作，2013年4月9日，与税务总局电子税务管理中心及安全处就昌平培训中心金税三期工程试点环境建设工作进行沟通，明确网络接入方案和安全管理思路，并制订网络实施方案和安全管理方案。4月17日，重新对除税务总局提供的系统软件以外的其他硬件设备、软件、工程实施及维护费用等制定了详细预算。6 月初，完成《北京市地方税务局金税三期工程国家税务总局试点环境网络安全管理办法》并提交。

【信息安全管理规范具体实施细则】根据 2012 年制定的信息安全管理体系框架和安全规范制度，开展信息安全管理体系实施细则编制工作。已完成病毒防治管理、硬件设备安全管理、机房安全管理、人员安全管理、网络安全管理、安全监督检查管理、开发项目安全管理、数据安全管理、日志安全管理、重大信息安全事件报告管理共 10 个安全制度的实施细则编制工作。建立体系化的管理文档框架，将组织、制度和人员这三个方面的问题通过流程和表单表达出来，并明确相关责任单位。为安全制度的更好落实打下坚实的基础。

【信息安全培训】为使信息安全专业化培训能真正达到预期效果，让培训真正给大家带去所需的知识和技能，信息安保中心在 2013 年初开始调研各区县局的信息安全培训需求，并根据需求制定培训课件和教材，在 7 月组织市局各处室税务干部和各区县局信息化管理部门税务干部共计 90 人次的培训。

【内外网物理隔离】为加强内部办公网保密管理，确保内部工作信息安全，市局对内部专网和互联网实施物理隔离，内部专网使用内网专用计算机，新建一套无线互联网，工作人员通过外网专用计算机访问互联网。2013 年 9 月 1 日，全系统实现内外网物理隔离。

【与税务总局网络连接】向税务总局电税中心提出恢复市局与税务总局联网的申请，得到税务总局的批准，于 2013 年 11 月 15 日恢复与总局的网络连接，并完成市局国标税控发票系统和公路内河货运发票系统与税务总局的联网。

【计会税收收入同步分析台账模块】为解决基层反映的“税收收入计会综合查询系统”运行缓慢问题，开发完成“计会税收收入同步分析台账”模块，缓解了税收收入计会综合查询系统压力，提高了税务干部对收入规划核算相关数据的查询、统计效率。

【信息系统名称】对原系统名称进行梳理，并和科技处一同进行了二次梳理，便于日后进行申请等级备案使用。梳理后现有信息系统 6 大类、41 个系统。

【信息系统权限台账】新建核心、发票、个税系统用户权限台账，每季度对台账进行更新完善。

【工单流转制度】就现有工单事项与各运维公司进行讨论，并对各公司在工单处理过程中完成内容及时限提出明确要求。

【机构调整流程】对原有机构调整流程进行优化，新建《信息系统税源迁户调整明细表》，使工作效率显著提高。

【网上报税桌面版上线】为减少 4006022366 技术服务热线接报纳税人投诉量，彻底解决核心征管外网应用与高版本 IE 浏览器和 JRE 的兼容性问题，在不修改市局现有核心征管系统外网应用程序的前提下，完成北京地税网上报税桌面版的上线工作。

【升级改造项目】完成核心征管系统联合办证服务器和发票系统核验服务器更换。

（张连勇　雷　京　魏志刚　张　鹏）

队伍建设

党团建设

【综述】2013年，北京市地税局机关党委坚持围绕中心、服务大局，立足于提高党员干部素质和机关工作效率，以改革创新的精神加强机关党的思想建设、组织建设、作风建设、反腐倡廉建设，为服务税收中心工作提供了坚强保障。

【深入学习贯彻党的十八大、十八届三中全会精神】按照党中央、北京市委和税务总局有关文件要求和决策部署，坚持理论联系实际、学以致用的原则，采取理论学习与调查研究相结合、集中学习与个人自学相结合、专家辅导与交流研讨相结合等方式，并充分利用网络、视频等资源认真学习党的十八大、十八届三中精神和习近平总书记一系列重要讲话精神。以市局党组中心组理论学习为龙头，以抓好处级领导干部理论学习为重点，制订市局党组中心组理论学习计划和市局机关党员学习教育计划。结合中央、市委精神和形势任务，组织两次市局党组理论中心组扩大学习会议，围绕“中国梦”和依法行政专题进行学习。发挥领导干部的带头作用，集中两周时间分两期举办系统处级干部学习贯彻党的十八大精神轮训班。全年累计向机关各级党组织发放《机关党建》《党员学习文选》、党的群众路线教育实践活动学习材料等各类学习资料近万册。通过集中学习，统一思想认识，提高党员党性修养和政治理论素养，为服务首都区域经济社会发展打下了思想和理论基础。

【召开系统党建思想政治工作会议】针对全市地税系统党建思想政治工作和干部队伍建设实际，召开系统党建思想政治工作会议，包括全体税务所长在内的近400人参加会议。会议全面分析全市地税系统党建思想政治工作面临的形势和任务，认真讨论基层建设、考核、评比及税务所规范化管理等6个指导性文件，19个基层单位交流经验。

【成立第一党支部】2013年9月17日，市局成立第一党支部。“第一党支部”的成立实现了党组织对“一把手”日常教育、管理和监督的全覆盖，形成上下互动、整体联动、齐抓共管的工作格局。

【学习型党组织建设】开设“北京地税大讲堂”，组织业务政策和有关法规的培训，开阔广大党员干部的视野，普及税收专业知识和依法行政能力，提高做好实际工作的能力。加强信息报送和交流工作，2013年刊发《党建信息》（《党的群众路线教育实践活动专刊》）共69期。

【创先争优活动评选表彰】为充分发挥基层党组织的战斗堡垒作用和党员队伍的先锋模范作用，深入挖掘身边典型，印发《关于评选市局机关先进基层党组织和优秀共产党员的通知》，组织相关部门分两个检查小组，对市局机关36个党支部和5个各党总支（离退休党总支单列）进行民主测评和党建基础工作的检查。在自评、相互评议和日常与基础工作检查基础上，按照10%的评选比例，结合纪念建党92周年，评选表彰先进基层党组织14个，优秀共产党员85名，发挥示范引领作用，促进基层党组织建设。

【日常组织工作】按照中央、市委的有关要求，严把党员入口关，控制机关党员发展规模，2013年上半年累计发展党员9名，转正党员10名。组织13名入党积极分子参加市机关第50期入党积极分子培训。认真落实“三会一课”制度，大力推行党务公开制度，将基层党组织情况、党员发展和党费收支情况在机关范围内予以公开，接受党员和群众的监督。结合市局机关人事调整，及时指导9个党总支、党支部完成支部书记的补选工作。

【“三进两促”活动】推进与北京市房山区大安山乡赵亩地村共建工作，深入调研，积极沟通，商讨帮扶计划，促进城乡一体化建设。积极开展团员青年社区行动，与西城区展览路街道办作为共建单位长期合作，开展系列扶老、助残社会公益活动。开展党员谈心、走访慰问活动，帮扶机关生活困难党员16名，落实帮扶资金24000元。

【发挥机关团委作用】机关团委充分发挥党联系群众的桥梁和纽带作用，围绕党的中心任务，积极开展适合青年特点的活动，在工作、学习和生活上给予关心，提供服务。组织开展“我的中国梦”、青年技能大赛、“弘扬雷锋精神，传递青春正能量”等主题教育实践活动，广大团员青年积极参与其中。

【党的群众路线教育实践活动】2013年，机关党委办公室以深入开展党的群众路线教育实践活动为抓手，以“为民务实清廉”为内容，不断加强机关党的作风建设，增强党员干部队伍的凝聚力和战斗力。成立市局党的群众路线教育实践活动工作领导小组，精心选调人员组建工作机构，实现教育实践活动工作人员和办公场所、设施、标牌的集中统一。研究起草教育实践活动实施意见和方案，制定了领导小组办公室工作规则。明确对区县局、分局督导组成员培训工作安排和市局领导班子成员基层教育实践活动联系点工作安排，保证教育实践活动规范运作。做好市局领导班子成员在活动前期的调研、座谈、征求各方面意见建议的安排。做好与上级督导组的沟通工作，组织召开教育实践活动动员大会。以支部为单位，在参加动员大会人员范围内，配合市委督导组对局级领导班子和领导干部进行民主评议。建立教育实践活动领导班子成员联系点。派出7个督导组，全程督导系统24个单位开展教育实践活动工作，做到了周密部署，扎实开局。在市局机关分层召开党组会、机关党委扩大会和政工处室会议及党支部学习会，认真学习中国特色社会主义理论体系，学习党章和党的十八大报告，学习习近平总书记一系列重要讲话精神，学习党的群众路线教育实践活动工作会议、中央政治局专门会议精神和北京市委关于群众路线教育实践活动的精神及实施意见。为深化教育效果，在内网开设群众路线教育实践活动专栏，全面反映全市地税系统开展教育实践活动的工作情况；在《党建信息》增设群众路线教育实践活动专刊，大力宣传各单位在教育实践活动中的好做法、好经验；在《北京地税》杂志设教育实践活动版面，丰富教育实践活动宣传内容，扩大宣传覆盖面，帮助党员干部学好文件内容，深化学习效果。以征求意见、解决问题、促进税收工作作为市局教育实践活动的出发点和落脚点，采取“走出去”“请进来”、发函、调查问卷、设意见箱等办法广泛征求意见。市局主要领导带队走访区县委政府、重点企业和部分市政府委办局，加强沟通、征求意见，召集并听取区县（分）局长、机关处室负责人、部分税务所长、老干部代表、机关党员群众代表的意见建议；深入联系点听取基层干部群众意见，同时指导区县（分）局和直属单位开展教育实践活动；请中小微企业纳税人代表到市局座谈，直接听取诉求；个别征求“两代一委”的意见建议；向市政府30多个委办局发函书面征求意见；向市局机关全体党员群众发放无记名问卷调查表；开设网上征求意见窗口，在大厅显著位置设置意见箱等。多渠道、多方式听取不同方面、不同层面、不同类型单位、部门和有关人员的意见建议。共收集整理各类意见建议95条。其中反映“四风”问题意见20条，业务建设意见39条，队伍建设意见28条，教育实践活动建议9条。得到北京市委第12督导组的肯定。针对查摆问题、群众建议制订整改方案和整改措施并进行公示；开展以“三清三察三审”为重点的专项整治超面积占有和使用的办公用房，公车私用和搞豪华装修等问题进行了清理。以明察暗访、群众监督和特约监察员等形式对“门难进、脸难看、事难办”、衙门作风、不依法行政、办事效率低下、作风粗暴、“吃拿卡要报”现象进行察访。对“三公”经费、会议费和专项资金进行严格审计，以重点突破推动作风整体好转。将专项整治工作情况在局域网内进行公示，接受群众监督；在前期开展政务流程和业务流程工作的基础上，对已有制度进行进一步梳理，深入做好废改立工作。

【机关党风廉政建设】市局机关党委办公室严格执行党风建设廉政责任制，不断加强机关党风廉政建设。进一步提高防控风险能力。及时组织党员干部学习中纪委、北京市纪委和税务总局关于违反中央八项规定案件的通报；严格执行《税收违法违纪行为处分规定》和《北京市地方税务局党风廉政建设责任制实施办法》；加强对“一把手”的监督，制定《北京市地方税务局加强对党政“一把手”监督管理实施意见》《北京市地方税务局关于加强区县（分）局重大事项报告工作的通知（试行）》；强化廉政要求，进一步重申若干纪律，制定《税务人员廉政禁令》。开展党章知识竞赛，加深对党章的基本内容、基本精神的理解和掌握，使党员领导干部对照党章规定的六项基本条件，经常检查和弥补自身不足，做到“讲党性、重品行、作表率”。建立廉政教育基地，编写《案例集》，集中展示近年来全市地税系统违纪违法案例，为深入开展廉政教育提供了重要平台。

【机关党的制度建设】市局机关党委办公室完善创新工作机制，加强机关党的制度建设，提高依法行政工作效能。印发机关各党总支、党支部八项党建工作制度。汇集系统创先争优理论实践成果，编印《北京地税系统党建工作经验交流文集》《北京地税系统调研文集》《创先争优专报汇编本》。抓好机关精神文明创建活动，做好向市直机关工委推荐“身边雷锋——最美北京人”、首都精神文明建设奖、首都道德模范等候选人的申报工作，撰写建设学习型党组织工作品牌活动、党员教育培训五年工作等自查报告。

【机关团建工作】市局机关团委认真贯彻市直机关团工委年初工作会议精神，充分结合创先争优活动，积极履行“团结青年、组织青年、引导青年、服务青年”的职能，充实青年工作力量。组织开展“我的中国梦”主题教育实践活动。组织团员青年重点学习了党的十八大、党的群众路线教育实践活动和习近平总书记一系列重要讲话精神，积极学习贯彻落实团的十七大、市十三次团代会会议精神，坚定团员青年理想信念，引导团员青年立足本职建功立业。建立北京地税青年微信群，加强青年工作交流。认真组织青年技能大赛有关工作。以“践行中国梦　岗位建新功”为主题，积极参加市直机关第一届青年岗位技能大赛，并取得优异成绩，激发青年学习公文写作知识的热情，营造比、学、赶、帮、超的浓厚氛围。积极开展青年志愿服务活动。深化“机关青年志愿服务进社区行动”，开展一系列敬老、助残的青年公益活动。组织团员青年深入企业开展志愿服务，号召团员青年为贫困村和希望小学奉献爱心。组织开展丰富多彩的主题团日活动。开展了“弘扬雷锋精神，传递青春正能量”和“传承五四精神，感受文化魅力”的主题团日活动，引导和鼓舞青年人坚定理想、志存高远、脚踏实地、不懈奋斗，自觉把个人的梦想融入实现中国梦之中。结合岗位大练兵，开展了“税务知识欢乐大 PK”活动，为青年干部提高业务水平提供展示平台。

（王志杰）

基层建设

【综述】2013 年，基层工作处结合新形势、新任务，深入贯彻落实市局党组的指导思想和工作原则、目标、任务、要求，将加强思想政治工作作为加强全市地税系统全面建设的重要组成部分，形成党建工作和思想政治工作一体化工作格局，提高为基层服务的能力和水平，从严要求、从严管理、从严监督，为完成好各项工作任务提供坚强保障。

【落实各项制度规定】围绕学习贯彻党的十八大会议精神，落实市局党组《关于加强和改进新形势下党建和思想政治工作的指导意见》（京地税党〔2012〕68 号）和《关于加强基层建设的指导意见》（京地税党〔2012〕69 号）等各项制度规定。根据实际情况研究制定实施细则，联合相关处室对文件落实情况进行检查督促，做到有步骤、有计划地推进全系统思想政治工作和基层建设相关工作。组织开展干部职工思想状况分析。会同机关党办等部门定期调查了解干部思想状况，研究分析思想政治工作形势，进一步加强全系统干部队伍建设，充分调动广大干部干事创业的积极性、主动性和创造性。

【服务基层】组织实施服务基层、服务纳税人工作，发挥“双服务”领导小组办公室成员单位作用，改进和完善减负工作机制，切实减轻基层负担，推动基层整体工作的提高。组织两级机关与基层税务所的联系，坚持深入基层一线，蹲点了解税务所实际，发现先进典型，反映基层困难，畅通基层与机关的对话渠道，真正帮助协调解决基层税务所的实际困难和问题。完善基层税务所长沟通交流制度，搭建沟通交流平台，相互学习借鉴，促进基层建设整体水平的提高。在基层税务所广泛开展读书活动，营造浓厚的学习氛围。按照党的十八大提出的“推进依法行政，做到严格规范公正文明执法”的要求，充分发挥好税务所开展政务制度流程梳理工作的作用，建立长效机制，规范基层税务所建设。组织税务所长培训，促进税务所横向交流。

【群众性精神文明创建活动】推进群众性精

神文明创建活动。开展青年文明号、巾帼文明岗等创建活动。研究开展适合全市地税系统实际的评比创建，尝试组织优秀基层税务所长、优秀基层干部、业务能手等岗位文明创建活动，发挥示范作用。

（戴 征）

廉政建设

【综述】 2013年，北京市地税局党组认真落实中央和市委、市政府、税务总局关于党风廉政建设和反腐败工作的部署，全面落实党风廉政建设责任制，深入开展党的群众路线教育实践活动，扎实推进廉政风险防控管理，加强对处级班子党政主要负责人的监督管理，强化反腐倡廉教育和廉政文化建设，认真处理各类信访举报，深入开展行政监察和专项治理，不断加强纪检监察干部队伍建设，做到税收中心工作与党风廉政建设和反腐败工作“两手抓、两手硬”，取得党风廉政建设和反腐败工作的新成效，为完成好全年各项工作任务提供了坚强的思想、政治、组织保证。

【落实中央八项规定精神和市委实施意见】 全市地税系统两级党组始终在政治上与党中央保持高度一致，深入推进系统党风廉政建设和反腐败工作，旗帜鲜明、态度坚决，努力使党中央和市委的各项部署逐一落到实处。两级纪检监察部门认真履行职责，加强对本级党组贯彻执行“三重一大”制度的监督。加强对全面贯彻落实上级重大决策部署情况进行监督检查。开展对“营改增”试点改革、推进税收征管改革和“国五条”中涉及税收政策等重大税收政策执行情况的监督检查力度；加大对优化纳税服务、依法加强税收征管落实情况的监督检查力度。配合党的群众路线教育实践活动和正风肃纪专项整治，把监督检查违反中央八项规定精神、集中解决“四风”问题作为工作重点切实抓好。全年精简会议353个，精简各类文件221个，清理评比达标表彰项目11个，压缩“三公”经费517.48万元，清理超标办公用房1032.53平方米。

【干部监督和管理】 根据北京市纪委开展正风肃纪专项整治的部署，贯彻落实税务总局“三个三”的要求，出台《北京市地税局关于进一步重申若干纪律的意见》，从六个方面强化廉政要求。加强对“一把手”的监督管理。发挥组织监督优势，成立北京市地税局第一党支部，并制定加强对党政“一把手”和领导班子监督管理的规定，实现对市局领导班子成员和各处级单位“一把手”日常监督、管理的全覆盖。

【党风廉政建设责任制】 注重将党风廉政建设工作与税收业务工作相结合，推进党风廉政建设和反腐败工作开展。领导班子成员按照分工，承担起分管范围内全部的党风廉政建设责任，听取分管单位和部门关于党风廉政建设工作的专题汇报，带队深入分管部门采取查阅资料、召开座谈会、个别谈话、实地走访和集中听取总体情况汇报等方式，全面掌握受检单位本年度开展党风廉政建设工作情况。各区县（分）局根据市局2013年党风廉政建设工作会议确定的八项重点工作任务，制定本单位的落实措施，进行相应的责任分解，明确领导班子、领导干部及职能部门在党风廉政建设中的职责和任务分工，逐级签订党风廉政建设责任书。

【廉政风险防控管理】 全面推进廉政风险防控管理工作。在西城区地税局和第二稽查局先行先试的基础上，召开全系统推进廉政风险防控管理工作部署会，按照北京市委、市政府以及市纪委、市监察局、市预防腐败局的最新部署和要求，认真扎实全面推进全市地税系统廉政风险防控管理工作。全系统24个处级单位已全面开展这项工作。2013年4月，“国五条”出台后，新华网、人民网、新浪网等主流媒体反映在“二手房”交易过程中，有可能引发的税款损失及廉政风险问题。驻局纪检组监察处立即按照市局局长杨志强提出的“房地产新政涉及税收管理给队伍建设带来新的风险，须加强这方面的工作”的要求，及时组织地方税处、个人所得税处、科技处、票证中心等处室开展相关工作。先后组织3次实地调研，组织召开15次业务协调会，规范交易涉税流程；充分利用科技手段，按照廉政风险防控管理的要求设计、开发了存量房征收管理模块，实现对征收过程的痕迹化管理、减少手工操作环节、严控数据修改权限三项功能，有效降低存量房征收过程中廉政风险发生的概率。

【反腐倡廉教育】 紧密结合地税实际，全力打造廉政教育基地。将系统内近年来出现的23个违法案例，通过展板、图片等形式进行展示，剖析这些干部违纪违法犯罪的根源和危害；同时，播放对他们真实采访的视频和现身说法的内容，达到触动心灵，教育和警示党员干部增强廉洁自律意识、预防职务犯罪的目的。筹建期间，拍摄警示教育专题片；查阅照片和视频档案资料6000余份，征集照片460余幅、正处级领导干部格言警句51条；签订总金额149.8万元的设计及施工合同。建设过程中，注重严把质量关，加快推进工程进度，高质量、高标准建成廉政教育基地。编撰《警示录》。对违纪违法案例从个人经历、基本案情、点评与警示、法律法规链接四方面进行深刻、细致地剖析并配以引人深思的廉政漫画，编撰成8万余字的《警示录》，与廉政教育基地互为补充，增强警示教育效果。组织全系统干部学习《税收违法违纪行为处分规定》；组织领导干部学习贯彻《税务系统领导班子和领导干部监督管理办法实施细则》；组织市局正处级领导干部参观北京市反腐倡廉警示教育基地。

【廉政文化活动】 按照税务总局要求，在全系统组织开展廉政文化作品征集活动，共征集动漫微电影类、屏保宣传画类、歌曲曲艺类、图书教材类、书画类、摄影类和办公用品类廉政文化作品145件。经过评选，向税务总局报送廉政文化精品19件。按照北京市纪委、市委宣传部在全市举办“弘扬廉洁理念，倡导清风正气”廉政微小说和平面廉政公益广告创作征集活动的要求，组织全系统开展作品征集活动，共征集微小说158篇、廉政公益广告21件。通过评选，向市纪委选送微小说20篇、廉政公益广告12篇。

【信访举报】 落实北京市纪委部署，按照拟立案、初核、暂存、留存和了结5类处置标准梳理自1994年北京市地税局建局以来的案件线索1240件。2013年通过来信、来访、来电、网络邮箱等不同渠道，共收到各类信访件100件（次）；谈话提醒27人次，诫勉谈话4人；立案1件。协助中纪委、市纪委和税务总局监察局等单位协查案件13件。及时通报信访举报问题。在北京地税系统半年工作会上，通报信访举报件工作情况，明确要求党员领导干部必须严格遵守党纪政纪、严格要求自己；及时通报市纪委处理的违纪违法案件情况，要求各单位、各级领导干部坚决落实中央八项规定精神；年底前，对系统内发生的酒后驾车、办公楼顶建廊亭、收“过头税”等七起严重违纪问题进行通报批评。

【“两权”监督】 两级党组注重发挥核心作用，坚持集体领导制度，严格执行党组议事规则，凡属重大决策、重要干部任免、重大项目安排和大额度资金使用，都由班子集体决定。全系统不断加强“两权”监督。加强税收执法权监督，认真落实税收执法责任制，深入开展执法检查和执法监察，严格执行税收执法过错责任追究制度。加强对行政管理权的监督，特别是对预算管理、经费使用、基建项目、工程招投标、政府采购、人事管理等行政管理重点环节的监督。全年对政府采购项目公开招标过程进行监督。项目涉及9个大项30个子项，预算金额5146.36万元，中标金额4383.78万元，节约762.58万元。在干部选拔任用工作中，严格进行廉政会审和公示阶段举报信的查办工作，对52名新提拔处级（含非领导职务）干部进行廉政会审和任前廉政谈话，对新入党人员和拟评为先进人员进行廉政会审。

【政风行风建设】 对2012年民主评议基层科所工作进行总结分析，对照评议结果查找问题，在系统纪检监察范围内通报情况，提出整改要求。根据市监察局关于《在全市开展“两规范一提高”（规范执法行为、规范政务服务、提高执法能力和服务水平）试点工作》的通知要求，组织16个区县局下属的18个税务所开展“两规范一提高”试点工作，查找问题及不足65条，制定相应整改措施，促进政风行风建设。

【行政审批制度改革】 根据《国务院关于第六批取消和调整行政审批项目的决定》和全市深化行政审批制度改革工作部署，对正在实施的各类行政许可事项及非行政许可审批项目，进行全面清理。取消行政许可审批项目2项，取消非行政许可审批项目16项；保留行政许可、非行政许可审批事项共计67项，其中行政许可类1项，非行政许可审批类66项（审批类18项，审核类4项，核准类3项，备案类41项）；由市局实施行政许可项目4项，下放到区县（分）局实施的63项。

【专项治理】 开展会员卡专项清退活动，北京市地税系统7377人全部填写《个人会员卡零持有报告》。落实市政府绩效管理联席会议提出的改进建议，制定落实的具体措施。开展对市局机关及二级预算单位“公款吃喝”“超标准配备公车”“‘三公’经费开支过大”“损害涉农利益行为”专项整治和自查工作。开展对系统丢失稽查案卷问题的调查工作。开展节庆论坛展会摸底普查工作。

【纪检监察干部队伍建设】 每个季度组织纪检组长、监察科长进行集中学习、讨论和交流，努力提高全系统纪检监察工作水平。针对驻局纪检组监察处编制不足、工作任务重的状况，市局党组积极协调有关部门，增加人员编制，增强纪检监察工作力量。

（李大捷）

内 部 审 计

【综述】2013 年，督察内审部门紧紧围绕“坚持监督与服务并重，规范与创新并举，充分发挥督察内审查错纠弊、防范风险、促进管理、服务大局的职能作用，为地税事业科学发展作出新贡献”的工作思路，不断完善督察内审制度，积极参加优化政务流程完善管理制度有关工作；不断加大执法督察和内部审计工作力度，推进执法责任制，落实过错责任追究，开展内部财务审计；协调配合外部审计机关、财政监督机关开展工作，促进整改落实，进一步规范税收执法权和行政管理权。

【召开地税系统审计工作会议】2013 年 1 月 23 日，北京市地税局组织召开全市地税系统审计工作会议。会议总结 2012 年督察内审工作，交流工作经验，部署 2013 年工作任务。

【税收执法督察】一是确定年度执法督察工作重点内容。将税务行政处罚案卷评查、注销户税控装置注销和发票缴销情况、代开发票相关制度落实情况、非正常户认定工作开展情况 4 项工作列为督察重点项目。将税务总局通知中的必查项目，如依法组织收入、结构性减税政策落实、行政审批、税务稽查、税务师事务所税务管理情况等列为处级领导干部经济责任审计和执法督察工作重点内容。二是按照《北京市地方税务局关于对部分税务所开展税收执法督察的工作方案》，由相关处室和部分区县局干部组成十个督察组对全市十个税务所开展执法督察工作。重点检查备案类减免税管理、行政处罚、非正常户管理、个人所得税核定征收情况等十项内容。此外，各督察组还根据被督察单位工作实际，主动调整督察重点，有针对性地实施检查。三是对税务所执法事项进行统计。在对 10 个税务所进行执法督察的过程中，还对税务所承担的执法事项进行归类和统计。经汇总统计，地区税务所执法事项 153 项，个体税务所执法事项 83 项，发票管理所执法事项 12 项，纳税服务所执法事项 47 项，契税管理所执法事项 41 项，评估所执法事项 4 项。全市各级税务机关共开展税收执法督察项目 250 个，其中全面执法督察项目 122 个；重点执法督察项目 56 个；专项执法督察项目 72 个。督察发现税收执法问题 3517 个，并对被查单位下发《税收执法督察处理意见书》。

【过错责任追究】2013 年，门头沟区地税局和北京市地税局燕山分局共对 20 名干部进行过错责任追究，强化执法人员的责任意识。

【修订完善督察内审工作制度及流程】通过集中讲座和自学相结合，组织全体督察内审干部深入学习《税收执法督察规则》。制发《北京市地方税务局关于贯彻落实〈税收执法督察规则〉的通知》（京地税审〔2013〕56），明确部门职责，细化工作流程，修订完善市局税收执法督察业务流程，确保《规则》在全系统及时落实到位。依据审计署新出台的《党政主要领导干部和国有企业领导人员经济责任审计规定实施细则

（征求意见稿）》，在总结已经开展的8名处级领导干部经济责任审计工作经验的基础上，修订完善《北京市地方税务局领导干部经济责任审计办法（试行）》，经市局局长办公会审议并原则通过。

【内部财务审计】 对高端查询展示平台的开发费用及需求、数据更新及后期维护情况开展绩效审计，并完成审计报告。

【领导干部经济责任审计】 为加强对领导干部的管理监督，推进党风廉政建设，北京市地税局制定《经济责任审计的工作方案》，对8名区县局领导干部开展经济责任审计。将4份审计报告提交党组审议通过，并落实了后续整改工作，其余2份审计报告送达被审计单位征求意见；1份审计报告正在拟写中。按照工作方案，此项工作持续到2014年6月。东城、西城、丰台、石景山、门头沟、大兴、平谷、顺义局也分别开展领导干部经济责任审计，共审计科（所）长58名。

【配合外部审计监督】 配合北京市审计局对市地税局开展的2012年度地方税收征管情况以及预算执行和决算草案审计工作；配合税务总局对市局开展税收执法督察工作；配合审计署驻兰州特派办查询税控装置、发票等信息；配合市审计局查询个人所得税代扣代缴单位信息；协助审计署财税海关审计局核实北京市7家旅游企业相关情况。先后组织落实整改2011年财政部驻北京专员办对市局开发区财税政策执行情况及税收征管质量检查结论和处理意见中提出的三个方面16个问题；落实整改市审计局关于2012年度税收征管情况审计报告中提出的三个方面7个问题；落实整改北京市审计局关于2012年度预算执行和决算草案审计报告中反映的五个方面8个问题。

【督察内审业务培训】 举办2013年税收执法督察业务培训会，对全市地税系统负责税收执法督察工作的60多名干部进行培训；组织全处干部参加北京市内审协会组织的内部审计后续教育，以及市局组织的中级经济师网校培训，增强审计和财经知识，提高履职能力。

【调研工作】 市地税局、区县局审计部门深入开展调查研究，督察内审处和西城、门头沟局分别完成《规范税收执法督察行为在推动依法行政工作中的作用探讨》《内管领导干部经济责任审计实践与思考》等4篇调研文章；怀柔局撰写的《爱与地税同行》，报送怀柔区发改委参加“学法用法、依法行政”心得体会征文及演讲比赛。

（陈晓维）

干部管理

【领导班子建设】 北京市地税局党组在对系统处级领导班子和领导干部队伍建设现状进行深入分析的基础上，为保持政策的连续性，决定继续实行男满57岁、女满53岁处级领导干部改任同级非领导职务，共有20名处级领导干部改任同级非领导职务。根据领导职数空缺情况，开展正处级领导干部选拔工作，其中，为优化年龄结构，特别推选了两名“70后”的干部。根据朝阳区地税局领导班子建设需要，选拔1名正处级领导干部。为保证第四稽查局等新成立单位工作的正常开展，为新成立单位选拔配备处级领导干部。2013年，共选拔任用处级领导干部20人，其中正处级领导干部13人，副处级领导干部7人。根据《党政领导干部交流工作规定》，统筹考虑职位空缺、工作需要和干部本人实际困难，对43名处级领导干部进行交流任职。按照规定程序，组织开展临近退休老同志提任处级非领导职务工作，其中调研员10人，副调研员22人。对10名副处级领导干部进行了试用期满考核，为25名处级干部办理了退休手续。经过调整交流，全系统处级领导干部平均年龄由48.5岁降低到47岁，其中正处级领导干部平均年龄由51岁降低到48岁。

【领导班子监督管理】结合年度公务员考核奖励工作，组成考核组对系统处级领导班子和处级领导干部进行民主测评，对测评结果进行认真分析，形成反馈材料，以书面形式向各单位、各部门进行反馈。专门组成考核组，由市局领导带队，对区县局、直属分局和干部培训中心和老干部活动中心的领导班子和领导干部进行考核，全面了解掌握处级领导班子发挥职能作用和处级领导干部履行岗位职责情况。组织对各区县局、分局干部选拔任用工作进行“一报告两评议”，并将结果通报各区县局、分局党组。组织对2013年离任的13名党组书记任职期间履行干部选拔任用工作职责情况进行离任检查，形成离任检查报告，提出整改意见建议。认真组织开展领导干部报告个人有关事项工作，全系统符合报告条件的513名处级以上干部均按照要求填报个人有关事项报告表。严格系统处级干部因私出国出境管理，共审批处级干部因私出国出境77人次。

【考核奖励】2013年，北京市地税系统应参加年度考核7443人，有26人因病事假半年以上或其他原因未参加考核，实际参加7417人，其中146人按规定未定考核等次。从考核奖励结果看，全系统处级以下人员共有1474人被评为优秀等次、5797人被评为称职等次；1927人受奖励，其中462人记三等功，1465人给予嘉奖。

【公务员录用】立足地税发展需要，按照面向基层、保障急需的原则，科学制订录用、接收计划。通过严格的资格审核、笔试、面试、体检、公示等环节，好中选优，选拔吸收一批品学兼优的高校毕业生和军转干部，改善了区县局干部队伍结构。2013年上半年共录用公务员70名，下半年补充录用公务员67名。在军队转业干部接收工作中，按本人投报志愿，考录军转干部58人，其中远郊区县局55人，西站分局3人。这些人员经过系统培训，被充实到征管一线，保证了重点部门及一些紧缺岗位的有效补充。

【机构改革】2013年9月，经市机构编制委员会办公室批准，同意增设数据管理处，数据管理处为内设机构。将法制处承担的税收执法监督检查相关职责划入审计处，并将审计处更名为督查内审处。将区（县）地税局法制科承担的税收执法监督检查相关职责划入审计科，并将审计科更名为督查内审科。同意根据实际工作情况，对编制配置进行调整，并按标准重新核定处级领导职数。

2013年9月，经市机构编制委员会办公室批准，同意将北京市地方税务局第一直属分局承担的重点税源税收管理服务等职责按照属地原则交由各区（县）地税局承担，并将北京市地方税务局第一直属分局更名为北京市地方税务局第三稽查局，仍为直属正处级行政机构。增设北京市地方税务局第四稽查局，为直属正处级行政机构。将北京市地方税务局第二直属分局更名为北京市地方税务局直属税务分局。

2013 年 12 月，调整北京市地方税务局直属稽查局的机构设置，统一设置办公室、人事政工科、业务科（税务违法案件举报中心）、审理科，另设检查科若干，级别均为正科级。

【工资管理】 一是做好工资相关调整、测算、核定等工作。根据 2012 年度的考核结果，对市局机关符合条件的人员进行工资调整及奖金发放：正常晋升级别工资 93 人，晋升级别工资档次 45 人，增加工作性津贴（职务）59 人，增加工作性津贴（年功）90 人，核发年终一次性奖励金 435 人，核发公务员优秀奖励 104 人；按照市人力社保局要求，年内两次测算、核发奖金，涉及 948 人次；完成市局机关工作人员工作性津贴标准调整及补发，涉及 442 人；完成市局机关处级以上干部个人重大事项报告中涉及年度收入的申报工作；统计核对了市局机关 449 名工作人员 2012 年度的社保基数；填写了约 300 张市局机关工作人员《工资变动审批表》，盖章归档；完成系统《2012 年度北京市机关、事业单位工作人员工资统计报表》的审核、汇总、上报工作；积极协调市人力社保局及系统各单位所在区县人力社保局，完成系统税务征收津贴的首次申请、发放工作；完成系统处级干部和市局机关工作人员退休待遇审批工作。二是做好基础制度完善工作。修订印发了《工资管理规程》《北京市地方税务局工作人员考勤管理办法》。三是做好事业单位工资总额执行情况相关工作。邀请市人力社保局相关领导到干部培训中心进行调研、指导。

【干部任免】 2 月 25 日　北京市地方税务局党组第 4 次会议研究决定：白晓凤任北京市地方税务局收入规划核算处调研员。崔宏媛、余秀茹任北京市东城区地方税务局副调研员。段波任北京市西城区地方税务局副调研员。季振萍任北京市朝阳区地方税务局副调研员。蒋许林任北京市密云县地方税务局副调研员。李海明、魏正臣任北京市昌平区地方税务局调研员。李瑞艳任北京市怀柔区地方税务局副调研员。沈雁任北京市门头沟区地方税务局副调研员。王召才任北京市顺义区地方税务局调研员。徐春平任北京市平谷区地方税务局副调研员。张志敏任北京市地方税务局第一稽查局副调研员。钱丽换、郑鹏结束试用期，任北京市东城区地方税务局党组成员、副局长；李冬梅、赵俊杰结束试用期，任北京市西城区地方税务局党组成员、副局长；崔健结束试用期，任北京市海淀区地方税务局党组成员、副局长；赵永鑫、丁振结束试用期，任北京市昌平区地方税务局党组成员、副局长；翁筱玲结束试用期，任北京市房山区地方税务局党组成员、副局长；吕延程结束试用期，任北京市怀柔区地方税务局党组成员、副局长；董立彤结束试用期，任北京市通州区地方税务局党组成员、副局长；黄长文结束试用期，任北京市石景山区地方税务局党组成员、副局长；王雪峰结束试用期，任北京市丰台区地方税务局党组成员、副局长，以上 12 名同志任职时间从 2011 年 12 月 15 日计算。免去：刘丽敏北京市海淀区地方税务局党组成员、纪检组长职务；李华北京市西城区地方税务局副调研员职务，并办理退休手续；谷绍峰北京市东城区地方税务局调研员职务，并办理退休手续。

3 月 6 日　北京市地方税务局党组第 7 次会议研究决定：郭文武任北京市朝阳区地方税务局党组书记、局长（试用期一年）；免去：陈合庄北京市朝阳区地方税务局党组书记、局长职务。

3 月 15 日　北京市地方税务局党组第 8 次会议研究决定：易鸿卫等 9 名同志结束试用期。易鸿卫任北京市地方税务局营业税管理处副处长；

王秉明任北京市地方税务局征收管理处副处长；何媚任北京市地方税务局收入规划核算处副处长；孟刚任北京市地方税务局稽查处（税务违法案件举报中心）副处长；赵伟、蒋宁任北京市地方税务局科技信息处副处长；何林任北京市地方税务局计划财务处副处长；张智慧任北京市地方税务局保卫处副处长；门杰任北京市地方税务局机关后勤服务中心副主任。以上9名同志的任职时间从2012年1月10日计算。郭向辉任北京市通州区地方税务局副调研员。侯则宏任北京市门头沟区地方税务局副调研员。蒋凤德任北京市平谷区地方税务局副调研员。王永强任北京市延庆县地方税务局副调研员。邢建昌任北京市大兴区地方税务局副调研员。周树军任北京市房山区地方税务局调研员；刘红星任北京市房山区地方税务局副调研员。李家友任北京市密云县地方税务局副调研员。

4月7日　北京市地方税务局党组第9次会议研究决定，免去：马福利北京市延庆县地方税务局副调研员职务，并办理退休手续；毛学福北京市石景山区地方税务局调研员职务，并办理退休手续；孙雪英北京市地方税务局信息中心调研员职务，并办理退休手续；张宝荣北京市通州区地方税务局副调研员职务，并办理退休手续。

4月17日　北京市地方税务局党组第10次会议研究决定：免去：崔宏媛北京市东城区地方税务局副调研员职务，并办理退休手续；沈雁北京市门头沟区地方税务局副调研员职务，并办理退休手续。

5月3日　北京市地方税务局党组第11次会议研究决定：刘乃昌结束试用期，任北京市东城区地方税务局党组成员、副局长，任职时间从2012年4月5日计算。梁鑫任北京市房山区地方税务局调研员。免去梁鑫北京市房山区地方税务局党组成员、副局长职务。

5月9日　北京市地方税务局党组第12次会议研究决定：免去：秦龙生北京市东城区地方税务局党组书记、副局长职务，改任调研员；刘春林北京市东城区地方税务局局长、党组副书记职务，改任调研员；崔玉英北京市西城区地方税务局党组副书记、副局长职务；王福利北京市西城区地方税务局党组成员、纪检组长职务，改任副调研员；杜军利北京市海淀区地方税务局党组书记、局长职务，改任调研员；王炯宁北京市地方税务局开发区分局党组书记、局长职务，改任调研员；刘义北京市地方税务局北京西站分局党组书记、局长职务，改任调研员；王英杰北京市地方税务局北京西站分局党组成员、纪检组长职务，改任副调研员；徐媛北京市地方税务局第二直属分局党组副书记、副局长职务；李宝顺北京市通州区地方税务局党组副书记、副局长职务；贾玲北京市地方税务局第一稽查局党组成员、副局长职务；杨连波北京市大兴区地方税务局党组成员、副局长职务。宋榜捷改任北京市地方税务局法制处调研员。免去：张康北京市地方税务局离退休干部处处长职务，改任调研员；高姝东北京市地方税务局离退休干部处副处长职务，改任副调研员；华丰北京市地方税务局票证中心副主任职务。徐媛不再兼任北京市地方税务局国际税务管理处副处长职务。

5月22日　北京市地方税务局党组第13次会议研究决定：赵增科任北京市东城区地方税务局党组书记、局长；赵百军任北京市东城区地方税务局党组成员、副局长。郭筑明任北京市海淀区地方税务局党组书记、局长；孔军任北京市海淀区地方税务局党组成员、纪检组长。张天生任北京市地方税务局第二稽查局党组书记、局长。杨涛任北京市地方税务局北京西站分局党组书记、局长。孔祥波任北京市地方税务局北京西站分局党组成员、副局长。张亚平任北京市地方税务局燕山分局党组书记、局长。张翅任北京市顺义区地方税务局党组书记、局长。王炜任北京市地方税务局个人所得税管理处处长；李龙江兼任北京市地方税务局科技信息处处长；肖慧宗任北京市地方税务局计划财务处处长；关小虎任北京市地方税务局审计处处长，周上序不再兼任北京市地方税务局审计处处长职务；宗立元任北京市地方税务局地方税管理处副处长、调研员；江聚祥任北京市地方税务局机关党委办公室副主任；于鹏任北京市地方税务局纳税服务中心副主任（列李宗定之后）。王桂富任北京市门头沟区地方税务局党组成员、副局长。陈来滨任北京市地方税务局第一直属分局党组成员、副局长。王劲松任北京市密云县地方税务局党组成员、副局长。史利军任北京市西城区地方税务局党组成员、副局长。史保华、王一兵任北京市大兴区地方税务局党组成员、副局长。武立煌任北京市地方税务局开发区分局党组书记、局长，丁锦宁任北京市密云县地方税务局党组书记、局长，王京秋任北京市地方税务局企业所得税管理处处长，郭顺民任北京市地方税务局收入规划核算处处长，黄健任北京市地方税务局离退休干部处处长，以上5名同志试用期一年。张发伍任北京市地方税务局第一稽查局党组成员、副局长。查力刚任北京市地方税务局营业税管理处调研员；李俊跃任北京市地方税务局纳税服务处调研员；何陆平任北京市地方税务局档案处调研员。王治斌任北京市海淀区地方税务局副调研员。免去：王炜北京市地方税务局燕山分局党组书记、局长职务；郭筑明北京市地方税务局第二稽查局党组书记、局长职务；张天生北京市顺义区地方税务局党组书记、局长职务；张翅北京市地方税务局企业所得税管理处处长职务；肖慧宗北京市地方税务局个人所得税管理处处长职务；张亚平北京市地方税务局收入规划核算处处长职务；杨涛北京市地方税务局科技信息处处长职务；关小虎北京市地方税务局计划财务处处长职务；于鹏北京市地方税务局个人所得税管理处副处长职务；孔祥波、赵百军、江聚祥北京市大兴区地方税务局党组成员、副局长职务；孔军北京市大兴区地方税务局党组成员、纪检组长职务；史利军、王桂富北京市怀柔区地方税务局党组成员、副局长职务；宗立元北京市丰台区地方税务局党组副书记、副局长、调研员职务；史保华北京市地方税务局开发区分局党组成员、副局长职务；张发伍、陈来滨北京市延庆县地方税务局党组成员、副局长职务；王一兵北京市通州区地方税务局党组成员、副局长职务；黄健北京市顺义区地方税务局党组成员、副局长职务；武立煌北京市石景山区地方税务局党组副书记、副局长、调研员职务；王京秋北京市朝阳区地方税务局党组成员、副局长职务；赵增科北京市密云县地方税务局党组书记、局长职务；王劲松北京市平谷区地方税务局党组成员、副局长职务；何陆平北京市朝阳区地方税务局调研员职务；查力刚、李俊跃北京市海淀区地方税务局调研员职务；王治斌北京市房山区地方税务局副调研员职务。

5月27日　北京市人民政府第10次常务会议决定：卜祥来任北京市地方税务局副局长，免去北京市地方税务局总经济师职务。

6月7日　北京市地方税务局党组第14次党组会议研究决定：免去：余秀茹北京市东城区地方税务局副调研员职务，并办理退休手续。张志敏北京市地方税务局第一稽查局副调研员职务，并办理退休手续。

6月28日　北京市地方税务局党组第15次

会议研究决定：免去段波北京市西城区地方税务局副调研员职务，并办理退休手续。李宗定不再兼任北京市地方税务局纳税服务处副处长职务。同意梁鑫提出的提前退休申请，免去梁鑫北京市房山区地方税务局调研员职务，并办理退休手续。

7月3日　北京市委决定，免去王勇生中共北京市地方税务局党组成员职务。市委建议，免去王勇生北京市地方税务局副巡视员职务，并办理退休手续。

7月8日　北京市人民政府第14次常务会议决定：免去王勇生的北京市地方税务局副巡视员职务。

7月11日　北京市委决定，朱元广任中共北京市地方税务局党组成员，免去郝硕博中共北京市地方税务局党组成员职务；市委建议，朱元广任北京市地方税务局副局长；免去郝硕博北京市地方税务局副局长职务，调北京市金融工作局工作。

7月12日　北京市地方税务局党组第16次会议研究决定：马强任北京市房山区地方税务局党组书记、局长（试用期一年）。王竺任北京市延庆县地方税务局党组书记、局长（试用期一年）。万国喜任北京市西城区地方税务局党组书记、局长；韩松任北京市地方税务局残保金管理处处长。姚敬国任北京市怀柔区地方税务局党组书记、局长。于欣杰任北京市昌平区地方税务局党组书记、局长。免去：万国喜北京市房山区地方税务局党组书记、局长职务；于欣杰北京市延庆县地方税务局党组书记、局长职务；邢军北京市西城区地方税务局党组书记、副局长职务，改任调研员；李玉庆北京市西城区地方税务局局长、党组副书记职务，改任调研员；李海燕北京市地方税务局残保金管理处处长职务，改任调研员；韩松北京市怀柔区地方税务局党组书记、局长职务。姚敬国北京市昌平区地方税务局党组书记、局长职务。

7月23日　北京市人民政府第15次常务会议决定：朱元广任北京市地方税务局副局长；免去郝硕博的北京市地方税务局副局长职务。

8月15日　北京市地方税务局党组第18次会议研究决定：丁振任北京市延庆县地方税务局党组成员、副局长。宋国安任北京市丰台区地方税务局党组成员、副局长（试用期一年）。免去：丁振北京市昌平区地方税务局党组成员、副局长职务；白晓凤北京市地方税务局收入规划核算处调研员职务，并办理退休手续；李海明北京市昌平区地方税务局调研员职务，并办理退休手续；李瑞艳北京市怀柔区地方税务局副调研员职务，并办理退休手续。同意苗京升提出的提前退休申请，免去苗京升北京市西城区地方税务局调研员职务，并办理退休手续。

8月22日　北京市委决定，免去王京华中共北京市地方税务局党组成员职务。市委建议，王京华任北京市地方税务局巡视员，免去王京华北京市地方税务局副局长职务。

8月27日　北京市人民政府2013年第17次常务会议决定：王京华任北京市地方税务局巡视员，免去北京市地方税务局副局长职务。

9月4日　北京市地方税务局党组第19次会议研究决定：安新生任北京市西城区地方税务局调研员；张二虎、赵立忠、崔文燕、赵立强任北京市西城区地方税务局副调研员。陈秋华任北京市东城区地方税务局调研员；许淑清、刘健任北京市东城区地方税务局副调研员。高士山任北京市密云县地方税务局调研员。海潮龙任北京市地方税务局第一稽查局副调研员。李建平任北京市延庆县地方税务局副调研员。刘琼华任北京市地方税务局营业税管理处副调研员。彭明柱任北京市怀柔区地方税务局副调研员。师永纯任北京市地方税务局燕山分局副调研员。司彦玲任北京市石景山区地方税务局副调研员。杨连忠任北京市平谷区地方税务局调研员。免去：李俊跃北京市地方税务局纳税服务处调研员职务，并办理退休手续；王召才北京市顺义区地方税务局调研员职务，并办理退休手续；蒋许林北京市密云县地方税务局副调研员职务，并办理退休手续；徐春平北京市平谷区地方税务局副调研员职务，并办理退休手续。

9月29日　北京市地方税务局党组第21次会议研究决定：李娜任北京市地方税务局国际税务管理处副处长、主持工作。免去：康和凤北京市地方税务局《税务志》编纂办公室副主任职务；李娜北京市地方税务局法制处副处长职务。薛礼不再兼任北京市地方税务局国际税务管理处处长。

10月12日　北京市地方税务局党组第23次会议研究决定：于鹏任北京市地方税务局纳税服务中心主任（试用期一年）。张秀娟任北京市平谷区地方税务局党组书记。刘振声任北京市地方税务局数据管理处处长；王磊任北京市地方税务局纳税评估处处长；李宗定任北京市地方税务局纳税服务处处长。吴北刚任北京市地方税务局北京税务博物馆筹备组组长。免去：张忠良北京市平谷区地方税务局党组书记职务，改任调研员。吴北刚北京市地方税务局《税务志》编纂办公室副主任职务。刘振声北京市地方税务局纳税评估处处长职务；王磊北京市地方税务局纳税服务处处长职务；李宗定北京市地方税务局纳税服务中心主任职务。季春萍北京市朝阳区地方税务局副调研员职务，并办理退休手续。魏正臣北京市昌平区地方税务局调研员职务，并办理退休手续。

10月31日　北京市地方税务局党组第25次会议研究决定：文竟任北京市地方税务局国际税务管理处副处长。撤销中共北京市地方税务局第一直属分局党组，北京市地方税务局第一直属分局处级干部的职务自然免除，成立中共北京市地方税务局第三稽查局党组，陈侠任北京市地方税务局第三稽查局党组书记、局长；陈来滨、邵强、崔彤阳任北京市地方税务局第三稽查局党组成员、副局长。石秀军任北京市地方税务局第三稽查局副调研员。翟正义任北京市丰台区地方税务局调研员。谷刚生任北京市朝阳区地方税务局副调研员。免去：翟正义北京市丰台区地方税务局党组成员、纪检组长职务；刘传玲北京市地方税务局离退休干部处调研员职务，并办理退休手续。海潮龙北京市地方税务局第一稽查局副调研员职务，并办理退休手续；司彦玲北京市石景山区地方税务局副调研员职务，并办理退休手续。

11月13日　北京市地方税务局党组2013年第26次会议研究决定：关小虎任北京市地方税务局督察内审处处长；王珊任北京市地方税务局督察内审处副处长。撤销中共北京市地方税务局第二直属分局党组，北京市地方税务局第二直属分局处级干部的职务自然免除，成立中共北京市地方税务局直属税务分局党组，薛礼任北京市地方税务局直属税务分局党组书记、局长；唐敬春、张清松、向丽、陈鑫任北京市地方税务局直属税务分局党组成员、副局长。江聚祥任北京市地方税务局机关党委办公室主任（试用期一年）。徐媛任北京市地方税务局直属税务分局调研员；郎培东、滕凯宝任北京市地方税务局直属税务分局副调研员。吴冬梅任北京市地方税务局督察内审处副调研员。免去高学江北京市地方税务局机关党委办公室主任职务，改任调研员。

11月22日　北京市地方税务局党组第27次

会议决定：范力军任北京市地方税务局第四稽查局党组书记、局长。付春江任北京市地方税务局个人所得税管理处副处长。庄祁玮结束试用期，任北京市地方税务局宣传教育处处长兼北京市地方税务局宣传中心主任，任职时间从 2012 年 7 月 11 日起计算。免去：范力军北京市地方税务局营业税管理处处长职务；付春江北京市地方税务局办公室副主任职务。

12 月 10 日　北京市地方税务局党组第 29 次会议研究决定：杨玉杰任北京市通州区地方税务局党组书记、局长。王宝明任北京市地方税务局营业税管理处处长；宗立元任北京市地方税务局地方税管理处处长（试用期一年）；李娜任北京市地方税务局国际税务管理处处长（试用期一年）；邵凌任北京市地方税务局办公室副主任（试用期一年）；邓晖任北京市地方税务局国际税务管理处副处长（试用期一年）；郭森、孙东晖任北京市地方税务局数据管理处副处长（试用期一年）。李强任北京市地方税务局第一稽查局党组书记、局长（试用期一年）。苏雷、李颖任北京市地方税务局第四稽查局党组成员、副局长（试用期一年）。孙长海任北京市地方税务局票证管理中心主任；门杰主持北京市地方税务局机关后勤服务中心工作。免去：朱兴有北京市通州区地方税务局党组书记、局长职务，另有任用；钱剑兰北京市地方税务局地方税管理处处长职务，改任调研员；孙长海北京市地方税务局第一稽查局党组书记、局长职务；王宝明北京市地方税务局票证管理中心主任职务；杨玉杰北京市地方税务局机关后勤服务中心主任职务；安新生北京市西城区地方税务局调研员职务，并办理退休手续；张二虎北京市西城区地方税务局副调研员职务，并办理退休手续；查力刚北京市地方税务局营业税管理处调研员职务，并办理退休手续；何陆平北京市地方税务局档案处调研员职务，并办理退休手续；陈秋华北京市东城区地方税务局调研员职务，并办理退休手续；刘健北京市东城区地方税务局副调研员职务，并办理退休手续；李建平北京市延庆县地方税务局副调研员职务，并办理退休手续；齐广海北京市平谷区地方税务局副调研员职务，并办理退休手续；师永纯北京市地方税务局燕山分局副调研员职务，并办理退休手续；翟正义北京市丰台区地方税务局调研员职务，并办理退休手续；邵凌北京市西城区地方税务局副调研员职务。

（翟　敏）

离退休干部管理

【综述】2013 年，离退休干部处深入贯彻党的十八大、十八届三中全会精神，探索新形势下离退休干部工作的新思路、新方法，全面深入开展离退休老干部各项工作，为地税事业的科学发展作出新贡献。

【基本情况】截至 2013 年 12 月 31 日，北京市地税局系统共有离退休干部 812 人，同比增加 79 人。其中离休干部 15 人（市局机关 9 人，东城 2 人，朝阳 2 人，海淀、丰台各 1 人）。市局机关离退休干部处共有离退休人员 152 人（其中工人8），离休干部9人，年龄最大88岁，80岁以上的26人，占离退休总人数的17%，70～79岁以上的20人，占离退休总人数的13%，70岁以下98人，占离退休总人数的70%，局级干部8人，处级干部107人，工人8人。离退休党总支部下设一个离退休干部处党支部和四个离退休干部党支部，其中四个离退休党支部共有党员119名。

【召开机关离退休干部“新春团拜会”】 2013年1月下旬，组织召开机关离退休干部“新春团拜会”。会上，市地税局领导向老同志通报了上一年全系统工作情况，并代表市局党组对全体老同志对地税事业作出的贡献和支持表示感谢，同时向老同志致以新春的祝福。

【坚持离退休干部每月学习制度】 将组织老干部政治学习经常化、制度化，每月一次集中学习。2013年3月，组织北京市地税局机关70多位老同志参加春季学习班，学习党的十八大精神，召开四个离退休党支部建设座谈会，并就“同心共筑中国梦”进行深入探讨。

【党的群众路线教育实践活动】 按照市地税局党组相关要求，结合自身实际情况，召开支部书记、支部委员会议和全体党员大会。

【听取离退休干部意见建议】 在党的群众路线教育实践活动中，市地税局党组书记刘江平与部分离退休老干部座谈，听取老干部对于市局领导机关、领导班子、领导干部在“四风”方面存在问题的意见建议，并要求离退休干部处等相关部门，认真研究座谈会收集的意见，做到件件有反馈。

【走访慰问老干部】 年内的春节、“七一”国庆等重大节日，对老干部开展多种形式的慰问活动，全年共慰问身患重病、长期卧床不起、生活困难老同志56人次，体现了组织上对老同志的关怀。

【支部建设】 坚持每月一次组织生活、党费收缴等制度。为老同志订阅《北京老干部》《支部生活》《中国健康报》等报刊，为老干部党员发放读书卡。组织了总支支书记改选工作，规范老干部支部管理。

【开展文体活动】 成立兴趣小组；为老同志购买了电影卡；举办各类棋牌比赛；组织参观学习活动，丰富离退休干部精神文化生活。2013年7月，组织市局机关离退休老干部进行暑期健康休养活动，共有101名离退休干部家庭共计220余人参加了健康休养活动。组织离退休老同志开展活动庆祝重阳佳节，近80人参加活动。

【各项待遇落实】 为离退休干部做好供暖费、物业费、书报费报销工作体检卡和防暑药品发放工作。做好离退休干部去世后的丧葬优抚工作。

（孙丽莉）

干部教育培训

【在职学习】发布《关于鼓励干部参加专业资格考试和在职研究生学习的通知》，变审批制为备案制，为干部成长成才提供更为有利的条件和保障。组织全系统2200余名干部参加了中高级经济师职称考试，最终有800余名干部通过了考试。制订并下发“三师”资格考试培训方案，采取网上学习和面授教学相结合的方式开展“三师”、职称考试的培训辅导工作。开展处级干部学习贯彻党的十八大精神轮训、市局机关干部科级培训。做好全员在线学习工作。各区县（分）局也结合实际开展岗位培训和更新知识培训，2013年，全系统开展各类培训229期，22000余人次参训。

【岗位大练兵】组织市局机关业务处室173人参加了专业知识考试；组织各区县（分）局业务岗位598人参加了《小企业会计准则》抽考；组织全系统稽查局772人分别参加专业知识A卷、B卷的考试。通过考试，达到促进专业知识和基本技能学习的目的。

【专业化培训】统筹组织全国税务系统领军人才的推荐、考试工作。通过集中脱产培训、专题讲座等方式统筹组织各部门开展专业化培训；举办国际税收业务骨干培训班，金融业、房地产业专题讲座；组织“重点税源监控及分析预测专题培训”“税收专项检查培训”“税务稽查相关法律知识培训”“执法督查业务知识培训”等专项培训。2013年，全系统共开展各类专门业务培训118期，培训8766人次。

【境外培训】以培养复合型人才为目标，将“请进来”和“走出去”相结合，有计划地组织境外培训，首次采用“请进来”的方式邀请外国专家来京举办“税基侵蚀与利润转移”专题讲座。精心组织策划“走出去”项目，培养一批拥有先进管理理念，具有国际视野，精通税收业务，懂外语的高级复合型人才。

（秦　一）

工 会 活 动

【综述】2013年，北京市地税局工会始终以凝聚队伍、构建和谐为出发点，坚持围绕中心、服务大局，扎实推进“送温暖、送健康、送文化”活动，在加强机关文体建设、服务会员和创先争优等方面均取得新的突破，分别在市直机关和本系统介绍工作经验，为促进干部队伍、地税文化与机关和谐建设作出新的成绩，进一步增强干部队伍的凝聚力、文明度和幸福感。

【举办主题春节联欢会】 按照市局党组关于“加强文化建设，营造和谐地税环境”的要求，组织举办“金蛇狂舞迎新春，欢欢喜喜过大年”主题春节联欢会。机关35个处室自编自演歌舞、相声、小品等13个节目，近500人参加演出和观看。联欢会邀请两度飞天的航天员景海鹏介绍飞天事迹，不仅为机关全体会员送上一份具有时代气息和地税特色的文化大餐，也使大家受到了一次航天精神的洗礼和教育。

【庆“三八”系列纪念活动】 一是组织召开女工会委员座谈会，以“智慧、健康、美丽”为主题，交流做“幸福女性”体会；二是举办了系统“巾帼展风采·巧手竞才艺”十字绣作品展。从全系统筛选70余件作品在“三八”节展出，这些作品凝聚着系统女干部们的心血与汗水，展示着她们的智慧和才华，是加强地税文化建设优秀成果的一次集中展示。三是为机关女会员举办庆“三八”电影招待会，让她们度过一个愉快的节日。

【纪念重要节日活动】 一是为迎接第18个“世界读书日”和第9个“全国男性健康日”到来，以小组为单位开展“潜心读书，丰富内涵”主题读书活动和“关注男性健康，促进家庭和谐”园博园游园活动。二是“六一”儿童节，组织会员子女近260人参观和游览活动，同时给3岁以下子女每人赠送一套益智玩具。三是以为党员和复转军人举办电影招待会的形式纪念“七一”和“八一”节，为他们送去关怀和慰问。

【各项市级文体比赛】 2013年8月22日，市局排练的舞蹈《俏花旦》代表市直机关130多个单位参加第九届首都职工文化艺术节舞蹈比赛，获得一等奖。舞蹈队员被北京市职工文化协会优先推荐加入北京职工艺术团。9月14—15日，市局局长杨志强、纪检组长吴鼎带队参加北京市乒乓球协会（团体）会员联赛海淀站比赛。9月28—29日，市局纪检组长吴鼎带队参加市直机关工会组织举办的市直机关第七届“和谐杯”乒乓球比赛，分别获得50岁以上和50岁以下组双冠军，创历史最好成绩。

【系统单项文体比赛】 2013年4月20日，在干部培训中心举办系统第二届“友谊杯”桥牌赛。全系统14个单位近90人参加比赛。市局副局长吕兴渭到场为队员加油助威并参赛。经过一天的紧张比赛，延庆局夺得冠军，西城局、市局1队并列第二，昌平局、顺义局、市局2队并列第三。5月30日，在广安体育馆举办北京地税系统第一届“健康杯”乒乓球赛。全系统共21个单位近260名干部职工参加比赛。经过一天的紧张角逐，市局机关队、西城队、房山队分获团体项目前三名；门头沟局张毅、房山局谭巨科和市局机关徐滨分获男子单打冠、亚、季军；市局机关何红、东城局路宝莲、丰台局路惠敏分获女子单打冠、亚、季军。9月26日，在西城文化中心举办全系统“我的中国梦，唱响地税最强音”主题卡拉OK比赛，市局副局长朱元广代表市局党组到场致辞并颁奖。共有21个单位40余名选手参加比赛，分别评选出一等奖3名、二等奖5名、三等奖7名、优秀奖10名。11月20日，在北工大体育馆举行全系统第一届“和谐杯”羽毛球赛。市局副局长朱元广、纪检组长吴鼎出席比赛并开球。共22个单位近260名干部职工参加比赛，海淀、朝阳局分获冠亚军，西城局、市局机关分获三、四名。

【市局机关文体活动】 办好游泳、瑜伽、书法、十字绣、羽毛球、乒乓球等文体兴趣小组活动，近300人次参加了活动。利用三个半天，分别在车公庄和马甸两个办公区组织了机关会员跳绳、踢毽子比赛。共有300余名会员参加比赛，通过比赛，进一步增强机关会员的体质。在马甸办公区举办了市局直属单位乒乓球赛，市局机关和7个直属单位共30名选手参赛。这类全员参与，富有教育性、艺术性和娱乐性的文体活动，使会员释放了工作压力，促进了身心健康。

【送关怀和温暖活动】 坚持从点滴小事入手，着力解决会员最关心、最直接、最现实的利益问题，相继建立单身助联谊、结婚送贺礼、生子添童衣、上学帮联系、生日送祝福、大病找赔付、住院必探望、退休有欢送、丧葬送慰问、“两节”送温暖十项长效机制。全年慰问看望会员及家属近200人次，发放慰问品和补助金3.1万元，祝福生日和影评活动800余人次，组织单身联谊115人次，为290名会员续办保障计划，为3名干部子女解决入学问题，安排疗休养1700余人次，特别是在组织500名会员赴北戴河休养时，把74%的名额分配给基层一线人员。通过工会工作，在党组和会员之间架起连心桥，增强了会员们的归属感和幸福感。

【创先争优活动】 按照市总工会、市妇联和市直机关工会的要求，广泛开展“两模三优”评选活动。市局票证中心朱宁、地方税管理处佟云飞、宣传教育处赵艳慧、计划财务处钟志广和纳税服务中心刘玲玲5位干部被授予“北京市好家长”光荣称号；第二稽查局被评为首都劳动奖状先进集体；杨志强被评为“全国优秀职工之友”光荣称号；牛杰被评为北京市女职工工作先进个人。

（文德生）

北京市地方税务系统2013年度立功受奖人员名单

荣立三等功人员（462人）

王　东　北京市东城区地方税务局副局长

李亚庆　北京市东城区地方税务局副调研员

闫　莉　北京市东城区地方税务局纳税服务科科长

袁　莉　北京市东城区地方税务局计划财务科科长

胡庆捷　北京市东城区地方税务局税政管理一科副科长

李　蒙　北京市东城区地方税务局基层工作科（工会、机关党委）副科长

靳桂斌　北京市东城区地方税务局朝阳门税务所副所长

李　琴　北京市东城区地方税务局办公室主任科员

王　伟　北京市东城区地方税务局机关后勤服务中心主任科员

于晓蕾　北京市东城区地方税务局人事科（保卫科）副主任科员

焦嫣霖 北京市东城区地方税务局稽查局检查三科副主任科员

李红敬 北京市东城区地方税务局第二税务所副主任科员

李　娟 北京市东城区地方税务局第八税务所副主任科员

李继军 北京市东城区地方税务局交通商务区税务所副主任科员

曲　曼 北京市东城区地方税务局交道口税务所副主任科员

戴旭华 北京市东城区地方税务局朝阳门税务所副主任科员

赵剑杰 北京市东城区地方税务局龙潭税务所副主任科员

刘立志 北京市东城区地方税务局天坛税务所副主任科员

高振生 北京市东城区地方税务局天坛税务所副主任科员

赵京伟 北京市东城区地方税务局法制科（国际税务管理科）科员

朱晓帆 北京市东城区地方税务局征收管理科科员

王启增 北京市东城区地方税务局档案科科员

李　洋 北京市东城区地方税务局收入核算科科员

袁　杨 北京市东城区地方税务局纳税服务科科员

梁　磊 北京市东城区地方税务局基层工作科（工会）科员

岑　明 北京市东城区地方税务局宣传教育科科员

范经纬 北京市东城区地方税务局稽查局检查五科科员

王　悦 北京市东城区地方税务局稽查局检查八科科员

张晓刚 北京市东城区地方税务局第一税务所科员

郭　爽 北京市东城区地方税务局第二税务所科员

王　琳 北京市东城区地方税务局第三税务所科员

李　健 北京市东城区地方税务局第三税务所科员

陈　硕 北京市东城区地方税务局第六税务所科员

崔　晨 北京市东城区地方税务局第十税务所科员

史伟锋 北京市东城区地方税务局第十一税务所科员

刘　兟 北京市东城区地方税务局雍和园税务所科员

魏　晨 北京市东城区地方税务局雍和园税务所科员

段文新 北京市东城区地方税务局雍和园税务所科员

祝胜利 北京市东城区地方税务局朝阳门税务所科员

袁雪林 北京市东城区地方税务局前门税务所科员

刘志萍 北京市东城区地方税务局龙潭税务所科员

王　蕊 北京市东城区地方税务局龙潭税务所科员

张　倩 北京市东城区地方税务局永外税务所科员

李　忠 北京市东城区地方税务局机关后勤服务中心工人

赵俊杰 北京市西城区地方税务局副局长

宋永福　北京市西城区地方税务局副调研员
王献波　北京市西城区地方税务局副调研员兼征收管理科科长
王东东　北京市西城区地方税务局副调研员兼宣传教育科科长
李熙颢　北京市西城区地方税务局副调研员兼广安门税务所所长
沈宗文　北京市西城区地方税务局税政管理三科科长
胡敬超　北京市西城区地方税务局基层工作科科长
陈　楠　北京市西城区地方税务局人事科科长
谷世涛　北京市西城区地方税务局督查内审科科长
曹　丽　北京市西城区地方税务局稽查局立案科科长
马恩庆　北京市西城区地方税务局稽查局检查三科科长
王　威　北京市西城区地方税务局展览路税务所所长
李丽娟　北京市西城区地方税务局德胜税务所所长
邵　贺　北京市西城区地方税务局西长安街税务所所长
宁　勇　北京市西城区地方税务局月坛税务所所长
怀丽力　北京市西城区地方税务局牛街税务所所长
张　靖　北京市西城区地方税务局机关后勤服务中心主任
杨辉林　北京市西城区地方税务局第一税务所主任科员
王春禄　北京市西城区地方税务局第二税务所主任科员
赵　陌　北京市西城区地方税务局纳税服务所副科长
吴　炬　北京市西城区地方税务局稽查局检查二科副科长
夏萌宇　北京市西城区地方税务局稽查局检查四科副科长
李民兵　北京市西城区地方税务局第十税务所副所长
湛　江　北京市西城区地方税务局金融街税务所副所长
刘晓洁　北京市西城区地方税务局什刹海税务所副所长
房元亮　北京市西城区地方税务局第三税务所副主任科员
李继武　北京市西城区地方税务局第七税务所副主任科员
梁　田　北京市西城区地方税务局新街口税务所副主任科员
薛淑芬　北京市西城区地方税务局新街口税务所副主任科员
杨　彬　北京市西城区地方税务局大栅栏税务所副主任科员
霍艳丽　北京市西城区地方税务局广安门税务所副主任科员
刘　煜　北京市西城区地方税务局收入核算科副主任科员
杨连洁　北京市西城区地方税务局办公室科员
刘　宇　北京市西城区地方税务局科技信息科科员
程丽君　北京市西城区地方税务局稽查局检查四科科员
高秋玲　北京市西城区地方税务局稽查局审理科科员
何启丰　北京市西城区地方税务局第二税务所

科员
曲新晓 北京市西城区地方税务局第三税务所科员
付学军 北京市西城区地方税务局第六税务所科员
庄晶晶 北京市西城区地方税务局月坛税务所科员
李文学 北京市西城区地方税务局什刹海税务所科员
袁　平 北京市朝阳区地方税务局副局长
王瑞明 北京市朝阳区地方税务局稽查局检查一科科长
闫　兵 北京市朝阳区地方税务局第三税务所所长
牛海滨 北京市朝阳区地方税务局第六税务所主任科员
苏占军 北京市朝阳区地方税务局第七税务所主任科员
余雪辉 北京市朝阳区地方税务局办公室副主任
毕军强 北京市朝阳区地方税务局税政管理一科副科长
卢宇阳 北京市朝阳区地方税务局稽查局检查四科副科长
宋建华 北京市朝阳区地方税务局办公室副主任科员
白　洁 北京市朝阳区地方税务局法制科副主任科员
俞　立 北京市朝阳区地方税务局收入核算科副主任科员
袁　鑫 北京市朝阳区地方税务局基层工作科副主任科员
杨　英 北京市朝阳区地方税务局人事教育科副主任科员
程　辉 北京市朝阳区地方税务局稽查局检查四科副主任科员
马鑫明 北京市朝阳区地方税务局稽查局审理科副主任科员
郝海澄 北京市朝阳区地方税务局第五税务所副主任科员
詹大友 北京市朝阳区地方税务局第五税务所副主任科员
耿俊荣 北京市朝阳区地方税务局双井税务所副主任科员
贾晓静 北京市朝阳区地方税务局呼家楼税务所副主任科员
袁　萍 北京市朝阳区地方税务局酒仙桥税务所副主任科员
高宗琼 北京市朝阳区地方税务局小关税务所副主任科员
徐　辉 北京市朝阳区地方税务局小关税务所副主任科员
杨　洋 北京市朝阳区地方税务局商务中心区税务所副主任科员
宋　芳 北京市朝阳区地方税务局办公室科员
张　惟 北京市朝阳区地方税务局税征管理二科科员
张　晓 北京市朝阳区地方税务局纳税服务科科员
王　烨 北京市朝阳区地方税务局计划财务科科员
胡晓锋 北京市朝阳区地方税务局稽查局检查二科科员
殷　燚 北京市朝阳区地方税务局稽查局检查三科科员
杨囡娃 北京市朝阳区地方税务局第一税务所科员
于永海 北京市朝阳区地方税务局第二税务所科员

刘晓楠 北京市朝阳区地方税务局第三税务所科员
程 艳 北京市朝阳区地方税务局第四税务所科员
田 雨 北京市朝阳区地方税务局第六税务所科员
李缨刚 北京市朝阳区地方税务局第七税务所科员
王树宝 北京市朝阳区地方税务局第七税务所科员
刘京朋 北京市朝阳区地方税务局第九税务所科员
严 璐 北京市朝阳区地方税务局第九税务所科员
王 珅 北京市朝阳区地方税务局双井税务所科员
蒋秋萍 北京市朝阳区地方税务局双井税务所科员
陈 涛 北京市朝阳区地方税务局呼家楼税务所科员
董 莹 北京市朝阳区地方税务局酒仙桥税务所科员
李鸿升 北京市朝阳区地方税务局酒仙桥税务所科员
成少洪 北京市朝阳区地方税务局十里堡税务所科员
孔 芳 北京市朝阳区地方税务局十里堡税务所科员
米伟群 北京市朝阳区地方税务局小关税务所科员
周 杰 北京市海淀区地方税务局党组成员、副局长
吉文晖 北京市海淀区地方税务局科技园税务所副调研员、所长
张龙江 北京市海淀区地方税务局永定路税务所副调研员、所长
卢中军 北京市海淀区地方税务局北下关税务所所长
汪 焰 北京市海淀区地方税务局收入核算科科长
金 阳 北京市海淀区地方税务局督查内审科主任科员
胡 蓓 北京市海淀区地方税务局稽查局检查一科主任科员
李俊红 北京市海淀区地方税务局科技园上地税务所主任科员
陆建强 北京市海淀区地方税务局四季青税务所主任科员
刘娃利 北京市海淀区地方税务局中关村税务所主任科员
弟海容 北京市海淀区地方税务局税政管理一科副科长
温 颖 北京市海淀区地方税务局稽查局检查一科副科长
王毅鹏 北京市海淀区地方税务局第二税务所副所长
吕丽华 北京市海淀区地方税务局法制科副主任科员
赵 嵩 北京市海淀区地方税务局科技信息科副主任科员
梁秋华 北京市海淀区地方税务局稽查局立案科副主任科员
傅丽秋 北京市海淀区地方税务局稽查局审理科副主任科员
刘风雷 北京市海淀区地方税务局第五税务所副主任科员
李福香 北京市海淀区地方税务局青龙桥税务所副主任科员

黄　莺　北京市海淀区地方税务局羊坊店税务所副主任科员
陈群英　北京市海淀区地方税务局羊坊店税务所副主任科员
樊　涛　北京市海淀区地方税务局办公室科员
郭　杰　北京市海淀区地方税务局税政管理二科科员
徐　芳　北京市海淀区地方税务局征收管理科科员
王超萌　北京市海淀区地方税务局纳税评估科科员
王　玮　北京市海淀区地方税务局计划财务科科员
胡　浩　北京市海淀区地方税务局基层工作科科员
窦秋菊　北京市海淀区地方税务局人事教育科科员
徐　蕾　北京市海淀区地方税务局监察科科员
侯晓宇　北京市海淀区地方税务局稽查局检查二科科员
王珊娜　北京市海淀区地方税务局稽查局执行科科员
王志稳　北京市海淀区地方税务局第一税务所科员
万宏伟　北京市海淀区地方税务局第三税务所科员
吴光权　北京市海淀区地方税务局第四税务所科员
剧　芳　北京市海淀区地方税务局翠微路税务所科员
宋文霞　北京市海淀区地方税务局清河税务所科员
叶大鹏　北京市海淀区地方税务局学院路税务所科员
李爱玲　北京市海淀区地方税务局温泉税务所科员
孙秀红　北京市海淀区地方税务局羊坊店税务所科员
孙玉梅　北京市海淀区地方税务局知春里税务所科员
齐　鑫　北京市海淀区地方税务局中关村税务所科员
李俊清　北京市海淀区地方税务局机关后勤服务中心科员
金志雄　北京市丰台区地方税务局局长
王冠凯　北京市丰台区地方税务局副局长
肖　卫　北京市丰台区地方税务局副调研员
王瑞海　北京市丰台区地方税务局办公室主任
程　凡　北京市丰台区地方税务局税政管理一科科长
刘占京　北京市丰台区地方税务局征收管理科科长
王　静　北京市丰台区地方税务局人事教育科科长
闫发华　北京市丰台区地方税务局稽查局检查二科科长
张惠玫　北京市丰台区地方税务局稽查局审理科科长
宋继忠　北京市丰台区地方税务局卢沟桥税务所所长
王朝辉　北京市丰台区地方税务局南苑税务所所长
霍从红　北京市丰台区地方税务局花乡税务所所长
王维民　北京市丰台区地方税务局收入核算科主任科员
傅先忠　北京市丰台区地方税务局第二税务所主任科员

张建仁 北京市丰台区地方税务局南苑税务所主任科员

潘久来 北京市丰台区地方税务局稽查局检查一科副主任科员

张勇芬 北京市丰台区地方税务局稽查局检查二科副主任科员

李振伟 北京市丰台区地方税务局稽查局检查二科副主任科员

陈济民 北京市丰台区地方税务局第五税务所副主任科员

邢 凯 北京市丰台区地方税务局科技信息科科员

向玉兰 北京市丰台区地方税务局计划财务科科员

吴俊荣 北京市丰台区地方税务局稽查局立案科科员

侯艳明 北京市丰台区地方税务局第一税务所科员

张 明 北京市丰台区地方税务局第四税务所科员

王文燕 北京市丰台区地方税务局卢沟桥税务所科员

郭长山 北京市丰台区地方税务局花乡税务所科员

宋铁成 北京市丰台区地方税务局长辛店税务所科员

张兴明 北京市石景山区地方税务局党组书记、局长

安宝华 北京市石景山区地方税务局党组成员、纪检组长

董 威 北京市石景山区地方税务局纳税服务科科长

张金兰 北京市石景山区地方税务局人事教育科科长

史燕红 北京市石景山区地方税务局稽查局审理科科长

张海疆 北京市石景山区地方税务局第二税务所所长

尹继英 北京市石景山区地方税务局八大处园区所所长

薛 慧 北京市石景山区地方税务局机关后勤服务中心主任

居 芳 北京市石景山区地方税务局八宝山税务所副所长

杜卫国 北京市石景山区地方税务局检查一科副主任科员

聂洪宝 北京市石景山区地方税务局五里坨税务所副主任科员

李长友 北京市石景山区地方税务局税政管理二科科员

董明霞 北京市石景山区地方税务局收入核算科科员

何 虹 北京市石景山区地方税务局纳税评估科科员

魏凯东 北京市石景山区地方税务局第一税务所科员

赵广利 北京市石景山区地方税务局第三税务所科员

赵嘉晨 北京市石景山区地方税务局首钢税务所赵嘉晨

刘 芸 北京市石景山区地方税务局苹果园税务所科员

杨建民 北京市石景山区地方税务局古城税务所科员

张立新 北京市石景山区地方税务局机关后勤服务中心工人

沈迪会 北京市门头沟区地方税务局副局长、调研员

邵明东 北京市门头沟区地方税务局副局长
安文忠 北京市门头沟区地方税务局税政管理一科科长
叶利军 北京市门头沟区地方税务局永定税务所所长
孙树才 北京市门头沟区地方税务局潭柘寺税务所所长
李善之 北京市门头沟区地方税务局办公室副主任
王 时 北京市门头沟区地方税务局第一税务所副所长
赵 东 北京市门头沟区地方税务局门城税务所副所长
刘振国 北京市门头沟区地方税务局永定税务所副所长
李彩虹 北京市门头沟区地方税务局机关后勤服务中心副主任
张文明 北京市门头沟区地方税务局稽查局检查一科副主任科员
岳思彤 北京市门头沟区地方税务局潭柘寺税务所副主任科员
王晓娟 北京市门头沟区地方税务局收入核算科科员
刘建平 北京市门头沟区地方税务局人事教育科（保卫科）科员
王 宇 北京市门头沟区地方税务局第一税务所科员
杜 涛 北京市门头沟区地方税务局王平税务所科员
刘凤和 北京市通州区地方税务局基层工作科主任科员
苏 剑 北京市通州区地方税务局征收管理科副科长
张文彬 北京市通州区地方税务局纳税服务科副科长
隆 静 北京市通州区地方税务局人事教育科（保卫科）副科长
孟旭凤 北京市通州区地方税务局督察内审科副科长
周佩芸 北京市通州区地方税务局收入核算科副主任科员
倪 红 北京市通州区地方税务局稽查局检查一科副主任科员
李艳玲 北京市通州区地方税务局稽查局审理科副主任科员
李芯蕊 北京市通州区地方税务局第三税务所副主任科员
于 华 北京市通州区地方税务局马驹桥税务所副主任科员
颜松筠 北京市通州区地方税务局西集税务所副主任科员
郭童彤 北京市通州区地方税务局科技信息科科员
方大为 北京市通州区地方税务局监察科科员
马京玲 北京市通州区地方税务局第一税务所科员
胡永利 北京市通州区地方税务局第二税务所科员
赵 伟 北京市通州区地方税务局玉桥税务所科员
马秋伶 北京市通州区地方税务局永顺税务所科员
计 渊 北京市通州区地方税务局漷县税务所科员
邓 炫 北京市通州区地方税务局张家湾税务所科员
马建国 北京市顺义区地方税务局副调研员
汤友军 北京市顺义区地方税务局基层工作科

科长

张　倩　北京市顺义区地方税务局稽查局检查二科科长

刘学慧　北京市顺义区地方税务局机场分局机场第一税务所所长

陈国政　北京市顺义区地方税务局科技信息科副科长

赵月平　北京市顺义区地方税务局督察内审科副科长

魏明顺　北京市顺义区地方税务局稽查局检查一科副科长

赵宝军　北京市顺义区地方税务局仁和税务所副所长

赵艳龙　北京市顺义区地方税务局后沙峪税务所副所长

佟雪梅　北京市顺义区地方税务局机场分局机场第二税务所副所长

李　顺　北京市顺义区地方税务局稽查局执行科主任科员

高春艳　北京市顺义区地方税务局第四税务所主任科员

施昌福　北京市顺义区地方税务局监察科副主任科员

王俊领　北京市顺义区地方税务局稽查局检查一科副主任科员

段建英　北京市顺义区地方税务局杨镇税务所副主任科员

金明辉　北京市顺义区地方税务局税政管理一科科员

孟庆宇　北京市顺义区地方税务局税政管理二科科员

邢　超　北京市顺义区地方税务局稽查局检查三科科员

闫　岩　北京市顺义区地方税务局第一税务所科员

孟庆梅　北京市顺义区地方税务局第四税务所科员

姜索清　北京市顺义区地方税务局第五税务所科员

蒋学颖　北京市怀柔区地方税务局第一税务所所长

林　霞　北京市怀柔区地方税务局督查内审科主任科员

王铁生　北京市怀柔区地方税务局征收管理科副科长

郭士峰　北京市怀柔区地方税务局人事教育科（保卫科）副科长

曹冬生　北京市怀柔区地方税务局稽查局检查二科副科长

王妍彦　北京市怀柔区地方税务局第三税务所副所长

黄静宇　北京市怀柔区地方税务局科技信息科副主任科员

鲁凤梅　北京市怀柔区地方税务局稽查局检查一科副主任科员

肖海涛　北京市怀柔区地方税务局第二税务所副主任科员

彭晓红　北京市怀柔区地方税务局庙城镇税务所副主任科员

张军伟　北京市怀柔区地方税务局税政管理二科科员

于　跃　北京市怀柔区地方税务局纳税评估科科员

李　妍　北京市怀柔区地方税务局稽查局综合科科员

孟庆祝　北京市怀柔区地方税务局稽查局检查三科科员

杨昌文　北京市怀柔区地方税务局桥梓镇税务所

科员
陈兴峰 北京市怀柔区地方税务局汤河口镇税务所科员
秦德海 北京市平谷区地方税务局纪检组长
关红革 北京市平谷区地方税务局人事教育科科长
陈　雷 北京市平谷区地方税务局监察科科长
闫双印 北京市平谷区地方税务局金海湖税务所所长
王　珍 北京市平谷区地方税务局后勤服务中心主任
张　彬 北京市平谷区地方税务局收入核算科副科长
翟小静 北京市平谷区地方税务局基层工作科副科长
崔立明 北京市平谷区地方税务局稽查局立案科副科长
卢春启 北京市平谷区地方税务局稽查局检查三科科员
赵丽萍 北京市平谷区地方税务局第二税务所副主任科员
闫国旺 北京市平谷区地方税务局开发区税务所副所长
范卫红 北京市平谷区地方税务局开发区税务所副主任科员
王永军 北京市平谷区地方税务局城关税务所副所长
张满国 北京市平谷区地方税务局新平税务所副主任科员
李兰红 北京市平谷区地方税务局新平税务所副主任科员
张东梅 北京市平谷区地方税务局峪口税务所副主任科员
周　颖 北京市平谷区地方税务局办公室科员
张振杰 北京市平谷区地方税务局开发区税务所科员
何金林 北京市平谷区地方税务局马坊税务所科员
齐自胜 北京市平谷区地方税务局机关后勤服务中心工人
王忠悟 北京市房山区地方税务局副局长
陈新荣 北京市房山区地方税务局副调研员
徐永利 北京市房山区地方税务局办公室主任
梁雪冰 北京市房山区地方税务局税政管理二科科长
丁立军 北京市房山区地方税务局纳税服务科科长
李小峰 北京市房山区地方税务局房山税务所所长
张术斌 北京市房山区地方税务局良乡税务所所长
邵玉贤 北京市房山区地方税务局良乡税务二所所长
姚俊生 北京市房山区地方税务局稽查局税务检查二科副科长
方海涛 北京市房山区地方税务局第一税务所副所长
翟振良 北京市房山区地方税务局开发区税务所副所长
马立民 北京市房山区地方税务局科技信息科副主任科员
齐安忠 北京市房山区地方税务局第二税务所副主任科员
王文生 北京市房山区地方税务局房山税务所副主任科员
侯海龙 北京市房山区地方税务局良乡税务二所副主任科员
王义宾 北京市房山区地方税务局琉璃河税务所

副主任科员
陈福春 北京市房山区地方税务局长沟税务所副主任科员
刘书文 北京市房山区地方税务局机关后勤服务中心副主任科员
沙 健 北京市房山区地方税务局征收管理科科员
祝贺捷 北京市房山区地方税务局纳税评估科科员
董婷婷 北京市房山区地方税务局第一税务所科员
张文全 北京市房山区地方税务局河北税务所科员
朱立建 北京市房山区地方税务局张坊税务所科员
康水利 北京市昌平区地方税务局副局长
刘文志 北京市昌平区地方税务局纳税评估科主任科员
程宗岩 北京市昌平区地方税务局科技信息科主任科员
雷坐平 北京市昌平区地方税务局基层工作科主任科员
司安文 北京市昌平区地方税务局第一税务所主任科员
王晶瑜 北京市昌平区地方税务局沙河税务所所长
陈 军 北京市昌平区地方税务局收入核算科副科长
刘建栋 北京市昌平区地方税务局稽查局检查二科副主任科员
刘继英 北京市昌平区地方税务局第三税务所副主任科员
王 健 北京市昌平区地方税务局昌平税务所副主任科员
郭东旭 北京市昌平区地方税务局纳税服务科科员
谭 华 北京市昌平区地方税务局南口税务所科员
王建萍 北京市昌平区地方税务局东小口税务所科员
张 利 北京市昌平区地方税务局回龙观税务所科员
史惠东 北京市昌平区地方税务局小汤山税务所科员
张景存 北京市大兴区地方税务局副局长、调研员
郭 颖 北京市大兴区地方税务局办公室主任
李 强 北京市大兴区地方税务局基层工作科科长
方 兴 北京市大兴区地方税务局稽查局综合科科长
董 颖 北京市大兴区地方税务局黄村税务所所长
马晓兵 北京市大兴区地方税务局第二税务所副所长
钱桂法 北京市大兴区地方税务局庞各庄税务所主任科员
祁玉霞 北京市大兴区地方税务局稽查局检查二科副主任科员
李会祥 北京市大兴区地方税务局安定税务所副主任科员
赵 健 北京市大兴区地方税务局采育税务所副主任科员
赵金兵 北京市大兴区地方税务局税政管理二科科员
王 艳 北京市大兴区地方税务局计划财务科科员
周玲玲 北京市大兴区地方税务局第二税务所

科员
张亚丽 北京市大兴区地方税务局第三税务所科员
张 垚 北京市大兴区地方税务局北臧村税务所科员
白云峰 北京市大兴区地方税务局榆垡税务所科员
成 亮 北京市大兴区地方税务局魏善庄税务所科员
周继纯 北京市大兴区地方税务局瀛海税务所科员
祝天文 北京市密云县地方税务局副调研员
高贺举 北京市密云县地方税务局办公室主任
杜晓秋 北京市密云县地方税务局人事教育科科长
孙长立 北京市密云县地方税务局水库税务所所长
郭小波 北京市密云县地方税务局征收管理科副科长
王 丹 北京市密云县地方税务局基层工作科团委书记
张晓轩 北京市密云县地方税务局开发区税务所副所长
徐 静 北京市密云县地方税务局第二税务所副主任科员
张志民 北京市密云县地方税务局第三税务所副主任科员
董佳奇 北京市密云县地方税务局办公室科员
刘英军 北京市密云县地方税务局基层工作科科员
杜 静 北京市密云县地方税务局人事教育科科员
王小兵 北京市密云县地方税务局第三税务所科员
郭光权 北京市密云县地方税务局第五税务所科员
赵静南 北京市延庆县地方税务局计划财务科科长
李峥艳 北京市延庆县地方税务局基层工作科科长
谷晓杰 北京市延庆县地方税务局张山营税务所所长
张跃锋 北京市延庆县地方税务局第一税务所主任科员
陈文志 北京市延庆县地方税务局永宁税务所主任科员
王 伟 北京市延庆县地方税务局第五税务所副所长
张 涛 北京市延庆县地方税务局旧县税务所副所长
范云霞 北京市延庆县地方税务局稽查局检查二科副主任科员
李晶波 北京市延庆县地方税务局办公室科员
胡爱民 北京市延庆县地方税务局征收管理科科员
闫金有 北京市延庆县地方税务局第一税务所科员
赵 洋 北京市延庆县地方税务局第三税务所科员
刘文军 北京市延庆县地方税务局开发区税务所科员
赵文杰 北京市延庆县地方税务局八达岭税务所科员
李广生 北京市地方税务局燕山分局纪检组长
高玉龙 北京市地方税务局燕山分局征收管理科科长
晋秀娟 北京市地方税务局燕山分局收入核算科主任科员

张会英 北京市地方税务局燕山分局纳税评估科副科长、主任科员

柳素苓 北京市地方税务局燕山分局人事教育科主任科员

孙 曦 北京市地方税务局燕山分局第一税务所主任科员

何楠楠 北京市地方税务局燕山分局征收管理科副主任科员

杜培会 北京市地方税务局开发区分局办公室主任

王 磊 北京市地方税务局开发区分局办公室副主任、主任科员

高 峥 北京市地方税务局开发区分局隆庆街税务所主任科员

安 娣 北京市地方税务局开发区分局隆庆街税务所主任科员

冯 爽 北京市地方税务局开发区分局纳税评估科副主任科员

孔祥波 北京市地方税务局北京西站分局副局长

杨 宁 北京市地方税务局北京西站分局工会副主席、人事教育科副科长

杨冬瑞 北京市地方税务局北京西站分局第一税务所所长

陈 明 北京市地方税务局北京西站分局第一税务所副所长、主任科员

冯文静 北京市地方税务局第一稽查局审理科副科长、主任科员

颜 岩 北京市地方税务局第一稽查局第二稽查科副科长、主任科员

李 萌 北京市地方税务局第一稽查局第二稽查科副科长、主任科员

佟万军 北京市地方税务局第一稽查局第五稽查科副科长、主任科员

田立军 北京市地方税务局第一稽查局业务科主任科员

于 珉 北京市地方税务局第一稽查局税政科主任科员

柳宏林 北京市地方税务局第一稽查局评估约谈科主任科员

易守权 北京市地方税务局第一稽查局第一稽查科主任科员

崔润涵 北京市地方税务局第一稽查局第一稽查科主任科员

金 维 北京市地方税务局第一稽查局第三稽查科主任科员

毕 岩 北京市地方税务局第一稽查局第四稽查科主任科员

李培光 北京市地方税务局第二稽查局人事政工科科长

尤鹏南 北京市地方税务局第二稽查局检查一科副科长、主任科员

张艳霞 北京市地方税务局第二稽查局检查三科主任科员

贾鸿志 北京市地方税务局第二稽查局稽查三科副科长、主任科员

白 俊 北京市地方税务局第二稽查局检查九科科长

崔 萌 北京市地方税务局第三稽查局人事政工科副主任科员

张鼎新 北京市地方税务局第三稽查局检查一科副主任科员

郎培东 北京市地方税务局直属税务分局监察科副调研员、科长

韩 敬 北京市地方税务局直属税务分局办公室主任科员

张 欣 北京市地方税务局直属税务分局第一、三税务所主任科员、副所长

葛 玮 北京市地方税务局直属税务分局办公室

副主任科员
王小虎 北京市地方税务局纳税服务处主任科员
王彤彤 北京市地方税务局后勤服务中心工人
王秉明 北京市地方税务局征收管理处副处长
王顺麒 北京市地方税务局稽查处（税务违法案件举报中心）主任科员
王素江 北京市地方税务局企业所得税管理处主任科员
王　哲 北京市地方税务局离退休干部处主任科员
王晨曦 北京市地方税务局人事处副主任科员
牛泽厚 北京市地方税务局企业所得税管理处主任科员
文德生 北京市地方税务局直属机关工会主任科员
邢志红 北京市地方税务局营业税管理处主任科员
任丽娟 北京市地方税务局机关党委办公室主任科员
刘　丽 北京市地方税务局研究室主任科员
杜云涛 北京市地方税务局工会经费管理处副处长
豆　辉 北京市地方税务局收入规划核算处主任科员
余　浩 北京市地方税务局监察处主任科员
宋勇军 北京市地方税务局办公室主任科员
张连勇 北京市地方税务局信息系统安全保障中心主任科员
范思永 北京市地方税务局计划财务处主任科员
赵小军 北京市地方税务局信息系统安全保障中心副调研员
赵艳慧 北京市地方税务局宣传教育处主任科员
夏宏伟 北京市地方税务局个人所得税管理处主任科员
钱剑兰 北京市地方税务局地方税管理处调研员
高　源 北京市地方税务局法制处主任科员
郭军霞 北京市地方税务局机关后勤服务中心主任科员
郭　淼 北京市地方税务局数据管理处副处长
海　岩 北京市地方税务局纳税服务中心副主任科员
崔　犇 北京市地方税务局科技信息处主任科员
韩庆玲 北京市地方税务局宣传教育处副处长

嘉奖人员（1466 人）

北京市东城区地方税务局（135 人）

孙文军　张松岭　刘乃昌　周　敏　李雅倩
李　龙　高　山　谷　禾　汤月霞　王秋利
赵　雪　马希征　秦　中　郑保跃　李　炜
郭建荣　刁建华　张宏邦　阎　鹏　孟　强
李　杰　张　婷　杨　光　何健辉　张伟琦
马训博　吕文献　马　特　陈雪峰　李庆峰
翟　颖　赵显平　杨庆芬　王　峥　王泸英
丁和平　王　昕　隗和宝　邹心京　王素柳
张建英　闫绍明　何立平　张　杰　彭兴莲
陈凤丽　侯继军　韩　军　王美丽　吉希琴
刘凤娟　张博生　贾肇琴　孔　凡　于凤琴
侯志燕　王　巍　刘学军　王小红　皮兴明
冯建欣　安　萍　赵文萍　刘晓宇　徐丽莉
周秀淳　王立业　黄　丹　吴丽华　刘培远
郝卫红　胡凤兰　叶　英　屈轶坤　李立光
杨志洁　李　敏　王雨农　朱悦扬　李　欣
王素花　刘　巍　黄　浩　陈　岩　张　旗
蒋　昆　莫新燕　王　琤　黄训文　武　彦
元维阳　郭玥昉　李成飞　富雪楠　安　萌
袁朕昕　王羽飞　曹　岩　张玉英　张　鲁
李爱军　周　卉　吴佳宁　孙欢宇　龚　战
刘　嘉　王　晶　纪冬云　赵一侠　王晓英

张建利　杨　光　陈　芳　施　阳　刘　颖
金　莹　程增银　王　萍　王　瑶　梁　剑
林嘉音　杨玉伟　李　佳　刘凤杰　贾树梅
王　烁　付春林　李军华　韩全庆　白雪彬
马丰宝　李崇强　李建华　王建生　梁　涛

北京市西城区地方税务局（146人）

崔玉英　翁　联　陈春颐　王庆园　陈　宁
崔文燕　谢成奔　宁永东　郝　颖　王　威
陈建华　孙秀杰　蔡志兵　崔高军　刘　伟
王　岩　张文华　刘清龙　王　刚　韩　敏
何永光　张亚菊　张起良　王雪明　韩　蕴
宋海红　商　迪　顾海云　王宏林　胡越智
周　峰　赵红程　王国强　王婷婷　张剑锋
袁　泽　蒲修怀　卞　羽　王　冲　陈康义
张　珺　张　鹏　郑乐津　王　丽　赵红斌
郑　杰　齐俊杰　侯　雯　张俊豪　肖慧萍
石瑞娟　王　群　刘德健　王春芝　谢　薇
朱　清　张　娟　卜晓春　高秋菊　赵佩荣
曹艳红　黄健文　安卫华　李　力　杨振华
吴俊花　柳　矛　齐　文　关　圆　刘文军
丁秀丽　李　颖　张燕洁　冯　宁　尹　青
汝桂华　孟　婕　徐红卫　刘雯雯　吕宏岩
赵　越　赵红欣　张　燕　秦继兰　彭建爽
桂　丹　牛晓峰　李宗武　潘欣园　杨　震
李红梅　覃　粟　郭　军　范文斌　郭　剑
刘国强　丁子轩　郑　茜　扈先平　刘培伟
程　旭　郭艾成　钱　兵　丁国珍　任海鹰
王维茂　李　巍　李　力　刘　明　孙　岩
刘　挺　陈　媛　马俊杰　陈　丽　蒋金梅
王中亮　冯　燕　张书军　张　玲　耿　华
刘海琳　唐　捷　李　晶　朱晓峰　张兰茹
金云墨　孟凡永　王　琼　唐　谦　王文秀
郑聪颖　赵　刚　马正杰　龚春梅　杨　静
尚　岚　陈　颖　刘建荣　王　科　王小宇
魏延凯　刘兆东　李建国　王　翔　张高丽
李士彪

北京市朝阳区地方税务局（121人）

李宝新　闫凤莲　张榕华　张草原　张丽雪
郑　颖　李生河　雷继红　刘志育　杨洪瑞
谷玉森　张　培　张　帆　于　宁　张　娟
胡　军　程　莉　马荣生　于德军　任　芊
王　琪　温国辉　田亚非　杜顺玲　楼顺安
杜学光　李连成　刘　玮　张　辉　石博剑
徐　静　曲　博　秦利强　刘立群　赵燕平
孙远征　高淑霞　张志军　谢红菊　付　杰
贾毅琴　肖　燕　白　晓　李　波　陈　琳
王维财　杜彩丽　李世芳　张　力　段永锋
隗合强　朱海燕　李唯后　吴地震　杨显强
李春莲　王兆印　郭　阳　胡　彬　王　伍
许昌平　秦　超　冯悦军　刘　鹏　杜则煊
金晓娜　王　祎　王　莹　马　冬　丁　晖
沈　崟　闫　岩　刘　丹　赵群立　王岳鹏
刘艳红　李　华　张　洁　施洪根　张卫东
刘美利　陈玉坤　郑　丽　张方红　刘福梅
于　杰　房俊雪　盛立侠　魏朝晖　宋冬萍
赵海洲　刘淑萍　王　伟　赵广为　刘印红
张建萍　周文政　崔盼宗　周庆原　王春菊
刘薇娜　张春燕　孟京红　郎春梅　宋利英
刘　明　王　彪　李志青　兰　岚　谢　凡
谷继玲　岳宏宇　马志勇　孙亚藕　李　英
吴北刚　张庆生　赵　培　陈延军　王学师
张　挺

北京市海淀区地方税务局（129人）

崔　健　何小燕　袁　康　强国华　刘　海
樊建军　金江文　张红艳　王越男　金晓喆

赵大海 张　力 武金凤 邹家珍 李志敏
王　静 徐　雷 吴树良 霍爱英 张甫荣
丁　铁 吉俏梅 应娟丽 徐冬柏 冯允辉
刘小贤 郝宏强 柳迎春 丁　平 崔永红
高　华 郭晶莹 武励谦 马秋田 常艳霞
邢　堃 郑雪银 王　超 郭淑红 吕卓欣
李　连 鞠　丽 葛　勇 刘红艳 隗　捷
许　昶 许　宁 段红艳 殷　佳 高青月
李　昆 王　卫 于雪雁 祖建国 张晓松
何　铁 陈　立 张　艳 李　芳 李　颖
刘志杰 张铜海 娄苏湘 张　杰 黄春婷
赵　莹 刘　颖 郝志斌 丰　梅 康一平
葛思纯 翟德置 包绍增 董　妍 房　洁
张海华 朱奇颖 周晓荣 王　晓 史晓莉
刘　明 王　征 刘　函 李　妍 杨柳斯
王春媛 郭　宇 金　洁 刘　冰 薛　岩
刘　婧 王凤芹 季　明 白炳军 刁　翔
马　威 张金科 谭湘燕 张　琦 董潇潇
张琪伦 张俊卿 高　月 范　蕊 王顺田
郭　婷 边占英 宋成红 高冬洁 刘文博
张海荣 李月红 鲁秀丽 王红霞 李宝刚
李　瑶 宁　娜 许建辉 荆书宁 仝　欣
杨　征 邓力威 笪苏军 王西元 张　燕
张　硕 牛春丽 兰兴国 王　颖

北京市丰台区地方税务局（85 人）

刘　华 刘茂江 周　凯 王俊民 董　彬
程万春 蒙广林 孔雪梅 赵海江 谢　超
霍艳芳 王东红 高　虹 殷立东 史锦春
陈　曦 孙汝林 吴　卫 陈敬东 李　猛
牛怡龙 李昌喜 马宇明 高　婧 曲仕佳
左　皓 张海伦 李　艳 王　宁 韩新国
朱秀振 柏平芝 孙　鹏 米兢哲 孟炳煜
汪国庆 任秀英 宋便芝 王　娜 张丽莉
范利华 于秋萍 王　旭 薛　韵 王　瑾
侯凤玲 牛文静 夏　英 于圣睿 全仁哲
张连启 石志勇 李丽娟 崔玉华 连　蕊
徐　庆 周　强 段仁宗 路　阳 顾　群
张晓辉 白兰英 黄利琴 潘通华 王海霞
刘　月 王　琦 杜为东 殷志新 梁鄂荣
陈　雷 姚　敏 王　燕 郝印京 马保民
张萌生 武西民 蔡拥军 赵连英 张秀惠
戴建兵 刘泉林 刘国平 蒋福成 吕海燕

北京市石景山区地方税务局（55 人）

徐慧卿 宋楚樵 陈孟光 张　义 鲜　堃
赵苍芬 叶　阳 张苏明 杨　坡 张立军
高继红 张　军 程　方 王桂平 高庆华
宋伯祥 马香爱 朱建红 宋育杰 宋光明
靳克旺 郭　玲 王媛媛 劳雪菊 费英杰
高文玲 贾晓磊 李　铮 赵　博 许淑君
唐　薇 苏　婧 程　浩 李居罡 吴金华
赵淼淼 袁建生 李　欣 石存军 李凤娟
张俊良 高云鹏 郭雪静 朱　江 毕祥林
蒋晓霞 安建华 李　亮 马玉祥 陈天培
董会刚 杨　宝 刘国庆 郭建平 高文学

北京市门头沟区地方税务局（50 人）

王阿鸣 邢小虎 李东升 谷德志 郭忠旗
陈玉红 孙大勇 李欣然 王建新 林志平
李有武 杜　彪 高艳红 杨　阳 史瑞阳
齐　振 毛　宇 刘更起 李占利 张　萍
王全树 朱灵芝 刘惠敏 沈海涛 朱胜魁
李　茜 林　莽 程　燕 尤影秋 张　强
王荣春 靳小妹 胡星月 易泽强 马　乐
陈　辉 王晓松 周晓东 李全来 杨青青
李平燕 李　娟 韩　燕 王小妹 李为民
苗宗宪 李全力 孙克勤 杨桂清 李　铁

北京市通州区地方税务局（74 人）

马　杰 薛贵林 张福连 徐凤明 杨国贤
李洪梅 王　涛 王建全 裴艳春 郑云鹤
张迎春 王　洋 崔欣然 孟　涛 高雅怡
李晓东 贾华东 刘月珊 赵长利 高树荣
李　京 石　林 马剑波 吴春林 李万营
王丽纳 李维娜 迟宝中 牛　艳 朱海军
张秀荣 雷永刚 安立波 富莹莹 唐宏君
曹国清 周立德 徐朝辉 白文旭 闫　威
周　智 徐建红 杨　森 商会霞 王京川
朱建辉 郭洪艳 刘维兵 李明杰 周海仓
赵　猛 王欢华 张　军 于　彬 赵　珍
刘教华 雷晓明 刘　洋 沈　岩 尚艳杰
宋　岩 朱　丽 王亚男 孙　鹏 赵明春
周军伟 李　柏 杜　鹏 李　伟 车绍家
张福志 杨　杰 付京通 魏　鹏

北京市顺义区地方税务局（64 人）

李志刚 赵学武 刘志江 宋永伟 李晓玲
罗志刚 刘尚文 宋艳军 王利军 李又一
杨海东 孟云祥 丁　健 李晶淼 王　静
贠丽伟 李德勇 李小霞 岳志国 崔建民
张文胜 王晓瑜 冯新颖 蔡祥彬 孟昭辉
魏红涛 刘晓东 王玉杰 杨大军 杨代员
吴安生 王春梅 李钰瑾 王艳艳 于少山
崔明岳 鲁　欣 梁　静 陈树林 崔　远
季　芳 孙绍海 周　杰 闻　雪 郑　岩
梁　艳 周福清 梁永红 王　涛 金鸿蕊
张雅男 岳行早 史国军 李　淼 贾春增
蔡冬青 王　凯 肖辰英 张晶晶 刘合欢
刘　骁 王　东 刘建民 付淑齐

北京市怀柔区地方税务局（57 人）

陈　刚 彭明柱 孟建beta 黄瑞杰 曹春霞
唐贵清 卢松臣 彭云涛 孙福岳 于春伶
宁福友 孙亚丽 李玉平 曾轩鸿 王德永
张俊卿 安学敏 吕晓臣 赵连红 张凤连
张玖喜 陶小军 胡东新 刘德春 袁德新
付忠喜 马桂英 沈　彦 高玉华 王国政
陈国平 蔡春清 李艳丽 高　阳 秦　峰
彭玉浩 柴　伟 郑雪莲 丁玉林 段文银
张明慧 李　宏 袁建民 李　威 梁志忠
王陶野 刘启友 王　丽 邱兴章 王海云
李洪生 张　曦 王翠敏 张　建 肖海峰
卢国钦 孟庆营

北京市平谷区地方税务局（55 人）

朱庆丰 张成才 付记平 张永利 郑春来
胡海军 耿东玉 马睿智 徐占合 杨瑞良
任克俗 尚敏涛 杜文明 刘劲力 高　平
李春涛 王宇峰 张艳春 冯振亮 刘晓松
张和平 徐桂红 邢晓飞 马美连 王爱玲
赵艳利 许方亮 张金海 赵淑义 阎保军
邢　东 刘贺壮 杨　爽 邢佳伟 王立英
宋学涛 李桂琴 霍志杰 张海波 战香名
张丽荣 刘冬婧 赵秋成 佟　锦 杨文元
古宏枝 王永波 黄明辉 张桂明 王晓洁
王成龙 杜怀国 赵　合 李小光 王朝阳

北京市房山区地方税务局（57 人）

谭巨科 张仲辉 吴荣贵 张亚琴 陈凯朋
张长红 李　玮 李国宝 郭建虎 王　宇
刘德辉 田春华 张　飒 刘劲松 邱祥永
张　征 相全社 张振领 张洪伟 陈聪洁
杨燕华 敬瑞兰 朱文杰 高国兵 刘玉英
王世军 张宏丹 曹　莉 于齐山 向育清
张　彦 夏京梅 徐广兵 梁晓斌 王凤水
耿本兴 史春梅 宋　宁 母卫东 尤　仟

李　喆　叶国德　石晓旭　于立峰　韩瑞玲
谢　冰　刘俊祥　崔金玲　隗功勤　马呈昊
徐　睿　赵战芳　穆希星　刘志刚　刘　琨
张建东　李建忠

北京市昌平区地方税务局（70 人）

黄明清　张玉德　陈友林　张　健　贾铁鹏
张锦纹　张振国　张秋菊　陈梦周　董志林
蒋海平　张　静　陈石生　李文英　宋云飞
尚红卫　左　森　郑海峰　吕志国　胡水明
崔京军　张福泉　张海祥　曹英杰　张玉涛
房永飞　南　静　李　强　陈新国　陈　都
盖闹良　杨　晨　陈　林　王子健　张小萍
付振宽　焦京湘　邓小波　张志庆　李　超
蒋　胜　张兆兴　高文静　赵　力　郭衍方
李　虹　白万江　伏开好　赵　斌　邵　华
凌艳伟　魏　凯　肖艳丽　徐连元　李　旻
张宗娥　韩　莉　孔祥玉　巩　颖　谷秋颖
刘　佳　张　瑜　李志琪　徐长春　鲁小明
邵　培　李庆文　白国刚　刘晶洁　张建军

北京市大兴区地方税务局（70 人）

田凤霞　司　坚　张春红　刘秀菊　刘鸣剑
龙　莹　刘　宏　张真平　王　金　金　辉
魏永丽　曾丽娜　徐纯杰　多葛廷　王　爽
赵德武　杜志勇　石广振　巴洪瑞　王洪猛
孙克俊　张　群　耿兴伟　许　颖　左传森
郭武军　齐志勤　刘　鑫　李维维　杨耀斌
王晓辰　李延威　曲丽嘉　王海滨　赵　然
李永生　谭贤忠　刘宏伟　肖　涛　王　凯
王晓希　熊绍军　蔡　伟　杜永娜　刘圣球
陈云强　孙连国　李　强　李建林　王晨霞
崔　颖　张　京　邸天平　张龙增　张　静
王丹丹　于雪莹　宋学茹　刘英姿　李春玲

苗建国　范　虎　曹一星　李　诚　郑文哲
苑迎霞　杨爱忠　张建军　王占国　张　伟

北京市密云区地方税务局（54 人）

高士山　李春明　贾福仁　刘中伟　刘高扬
裴　军　王　迪　张保忠　曹长华　席亚利
孙贵兰　曹冬山　李保忠　张瑞平　赵　杰
李连义　王宏岩　齐　祺　郭东霞　刘维波
孙玉红　杜守华　赵志威　倪资园　孙长柱
高秋慧　赵志刚　李美荣　李　忠　张　华
康小梅　闫荩骁　王小芹　娄大晶　张春林
刘春国　董立超　高　娜　单树林　罗荣旺
彭海军　杨　霞　崔吉阳　任海山　程丙国
晁怀义　曹　雨　安　然　付宗林　李军丽
文武胜　王祎伟　何普治　李桂德

北京市延庆县地方税务局（47 人）

王　竺　吴永茂　王永强　武劲松　赵相江
杨学民　武耀煜　许颖俊　高凤茹　李玉海
姚自新　贺爱兵　郑　义　胡志娟　郭建刚
王金玲　耿　玮　王晓东　刘宪军　丁瑞娟
冯亚民　尤文富　陈志永　李玉华　韩园园
李树兰　董　冬　闫民利　李文静　卫　钢
武勇坤　夏　冰　赵建会　王烨昕　马秋荣
赵永涛　刘洳含　熊兴明　闫明征　李景峰
周吉明　黄坚翔　赵　伟　刘永军　席维利
李　文　丁跃生

北京市地方税务局燕山分局（17 人）

李　劲　王　伟　贾生元　王彩燕　魏媛媛
郝乃文　曹丽娟　田　胜　刘　军　王　珣
王建瑞　梅静慧　史健平　姬志伟　赵　展
张田宝　张学良

北京市地方税务局开发区分局（18人）

扈寒梅　金　琦　李春澍　刘　雁　何玮娜
叶　婉　庄丽娟　侯月香　王阿强　王月珍
王灵玲　王　璋　王　辉　陈　雯　李　山
丛　林　容　亮　刘建伟

北京市地方税务局北京西站分局（13人）

徐　坡　张志广　付　予　张慧卿　经　萍
哈德录　吴　双　张兴余　李　缈　冯海燕
黄艳红　郑莉莉　姚晓群

北京市地方税务局第一稽查局（24人）

李森林　左春锋　王　晶　于　兰　葛海清
吴文生　马　岚　张朝晖　孙玉洁　吴　瑾
李　旸　王　楠　崔　新　吴欣欣　徐　民
高　洁　颜廷相　王雅楠　苗桂生
毕　岩（第五稽查科）　任　嵘　魏铁功
秦　勇　孙庆滨

北京市地方税务局第二稽查局（21人）

鲍秋苓　赵春华　金广钧　李燕萍　王　鹏
徐　珊　赵建斌　曹栋斌　王　珅　张　爽
马　光　任铁生　刘朝晖　赵昱尧　孙燕宏
闫　贺　杨京疆　刘俊欣　范春莲　夏占红
崔小旭

北京市地方税务局第三稽查局（6人）

石秀军　王晓辉　高　璐　常　征　王筱汀
李晓晖

北京市地方税务局直属税务分局（13人）

向　丽　滕凯宝　章　昀　吴燕德　张　哲
崔大俊　王宏涛　齐南亚　于　慧　刘明辉
赵　瑾　李进东　钱　峰

市局机关（85人）

马　昕　马　萌　马　琳　王仁丽　王立水
王　珊　王　萌　王　墨　云　鹏　牛　杰
邓荣华　石剑虹　龙周青　叶　明　吕建军
刘　月　刘　成　刘全成　刘佳妮　刘　驹
刘玲玲　齐全伟　关宇航　许燕羽　那静恩
孙长海　孙　洁　苏补亮　李小君　李　扬
李　科　李　勇　李　辉　杨振忠　杨晓东
杨　硕　吴翠平　吴黎淳　吴　澄　邱春会
何增斌　佟云飞　谷　静　邹　彭　张文沂
张海川　张　彬　张　辉　张瑞玲　张　鹏
张　蕾　张　攀　陈昶君　陈　颖　罗丽华
周兵化　赵为真　赵立勇　赵振波　赵　靖
赵福顺　柳昌荣　段宁轩　施　宏　姜松霞
姜海英　姜惠丽　袁子明　原　璐　徐以超
徐先甫　高文雄　高　婧　常海龙　崔　鹏
康子文　董雪涛　董　蓉　程　鹂　傅京芳
谢东明　解　民　廉　清　戴　征　戴树成

事业单位先进工作者（5人）

周晓梅　梁君毅　于锡陵　赵攀利　王　冲

行政管理

政府信息公开工作

【综述】2013 年，北京市地税系统在市委、市政府和税务总局正确领导下，全面落实《中共中央办公厅、国务院办公厅印发〈关于深化政务公开加强政务服务的意见〉的通知》精神，围绕税务总局“十二五”规划，丰富税务系统政府信息公开工作内容，扎实推进政府信息公开制度建设，全面贯彻落实《政府信息公开条例》，认真开展政府信息公开和办税公开工作，圆满完成各项任务。

【主动公开】全市地税系统不断深化主动公开内容，拓展北京地税 tax861 网站政府信息公开专栏、《北京地方税务公告》、办税服务大厅、新闻发布会等主动公开渠道，强化监督管理，扎实推进主动公开工作。全年通过北京地税 tax861 网站政府信息公开专栏向社会公开信息年报数据显示为 1471 条，全文电子化率为 100%，其中机构职能类信息 50 条，法规文件类信息 115 条，规划计划类信息 16 条，业务动态类信息 1290 条。新增公文类信息 2636 条，其中税收规范性文件 20 条。全年通过《北京地方税务公告》向社会公开发布法规文件 50 个，并在办税服务大厅放置 30 万册印刷版（纸质）供纳税人免费索取，电子版同时发布在北京地税 tax861 网站上。全年向北京市政府信息公开查阅大厅、北京市档案馆、首都图书馆及北京市地税局政府信息公开场所等移送税收规范性文件等纸质信息 20 件 300 份，自《条例》施行以来累计达 138 件 2070 份。北京地税系统全年接受政府信息公开咨询共计 713133 人次。其中现场咨询 8 人次，通过市局、区县局、分局政府信息公开专线和政策咨询服务热线、政府信息公开专用电子邮箱接受咨询 2192 人次，通过北京市地税局纳税服务热线 12366 中心座席、远程座席及自动受理电话咨询 701388 人次，网上咨询 9545 人次。北京地税 tax861 网站累计发布公告信息 21390 条，连续几年被市纠风办评为“优秀政务网站”。全年共召开新闻发布会 2 次，澄清虚假或不完整信息 6 件。有效避免了可能造成的负面影响，维护了北京地税良好形象。同时，对维护社会公众和纳税人的切身利益，维护社会稳定、促进社会和谐具有重要意义。

【依申请公开】全市地税系统认真受理公民、法人或者其他组织根据自身生产、生活、科研等特殊需要提出的政府信息公开申请。全年共受理政府信息公开申请 32 件，其中，北京市地税局受理 8 件，区县地税局受理 24 件。在受理的 32 件申请中，当面申请 4 件，占总数的 12.51%；通过互联网申请的 15 件，占总数的 46.86%；以信函形式申请 13 件，占 40.63%。32 件申请获取的信息属于机构职能类信息 13 件，占总数的 40.63%；属于法规文件类信息 5 件，占总数的 15.63%；属于行政职责类信息 14 件，占总数的 43.74%。2013 年，受理的 32 件申请共涉及申请事项 39 项，全部在法定期限内予以答复。其中："公开"26项，占66.67%（含"同意公开"15项，"同意部分公开"7项，"信息已主动公开"4项）；"不予公开"1项，占2.56%；"信息不存在"4项，占10.26%；"非本机关掌握"7项，占17.95%；"非政府信息"1项，占2.56%。依据《北京市行政机关依申请提供政府信息收费办法（试行）》，共减免依申请公开政府信息检索、复印等费用25元，收取信息检索、复印等费用9.20元。

【行政复议和行政诉讼】2013年，北京地税系统发生针对政府信息公开行政复议案件1件；驳回申请1件。针对政府信息公开行政诉讼40件，当年发生30件，上年结转10件。其中：原告撤诉1件，法院判决限期答复10件，法院判决送达6件，法院裁定驳回起诉23件。

（张　峰）

会议管理

【综述】2013年，北京市地税局将会议确定为综合性系统工作会、专业性系统工作会、局党组会、局长办公会、局长专题会、专业工作会六大类，在规范办会流程、加强办会能力、提高办会质量和效率方面逐渐固化形成模块化工作模式。北京市地税局办公室共组织协调各类会议活动252次，其中局长专题会193次。4月1日，杨志强同志任市局局长以来，局长专题会的次数增多，为适应新的会议筹办工作，采取快餐式、模块化的办会方式，为市局各项重要工作的顺利开展保驾护航。

【电视电话会议】2013年，北京市地税局办公室对全系统电视电话会议系统进行状态摸底，清楚掌握系统内33个分会场的电视电话会议系统状态，为信息中心对系统的进一步升级改造奠定基础。

（李　楠）

综合文秘

【综述】2013年，北京市地方税务局办公室综合文秘人员围绕税收中心工作，认真撰写各类综合文字材料，积极主动完成上级交给的各项工作任务。全年，按时、优质、高效地完成工作总结、工作要点、领导讲话等综合文字材料以及向市委、市政府、税务总局报送的有关材料80余篇30余万字。

【围绕中心工作服务领导决策】认真学习、领会中央和市委、市政府、税务总局的指示精神，按照市局党组确定的中心工作，深入调查研究，收集整理文字资料，严格编校文稿，不断提高文秘写作水平，服务各级领导决策。围绕税收中心工作，集中反映北京地税税收事业发展中的大事、要事，以及税收与民生等方面的重要史实，全面提高各类年鉴、大事记的写作和编辑水平。

【发挥参谋助手作用】一是围绕全年地方税务工作会、党组会、局长办公会等重大决策部署，做好市局领导深入基层调研服务工作，起草综合反馈材料。二是做好市局领导讲话起草工作，较好地完成领导交给的每一项任务。三是做好重要会议主持词撰写工作。在每次重要会议召开前，及时将主持词报市局领导审阅，保障会议顺利召开。四是起草市局《贯彻落实改进工作作风、密切联系群众有关规定实施办法》《关于推进职能转变工作的实施意见》等文稿，得到领导和基层的认可。五是完成北京市地方税务局2012年大事记和《中国税务年鉴（2013）》《北京年鉴（2013）》专栏和彩色专版稿件的编写和认刊工作。组织编辑2013年《北京地方税务年鉴》工作，按照要求，完成对2008—2012年度《北京地方税务年鉴》有关内容修改完善工作。

（宋勇军）

公文管理

【综述】2013年，北京市地方税务局办公室不断规范公文处理工作，通过开展公文培训、开辟公文写作专栏、修订制度规范等一系列措施，提高公文管理工作的质量和效率。

【公文制度修订】按照《党政机关公文处理工作条例》的最新规定，结合市政府、税务总局相关工作要求，对市局及各区县局、分局的公文管理、公文印制等环节进行重新规范明确。

【公文培训】为进一步提高全系统公文保密工作的规范化水平，市局办公室组织召开全系统2013年公文保密工作培训会，围绕公文处理实施办法的修订情况、公文办理、工作签报运转流程及注意事项、保密相关知识等主题开展培训，收到良好效果。同时加强对区县局、分局公文处理工作的指导，开展对新录用公务员的公文写作知识培训。

【日常公文管理】2013年，市局收文3238件，发文592件；机要文件收文1066件；落实非局内会议通知710件，落实各类非正式公文304件；收发局内处室签报801件；机要交换文件7739件；扫描、印制各类文件100余万页。

（郑光义）

督查工作

【综述】2013 年，北京市地税局承办市政府折子工程 9 项，其中主办 5 项、协办 4 项；制定市政府折子工程落实预案；承办市政府近期开展的 2 项重点工作。年初明确责任分工，制定落实预案，每季度汇总并向市政府报送完成情况。通过统筹协调、密切配合、定期督办等措施，全部按要求办结。为落实市政府绩效办整改工作要求，制定 2013 年绩效管理 13 个整改项目、41 条整改措施，汇总基层反映的四大类、21 个问题建议并编制任务分解表，明确主办处室及负责人、协办处室和完成时限。承办市政府等上级单位查办件 126 件，本着“时效并重”的原则，全部按时办复。积极做好服务中央在京单位和驻京部队工作，报送信息 26 条。2013 年初，通报 2012 年市局折子工程落实情况，确定市局 2013 年折子工程 53 项，下半年追加折子工程 28 项，制订实施方案，细化分工、时限，加强协调推动，保证各项工作按时间节点扎实推进。

【办理“两会”建议提案】承办北京市“两会”建议、提案 46 件，按时全部办复，满意或同意率 100%；承办全国政协提案 1 件、市人大议案 1 件、市政协党派提案 4 件已全部按期办复。办理过程中加强领导、落实责任。在全市建议提案交办工作会后，及时进行专题研究建议、提案办理工作。为保证办理质量、办理效率，明确建议提案办理工作的组织领导，根据建议提案的内容分门别类明确承办处室，召开办理培训会，完善机制，规范办理程序，提出具体办理要求和措施。突出重点，务求实效，努力解决难点问题，办理工作重在落实。在办理工作中始终把立足点放在为人民群众实事、多解决实际问题上，力争代表委员的建议付诸实施。

【局内专项督办】完成市领导批示督查 150 项、市局主要领导会议要求 574 项的按月督查，对 2013 年市局折子工程、绩效管理整改措施和基层反映有关问题开展了半年督查，共编发《地税督查》15 期。完成市局群众路线教育实践活动座谈会中反映问题答复解决的督查工作。

【绩效管理】组织开展 2012 年度市局机关绩效管理年终考评和 2013 年绩效管理工作。

（王　丽）

信息工作

【综述】2013年，北京市地税局信息工作以组织收入为中心，围绕首都经济发展方式转变、作风建设，以及依法行政、纳税服务、新政实施、征管改革等重点工作多角度、全方位地报道了各单位在组织收入、依法行政、征管稽查、纳税服务等各项工作中的取得的先进经验、优秀成果及提出的问题建议，为服务各级领导决策、推动全系统工作顺利开展提供有力支持。2013年，全系统各单位共向市局报送信息4000余篇，市局办公室经加工、整理、汇总、编发普刊35期、专刊43期、增刊7期、专报347期，上报市委、市政府、税务总局信息392篇，246篇被上级单位采用，6篇被市领导批示，2篇被税务总局领导批示。在北京市政府办公厅2013年度北京市政府系统政务信息工作考评中，市局被评为信息工作优秀单位，市局办公室赵卉竹、曹佳被评为优秀信息工作者。

【创建系列专刊】2013年，根据北京地税系统重点工作，先后推出《党建工作》《税收宣传月》《发挥税收职能作用促进区域经济社会发展》及落实全年工作会、思想政治工作会议精神等多个专题刊物，全方位地报道各单位在“三个服务”“营改增”、征管改革、党的建设方面等的工作进展情况、经验举措、业绩成果及反馈的问题建议，尤其对针对发挥税收职能作用促进区域经济社会发展工作，分别从处室、区县局、分局、一线税务所三个层面报道了各单位的具体举措和工作成绩，推动工作的持续创新开展。二季度，市局报送的《北京地税探索建立以纳税人需求为导向的满意度调查机制》受到税务总局王军局长的批示，并将此经验转发全国税务系统学习。在服务基层、服务纳税人方面，信息普刊“税务所专栏”加大对基层税务所工作的报送力度，使基层工作得以全面展现，为全系统工作开展搭建渠道畅通、内容丰富的交流展示平台，也使各级领导能够及时、详细了解工作开展情况，从而辅助决策、推动工作协调开展。其中，《北京地税探索建立以纳税人需求为导向的满意度调查机制》信息被税务总局以第18期《情况通报》在全国税务系统刊发，进行经验推广。

【服务经济转型】2013年，中央一系列经济新举措逐步显效，各项改革深入推进，国内经济持续向好，税收形势总体趋稳。信息工作按照首都经济建设的重点任务和主要目标，结合全市和各区域经济发展特点，本着实事求是的原则，认真进行税收分析信息的采编和撰写，突出报道“国五条”政策实施、“营改增”试点运行，小微企业免征营业税等政策实施效果、影响和建议，为各级领导准确掌握首都经济税收发展形势提供了大量的参考资料。全年共向市委、市政府报送有关税收经济分析信息339篇，被采用221篇。其中，关于“国五条”出台后存量房交易情况、中关村自主创新示范区优惠政策执行中的问题、国门商务区发展建设情况等直接反映政策效果和首都经济发展变化的信息得到多位市领导批示，《北京7.57万户小微企业申报享受免征增值税、营业税政策》信息被国办要情采用。

【加强工作协作】“营改增”试点改革后，对地方税收产生一定影响，试点行业同比数据均不同程度下降，完全以地方税收数据为依托无法准确反映出首都各行业发展的实际情况。因此，2013年，市局信息加强与国税部门的沟通协作，行业性、区域性税收分析信息80%利用国地税合计数据进行分析，以准确反映我市产业转型和经济发展情况，成效显著。与市科委、中关村管委会等职能部门及各区县政府建立良好的信息联合报送机制，使上报市级刊物的信息有数据、有分析、有成果、有建议，更好地发挥服务领导决策的积极作用，采用率不断提高。

（赵卉竹）

税收宣传

【综述】2013年，全市地税系统宣传工作以党的群众路线教育实践活动为契机，全面贯彻落实党的十八大、十八届三中全会精神，紧紧围绕发挥税收职能作用服务区域经济发展主题，不断提升服务水平，创新工作思路，圆满完成各项工作任务。

【对外宣传报道】以《中国税务报》和《北京日报》为主阵地，大力宣传北京地税系统组织收入、依法行政、为民服务、队伍建设的各项举措和税收工作的成效经验。在《中国税务报》2013年6月24日一版刊登的《调查之后提措施　北京地税深化纳税服务》一文得到了国家税务总局王军局长的批示。加大先进典型的宣传报道，发表典型人物事迹新闻稿件22篇。2013年，全系统组织在《中国税务报》和《北京日报》刊登各类新闻报道141篇，在各类媒体发表稿件848篇（以上数字均不含转载）。

【税收宣传月活动】紧密结合服务区域经济、服务纳税人，统筹各区县局、分局在宣传月期间开展了一系列针对性强、效果明显的宣传活动，形成了集中的宣传声势，收到了良好的社会反响。

【营造良好舆论环境】先后制定涉税舆情管理、重大舆情工作预案、新闻发言人规定等制度；创办了《北京地税舆情日刊》，加强日常网络舆情监测，丰富监测内容，强化监测手段，为领导决策提供舆论参考；构建舆情工作联防机制，切实提高舆情引导应对和源头防范能力；举办全系统新闻发言人及通讯员培训班，不断提高舆情监督管理水平。充分发挥北京地税官方微博的舆论引导作用，截至2013年底，累计发帖4863条，粉丝数量达到218万，在及时解答纳税人问题、妥善处理舆情事件方面发挥积极作用。2013年，全系统共同配合，成功应对各类突发舆情156次。

【《北京地税》编撰工作】采取专家约稿等方式拓宽《北京地税》杂志稿件来源，丰富稿件内容，调整栏目设置，加大对经济、财税领域前沿文章以及西方税制介绍，加大对系统内先进单位、个人的报道，提高杂志的可读性与时效性。

（秦　一）

调研工作

【综述】 2013年，北京市地税系统调查研究工作不断深入。各部门、各单位结合自身工作实际，围绕促进首都经济社会发展和服务税收事业科学发展，不断加强组织管理，认真开展调查研究，百花齐放、各具特色、成果丰硕、成效显著，对各项税收任务的圆满完成起到积极的推动作用。

【领导主动带头】 2013年，市局党组印发《关于进一步加强调查研究服务基层工作的意见》和《关于积极发挥税收职能作用促进区域经济社会发展的意见》，市局局长杨志强、党组书记刘江平带头开展调查研究，逐一走访各区县党委、政府，与市各委办局建立联系，共召开市级层面座谈会17次，听取意见115条，解决问题115个。主要领导分管并指导调查研究工作，科学选题、定题，研究制订重大课题计划，带动全系统调研工作不断深入。

【推进课题研究工作】 2013年，先后选取加强北京市总部企业税源建设、房地产税制改革、地方税体系建设、营业税改征增值税、加强税收征管并深化改革等内容开展分层次课题研究241项。其中，市局领导牵头开展课题研究19项，各处室开展专项课题研究70项，各区县局、分局处级领导干部开展课题研究153项，扎实推进税收课题研究工作。

【加强调研工作外部合作】 2013年，市局与中国人民大学、中国国际税收研究会开展了调研战略协作，承担了市科委重点课题，组织六省市税务学会开展了地方税体系建设专题研讨，委托中央财经大学、首都经济贸易大学进行了课题研究，加强了与中国社会科学院、财政部财政科学研究所、国家税务总局税收科学研究所等的联系，调研工作水平不断提升。市局主要领导带队走访税务总局中国税务杂志社和中国税务报社，并与北京市《前线》《北京工作》《北京调研》《工作研究》《决策参考》以及税务总局《税务研究资料》《税收研究报告》《税收调研》刊物的主管部门加强联系，畅通调研成果转化渠道，取得良好成效。

【积极引导调研成果转化】 加强《调查与研究》刊物的管理，积极反映宣传北京地税系统的调研成果，全系统共形成调研报告600余篇，实现各类调研成果转化169项。其中，市领导批示3项、外部经济税收刊物发表50项、市局领导批示11项、转化规范性文件14项，一些工作情况和建议被直接吸纳进工作报告和领导决策，有效服务税收工作实践。

（黄建达）

外事工作

【综述】2013年，外事工作紧密结合工作实际，积极开展对外学习交流。组团赴美国、加拿大、瑞士、希腊、法国、意大利、俄罗斯、乌克兰、芬兰、英国、西班牙、中国台湾等地区开展学习交流，接待中国香港税务学会代表团的访问。全年共组派35个团组144人次出访培训或学习交流，接待外事访问1批次。通过学习交流，开阔视野，增长见识，解决了税收工作中的实际问题，为税收征管改革提供了有益的思路和借鉴。

【中国香港税务学会访问北京地税局】2013年5月10日，市局局长杨志强、办公室主任周上序接待由洪宏德先生担任团长的中国香港税务学会一行20人，双方就有关税务问题和两地税务交流进行座谈。

【市局领导带队赴外学习交流】为进一步维护纳税人合法权益，推动对弱势群体税收政策的倾斜，市局副局长王京华等一行5人于5月26日—6月2日赴瑞士、希腊进行地方税收制度与保护纳税人权益的学习交流。为开拓市局人事工作思路，学习先进国家人事工作管理构架及人员配置情况，市局党组书记刘江平等一行5人于6月20—27日赴英国、西班牙进行政府公务人员人力资源管理的学习交流。为充分发挥地方税收职能作用，加强纳税服务绩效考评体系建设，市局纪检组长吴鼎等一行21人于6月24日—7月2日赴中国台湾进行学习交流。为学习预防税务干部职务犯罪、加强税收执法风险防控方面的成熟经验，市局纪检组长吴鼎等一行6人于8月4—11日赴美国、加拿大进行学习交流。为确保税务档案资料的安全保管和开发利用，提高档案管理信息化水平，市局副巡视员杨文俊等一行17人于8月12—21日赴中国台湾学习交流。为努力营造有利于中小企业发展的税收环境，促进中小企业发展壮大，市局副局长吕兴渭等一行5人于9月2—9日赴法国、意大利学习交流。为提高税收收入预测和收入能力估算情况，市局副局长卜祥来等一行19人于9月6—15日赴中国台湾学习交流。为加强对新兴产业和重点领域的地方税收扶持政策，市局副巡视员刘宝忠等一行6人于9月7—14日赴俄罗斯、乌克兰对经济转型国家税收政策扶持新兴产业发展情况学习交流。为充分利用国际税收情报交换手段管理跨境所得、有效提高市局国际反避税工作效率，市局西站分局局长杨涛等一行5人于9月8—15日赴俄罗斯、芬兰学习交流。

【积极转化出访成果】所有出访团组回国后，根据出访任务认真撰写出访报告，共享出访成果，形成《北京市地方税务局2013年出访报告文集》，对促进税收工作起到积极作用。

（解　民）

北京市地税系统 2013 年度信息工作评选结果

一、信息工作优秀单位（18 个）

北京市地方税务局收入规划核算处
北京市顺义区地方税务局
北京市昌平区地方税务局
北京市东城区地方税务局
北京市房山区地方税务局
北京市通州区地方税务局
北京市石景山区地方税务局
北京市密云县地方税务局
北京市平谷区地方税务局
北京市海淀区地方税务局
北京市大兴区地方税务局
北京市朝阳区地方税务局
北京市丰台区地方税务局
北京市西城区地方税务局
北京市门头沟区地方税务局
北京市怀柔区地方税务局
北京市延庆县地方税务局
北京市地方税务局西站分局

二、优秀信息员（21 个）

周兵化　北京市地方税务局收入规划核算处
靳　蕾　北京市地方税务局收入规划核算处
樊　涛　北京市海淀区地方税务局
王英丞　北京市顺义区地方税务局
王　强　北京市大兴区地方税务局
周　芳　北京市昌平区地方税务局
王思檬　北京市朝阳区地方税务局
屈轶坤　北京市东城区地方税务局
高　婧　北京市丰台区地方税务局
张宏丹　北京市房山区地方税务局
黎　阳　北京市西城区地方税务局
柴　鑫　北京市西城区地方税务局
王　凡　北京市通州区地方税务局
刘春雷　北京市通州区地方税务局
王荣春　北京市门头沟区地方税务局
李　元　北京市石景山区地方税务局
高　阳　北京市怀柔区地方税务局
董佳奇　北京市密云县地方税务局
李晶波　北京市延庆县地方税务局
周　颖　北京市平谷区地方税务局
杜　娜　北京市地方税务局西站分局

后勤工作

财务管理

【综述】2013 年，全市地税系统财务干部扎实工作，积极进取，在经费保障、依法理财、服务中心工作、服务纳税人、服务税务干部等方面做了大量艰苦细致的工作，各项财务工作稳步推进，为保障全市地税税收工作任务的圆满完成发挥职能作用。

【依法理财】2013 年，市局积极筹措经费，全年经费收入 6.1 亿元，保障各项工作的顺利开展。适应财政管理模式的变化，通过“以奖代补”方式，拨付区县局 7139 万元。此外，为继续争取资金，支持税务所维修改造，与市财政局反复沟通协调，分两次拨付基层税务所维修改造资金 3335.31 万元，有力地支持基层业务工作开展和建设发展，改善纳税人的办税环境。市局和各区县局、分局坚持“三重一大”议事规程，集体审议部门预算安排的工作程序，建立了经费支出的层级审批机制。市局大力加强预算资金审批，严格把关，确保每一笔支出都符合规范。通过签报审批、合同签订、资金拨付、日常开支报销等各环节的审核把关，共同监管，控制预算，不断降低行政运行成本，确保各项资金安全、合理、有效使用。按照政务公开的要求，计划财务处认真贯彻执行各项财政政策和财务制度，科学合理编制预算，准确真实编报决算，并按要求在首都之窗网站对 2013 年部门预算和 2012 年部门决算情况进行公开，自觉接受社会监督。在主管局领导的带领下，计划财务处积极与市财政局沟通协调，争取政策支持，并建立联席会商机制。就结余资金、“三代”手续费经费等问题与市财政局多次沟通协调，保障组织收入工作的开展，促进全系统相关工作的顺畅进行。

【用制度管权、管事、管资产】按照市局党组建设法治型地税机关的工作思路和市局总体工作部署，对原有各项财务制度进行梳理，重新修订 6 项财务制度，新制定 8 项财务制度，包括预算管理、经费管理、采购管理、资产管理和信息化管理五大类。在正式发文执行的基础上，对预算管理办法和采购实施办法等制度的相关流程进行了优化，增强可操作性。通过对财务制度的完善和工作流程的优化，对各岗位工作和各环节的流程进行全面梳理，规范工作程序，提高服务质效，推进财务工作法制化、规范化、科学化的进程。

【规范系统财务基础】为全面规范系统财务基础工作，提升系统财务工作管理水平，组织开展了 2013 年全系统财务自查工作。自查工作以《会计法》及其实施细则为准绳，以市局和各区县局、分局制定的各项财务制度和办法为依据，坚持调查研究和实事求是的原则，把会计记录和实际情况相结合，对好的经验进行总结，对查出的问题进行分析，找出原因并及时整改。通过实施财务自查，提高系统财务干部对会计核算、预算管理等方面的认识。同时，结合各单位相关工作进行分析研究，为领导依法科学决策提供了有效的财务支持。

【“三代”手续费管理】2013年，共安排“三代”手续费经费20.58亿元，其中年初7亿元，年中追加13.58亿元，实际拨付区县局、分局16.53亿元。各区县局、分局财务部门在人手少、退付任务繁重的条件下，坚持做到不积压、不滞留，准确、及时地将纳税人申请的手续费退付到位，保障了扣缴义务人、代征人的切实利益和财政资金支出的合法安全。积极与市财政局沟通，最大限度争取手续费经费保障，合理安排手续费拨付进度，加强手续费日常管理情况的调研。积极开展“三代”手续费管理的调查研究工作，通过实地参与、召开不同层面的座谈会等形式，调查了解“三代”手续费管理中存在的问题和建议，拟写了《关于完善“三代”手续费管理工作的报告》，为进一步提升手续费管理水平积累了经验。

【提高财务管理水平】一是开展公务卡改革专项检查。按照《北京市财政局、北京市审计局、北京市监察局、中国人民银行营业管理部关于开展全市公务卡改革专项检查的通知》精神，市局积极落实并部署公务卡改革专项检查的各项工作，组织市局本级及所属6家二级预算单位开展自查和复查，让公务支出置于阳光下，堵塞管理漏洞，降低了行政管理成本，加强了财务廉政建设。截至2013年底，市局本级公务卡报销855笔，报销金额116.5万元，充分发挥了公务卡的最大使用效益。二是严格执行政府采购程序，规范开展招投标工作。严格按照市财政局政府采购的政策要求和程序规定，坚持监察处全程参与的原则，稳步实施各项采购工作，及时有效地保障了各项业务工作的正常开展。2013年，市局机关组织政府采购公开招标项目30个，预算金额5146.36万元，中标金额4383.78万元，节约762.58万元，节支率14.82%；协议供货57批次，协议供货金额956.31万元。规范了采购行为，做到了应采尽采，有效节约了财政性资金。三是做好资产管理和配置工作，为税收工作提供设备保障。全系统各单位为加强固定资产管理，提高固定资产的使用效益，确保固定资产的安全和完整，严格执行市、区两级财政部门及市局固定资产管理相关规定，特别是行政事业单位日常办公设备配置标准。充分依托固定资产管理信息系统，从强化采购、入库、调拨、领用、处置等方面入手，严格程序，规范管理。截至2013年底，北京地税系统固定资产规模达到32.85亿元，其中，市局机关及二级预算单位8.78亿元。

【服务基层和税务干部】一是做好市局干部职工大病补助工作。根据干部职工的实际困难，按上级指示精神，配合后勤服务中心、市局机关工会制定了患大病人员补助的相关标准，并对患大病干部职工11人共计补助资金66.36万元。二是为基层税务人员统一着装提供服务。完成2012年税务服装制作加工项目和市局人员换装项目的后续供货和售后服务，并对2013年新进人员制装项目组织开展量体试装和服装制作加工工作。三是做好基建管理工作，为系统内的基建项目提供服务。按照市局党组的要求，继续加大向税收征管、向基层倾斜的力度。2013年，依据各区县局上报的维修改造计划，配合各区县局完成了房山局办公楼、良乡所、东城局和平里所、海淀局中关村所、大兴局安定所等12个项目的财政评审工作，审定金额8268.5万元，保障延庆局、海淀局等7个项目的维修改造顺利完成。配合后勤服务中心完成市局机关司机宿舍维修改造和一楼冷暖设备及马甸办公楼维修改造。

（徐　翀）

后 勤 管 理

【综述】 2013 年，机关后勤服务中心认真贯彻落实市局党组总体工作部署和要求，在主管局领导的具体指导下，在机关各处室的支持配合下，以服务好机关工作、服务好职工生活为目标，坚持“保障运行、强化监管、完善服务”的原则，努力提高服务水平，加强队伍建设，圆满完成了各项服务保障工作，为机关干部职工创造了安全、舒适、整洁的工作环境。

【基础工作建设】 2013 年，继续加强基础工作建设，为干部职工提供优质餐饮服务。为确保餐饮卫生，层层把关，抓细节，严把采购进货关，保证采购原料的新鲜，定时对就餐大厅、包间进行清洁；努力保持菜色的新鲜可口和多样化，增加特色主题日。为加强职工餐厅管理，节约管理成本，针对职工食堂管理中存在的问题，经多方协商，将餐饮服务平稳交接给市局干部培训中心管理。后勤中心牵头制定工作计划并组织实施。

【服务保障工作】 按照《关于公务用车专项治理几项工作的通知》（京车治〔2012〕14 号）要求，完成车辆核编工作和报废车辆工作，共计购买 17 台车辆。完成市局机关及马甸办公区 23 台净化水设备的安装，完成职工洗浴用品采购工作。为全局 700 多名干部职工进行口腔洁治，接待市局、马甸 2 个办公区门诊量 2 万余人次，人民医院远程挂号系统完成挂号人次 3000 多次，为干部职工在人民医院就诊提供了高效便捷的就诊渠道。升级改造办公楼有线电视系统，为保安宿舍、热力站、配电室购置或调整了电视机，丰富了文化生活。对办公楼平面分布图进行了重新调整和更新，方便了广大干部职工和纳税人。

【维修改造工程】 2013 年市局机关办公楼和马甸综合办公楼共完成了 5 大类近 30 项改造项目，涉及资金 1150 万元。在整个施工过程中，严格加强管理，抓住安全、质量和工期等关键环节，充分发挥工程监理等专业技术人员的优势。突出“简洁、高效、环保、节能”的理念，以为广大干部职工提供良好的工作环境为出发点，以确保干部职工的身心健康为落脚点，全部使用环保材料和节能产品。按照工程管理要求，科学组织实施，全部改造项目均按期完工，达到了专业技术规范和质量方面的要求。改造工程涉及市局机关办公楼的一层司机宿舍及举报中心、大厅、食堂改造、电梯更新等，以及马甸综合办公楼四五层办公用房、餐厅、工会之家等。

【干部队伍建设】 2013 年，继续加强干部队伍建设。一是支部成员发挥了较好的模范带头作用，无论是市局统一组织的学习和日常工作安排，都能做到想在前、落实在前，体现了党支部在安排谋划工作上的超前意识和落实在前的实际行动。支部成员在工作中认真履行职责，在筹划部署工作中，积极发挥言传身教、以身作则的模范作用，为党员干部做出了表率。二是注重抓好党员队伍建设和干部队伍建设，要求党员干部发挥好模范带头作用，在思想上、政治上严格要求自己，认真落实市局各项要求，时时处处注重自身言行，发挥好一名党员就是一面旗帜的作用，达到以学习提高素质，以学习促进工作的有效落实。三是通过支部加强队伍建设，在实际工作中注重落实民主制度，注重调查研究和着眼解决实际工作中存在的问题，关心解决干部、职工的实际困难，凝聚了人心。通过落实市局有关廉政建设和市局建设五型机关的要求，认真抓好学习内容的落实，支部班子和党员干部队伍建设得到了进一步加强，中心党员队伍和干部队伍的综合素质得到了进一步提高。

（唐　雯）

安全保卫

【综述】 2013 年，北京市地税局认真贯彻北京市政法工作会议和首都综治委全会精神，全面落实系统工作会议部署，结合地税实际，突出工作重点，落实安全责任，健全工作机制，完善安防措施，加强安全管理，深入推进“平安北京地税”建设，全力维护单位内部安全稳定。

【落实安全工作责任】 严格落实安全维稳领导责任制，市局主要领导和分管安全工作的领导与区县局、分局、市局机关处室和直属单位主要负责人分别签订安全维稳责任书。各单位、各部门按照统一要求，逐级贯彻落实。部分单位和部门还突出重点，与干部职工签订了消防安全、交通安全等专项责任书，细化任务、分解责任，充分调动干部职工的积极性和主动性。

【安全维稳教育】 贯彻“安全第一，预防为主”的方针，结合形势需要、季节变化和任务转换，开展内容丰富、形式多样的安全维稳教育。在全国“两会”、党的十八届三中全会前，加强法纪教育，增强干部职工的首都意识、大局意识和政治意识，激发干部职工的主人翁精神，凝聚维护首都安全稳定的正能量。在春节、国庆等重大节日前，加强节日安全教育，消除麻痹思想，落实防范措施，严防案件事故。组织开展防灾减灾日、消防宣传日等主题活动，增强干部职工的防灾减灾意识和消防“四个能力”。在汛期来临前，部署各单位吸取“7·21”暴雨内涝的教训，高度重视防汛工作，严密落实防汛措施，确保汛期安全。

【完善安全工作制度】 修订《北京市地方税务局突发事件总体应急预案》和《税收征管业务突发事件应急预案》等 10 个专项预案，正式印发执行，健全应急体制机制，增强应急预案的科学性、系统性和可操作性。各区县局、分局按照优化政务流程完善管理制度统一要求，全面修订完善安全工作制度，重新梳理优化安全管理工作流程，形成内容全面、形式规范、程序严密的安全维稳工作制度体系。

【健全安全维稳体制】 根据首都综治委更名和调整职责的通知，结合市局人员变动实际情况，市局社会治安综合治理领导小组更名为社会管理综合治理领导小组。根据加强和创新社会管理的实际需要，调整市局综治领导小组的组成人员和主要职责，明确任务、细化分工、健全机制，促进加强和创新社会管理工作任务的全面落实。

【建立评估工作机制】落实市委、市政府和市维稳办有关要求，制定、印发《重大决策社会稳定风险评估实施办法》，建立风险评估工作机制，积极开展重大决策社会稳定风险评估工作，切实做到应评尽评，从源头上减少影响社会稳定的因素。

【应对突发事件】国家出台遏制房价快速上涨的“国五条”后，大量购房人集中交易纳税，导致部分税务所纳税人急剧增多。市局领导亲临现场进行指导，区县局、分局领导亲自督战。朝阳、海淀等区县局迅速启动应急预案，采取增设征收点，加开征收窗口，延长办公时间，调派人员维护秩序等措施，及时、有效应对各种突发情况，有效控制局面，保证税收工作顺利进行。

【安全检查】认真做好日常安全检查，使安全检查制度化、经常化。积极开展专业检查，请专业公司对消防、电气、避雷设施进行检测、维护，确保正常运行。全面开展集中安全大检查。按照市委、市政府和税务总局统一要求，组织开展为期3个月的安全大检查，发现并整改大批安全隐患。春节和国庆节前，保卫处组织市局机关处室，对区县局、分局进行一对一督查，督促基层堵塞漏洞、消除隐患。

【内部安全管理】采取措施抓好治安、消防、交通安全管理，加强对流动人员的安全管理和监督，确保不出问题。突出做好维修改造施工的安全管理，与施工单位签订责任书，明确安全责任；派出专人长期在工地驻守，现场进行监督，及时发现问题，及时进行整改，有效保证施工安全。

【安防硬件建设】加大投入力度，对物防、技防设施进行升级改造，及时维修保养消防、监控、报警设施，保证安防设施正常运行，发挥应有的重要作用。

（林丽丽）

干部培训中心工作

【概况】北京市地方税务局干部培训中心位于昌平区昌平镇水库路东侧，距市区30公里，由北京市财政局投资兴建，1994年8月开始运营，原为北京市财政局干部培训中心，于1996年2月整建制划归北京市地税局，为财政差额拨款事业单位。截至2013年12月底，在职员工共计128人，其中：编内正式工37人，劳动合同工91人，退休人员19人。培训中心为北京市政府会议采购定点单位，主要职能为接待北京地税系统内的各类会议培训，在保障本系统使用的前提下，接待外部的会议培训及其他活动。

【会议接待】2013年，培训中心积极开拓新客源，努力增加收入。截至2013年底，共接待会议培训125批，其中系统内77批，系统外48批，接待72343人次，客房住宿率月平均32.3%，比上年同期增加了13.7%，实现会议收入1221.28万元，同比增加16.5%。重点接待税务总局金税三期工程五省试点集中办公的服务任务。培训中心克服接待单位多、地域广、人员构成复杂、工作时间长等困难，全体干部职工齐心协力，坚守岗位，加班加点，确保接待服务工作的平稳有序。截至2013年底，接待金税三期工程的会议收入占整体会议收入的62%。

【队伍建设】中心领导班子坚持科学、民主、集中的工作作风，建立健全领导班子工作和议事规则，认真落实“三重一大”制度，以建章立制为基础，以党风廉政建设责任制为抓手，完善工作流程，细化工作环节，着力研究解决培训中心的重点工作和突出问题，维护职工队伍的稳定。一是员工管理进一步加强。为充分发挥员工业务骨干的作用，调动员工工作的积极性，培训中心制定了《管理岗位聘用合同工试行办法》，聘用了1名副经理及3名专业主管；规范了合同工签订、解除、终止劳动合同管理程序，重新修订了《考勤管理办法》等制度，制定《合同工工资调整方案》，对执行了多年的合同工工资制度进行大胆的调整，解决合同工工资待遇问题。本着“组织职工、依靠职工、服务职工”的原则，关心职工的身心健康，坚持工会慰问制度，组织职工健康体检、休养活动，改善职工伙食，利用自身条件适时组织职工开展文体活动等，为职工营造健康和谐的良好氛围。二是深入开展党的群众路线教育实践活动。按照市局的总体部署，顺利完成学习教育、听取意见环节的各项工作，取得较好成效，达到了预期目的。活动中，党员干部聚焦“四风”，深入剖析，认真开展批评和自我批评，以实事求是、高度负责的态度，边学边改，边查边改，增强党的宗旨意识，坚定理想信念，通过教育活动，促进党风廉政建设进一步加强，推动各项工作的开展，取得明显成效。

【基础设施建设】培训中心在基础设施功能不全、设备陈旧老化、跑冒滴漏等故障频发的情况下，克服资金不足的困难，一方面节能降耗，努力降低运营成本；另一方面坚持以自己动手的方式，解决部分客房及办公用房漏雨、漏水问题，自购材料和自行焊制、安装东院大门，改造职工食堂门窗，增强设备设施使用寿命，努力保证设备设施安全运转。

【物业管理】培训中心继接管北京市地税局灾备中心的物业管理工作后，2013年7月1日，受市地税局委托，又接管了车公庄及马甸两地职工食堂的物业管理工作。培训中心统筹兼顾，积极主动沟通协调，在一个月的时间内完成劳资接管、人工费用测算、工作人员调配、办公用房及工作场所清理、厨具设备及物料清点、配备，管理制度及档案资料的交接等系列工作，实现两地职工食堂的平稳过渡、无缝衔接。接管以来，培训中心积极与后勤服务中心沟通配合，加强调研，强化管理，陆续解决管理中出现的一些问题，提高两地职工食堂的饭菜质量和服务水平。

【强化安全零事故】培训中心认真落实市局“关于深入开展平安北京地税建设活动”要求，加强安全教育，强化安全意识，建立应急预案。一是采取部门自查、主管领导检查、不定期抽查等方式对中心重点部位进行安全检查，层层落实安全责任制。二是落实消防安全“户籍式”管理工作，组织消防中控室值守人员的专业培训，坚持中控室持证上岗，做到信息的网络报送，定期查验消防器械，调整增设监控摄像头，消除安全盲区。三是严把食品采购、入库、加工等多个关口，做好食品卫生工作，确保食品安全。在加强人防技防的前提下，确保了消防安全、食品安全、车辆安全，实现安全生产零事故的目标。

（刘建华）

老干部活动中心工作

【综述】 2013 年，老干部活动中心按照北京市地税局党组工作要求和年初系统工作会议精神，深入学习党的十八大精神，以“安全稳定、加强管理、提高服务”为工作目标，不断强化班子建设、队伍建设、制度建设，圆满完成各项接待服务工作。

【贯彻党的十八大会议精神】 一是广泛动员，深刻领会精神；二是营造氛围，突出效果；三是联系实际，认真落实，指导、推动日常工作的开展。

【党的群众路线教育实践活动】 组织开展党的群众路线教育实践活动，全面贯彻党的十八大精神，紧紧围绕保持和发展党的先进性和纯洁性，以为民务实清廉为主要内容，以领导班子、中层以上干部和全体党员为重点，把作风建设放在突出位置，把贯彻落实中央八项规定、北京市委实施意见和北京市地税局党组通知要求作为切入点，按照“照镜子、正衣冠、洗洗澡、治治病”总要求，把抓好政治理论学习贯穿全过程。先后组织党课教育、参观廉政教育基地、复兴之路展等活动；分层次组织座谈会，广泛征求意见；组织专题学习 10 余次；共查找出“四风”方面的问题 16 个，成功召开专题民主生活会，认真落实整改内容。

【党风廉政建设】 以建章立制为基础，进一步强化监督制约机制；强化廉政教育，时刻保持警钟长鸣；密切联系群众，推动党风廉政建设工作责任制的落实；结合党风廉政建设，强化党员干部队伍思想作风建设；推进廉政风险防范管理工作。围绕履职关键环节，健全制度、完善流程，强化监督及内控机制，以制度为基础、以监督机制为保障，构建廉政风险防控机制，从源头预防腐败问题的发生。

【提升服务水平】 年内，先后组织岗位技能培训 2 次、职业道德培训 1 次；通过光盘教学的形式组织服务礼仪培训 4 次，结合本职工作组织开展岗位练兵活动，提高员工岗位技能，提升中心整体服务水平。

【平安北京地税建设】 认真落实市局关于深入开展平安北京地税建设活动要求，做好日常安全保卫工作。认真排查安全隐患，组织安全检查，做好消防安全、食品安全、车辆安全等内部的安保工作。组织消防演练及逃生演练各 2 次；检查维护红外监控设备、更换灭火器 196 只。按照属地管理原则，积极配合当地政府安保部门做好社会面防控和维稳工作，确保安全稳定。

（赵凤江）

基层工作

东城区地方税务局

【概况】 东城区地方税务局下设19个职能科室、1个稽查局（内设11个科）、24个税务所、1个机关后勤服务中心、1个地方税务学会。截至2013年12月底，区局共有干部职工675人。管辖各类纳税单位63946户（正常户）。

【组织收入】 2013年，累计完成地方一般预算收入231.44亿元，完成区级一般预算收入91.18亿元，为东城区经济发展和财政收入增长作出新贡献。

【服务区域经济发展】 落实“发挥税收职能作用，促进区域经济社会发展”的工作思路，配合市地税局召开市局服务东城区域经济发展座谈会，进一步深化服务和促进区域经济社会发展工作，搭建起更为直接、顺畅的沟通协作平台。区局领导班子带队走访重点税源企业，各税务所分别召开重点税源企业座谈会，讲解区域税收形势和税收政策，为企业答疑解惑，促进招商引资及服务驻区企业工作步伐不断加快。

【依法行政】 认真贯彻落实“国五条”和北京市实施细则，保证国家房地产调控政策落实到位。受理自然人股东股权转让所得缴纳个人所得税事项2081件。开展对全区楼宇房产税、城镇土地使用税的清查工作。推进土地增值税清算工作，共完成10个项目。对235户市级重点户和765户市、区、所三级重点户开展重点税源监控管理。做好财政扶持资金审核工作，完成好“营改增”过程中的各项过渡工作。

【组织收入措施】 针对经济增速放缓、“营改增”政策及“营改增”双扩围的实施、保险业寿险收入免、退税以及重大税源转移等诸多不利因素的影响，将市局、区政府下达的收入计划指标，分税种、分单位进行分解落实，并按月监督计划完成情况。根据经济形势和区域税源特点，强化税收预测和趋势分析，发挥征管评查、税政各部门专业优势，一切以组收为中心，形成工作合力，挖潜增收。

【税收征管】 在定期查询欠税企业银行存款、定期走访、要求欠税人提供担保以及报告不动产和大额资产处置情况等基础上，采取阻止法人代表出境、查封扣押欠税人房产等措施大力清欠。积极开展对无税申报企业的核实清理工作，全年共完成清理659户，查补税款12.6万元。组织进行2013年度税收征管状况监控分析，通报税收基本状况、纳税人遵从状况、管理质量和效率状况三大类13项指标，涉及9个业务科室，涵盖了税务登记、纳税申报、税种管理、纳税服务、纳税评估、残保金征收、税务稽查、行政处罚等多方面的内容。积极推进国标发票明细数据采集以及国标税控外挂器（折票税控机）功能升级工作，制作、发放国标税控机明细报数、授权操作说明手册11000余份，升级国标税控外挂器逾4000台，并做好升级和报数统计工作，为下一步工作部署做好数据支持。

【办理系统首起情报交换案件】 在接到日本

国税厅自发情报函后，根据《北京市地方税务局国际税收情报交换工作规程》和相关资料的要求，先后与纳税人进行8次约谈，最终补缴税款及滞纳金1.21万元。

【国地税协作联评】与北京市国税部门联合开展住宿业专项评估。对两家企业开展收集财务资料、实地调查等专项评估工作，两家企业共补缴个人所得税及营业税近10万元，同时也为国税局追缴企业所得税提供依据。

【税务稽查】发挥税务稽查职能作用，加大对重点区域、重点行业、重点税源和重大案件的检查力度，强化对各类税源的监管力度，打击、震慑涉税违法犯罪行为，全年入库金额突破1亿元。

【结构性减税】坚持落实稳增长、调结构、惠民生的战略部署和结构性减税税收优惠政策。成立"营改增"试点工作领导小组，认真研究部署，与区财政局和区国税局密切配合，制定交接方案，及时确认并提供税源户信息。设立了"五专三区"的"营改增"试点企业服务体系，推动"营改增"试点改革顺利开展。按照市地税局反馈经区国税局、地税局确认的9821户测算，落实税收优惠政策减收营业税税款约15亿元。

【党的群众路线教育实践活动】以专家讲座、局领导上党课、"小教员"自学自讲、组织参观、开设道德讲堂、开辟内网专栏等形式广泛开展活动，使教育面达到了100%。组织召开了党员干部、群众、中层领导干部、局领导联系点、纳税人和特约社会监察员六个层面的30余场座谈会，参会人员达到850人次；发放调查问卷1349份，走访纳税人655户。坚持边学边改，边查边改，边整边改，立行立改。召开征求意见反馈会，各部门按照职责权限，针对干部群众提出的意见逐条进行答复，做到了件件有落实，事事有回音。

【队伍建设】制定《2013年干部教育培训实施方案》，多层面开展全员教育培训，全年累计培训1500人次。开展更新知识脱产培训；依法行政、税收政策、税务稽查、心理健康讲座等专业培训，切实提高税务干部的依法行政能力、政治素养和税收管理水平。认真落实"三定"方案，稳步推行干部分级管理模式。制定完善《关于加强副调研员管理使用的意见》《加强科级领导干部队伍管理的办法》等五项管理制度；坚持公开、公平、公正原则，开展第二次副科级领导干部竞争性选拔，提拔使用8名副科级领导干部。在窗口部门实行轮岗，为干部创造多岗位锻炼机会，切实提高干部综合能力。

【廉政监督】对中央八项规定、反对"四风"等执行情况加强监管。以《党风廉政建设工作手册》和"廉政文化书箱"为抓手，建立了廉政承诺制、联系局长负责制、廉政学习教育制、廉政谈话制等常态化管理和评议机制，进一步明确"一岗双责"要求。重点围绕权力过于集中的岗位和存在廉政风险的环节，全面查找涉权事项102项，明确廉政风险点和防控措施，重新梳理《风险防控监督网络图》和《税收业务工作流程图》，规范权力运行程序。

【表彰奖励】2013年，东城区地方税务局获得全国文明单位、东城区先进基层党组织称号。

【领导班子成员】东城区地方税务局局长：赵增科；副局长：赵百军、孙文军、王东、钱丽换（女）、郑鹏、刘乃昌；纪检组长：张松岭。

（姜　喆）

西城区地方税务局

【概况】北京市西城区地方税务局共设18个职能科室、1个监察科、1个稽查局（内设11个科）、21个税务所、1个机关后勤服务中心和1个纳税服务中心，共计54个职能部门（其中已成立部门48个，工会不单独计算）；共有干部职工745人，其中博士研究生1人，硕士研究生29人，占总人数的4%；大学学历596人，占总人数的80%；大专学历93人，占总人数的12.5%；大专以下学历26人，占总人数的3.5%。其中党员451人，占总人数的61%。全局共有正常税源户79616户，其中，国有企业2423户，集体企业1233户，股份制企业2689户，私营企业31052户，个体经济25250户，股份有限公司890户，有限责任公司10232户，其他企业3663户。

【收入任务】2012年，西城局共组织各项税费收入510亿元，同比增长6.6%；其中：地方公共财政预算收入完成400.7亿元，同比增长6.7%，完成市地税局年度计划398.6亿元的100.5%；区级收入完成196.2亿元，同比增长8%，完成区级年度计划195亿元的100.6%。

【切实贯彻党的十八大精神】采取局党组理论中心组学习、机关党委集中学习等形式研读党的十八大报告原文及相关文件，局领导带头做好表率。制定《西城区地方税务局学习宣传党的十八大工作方案》，认真分解任务、合理安排时间、有效组织人员，切实把学习宣传教育工作落到实处。在局内网开设《学习简报》专栏，大力宣传各支部和广大党员干部学习宣传贯彻党的十八大精神的经验做法。采取播放党的十八大精神专题辅导光盘、举办支部书记培训班、组织不同群体座谈等多种方式，解读报告精神，丰富活动载体，增强吸引力，确保全体党员干部的思想和行动统一到党的十八大精神上来。

【“营改增”试点】成立“营改增”试点工作领导小组，制订实施方案，明确责任，层层落实。加强与西城区国税局的沟通，全力做好税源核实工作，共分三批核实税源户7148户，其中符合试点范围7128户。在各办税服务厅设立专人专岗负责解答咨询，设置资料专区，统一宣传口径，充分利用网站、触摸屏、电子显示屏加强对“营改增”试点工作的宣传。出台试点期间纳税服务工作督导方案，成立由局领导为组长的督导工作组，积极参与系统调整，全面测算“营改增”对收入的影响，及时提出合理化建议，为后续工作奠定坚实基础。

【发票换版】前期进行充分调研，广泛征求税控服务商和纳税人意见，多渠道强化对外宣传；分类形成工作流程图和培训课件，制作《西城地税局发票换版工作问题解答》系列资料；做好税控读卡器、水牌、路线指引图等硬件配备工作，确保发票换版工作顺利开展。发票换版工作开展后，组织局机关科室35周岁以下青年干部，按照“5人一组，每周轮换”的方式，在为期3

个月的时间内支援窗口工作。全年累计升级国标税控器14609台，完成整体升级工作的65%；非国标税控器更换780台，完成整体更换的12%。

【优化政务流程】全面启动“优化政务流程、完善管理制度”工作。确立工作组织机构，明确职责，层层深入，有效调动全局各部门参与制度流程优化工作的积极性。设定部分科、室、所为制度建设示范部门，制作部门政务流程目录和制度范本；建立“一个环节一次督查”的工作制度，将督导工作延伸到每一个工作环节的标准。优化政务流程和管理制度共计180个，其中包含制度127个（废止类31个，修订类5个，制定类76个，保留类15个），流程53个。同时，将优化政务流程与优化业务流程、廉政风险点查找等工作有机结合，相互对照，多角度、全方位分析各项制度流程的可行性、严谨性与衔接性；将制度落实与效能考核结合起来，加强对执行落实情况的监督。

【征收管理】持续推进科学化、精细化、专业化管理，不断提高征管工作质量。开展税源户清理，强化源头控管，解决后期可能出现的管辖权争议或出现漏征漏管户现象。开展培训与考试，推进业务流程的掌握和应用：本局组织395名税收业务人员进行税收业务流程考试，并抽调“小教员”对72名业务骨干进行集中培训，达到了以考促学、以考促用的目的和效果。在梳理整合相关数据、统一相关工作标准的基础上，组织完成了100份委托代征协议的签订工作。与西城区流管办协调配合，研究个人出租房屋管理方式、方法，制定相关管理规程。有序推进税源专业化管理试点工作，实施税源分类分级管理，合理界定各层级税源管理部门职责，在税务登记、受理申报、税款入库级次不改变和管理机构暂不调整的前提下，集中在服务窗口办理纳税人发起的涉税事项，集中审批核查，集中评估稽查高风险税源。深化信息管税，加强内外部信息采集分析挖掘，为税源专业化管理提供重要支撑。

【依法治税】推进依法行政，完善执法方式。把依法行政作为基本准则贯穿于重大决策、税收征管和内部管理各环节。严格执行领导班子集体决策相关制度，分类研究决定各类事项。统一规范税务行政处罚程序，执行税务行政处罚裁量基准，推广发票处罚示范案卷，研究免于和减轻处罚的适用。积极开展行政调解，探索网上复议新型救济方式。全年接到并成功化解2起行政复议申请，妥善处理首起网上行政复议案件，处理4起企业破产案件。开展内审工作，堵塞执法漏洞。采取系统比对、实地核查、集中案卷检查、全面检查、重点抽查等方式，对欠税、退税、注销清算、发票等11个项目组织自查与重点检查。加强重控票证管理，对代开发票及完税证管理进行专项检查，对发现的问题及时进行纠正。结合市局开展的自查、交叉互查工作，采取科、所自查与局检查组重点抽查相结合的方式，对征收、缓征减免欠缴、入库退库、会计统计日常管理、税收票证五方面工作内容进行检查。

【稽查与评估】积极探索建立税务违法案件检举工作与评估、征管、税政等部门的协作机制，完善健全工作职责，提高稽查办案质量，初步构建了“大举报”格局，实现了检举案件的分级分类管理。全年受理各类涉税举报案件659件，查补收入328.3万元，咨询答复举报人929人次。全年实施专项检查128户，查补金额9003.25万元。重点推进重点税源企业检查，共计对96户重点税源企业及在京分支机构进行自查与检查，组织入库税款7124.03万元。探索推进稽查、评估联动机制，注重发挥其作用。全年立案346件，查办案件511件，办结310件，查补入库1.61亿元；全年评估3169户，入库8041万元。在稽查工作中做到查案必查票，全年查处各类发票违法案件78件，非法发票9745张，非法开票金额2836.46余万元，罚款7.65万元。全面梳理业务流程，统一评估标准、明晰评估规范，加强业务培训，提升人员素质。认真组织开展行业评估，及时总结调研，为全市行业评估工作的开展提供了借鉴。

【新政落实】以数字解读模式深化税政管理。对大额退税、土地增值税清算等涉税金额较大、业务复杂的重点工作，采取相关部门联合办公的集体审议制度，环环相扣，道道把关，降低执法风险性。全年经集体审议的大额退税25笔，退税金额25294.5万元，占全局退税总额的76%。增强与相关部门沟通，与区建委协作打击假契税税票，增强契税核查力度，并促成市建委、市地税局拟下发文件《关于加强部门协作　共同维护正常税收秩序的通知》。加强内部横向联合，多部门协同开展2011年度企业所得税汇算清缴中涉及不征税收入、业务招待费扣除等项目的纳税评估工作，协同进行2011年度个人工资薪金所得与企业工资费用支出的比对等工作。圆满完成残保金、工会经费代征工作。残保金征期入库金额率、入库户数率双率指标位居城六区首位，工会经费代征年平均申报率提升了8个百分点。针对各项政策的重点和难点，组织开展了关于汇算清缴、资产损失、后续管理核查要点等内容的多场内部专题培训。在企业所得税汇算清缴期内组成多个小组，深入各个地区税务所实地解答疑难问题，收集第一手资料，确保政策执行到位。采取以干代训、针对性政策培训等模式开展全方位的业务培训工作，使税务干部的业务水平与实务操作技能得以提高。

【纳税服务】积极推进纳税服务规范化、标准化、专业化、信息化建设步伐。在按标准化要求建设办税服务厅的基础上，统一规范纳税服务软硬件设施，制定纳税服务场所12个硬件项目和税容风纪项目管理办法，在全局16个办税服务厅及场所全面实行；将办税服务触摸屏与纳税人自助办税机内容进行整理规范，更加方便纳税人查询；在区有关部门协助下规范设置了税务所指示标牌，进一步提高纳税服务标准。进一步加强12366远程座席管理，全年共答复处理99000余次咨询。加强和完善网站建设，全年更新外网信息540余条；网站累计登录240万余人次；全年新建纳税人免费邮箱1058个，总数达到69520个；发布网上告知信息20份；信息机共向纳税人发送宣传及通知71.8万条。拓宽纳税服务渠道，每月向重点纳税人及中央在京单位邮寄赠阅税务公告2700余份，受理网上预约发票购领35户次。完善投诉管理，在处理纳税服务投诉中积极调解争议、化解矛盾，全年区局妥善处理纳税服务投诉32件。强化纳税人诉求调研，有针对性地调整和部署各项税收宣传工作，策划开展“在京金融机构座谈会”“打防经济犯罪　共建美好生活”“重点税源涉税诉求走访”等8个分类主题税收宣传活动。在《微话税收》主题征文活动中荣获组织奖，成为全国4个获此奖项的税务局中唯一的区县局单位。

【基层党建】按照上级单位部署，在两局合并后机构设置基本完成、人员配置基本到位的基础上，西城局适时启动了基层党组织组建工作。全局组建46个党支部，选举产生129名党员代表，召开了党员代表大会，并选举产生了新一届中共西城区地方税务局机关委员会，完成机构整合后基层党组织建设和选举工作。围绕建党90周年主题成功举办了10项系列庆祝活动。继续深入开展“创先争优”活动，建立并开通党建专门网站，为党员、团员、民主党派和无党派人士提供思想学习和内部交流的平台。认真落实西城区委、区政府和区文明办各项工作要求，组织全局干部积极参与，全力配合，做好全国文明城区迎检工作。

【党风廉政】结合区划调整后的实际情况，持续完善局领导班子集体决策机制，严格执行党组会、局长办公会、局长专题会集体议事和民主决策制度，严格落实“三重一大”，注重抓好“一岗双责”“两权”监督和重点业务集体决策，进一步强化权力监督制约机制，全年共针对246个议题进行了集体研究和民主决策。认真听取基层意见建议，完善相关措施，切实加以整改落实，扎实有效开展反腐倡廉教育。依据近年来廉政风险防范管理工作特点，对照新部门设置与岗位职责，对廉政风险点进行再梳理，完善已有制度，研究制定新制度。领导班子和机关更加注重深入基层调查研究和密切联系基层群众，说实话、办实事、求实效，促进队伍精神面貌和工作作风产生积极变化。

【领导班子成员】西城区地方税务局党组书记、局长：万国喜；副局长：史利军、李冬梅（女）、赵俊杰、付晓彬；纪检组长：王勇超。

（黎　阳）

朝阳区地方税务局

【概况】朝阳区地方税务局内设15个科室（含后勤服务中心），15个税务所（三定方案数），1个稽查局（下设检查科4个，立案科、审理科各1个）、1个税务学会。合计人数601人，其中干部571人，工人24人；事业编6人；男298人，女303人；中共党员332人，共青团员19人；大专以上文化程度571人，大专以下文化程度30人。2013年底，朝阳区地方税务局共有税务登记户数230964户。内资企业186637户，其中国有企业1778户、集体企业2362户、股份制企业2949户、联营企业72户、有限责任公司74260户、股份有限公司1176户、私营企业100962户，其他企业3078户；港澳台商投资企业4292户；外商投资企业7652户；个体工商户32383户。

【组织收入】2013年，累计组织各项税费收入686.7亿元，同比增收38.1亿元，增长5.9%。其中，地方公共财政预算收入513.6亿元，同比增收15.1亿元元，增长3%，完成市局下达收入计划507.5亿元的101.2%。区级收入任务完成230.7亿元，同比增收0.2亿元，增长0.1%。

【组收机制】全面落实“月分析、月通报、月预测”制度，每季度召开收入汇报会，准确掌握收入进度、税源变动、政策影响等情况，保证税收收入按计划进度推进。加强重点税源户管理，确定市级重点税源户384户。构建所级重点税源监控体系，与占全局收入60%的重点税源企业建立收入预测沟通机制，提高预测准确率。认真开展税源普查工作，对1902户企业开展调查工作。

【服务区域经济】结合朝阳区实际，做好服务区域经济社会发展工作，研究制定19项措施，明确责任，确保落实。主动参与政府经济工作，及时向区委、区政府汇报税收政策、重点税源变化情况、收入分析统计等资料23份。加强与辖区街道、乡镇、园区管委会等有关部门交流沟通，形成涵养税源、协税护税的联动机制。做好与区国税、区工商、区发改委等职能部门的数据交换比对，获取数据19342条。建立并加强与区国土、区建委的数据会商机制，对“增量”房产、土地进行税源跟踪，对“存量”房产、土地进行税源筛查，最大限度地避免漏征漏管。配合市地税局，召开市局服务朝阳区域经济发展座谈会，进一步深化服务和促进区域经济社会发展工作。

【征管工作】2013年新办税务登记33002户，其中：有税户9379户，形成税款4.41亿元，区级税款1.06亿元；系统注销税务登记3075户，解除非正常户6798户次，解除税务登记失效户1082户次。加强个人出租房屋委托代征工作，征收税款5.19亿元。加大异地纳税企业清理力度，受理转入税务登记503户，涉及2012年税款5.34亿元。严格欠税管理，欠税清缴税款及滞纳金、罚款1.42亿元。顺利完成外资银行登记转入交接工作，共转入外资银行21家，涉及税务登记户49户。做好无税申报企业核实清理工作，建立无税户调查核实库，为后期工作打好基础。严格发票管理，做好旧版发票的缴销工作，对7593台非国标税控装置集中清理完毕。加强非居民税收管理，做好国际税收情报交换工作。

【纳税评估】做好日常评估和评估辅导工作。对建筑业、住宿业、房地产中介和物业管理公司等行业开展专项评估工作。全年评估1.45万户，发现问题5915户，补缴入库的税款、滞纳金及罚款共计1.86亿元。

【信息化建设】完成金税三期工程网络改造。实施内外网隔离，制定内外网物理隔离方案及管理办法。安装视频会议系统，制定视频会议系统管理办法，规范管理。开展信息化安全巡检。发布《信息安全网络专刊》。

【税政工作】开展养老院营业税免税政策执行情况和建筑业纳税情况调查工作。完成个人所得税自行纳税申报任务，受理申报20万份。继续落实对限售股转让所得征税工作，已扣税款4318.24万元。审核股权转让变更4288人次，扣缴个人所得税1.98亿元。自行开发“跨地区经营汇总纳税总分机构备案管理系统”，做好总分机构备案准备工作。召开2012年减免税备案与资产损失申报备案会审会，审核减免税备案事项622份。加强土地增值税差别化预征和清算工作，采用专业化税务所的管理模式，建立《土地增值税差别化预征率项目台账》，设计土地增值税收入分析表，清算补缴税款9.7亿元，在税务总局专题会上代表北京地税系统作经验交流发言。深化房地产税收一体化管理，做好存量房评估试点工作，受理存量房申报价格偏低共计11780套，计税价格调增27.71亿元，评估后调增税额1.91亿元。利用财产行为税源监控平台，深入开展房、土比对工作，补缴房产及土地税1540万元。继续做好残保金和工会经费代征代收工作，残保金累计审核10.09万户，入库5.44亿元；工会经费费源户总数达到2.24万户，合计缴费金额10.18亿元。

【政策落实】“国五条”政策出台后，第一时间启动应急预案，成立专项领导小组，采取增加两个征收点，抽调近百名干部协助办理业务和维持秩序等多项措施，确保征收工作稳步、有序推进。政策出台首月，累计接待办税人员5.15万人次，办理相关缴税业务10442份，征收税款合计10.51亿元，办理业务量和征收税款量均约占全市总量的1/3。做好中关村电子城科技园创业税收新政实施工作。逐步完善帮扶企业长效机制，落实好文化创意、现代服务、高新技术、节能环保等区域重点产业税收优惠政策，支持实体经济和小微企业发展，提高企业持续发展能力。严格落实房地产税收调控措施，有效应用房地产估价技术加强存量房交易税收征管，加强土地增值税预征和清算环节的管理，促进企业转型升级。积极落实下岗再就业、保障性住房、非营利组织等方面的税收政策。帮扶弱势群体，贯彻落实残疾人、孤老人员、军烈属优惠政策，全年审批残疾人、孤老人员、军烈属减免个人所得税106份。

【“营改增”工作】做好营业税改征增值税试点改革扩围工作。做好税源户确认和数据交换工作，全面测算分析纳税人税负变化情况，与区国税局共确认交通运输业、服务业和转让无形资产65443户。推进试点改革扩围工作，对于新纳入“营改增”扩围的邮电通信、铁路运输以及广播电视服务等行业，做好税源调查和税源分析预测工作。加强与国税、财政部门的沟通，就“营改增”工作的衔接及涉及的具体问题进行研究，确保扩围工作平稳过渡。做好税负提高企业财政专项资金返还工作，全年共审核228户次，涉及营业税额1.9亿元。

【纳税服务】重新修订完善全局办税服务场所工作纪律。加强电话咨询服务管理，全年共受理各类咨询电话8.7万余个。强化网站服务功能，更新网站各类信息269条，网站点击量达到479万余次。做好个人所得税完税证明自助服务系统试运行工作，共开具2000份。开展政策发布同步解读，做好税政宣传、辅导资料免费发放工作，组织召开专业纳税辅导会100场，参与辅导纳税人13000余人，取得良好效果。做好2013—2014年度纳税信用A级企业评定及管理工作，为142户纳税信用A级企业颁发证书。

【税法宣传】联合北京交通广播电台制作推出“税收伴您同行——办税我帮您”税法宣传特别节目。联合北京新闻台“照亮新闻深处”栏目开展为期20天的税收知识有奖问答特别节目。与首都经济贸易大学联合举办第五届“朝阳地税杯”税收专业知识展示大赛。针对存量房交易税款征收、车船税、个人所得税等税收热点，进行税收政策辅导和问题解答。与朝阳有线电视台合办《地税你我他》专栏，全年共播出节目52期。

【法制建设】组织开展“严格执法程序，规范执法行为”主题讲座，提高全局依法行政意识。开展税务行政处罚裁量基准试点工作，推进基层执法合规公正。完善破产清算税款追偿工作制度，细化破产企业登记台账的栏目设置，及时解决工作中出现的新问题。成立法律支持研讨小组，充实区局法律支持服务人才队伍，提供法律支持服务。

【税务稽查】对资本交易、房地产、交通运输业等行业开展专项检查。严厉打击发票违法犯罪活动。加强税收违法行为检举管理工作，共受理举报案件1156件。上报《重大案件情况报告表》7份，入库税款、滞纳金和罚款合计5768.63万元。制定并实施《稽查工作考核管理办法》，推进电子查账软件应用工作。全年入库税款2.59亿元。

【内部审计】组织开展税收执法督察工作，做好各级督察延伸审计工作、市局执法督察区县互查工作、区法制办开展的案卷评查工作，先后抽调案卷1300份。做好财政部专员办对区局2012年审计结果的落实整改工作。朝阳区地方税务局稽查处罚案卷代表朝阳区参加市法制办的案卷评查，被评为优秀案卷。

【党的群众路线教育实践活动】深入开展党的群众路线教育实践活动。通过学习教育、听取意见，查摆问题、开展批评，整改落实、建章立制三个环节，切实查找并解决“四风”方面存在突出问题。领导班子集中学习6次，全体党员集中学习3天，组织参观相关展览和影片达1100余人次。对内，发放征求意见表606份，对外，发放调查问卷878份。局领导召开座谈会29次，走访调研36次，面对面谈心649人次。收集汇总意见建议109项，其中“四风”方面的问题19项，已全部完成整改任务。

【党建工作】以党的十八大、十八届三中全会精神和新修改的党章为学习重点，每季度组织理论中心组学习，推进学习型党组织建设。成立第一党支部，开展集体学习，组织召开全局党建思想政治工作会，切实提高党建思想政治工作水平和基层建设水平。开展“我的梦，中国梦”演讲活动和“道德讲堂”活动。继续在全局范围内开展“立足岗位做奉献，创先争优当标兵（能手）”评选活动，评选出岗位标兵、能手共计60名。搭建基层党组织交流平台，发布《朝阳区地方税务局基层建设》专刊，共发刊十六期。

【队伍建设】按照“公开透明、民主平等、依法选拔、竞争择优”的原则，积极做好科级领导干部选拔竞争工作，共有9名同志通过选拔晋升为正科级领导职务，20名同志通过竞争性选拔走上副科级领导岗位。开展科级非领导职务晋升工作，27名同志获得任职晋升。做好科级领导干部交流工作，对于在同一岗位任职时间较长的26位科级领导干部进行了轮岗交流，对6位到龄同志免职转任。制订《朝阳地税局岗位知识技能更新培训工作方案》。对全局532名科级（含）以下公务员进行了更新知识培训，开展第六期税收管理员财会知识培训、岗位业务知识考试培训，为236名参加考试的干部购买学习资料和中华会计网校培训课程。

【行政管理】落实中央改进工作作风、密切联系群众八项规定，制定16项具体落实措施。完成优化政务流程完善管理制度工作。继续发挥“两个服务”工作会作用，全年共组织召开12次会议，整合布置工作788项。以建设“平安地税”为目标，做好安保工作。开展专项清理工作，对不符合保管使用要求的房间加装防盗门、防盗窗、报警器探头，保证全局安保设备安全合规使用。定期组织行政效能领导小组对全局办公场所、设施、工作纪律、工作作风等情况进行巡检。规范做好2013年部门预算，并通过网站向社会主动公开相关报表，主动接受社会监督。

【廉政建设】召开党风廉政建设工作会，逐级签订责任书。加强政风行风建设，落实朝阳区政民互动平台工作，制订2013年效能监察立项工作方案，组织10名社会特约监察员深入基层征求干部群众和纳税人意见建议。深化廉政风险防控管理，制定区局《廉政风险防控管理工作的实施方案》，组织学习《税收违法违纪行为处分规定》，举办“以案说纪　警钟长鸣”专题讲座，邀请市纪委案件管理室主任王鹏为局领导班子和中层以上领导干部讲廉政教育课。加大落实《廉政准则》力度，强化对领导干部的监督，深入推进领导干部廉洁自律工作。

【表彰奖励】2013年，朝阳区地方税务局被北京市总工会授予“首都劳动奖状”；被北京市委组织部、市人力资源和社会保障局联合授予“北京市公务员管理先进集体”荣誉称号；朝阳地税局第三税务所被北京市总工会授予“工人先锋号”和“职工小家”荣誉称号；第六税务所被国家税务总局授予“全国税务系统先进集体”荣誉称号；酒仙桥税务所被中华全国妇女联合委员会授予“全国巾帼文明岗”荣誉称号。

【领导班子成员】朝阳区地方税务局党组书记、局长：郭文武；副局长：袁平、安增运、隋庆梅（女）、郑志（女）、韩立新（女）、冯悦军；纪检组长：王学东。

（徐　铳　杨　超）

海淀区地方税务局

【概况】海淀区地方税务局组建于1994年8月31日，隶属于北京市地方税务局，负责海淀区地方税收征管工作，主要对17个税费种类进行征收管理。代理征收残疾人就业保障金、工会经费。下设1个稽查局、18个税务所、1个后勤服务中心（事业单位）和1个税务学会（社会团体）。2013年，办理开业税务登记22581户，其中内资企业22288户，外资企业293户；注册资金1000万元以上的1628户，注册资金5000万元以上的390户。截至2013年底，累计管户达到232078户，其中正常纳税户192089户，非正常纳税户36593户，登记状态纳税户3396户。

【组织收入】全年累计实现各项收入511.68亿元（不含残保金），其中完成区级收入153.65亿元（不含残保金）。实现地方公共财政预算收入355.52亿元（不含残保金）。

【服务区域经济社会发展】围绕海淀经济社会发展大局，在加快科技创新发展和促进功能区建设上下功夫。制定《积极发挥税收职能作用促进区域经济社会发展的工作方案》，提出20项服务经济措施。与区发改委、住建委、金融办、海淀园、工商、国税、投促等部门建立税源建设联动机制，全年共为36家重点税源入驻提供税务办理绿色通道，为28家区内重点企业改制、重组提供涉税服务，为3000多家企业提供集中政策讲解和答疑。

【“营改增”扩围】配合区国税局做好典型调查和数据支持，跟踪企业收入情况，确保改革的平稳运行。落实财政资金扶持政策，累计审核105份申请，区内企业得到扶持资金871.9万元。

【税收政策】认真落实中关村示范区创新创业、支持和促进就业、小微企业等税收优惠政策，全年办理各项减免税、退税、审批、核定、备案等23360份。认真贯彻房地产市场宏观调控政策，做好土地增值税差别化预征。特别在3月、4月二手房交易高峰时期，充实征管力量，开展预约服务，分散大厅人流，确保“国五条”政策平稳推进。

【征管工作】开展无税申报企业专项清理工作，全年共计核实清理无税申报企业1703户，评估及检查补税51.6万元，对40户重大嫌疑企业实施立案稽查。建立汇总纳税协商机制。简化办理跨区县变更（迁出）税务登记审批流程，将国税、地税部门共管个体户注销时限由原来的30天改为即时办理。推进个人出租房屋委托代征工作，实现全区29个街镇全面覆盖。

【税源管理】 对纳税百万元以上、2013年缴纳税费占总收入的81.6%的4750户企业实施重点税源管理。开展车船税专项评估工作，补税滞纳金242万元。开展教育业专项调查、外籍人员个人所得税征管调研，加强个人所得税股权转让、企业所得税后续管理工作，开展房地产企业土地增值税全面清查。通过一系列专项工作，及时发现税种税源的管理问题，采取相应的改进措施。联合区发改委、建委等部门，对143个在建（在售）房地产项目进行源头控管，确保了税款足额入库。掌握三资企业情况，调研辖区内"走出去"企业情况，制定并形成了国际税收管理工作方案。

【稽查与评估】 充分发挥评估、稽查作用，探索建立征管评查协调联动机制。加强应征已征税款比对评估，进行建筑业、房地产经济业专项评估，联合区国税局开展住宿业评估，组织税务所开展差异化评估。梳理、规范20项稽查工作制度，建立举报协调会机制，提高案件查办效率。开展房地产、金融等专项检查，对5个集团89户企业进行辅导自查，积极参与区政府西区治理及停车场专项整治工作。全年共计评估6300户，评估补税1.5亿元；稽查查补入库税款、滞纳金、罚款合计4.18亿元。

【信息管税】 加强数据交换，与全区20余家部门开展数据共享，提供数据分析业务服务119次，涉及记录共计17.7万条。强化数据质量管理，累计修正核心征管系统疑点数据5万多条。深化税务总局财产行为税税源监控平台的管理和应用，试点开发存量房交易台账。做好金税三期工程业务系统改造，确保信息系统安全稳定运行。完成局内网改版需求分析、技术准备工作。

【纳税服务】 推进纳税服务标准化，统一制定了税务所标识标牌模式样本，印发《关于进一步加强纳税服务　促进区域经济发展的通知》，对纳税服务工作进行了整体规划和部署。全年梳理66项日常涉税业务，以办税提醒单的形式向全区纳税人推行书面一次性告知服务。在清河所、学院路所和科技园所试点运行"网上办税厅"部分涉税事项，探索税企之间的网络互动。与区国税局联合评定615户纳税信用等级A级企业。建立纳税服务投诉调处机制，及时回应纳税人合理诉求。广大干部的服务意识和服务水平进一步提高，纳税人综合满意度稳步提升。

【宣传辅导】 对内，强化税务干部业务培训，提高广大干部法治意识和服务技能。对外，注重提升对纳税人培训效果，加大对纳税人培训工作的人、财、物投入，全年组织各类辅导36次。在海淀地税网站开通了"网上纳税辅导"专栏，更新上传辅导课件31个。通过多种渠道，向纳税人发放辅导手册、宣传资料35万份。

【依法治税】 推行行政调解和复议网上申请工作，建立多元化行政争议解决机制，提高涉税纠纷处理的效率。全年妥善办理行政诉讼案件44件，行政复议6件，行政调解3件。调取9个税务所和稽查局的205份案卷开展内部执法督察，规范执法行为。配合北京市地税局、财政部专员办等部门开展外部监督，落实整改意见。加大内审监督力度，对局内开展的建设项目进行审计，规范资金使用效率。在保护纳税人合法权益的同时，进一步提高了基层部门依法行政水平。

【党的群众路线教育实践活动】 扎实开展群众路线教育活动，广泛听取纳税人和基层声音，坚持边学边改、边查边改，认真解决"四风"

问题。班子成员共走访基层税务所和辖区内企业168人次，共梳理出意见202条。制定、完善相关制度15个，整改措施79条。通过教育活动，党员干部的作风明显改进，党风的转变带动了政风行风的好转，党群干群关系更加密切。

【队伍建设】 加强党建，深入学习党的十八大、十八届三中全会和习近平总书记重要讲话精神，学习新党章，增强党性修养。认真贯彻落实中央八项规定，制定进一步加强调查研究服务基层工作的意见。局领导带头深入一线调研，科室不断增强服务基层的意识和能力，解决实际问题，减轻基层负担。全年共晋升主任科员24人，副主任科员3人，调整交流副科级领导干部3人。重视干部教育培训工作，有针对性地开展培训38场，共计培训3462人次。

【反腐倡廉】 严格执行中央八项规定，严明纪律，狠刹公款宴请、送礼等不正之风，促进廉洁从税。加强反腐倡廉宣传教育，创建“廉政之窗”、《颂清风》刊物，开展推荐“勤廉之星”活动。认真做好信访举报和案件查办工作。全面推进廉政风险防控管理。

【行政管理】 以规范、精简、效能为原则，对会议、信访、内网、采购等内部行政管理工作进行归口管理，提高内部运转效率。加大督查督办力度，改进文风会风。关心干部职工生活，加大后勤、工会等部门为区局干部职工服务力度，制定《探视、慰问干部职工暂行办法》，开展丰富多彩的文体生活。

【领导班子成员】 海淀区地方税务局党组书记、局长：郭筑明；副局长：张克兵、何培伦、张之乐、周杰、崔健、肖卫；纪检组长：孔军。

（房　洁）

丰台区地方税务局

【概况】 丰台地税局位于北京市丰台区泥洼路甲6号，2013年底，共有33个内设机构，其中有14个职能科室，11个税务所（包括2个服务所，2个专业所，7个地区所），1个稽查局（内设5个科室），1个机关后勤服务中心，1个税务学会和1个工会。全局干部职工423人，平均年龄43.1岁，其中公务员395人，工勤人员28人；党员313人，团员13人。2013年底，丰台区累计税源户110970户（含非独立核算分支机构2072户）。按经济类型划分，其中国有企业645户，占全区总户数的0.58%；集体企业1249户，占全区总户数的1.25%；有限责任公司8592户，占全区总户数的7.74%；股份有限公司347户，占全区总户数的0.31%；私营企业66643户，占全区总户数的60.05%；外资企业654户，占全区总户数的0.58%；个体工商户30378户，占全区总户数的27.37%；国家机关、事业单位和社会团体等其他类型企业2022户，占全区总户数的0.18%。按产业类型划分，第一产业333户，占总户数的0.30%；第二产业6334户，占总户数的5.70%；第三产业104303户，占总户数的93.39%。

【组织收入】 2013 年，丰台区地方税务局完成各项税费收入 149.46 亿元，同比增收 23.65 亿元，增长 18.80%。其中：完成地方公共财政预算收入 118.73 亿元，同比增收 15.69 亿元，增长 15.23%；累计完成区级公共财政预算收入 54.49 亿元，同比增收 5.19 亿元，增长 10.52%。

【依法行政】 提高领导干部学法用法能力，以行政调解、行政复议、行政诉讼为基础做好纳税人权益保障工作，对行政处罚案卷实施辅导式检查，对税收规范性文件进行备查备案，开展行政处罚自由裁量权试行试点。巩固政务流程梳理成果，机关科室层面共制定制度 26 个，修订制度 26 个，废止制度 83 个，税务所层面共制定制度 25 类 265 项，进一步规范了权力运行。以搭建依法行政平台为切入点，开展日常税收执法督察，提升征管质量，防控执法风险。完成税务总局专项执法督察任务，进一步规范了行政审批。做好局内行政处罚案卷评查和外部审计迎检工作，对政府采购项目跟进监督，不断规范内部行政管理权。坚持“逢离必审”，全年对 15 名正科级领导干部进行了离任审计。

【税政工作】 强化税收政策评估，对“营改增”、免征小微企业营业税、个体工商户相关业务调整以及铁路税收分成调整等各项税收政策进行调研，评估相关政策对全年税收的影响，有针对性地采取组收措施。全面梳理各项税收优惠政策，加快纳税人享有税收优惠的资格认定，加强对税收优惠政策的宣传辅导，引导企业用好用足用准税收政策，为经济社会发展营造良好环境。落实“营改增”扩围和试点过渡性财政扶持资金政策，完善个人股权转让工作，完成企业所得税核定征收鉴定工作，对资产损失税前扣除申报和研发费用加计扣除备案项目进行检查。利用财产行为税税源监控平台提高房产土地税税源监控水平，按时完成“两税”比对工作。严格执行存量房交易计税指导价格，采取有效措施应对“新国五条”政策带来的二手房过户高峰。

【征收管理】 完善征管状况监控指标，强化欠税管理。开展无税申报专项清理和税控机打发票明细数据报送工作，强化发票日常监控，做好逾期未核销外管证的核实清理等相关工作。完成金税三期工程城域网、局域网改造及内外网物理隔离，确保信息系统数据安全。与区发改委、建委、国税局、工商分局、各街乡镇等相关部门密切沟通，及时了解全区招商引资及重点项目建设信息，提高征收管理水平。

【纳税服务】 一是全力服务园博会。局领导带队走访园博园运营有限公司，开辟涉税绿色通道，快速办理冠名发票印制审批和入园企业涉税手续。积极组织参与“机关作表率，园博当先锋”志愿服务活动，圆满完成郑州代表团开幕式接待任务。二是加强走访服务。以纳税人需求为导向，合理安排局领导走访，深入企业了解经营状况，广泛征询服务意见，及时协调解决企业的涉税困难，局领导全年带队走访企业 22 户，有效促进了征纳双方良性互动。三是强化宣传培训。举办“税收宣传进社区”和打击发票违法犯罪主题宣传活动，举办企业所得税、土地增值税专题辅导，举办区属单位税收知识讲座和窗口人员业务培训会，做好个人所得税完税凭证自助打印系统试运行工作，满足办税服务需求。结合阶段重点任务，印制了纳税人发票报数辅导资料、税企联系卡、新户告知单等宣传资料 4 万余份，方便纳税人办税。四是规范服务管理。进一步强化大厅所长值班责任制，严格办税厅服务监管。结合纳税人满意度调查，开展窗口服务自查。严格远程座席管理，研发咨询电话超时自动短信提醒功能，及时更新语音电话提示内容，圆满处理各类服务投诉、信访、网上信箱留言共96件，有效保护纳税人权益。

【稽查与评估】加大评估力度，组织税务所通过纳税辅导、纳税约谈、实地核实等方法对六个行业开展评估，全年共评估企业6949户，评估补缴税滞罚合计7414.8万元，总结了29条在征收管理中存在的涉税问题，有效规范了相关行业、领域的税收秩序。按照市局要求调整年初计划，将检查户数和查补收入指标提高30%以上。研究制定稽查局税务稽查无问题案件管理办法，有效提高案件检查质量，降低了执法风险。开展重点税源企业自查和无税申报企业专项核实检查，不断提高电子查账能力，全年共检查案件199件，入库税滞罚合计4339万元。

【党建工作】深入学习党的十八大、十八届三中全会精神和习近平总书记重要讲话内容，围绕法治建设和党性修养主题，开展党组理论中心组讨论和参观活动。全面开展党的群众路线教育实践活动。在完成规定动作的同时，结合实际开展“航天精神”宣讲、电视教育片观摩、园博志愿服务等形式多样的自选动作；坚持开门纳谏，多渠道听取意见和建议，认真查找领导班子和领导干部“四风”方面的问题，积极制定整改措施，制定和完善了《中共北京市丰台区地方税务局党组关于进一步加强调查研究服务基层工作实施方案》《北京市丰台区地方税务局局领导接待日制度》《北京市丰台区地方税务局关于进一步服务基层减轻基层负担的实施意见》等制度，确保活动取得实效。开展纪念建党92周年系列活动，评选“优秀党支部”和“优秀共产党员”，选树“共产党员示范岗”，制作党员教育宣传片，在全区进行宣传交流。做好基层党支部的换届选举，稳步推进基层党建工作。

【队伍建设】积极开展干部轮转交流，全年共调整交流基层干部49名，安排调入和新录用的25名干部到基层一线岗位锻炼，进一步优化了队伍结构。开展分级分类培训，组织“三师”执业资格、小企业会计准则和中高级经济师考试报名培训，全年共组织各类培训13期，共有1294人次参训。全年共选拔任用科级职务干部72人次。其中，提拔任用科级正职7人、科级副职14人、科级非领导职务21人；平级交流科级正职12人、科级副职12人；免职转任6人。

【反腐倡廉】严格执行中央关于改进工作作风、密切联系群众的中央八项规定，研究制定6个方面、20条落实措施。进一步厉行勤俭节约，严格控制“三公”经费，严格执行公务接待标准。加大廉政风险防控管理，针对房产交易税收涉及的廉政风险进行廉政宣传和行政监察。按照上级要求，认真开展会员卡清退专项活动。结合党的群众路线教育实践活动，局领导与科级领导干部普遍开展谈心活动，及时了解掌握干部的思想、工作、作风和廉洁自律等情况，对存在的问题和不足早提醒、早纠正、早解决，确保队伍管理不发生问题。

【表彰奖励】2013年，丰台区地方税务局被授予“全国模范职工之家”；被授予“首都劳动奖状”；被授予“首都文明单位”称号。科技园区税务所被评为“北京市青年文明号集体”；第一税务所、南苑税务所、花乡税务所和长辛店税务所被授予“首都文明单位”。

【领导班子成员】丰台区地方税务局局长：金志雄；副局长：宗立元（5月22日免职，另有任用）、王冠凯、刘华（女）、谢锋、王雪峰；纪检组长：翟正义（女，10月31日免职，退休）。

（陈敬东）

石景山区地方税务局

【概况】 北京市石景山区地方税务局（简称石景山局）隶属于北京市地方税务局，在北京市地方税务局和石景山区委、区政府的领导下，行使石景山区行政区域内地方税收管辖权，负责营业税、企业所得税、个人所得税、土地增值税、城镇土地使用税、城市维护建设税、房产税、车船税、资源税、印花税、契税、耕地占用税、固定资产投资方向调节税、文化事业建设费、教育费附加、外商投资企业土地使用费、地方教育附加收入、残疾人就业保障金（代征）、工会经费（代征）及地方税收滞补罚收入共20种税费的征收管理工作。石景山局共设14个科室、10个税务所、1个稽查局和1个后勤服务中心。现有干部职工265人，平均年龄44.04岁，其中处级领导职务6人，科级领导职务58人。大专以上学历254人，占全局总人数的95.85%；研究生学历11人，占全局总人数的4.15%。局内设1个机关党委，19个党支部，1个团总支部。有党员206名，占全局人数的77.70%；团员6名，占全局人数的2%。2013年，全区税源登记户数38235户，同比增加2296户，增长幅度为6.40%。从企业经济类型看，内资企业21663户，港澳台及外商投资企业377户，个体工商户16195户；从企业行业分类看，社会服务业15635户，批发、零售贸易业、餐饮业14034户，科教文卫业5179户，交通运输、仓储及邮电通信业963户，建筑业892户，制造业598户，房地产业468户，其他行业466户，分别占税务登记户总数的41%、36.7%、13.5%、2.5%、2.3%、1.6%、1.2%和1.2%。年内，全区新增税源户2884户，因吊销、注销及转出等原因税源户减少949户，净增1935户。

【税收收入】 2013年，北京市石景山区地方税务局累计完成各项税费收入56.57亿元，同比增收6.61亿元，增长13.20%。其中，完成地方公共财政预算收入42.99亿元，同比增加5.92亿元，增长16%，完成全年计划35亿元的122.80%。实现区级收入20.40亿元，同比增加26918万元，增长15.20%。完成区政府下达区级收入任务17.58亿元的116%。征缴残疾人就业保障金6374万元，同比增加1282万元，增长25.20%。代收工会经费10719万元，同比增加1555万元，增长16.90%。

【组织收入措施】 坚持“依法征收、应收尽收”原则，分析形势，把握目标，加强领导，落实任务，提升质效，实现依法行政和组织收入相互协调、相互促进；组织召开收入分析会，全面、系统地开展重点行业、税种走势、“营改增”政策影响分析和收入预测，掌控组织收入进度，增强责任心；完成254户市级重点税源户培训、上线工作，纳入“七个税源平台”建设，实行三级税源监控管理。

【依法行政】 推进依法行政，强化督查内审。高度重视依法行政工作，按照考核指标体系和项目要求，严格落实各项重点工作。制发2013年依法行政工作要点，明确21项重点工作；制订干部学习计划，组织“领导学法课程”24讲；完成“十二五”时期推进依法行政工作项目分工48项，细化考核指标125项；开展依法行政考核试点工作，制定税收政策执行情况反馈制度，确立依法行政考核目标，分解落实考核指标；参与网上纳税人权益保护专区试点工作；开展行政处罚数据分析，做好行政执法与刑事司法数据更新工作。为保证税收法律、法规和税收政策的贯彻实施，防范、化解执法风险，认真开展税收执法督查内审，提高工作质量，做到：注重底稿质量、注重信息反馈、注重报告总结、注重情况通报、注重平台利用。共组织开展三次执法督查，涵盖区局各税务所和稽查局，调阅案卷256卷，下发税收执法督察处理意见书19份，提出建议11项。强化引导，提高认识，增强工作主动性；充分利用信息化资源，丰富督查手段；统筹协调，完善税收执法督查的监督职能；加大问题整改力度，跟踪落实结果；加大督查人员教育培训力度，提高专业技能。

【税收征管】 狠抓征管基础建设，坚持征管质量通报考核，年平均登记率、报到率、申报率、入库率、未申报核实处理率和欠税新增率分别达到100%、96.39%、99.96%、99.97%、98.37%和0。开展无税申报核实清理工作。对370户无税申报企业采取实地核实清理工作，核实有问题户24户，并依法进行处理。开展征管业务流程培训。全局200余名干部参加培训，提高实际工作能力。开展非国标税控机及发票的清理工作，统一实行国标税控。共为2560台非国标税控机办理了注销或丢失毁损手续，标记“停止使用”664户纳税人，涉及税控机676台。实行发票电子台账控管，掌握发票税控基础数据，强化对发票的管理，完成非国标税控发票的缴销工作。建立征管工作协调研讨机制。由税务所、稽查局一线干部共同研究征管工作中的问题与措施，为解决基层征管实际问题，提供了有力保障。加强国际税收管理。开展2013年企业关联申报和游戏产业反避税模式调研工作，协调解决中国居民在瑞士取得养老金征税事宜，做好对外支付税务证明审批制改为备案制后相关工作的贯彻落实，开展支付证明检查，组织国际税收知识培训，对非居民企业所得税源泉扣缴工作开展调研。

【纳税服务】 规范对区域经济的服务，制定《石景山区地方税务局关于落实“积极发挥税收职能作用　促进区域经济社会发展的意见”的工作方案》，确立6项工作任务，20条具体措施，使服务区域经济更趋规范化。在全区民主评议基层站所（服务窗口）活动中，第一税务所名列石景山区参评单位的第二名。发挥“税务讲堂”载体作用，加大内、外部培训力度。制定《新办纳税人集中纳税辅导工作方案》，明确辅导事项、规范、流程、要求，定期集中开展新办纳税人纳税辅导，从而达到内容规范、政策讲解统一的目的。对全区新办户纳税人进行集中辅导，开展新办户和专项政策辅导14期。走访重点企业9户次，走访纳税人600人次。推动税收信用体系建设。认真组织开展纳税信用A、D等级评定工作，严格审核分析信息来源、评定依据和后续管理，106家企业被评定为纳税信用A级企业，2家企业被评定为D级企业。加强网站政策宣传、办税公开、信息发布的力度和实效性，优化网站结构，及时发布税收政策和动态信息，满足纳税人网上互动需求，强化运行情况监管。2013年，北京地税局网站共发布各类税收信息、动态103条，更新非正常户、失效户信息7439条，外网访问量3.20万人次。

【纳税评估】强化专业评估、精细评估和综合评估，实行纳税评估风险和遵从管理，努力实现“评估一个行业，规范一个行业评估”工作目标，发挥纳税评估职能作用。以行业纳税评估范本为精细化管理手段，有效指导双向税源管理，谋划纳税评估深层次发展，实现从凌乱的全面评估转变为有针对性的专业评估，从无标准的经验评估转变为有规范的精细评估，从不连贯的抽查转变为有互动的综合评估，形成“房地产开发与经营、建筑、运输、咨询服务、广告、典当、教育培训、住宿业、制造、餐饮”十个行业及土地增值税税种纳税评估范本、模型。细化案头分析，谋求纳税评估与信息管税的有效结合，变普遍评估为精细评估，抓风险管理，变全面评估为风险评估，全局统筹，分步实施，加大数据整合、校验和钩稽关系比对分析利用力度，找出合理评估疑点，提高评估准确率。发挥科、所两级评估优势，采用纳税申报信息全局数据集中调取、比对、分析、整理方式，将评估疑点对象集中分配、处理，进行疑点提示或相关税收政策评估辅导。2013年，组织实施纳税评估332户，有问题119户，有问题率36%，评估入库税款、滞纳金3514万元，同比增长169.48%，入库率100%。

【税政职能】以税政管理平台建设为基点，本着“多研究，多沟通，多跟踪，多反馈，少盲目，少忙乱”的原则，落实“营改增”试点改革工作，强化税政指导，有效落实税收优惠政策，充分发挥税政职能作用。结合税源结构特点，完善七个税政管理平台。即税政指导工作平台、服务大企业平台、财产税重点税源备案管理平台、首钢集团减免税后续管理平台、汽车销售服务行业房产税、城镇土地使用税税源监控管理平台、国土用地信息一体化管理平台、重点税源监控管理平台。落实“营改增”试点改革工作。与石景山区国税局、区财政局研究落实过渡性财政扶持政策，制定财政扶持资金管理措施；将交通运输业和部分现代服务业试点范围扩大到1+7个行业，召开扩大试点工作会，制定《工作方案》和《计划分解表》。落实房地产市场调控通知精神。积极采取措施，组织干部学习涉税政策，在服务大厅张贴公告，设置电子显示屏，增设咨询窗口和临时电话咨询岗位，应对二手房个税新政出台。落实结构性减税政策。高度重视各项税收优惠政策的落实，通过税政指导，利用服务重点企业平台，提升政策宣传、培训效果。加强税种管理，夯实税基管理质效。组织培训，做好企业所得税汇算清缴和申报与入库比对工作；采取措施，做好二手房个人所得税政策的落实工作；源头控管，加大土地增值税预征及清算工作执行力度。

【税务稽查】发挥税务稽查职能作用，努力提高稽查执法的质效，实现选案科学化、检查精细化、执行时效化、培训专业化，坚持做到“两个切实”，即切实抓好税务稽查专业化建设，切实提高稽查部门的执行力。注重研究探索，实行分级分类专项稽查，在案源选择、查前准备、任务部署、查中督办、事后反馈、经验总结环节，做好行业涉税违法问题的收集、分析、反馈和汇总工作，对重点事项、行业实行调研式检查，深入研究资本交易事项涉税问题，实现精细化税务稽查管理。按照国家税务总局、北京市地方税务局的统一部署，坚持必查原则，组织各类专项检查、专案检查，开展打击发票违法犯罪活动“买方市场”的检查，配合公安机关加大发票违法犯罪活动“卖方市场”的打击力度，做到“查账必查票，查案必查票，查税必查票，查票必查税”。做好涉税举报工作，落实《税收违法行为检举管理工作办法》，加强对上级转办、交办、领导批办等各类检举案件的管理，加强实名举报人身份核实和检举材料审核工作，落实工作规程和奖励办法。2013 年，累计完成税务稽查 85 户，有问题 82 户，查补地方税收收入 938.43 万元，入库率达到 100%；全年实施发票检查 76 户，有问题 17 户，查补税款 6.76 万元。

【队伍建设】深入加强“三大建设”。加强党的建设。开展党的群众路线教育实践活动，组织全体党员全面深入学习党的十八大、十八届三中全会及习近平总书记的系列重要讲话精神，坚持敞开大门搞活动，聚焦“四风”查问题；加强党风廉政建设，狠抓党风廉政建设责任制、严格落实《北京市地方税务局党风廉政建设责任制实施办法》和惩防体系各项任务，组织开展“廉洁服务每一天”主题教育活动。提高领导班子的能力。建立全局工作统筹协调机制，规范党组会、局长办公会决策落实工作，坚持民主集中制，充分发挥局长办公会议事决策职能，集体决策，统一执行；实行局领导深入基层调查研究听取意见工作制度化，广泛听取群众意见建议，努力提高工作质量，改进工作作风；加强领导班子理论与业务两方面学习，不断提升领导能力；加大督察督办力度，强化分工合作，狠抓任务落实。提升干部队伍素质。制定《干部教育培训工作计划》，召开教育培训推进会，组织开展小企业会计制度、稽查业务知识、教育网在线知识、《当代科学技术发展前沿与趋势》公共知识、高级经济师职称考试等各类培训；严格落实《党政领导干部选拔任用条例》和票决制等工作制度，开展干部选拔任用工作，注重全面考察干部德、能、勤、绩、廉的情况，提升干部队伍的综合素质。

【表彰奖励】2013 年，石景山地税局被石景山区企事业单位治安防范协会评为“2013 年安保工作先进集体”。

【领导班子成员】北京市石景山区地方税务局局长：张兴明；副局长：苏振军、程立龙、徐慧卿（女）、黄长文；纪检组长：安宝华（女）。

（高文玲）

门头沟区地方税务局

【概况】北京市门头沟区地方税务局共有干部职工 249 人。设置 14 个职能科室、1 个稽查局、10 个税务所和 1 个机关后勤服务中心。主要负责门头沟辖区内 22962 户税源户的税收征管工作。2013 年全年累计组织各项税费收入 330388 万元，同比增收 27170 万元，增长 8.96%。其中：地方公共财政预算收入 265147 万元，同比增收 17267 万元，增长 6.97%。

【党建工作】2013 年 3 月，机关党委办公室建立了党员活动室，并制定了相应管理办法，给支部和广大党员提供集中学习、开展组织生活、落实“三会一课”以及学习教育的场所。

【学习两会精神】3月20日，党组理论中心组进行了2013年度第三次集中学习。学习了十二届人大一次会议上温家宝总理所作的政府工作报告和习近平主席讲话精神，同时观看了《第十八届中纪委二次全会精神专题辅导》光盘并进行了交流讨论。

【TAX861网站在线答疑】3月21日，做客TAX861北京地税网站，以“依法行政　优化服务　营造良好税收环境”为主题开展网上在线答疑活动。在2小时的答疑活动期间，在线浏览量达774人次，其中，在线注册参与互动的网友33人，提出涉及征管、税政、法制等各类税务问题共42个。

【教育培训】4月1日，组织开展《小企业会计准则》集中培训，聘请首都经贸大学老师进行授课讲解，采取课上集中串讲、课下练习相结合的形式，帮助参训干部进一步提高业务能力。7月，依托环球职业培训学校开展中级经济师培训。11月18日，分两批对全体公务员开展为期五天的更新知识培训，以全国注册税务师执业资格考试教材《税法Ⅰ》《税法Ⅱ》为主要培训内容，并聘请了首都经贸大学财税学院专家作辅导。

【税收宣传】4月，税收宣传月期间，搭建宣传平台，扩大税法宣传覆盖面，增设“依法行政”专栏，刊登图片并配以文字说明，直观、生动地反映出活动内容；同时，充分利用互联网、LED显示屏、电视、宣传展板、税收政策电子书、纳税人例会等开展税法宣传，进一步丰富了税收宣传内容和形式，积极营造社会各界关注税收、关注发展、关注民生的协税护税良好氛围。

【打击发票违法犯罪活动】5月15日，稽查局联合驻区公安分局、工商分局及烟草公司等部门，在门头沟体育场举行了2013年“打击经济犯罪”为主题宣传活动，通过发放税收宣传资料，向过往行人广泛宣传，强化社会舆论导向，充分调动社会各界参与打击和防范经济犯罪工作的积极性。

【纳税服务新举措】8月5日，税务学会和京煤集团联合举办了“税收政策税企联合培训班”，京煤集团所属企业会计和科长50余人参加培训，培训内容涉及税收征管工作中的基础工作以及发票的管理使用等。

【党的群众路线教育实践活动】8月13日，组织召开深入开展党的群众路线教育实践活动动员大会，对全局深入开展群众路线教育实践活动进行了动员部署。市局党组成员、纪检组长吴鼎、监察处处长吕新利带领市局第三督导组成员参加了大会。8月，局党组理论中心组进行“党的群众路线教育实践活动”专题学习，集体学习了《党的群众路线教育实践活动学习文件选编》部分内容、《关于认真学习“中央纪委通报8起顶风违反中央八项规定精神典型问题”的通报》等内容，观看了北京市党的群众路线教育实践活动专题片——《把群众放在心上》以及门头沟区原副区长闫永喜案警示录——《一位农民区长的人生轨迹》。8月21日，市地税局领导班子成员征求“四风”意见座谈会在区地税局召开，市局党组成员、纪检组长吴鼎带领市局第三督导组成员参加了本次会议，参会干部踊跃发言，围绕“四风”问题进行讨论，并结合本职工作提出了意见和建议。9月，召开了部分纳税人座谈会，广泛听取纳税人在“四风”方面的意见和建议，纳税人代表与局领导班子进行了良好的沟通，就税务干部的业务水平、税收政策的解读以及纳税人培训的针对性等方面提出了中肯的意见。9月，组织正科级以上干部前往国家博物馆参观《复兴之路》展览。9月10日，召开了落实党的群众路线教育实践活动特约监察员座谈会。22日，组织干部集中观看了主题教育影片《周恩来的四个昼夜》。23日，组织正科级以上领导干部参观了北京市反腐倡廉警示教育基地。12月6日，召开党的群众路线教育实践活动班子专题民主生活会，市局第三督导组组长吴鼎、副组长吕新利及督导组成员出席会议。

【领导班子成员】门头沟区地方税务局局长：吴鲁平；副局长：沈迪会、王阿鸣（女）、邢小虎、邵明东；纪检组长：张毅。

（禹珊瑚）

通州区地方税务局

【概况】北京市通州区地方税务局位于北京市通州区玉桥中路136号，全局有干部职工354人（339名公务员，15名工人），机构29个，包括14个职能科室、11个征收税务所、1个后勤服务中心、1个税务学会、1个机关工会、1个稽查局（含4个科室）。截至2013年底，地税局正常税源户数达76450户。

【组织收入】2013年，通州区地方税务局累计完成各项税费收入89.21亿元，首次突破80亿元大关，同比增收21.05亿元，增长30.89%。其中：地方公共财政预算收入完成75.53亿元，完成年度计划的121.43%；区级公共财政预算收入完成36.64亿元，完成年度计划的107.76%。

【服务区域经济社会发展】围绕通州区作为首都城市副中心的战略定位和发展路径，立足积极发挥税收职能作用，税政服务实现“三贴近”，即贴近纳税人、贴近具体项目、贴近服务区域经济发展大局，为区域经济社会发展提供财力、决策、信息、环境、协同、人才等六方面支持。成立城市副中心建设政策服务组，出台了《产业跟踪服务管理办法》，解决各类涉税问题近30个，出具《税政建议书》5个，跟踪产业项目近20个，预计可形成税收5.6亿元。利用国土局网站的第三方信息，掌握土地交易57宗、面积261万平方米、成交金额267亿元，起到了增收保障作用。建立《重点产业项目及区领导联系项目管理台账》，直接参与国际医疗园区、文化旅游区等园区的政策咨询工作。

【税源管理】成立重点税源所，对年纳税400万元以上的、占全局总收入65%的189户重点税源企业实施统一管理和服务，发掘企业生产经营中深层次的涉税问题。制定了《重点税源跟踪制度》，建立了全过程管理监控机制，提升重点税源管理精细化水平。对年纳税100万元以上400万元以下的税源户，由属地税源管理所实施按户管理，提高管理针对性。发挥区发改委、建委等八部门联席会议制度作用，切实做到信息联动、动态管理，严防税源流失。

【纳税服务】探索实践办税服务厅工作事项、功能区布局、内外标识、窗口设置、设施配置、管理制度、对外宣传公开八个方面的规范统一。完善制度，查找风险，编制案例，加强服务风险监控预警和投诉预防、处理工作。深入分析影响满意度调查结果原因，查补漏洞，促进服务质效提升。创新纳税辅导组织形式，组织各类培训辅导会 15 场，惠及纳税人 700 余人次。联合八通网推出税收动漫展播月活动，专题页面浏览量高达 33 万人次。

【税收征管改革】全面启动税收征管改革工作，先后下发 10 个文件和 16 个工作通知，保障改革有序推进。以纳税服务、税源专业化管理、风险应对管理、数据支持和执法风险防控五项工作为中心，搭建改革框架。开展办税服务厅标准化、规范化建设，统一了基层税务所税收管理岗位设置、职责和系统权限配置，对全局税源户按照“规模 + 等级”实施分类管理。建立税收风险应对任务推送等机制，健全纳税服务、风险监控、纳税评估、税务稽查和风险推送五个层级分级管理体系。

【纳税评估】继续发挥纳税评估横向、纵向、外围“三维立体协调联动反馈机制”作用。开展涉及无税申报企业、建筑业、房地产经纪行业、城市维护建设税、车船税和个人工资薪金共 7 个事项的评估风险应对任务推送。编写《纳税评估微讲堂》双月刊 5 期。全年评估补税 3119.58 万元。

【税务稽查】全面实行电子查账稽查方式。加大稽查检查力度，全年共受理举报案件 160 件，查处率 100%，答复检举人 117 人次。共立案检查 202 户，查补税款 4343 万元。查处发票违法企业 23 户，涉及票面金额 726 万元。对 12 件典型案件在地税网站曝光台公告，极大地增强了稽查检查的震慑力。

【依法行政】对全局行政处罚裁量权行使情况进行前期摸底调查并形成调研。完成 232 项行政职权梳理及信息公开工作。认真开展税收专项执法督察和行政处罚案卷评查工作。顺利通过通州区“六五”普法中期检查验收。

【党的群众路线教育实践活动】认真查找领导干部中存在的“四风”问题并加以解决。持续深化“领导班子一线工作法”，局领导班子深入基层调研，通过座谈会、上门走访、调查问卷、设置意见箱等形式“开门纳谏”，倾听纳税人呼声，了解干部需求，找准工作突破口，征求意见建议 41 条，完成了群众路线教育实践活动的规定动作和自选动作。在整改过程中主要针对五大问题 19 项工作开展专项整治，明确了牵头领导、主责和协责部门，做到立行立改。

【党建和思想政治工作】完善基层党组织管理机制，成立了机关党委和第一党支部。推行党建工作标准化管理。开展“微型党课”56 讲，推进学习型党组织建设。制定各项党建工作标准、流程 46 个，重新选举、补选了支部委员 53 人，发展党员 4 人。全局 24 个支部及 289 名党员公开承诺事项 1408 项，评选出红旗党支部 5 个、党员之星 47 名。

【队伍建设】依据 2012 年副科级领导空缺职位竞争上岗考察结果，选拔任用 6 位年纪轻、学历高、能力强的干部走上领导岗位，全部配齐了科级领导空缺职位。制定《干部专业资格考试、学历教育管理暂行规定》，鼓励干部参加专业资格考试及学历学习，全年有 28 人取得中级经济师职称，具有中级以上职称人员比例由 5.6% 提高到 13.3%，获得“三师”资格人员达到 16 人。开展全员小企业会计制度培训、注册税务师考试培训、稽查局业务培训、公开选拔考试辅导和科级领导干部领导力提升培训，全局共有 785 人次参加，着力培养适应城市副中心发展要求的复合型高素质人才。

【党风廉政】聘请 9 名特邀监察员，共就政风行风、党风廉政、队伍建设等方面工作提出意见建议33条。全局各部门建立廉政档案，跟踪记录风险信息。编辑《税苑清风》刊物4期，《机关效能建设工作动态》3期。开展了会员卡清退活动。加强公务用车使用管理，杜绝公车私用现象。清退了政府借车9辆，完成了6个农村税务所班车租赁工作。

【先进表彰】通州局荣获北京市交通管理委员会颁发的“2013年北京市交通安全先进单位”、北京市档案局颁发的“2013年北京市档案测评工作优秀单位”、北京市妇联颁发的“2013年北京市三八红旗集体”、北京市公安局颁发的“2012年北京市单位内部安全保卫工作集体嘉奖”称号。通州局张家湾税务所获得中华全国总工会授予的“2013年全国模范职工小家”称号。王启、曲国庆获得北京市公安局颁发的“2012年北京市单位内部安全保卫工作个人嘉奖”。

【领导班子成员】北京市通州区地方税务局局长：杨玉杰；副局长：张孟松、刘亚慧（女）、杜云涛、董立彤、王华；纪检组长：马杰。

（王　凡）

顺义区地方税务局

【概况】北京市顺义区地方税务局承担着辖区内营业税、企业所得税、个人所得税等十余个地方税费的征收管理工作。下设15个职能科室（办公室、征收管理科、税政管理一科、税政管理二科、收入核算科、纳税评估科、纳税服务科、科技信息科、法制科、督察内审科、国际税务管理科、人事教育科、监察科、基层工作科、计划财务科），14个税务所（第一税务所、第二税务所、第三税务所、第四税务所、第五税务所、城关税务所、仁和税务所、南彩税务所、后沙峪税务所、牛山税务所、李桥税务所、木林税务所、杨镇税务所、张镇税务所），1个稽查局（综合科、检查一科、检查二科、检查三科、检查四科），1个机场分局（综合科、机场第一税务所、机场第二税务所），1个机关后勤服务中心。截至2013年底，全局共有干部职工357人，其中研究生22人，占全体干部职工的6.16%，大学本科学历216人，占全体干部职工的60.5%，本科以下学历122人，占全体干部职工的34.17%。共有在职党员303名，退休党员42名，在职党员占全局人数的84.87%。共青团员14人，占全局人数的3.92%。截至2013年底，全局共有税务登记户42839户，其中国有企业424户，集体企业832户，私营企业8731户，个体工商户19924户，联营企业6户，股份有限公司208户、股份合作企业和有限责任公司10349户，外资企业986户，其他企业1379户。

【组织收入】2013年，顺义区地方税务局共组织各项税费收入135.92亿元，同比增收11.8亿元，增长9.5%。其中，地方公共财政预算收入完成107.25亿元，完成全年地方公共财政预算收入目标任务95.5亿元的112.3%，同比增收7.77亿元，增长7.8%；区级一般预算收入完成54.52亿元，同比增收4.25亿元，增长8.4%。

【组织收入措施】一是抓税收分析。提前分析重大项目、工程落地和重大政策调整对收入的影响，采取召开收入预测分析会、按月通报预测情况和利用表单进行数据采集等措施，有效提升了收入预测准确率。二是抓征管质效。按事前、事中、事后三阶段对申报管理进行动态监控，坚持按月通报，保证了征管指令性指标达到市局考核标准。对400户企业开展了无税申报核查清理工作，对1382户漏征漏管户进行了催办登记，采取了有针对性的纠正措施，有效提升了日常征管质效。三是抓税种管理。开展了2012年度企业所得税汇算清缴申报数据的核实工作；对房地产业土地增值税进行细化管理；做好小微企业免征营业税和“营改增”财政扶持资金的审核工作；按照市局修订后的印花税核定征收管理办法，对324户纳税人进行了重新核定，进一步规范了印花税的征缴行为。

【征管改革试点工作】作为征管改革试点单位，机场分局制定《征管改革试点工作实施方案》，认真梳理业务流程，按照涉税事项不同环节对岗位进行设置，职责和工作内容相对单一，提高了办事效率；取消了管理员“一管到底”的模式，降低了廉政风险；专岗专人的岗位设置，提升了干部专业能力，一定程度上防范了执法风险。并在此基础上，不断摸索、总结和创新，推进了两个个体税务所的机构设置，为征管改革试点工作推进和《北京市地方税务局关于深化税收征管改革的意见》出台提供了有益参考。

【稽查与评估】完善评估补税率考核的指标设定，以交叉互查方式开展5期专项评估工作；积极探索风险分析识别工作，结合风险预警指标开展了建筑业、住宿和物业管理企业的专项评估。全年共完成纳税评估4429户，入库税款、滞纳金合计4736万元。研究设计了《土地增值税清算检查工作底稿》，并在试行过程中不断进行完善；完成了税务稽查电子查账软件的试运行，对稽查局全员开展了课件培训；强化案件审理，严格落实重大案件审理会制度。全年共对123户纳税人进行了税务检查，通过各种形式组织收入5455万元。

【服务区域经济发展】围绕顺义区域“三个阶段性特征”和“四个转型升级”，向区委、区政府报送税收分析以及临空经济区、空港开发区等重点功能区税收信息50余篇，为领导科学决策提供了专业、全面、细致的参考数据。与区统计局建立信息交换机制，重点关注中关村顺义园内企业注册及税收完成情况。对1400户纳税人进行了新办登记培训并发放证书，对3700户企业进行了企业所得税汇算清缴辅导。将税务所的12366远程座席统一转移至咨询中心，共受理咨询电话6380个。印制了2万份《个人房产过户税收政策指南》和1万册《地方税务优惠政策汇编》向社会发放，利用106块社区LED显示屏、商业区宣传灯箱及影剧院广告显示屏进行税收基础知识宣传，制作了税收宣传动漫《大淘二胖漫说税法》在顺义电视台黄金时段播出。

【依法行政】对相关法律法规中涉及的税收执法行为和执法责任逐项梳理，编印了《税收执法行为与执法责任》，内容包括税务登记、发票和税务行政处罚等10大事项、96项具体执法行为，明确不同执法行为对应的责任风险。成立12个执法督察组，对非国标税控收款机注销及丢失报备、企业所得税征收方式鉴定、对外支付税务证明事项等14个项目进行了执法督察，共检查了217份案卷，发现其中69份存在问题，及时进行了通报和整改。制定工作签报、工作调度会、业务问题请示答复以及人员考勤管理办法等六项制度，为规范工作程序、提高依法行政效能奠定了基础。

【党风廉政】对内，逐级签订党风廉政建设责任书，举办“税收违法违纪行为处分规定”专题培训，参观“复兴之路”展览、北京市反腐倡廉警示教育基地以及明代反贪尚廉历史文化园等，印发了《贯彻落实改进工作作风、密切联系群众有关规定实施办法》。对外，发放《意见建议反馈单》，广泛征询纳税人的意见和建议；发放并收回了《廉政建设情况调查表》264份，未发现违法违纪行为。

【先进表彰】2013年，顺义地税局荣获中华全国总工会“全国五一巾帼标兵岗”、顺义区委区政府“二○一二年‘一助一’工作先进单位”、顺义区总工会“六好工会”等。

【领导班子成员】顺义地税局党组书记、局长：张翅；副局长：刘东升；纪检组长：刘佩书（女）；副局长：王国强、李志刚、赵学武。

（陈　阳）

怀柔区地方税务局

【概况】北京市怀柔区地方税务局位于怀柔区南华大街17号，下设14个职能科室（办公室、人事教育科、基层工作科、监察科、计划财务科、法制科、督查内审科、税政管理一科、税政管理二科、征收管理科、收入规划核算科、科技信息科、纳税评估科、纳税服务科），1个后勤服务中心，8个基层税务所（第一税务所、第二税务所、第三税务所、怀柔镇税务所、庙城镇税务所、桥梓镇税务所、雁栖镇税务所、汤河口镇税务所），1个稽查局（含综合科、检查一科、检查二科、检查三科）。截至2013年底，全局共有干部职工282人，其中研究生17人，占全体干部职工的6%，大学本科学历209人，占全体干部职工的74%，本科以下学历56人，占全体干部职工的20%。行政编制238人。共有在职党员204名，退休党员20名，在职党员占全局人数的72%。共青团员12人，占全局人数的4%。2013年底，全局共有正常税源户40280户，其中国有企业和集体企业579户，有限责任公司8770户，股份有限公司64户，私营有限公司9857户，私营独资及合伙企业592户，中外合资及合作经营企业73户，个人独资630户，个体工商户16819户，其他类型2696户。

【组织收入】2013年，怀柔地方税务局组织各项税费收入43.83亿元，同比增收7.98亿元，税款规模首次突破40亿；其中组织地方公共财政预算收入32.22亿元，同比增收4.60亿元，完成年度预执行计划28亿元的115.1%，完成收入调整计划28.5亿元的113%；组织区级收入16.39亿元，同比增收2.13亿元，完成区政府计划指标16亿元的102.45%。

【税收征管】密切关注区域经济运行态势和税源发展变化情况，加强基础税源的登记管理和税源调查，2013年纳税超过百万元的企业达到425户，入库税款360666万元，占到了总收入比重的82.29%。确认市级重点税源58户，及时完成市、区、所三级重点税源户确认和系统信息核定工作。认真落实重点税源户联系机制，在组织收入力量上向重点税源倾斜，实现重点税源对组收任务的有力推动。全力做好各类税收数据统计分析和综合服务工作，为组织收入工作提供科学预警和指导。

【服务区域经济社会发展】 制定关于积极发挥税收职能作用、促进区域经济社会发展的意见，细化25项服务措施。协调召开北京市地税局服务怀柔区域经济发展座谈会，及时征求区域税收政策落实意见和建议，对与地税工作联系紧密的近二十个委办局和全体镇乡领导进行了工作走访。大力支持区域经济和重点项目建设，先后7次同示范区、中影基地、益田影人酒店等重点项目单位进行协调，及时主动做好政策服务工作。

【税制改革】 与国税部门加强沟通，就移交的“营改增”税源户进行核实确认，做好企业发票缴销、税控机注销工作。对企业信息逐户核实，筛查反馈，确保数据采集真实准确。稳步推进“营改增”扩围工作，做好数据统计、测算，汇总广播影视服务项目营业税情况并进行系统分析，预测“营改增”扩围对年度税收数据的影响，为科学组织收入工作提供决策参考。熟练掌握“营改增”最新政策范围和具体规定，准确把握行业范围，提高政策解释和为纳税人答疑解惑的能力。严格“营改增”试点过渡性财政扶持资金的审核工作，共完成5户入围企业的审核，涉及财政扶持资金165万余元。

【税收政策】 配合建委等部门积极稳妥解决好房屋历史遗留问题，为8家单位和700余户房主办理了房产证手续。加强开发项目的户籍管理，认真落实差别化预征率政策规定，及时进行土地增值税清算核定征收，土地增值税清算通知书送达率达100%。认真贯彻房地产市场宏观调控税收措施，主动争取各方支持，开展宣传辅导，加强舆论引导，充实征管力量，维护税收工作秩序，确保将政策落到实处。加强宏观税负测算和减免税调查，全年办理退库363笔，退库税款3031万元，减免各项税款11323万元。

【征管工作】 开展税收管理员绩效考核，运用现有数据、信息来源，运用信息化手段设定七项考核目标，强化对税务所和税收管理员的考核。加强政府部门间横向联系，积极与国税局、工商局、财政局等部门做好协商和数据信息交换工作，减少税收成本性支出，实现信息资源共享，降低税收执法风险，为纳税人提供更便捷高效的征管服务。深入做好税控装置升级和旧版发票缴销工作，对2485台税控机进行升级，对全局旧版发票进行彻底清查和盘库。加强欠税管理，全年共补缴欠税250万元。

【税种税源管控】 以涉税数据信息比对为切入点，以税收业务流程和制度建设为基础，加强对各税种的有效监管。深入做好企业所得税汇算清缴工作，实际申报率达到100%。2012年年所得12万元以上自行申报累计申报人数完成任务指标的128.82%。加强工会经费、残保金代收代征管理。工会经费代收工作稳步攀升，累计申报缴款金额5629.24万元，平均申报率、缴款率、入库率均达到98%以上。残保金代收工作创历史新高，累计入库3984万元，审核率、入库率均排名全市第三。积极推进以地控税试点，城镇土地使用税管理有效加强，房土税税源登记率达到98%，在全系统进行了典型发言。以契税征收为抓手，以数据比对为依托，深化房地产税收一体化管理。全年年补录房土税税源登记300余条，修正基础数据200余条，从而进一步规范了房产、土地买卖双方涉税及税源登记的基础数据。

【信息管税】 认真做好金税三期工程的上线

运行工作，圆满完成金税三期工程第一阶段相关域名调整、网络和业务功能测试及网络割接工作。加强信息化基础建设，制定信息系统自动备份机制，通过编写自动执行语句，在特定时点自动实现数据库的备份。及时更新和维护软硬件设施，严格执行内外网隔离，提高网络安全运行能力。为征管一线购置更换近百台计算机，重新配置适合实际工作需求的系统和运行环境，充分发挥信息化建设对税收一线的支持作用。

【法制工作】坚持依法行政，建立健全领导机构，制定年度依法行政工作要点。认真抓好领导干部和公务员学法用法，开展了“学法用法、依法行政”心得体会征文和演讲活动。巩固政务流程梳理成果，加强规范性文件管理，切实提高制度执行力。规范行政处罚和行政许可工作，全年没有发生明显违法处罚问题。组织开展“纳税人权益保护宣传及问卷调查”活动，普及依法维权意识和观念。主动精简行政审批流程、简化程序、优化服务，全年共办理减免税审批与行政许可事项82件，累计为纳税人节省665个工作日，纳税人满意度达到100%，受理窗口连续6个月获得区行政大厅先进窗口称号。

【稽查与评估】以组织收入为中心，以依法办案为重点，依法履职尽责，充分发挥好稽查工作以查促收职能，使税务稽查工作制度化、规范化和科学化水平得到了进一步提升。全年稽查选案准确率达到97.6%，协查回复率和信息完整率达到100%，结案率和滞罚率均超指标完成任务，共立案检查139户，结案133户，查补入库税款、滞罚共计3224.41万元。进一步完善评估考核办法，初步建成了以重点税源户评估为点，以行业专项纳税评估为线，以税务所集体辅导评估为面的立体化评估工作格局。采取“抓点、围线、控面”措施，科学预警，依法管理，堵漏增收。全年共评估2893户，补税5508万元。

【内审监督】协调配合区审计局扎实开展年度征管审计工作，加大审计整改落实工作力度，逐步降低基层干部的执法风险。认真做好区法制办一年一度的行政处罚案卷评查工作。制发2013年度日常执法检查工作方案，对执法督查中发现的问题进行归类，分析总结，积极研究征管对策，通过建立和完善各项制度，规范税收执法行为，有效促进全局依法行政工作。

【纳税服务】推进办税服务厅建设，加强一线窗口服务。针对不同纳税人的特点和需求，着力构建公众需求导向机制，为纳税人提供个性化服务。开展网站后台升级改造，通过新增购买发票预约功能、设立重点企业服务专区等措施，优化网站结构，增加征纳互动，提高了网站的实用性。开展纳税服务满意度调查，深入了解纳税人需求，针对纳税人提出的问题，提出相应整改措施。加强办税公开和政务公开，做到信息透明、服务便捷，便于监督。畅通纳税服务投诉、行风政风评议、行政复议信访、社会群众监督等多种维权通道，高标准、高质量完成对李劲松申请政府信息公开一案的协调处理，有效化解社会争议，实现征纳和谐。扎实开展第22个税收宣传月活动，与区域媒体合作，设置多样化的税收宣传栏目和节目，在区普法公园制作宣传橱窗，贴近实际宣传税收，扩大对外宣传影响。

【党的群众路线教育实践活动】召开全局动员大会，量化活动要求，先后组织不同类型座谈会11次。建立群众联系点5个，发放征求意见函50份、发放征求意见表100份，班子成员走访调研30余次，在办税场所设置了专用意见箱、向社会公布举报电话，采取多种形式听取不同层面干部群众和纳税人的意见。教育实践活动取得了扎实成效，累计精减会议16次，文件20份，清理表彰项目4个，压缩办公经费74万元。

【组织建设】认真把握学习、管理、活动、考核、宣传等抓手，大力提升党建科学化水平。制定了党员学习计划，邀请有关专家进行教育辅导，并积极采取集体授课、分组讨论、心得交流等多种形式，力求教育深入人心。充分利用党建平台、团建平台在党员团员中开展爱党、爱国、爱岗活动。认真筹备、精心组织了党员党史知识竞赛，开展五四青年节征文演讲比赛纪念活动。组织了2012年度先进集体和先进个人的评选活动，深化和巩固了创先争优活动的实际效果。

【队伍建设】加强干部队伍考核管理，修订完善2013年《目标管理考核办法》，进一步提高考核工作的针对性、规范性和有效性。不断完善科级领导班子及成员测评方式，加大科级领导考核力度。全年轮岗16人次，进一步优化了队伍结构。认真做好新任公务员的招录任用，优化队伍结构。加强干部业务培训，准确把握培训需求，精心组织了《小企业会计准则》《基础会计知识》等专业知识培训；加强部署，督促干部完成在线学习；细致深入组织了全员知识更新培训；动员鼓励干部参加经济师报名考试，不断夯实干部业务基础。全年累计组织集中培训20余次，落实培训学时17天。在市局组织的系列税收专业知识考试中，取得优异成绩；其中稽查系统B卷的考试中取得了及格率系统第一、平均分系统第二的成绩。

【党风廉政】认真落实中央八项规定，结合党的群众路线教育实践活动，深入推进干部队伍作风转变。制定《贯彻落实改进工作作风、密切联系群众有关规定实施办法》，以作风建设为核心，努力抓好党风廉政建设。召开2013年党风廉政建设工作会，持续加强反腐倡廉教育，严格落实党风廉政建设责任制，完善廉政诫勉、述职述廉工作制度，编制职权目录和权力运行流程图，分层签订2013年党风廉政建设责任书，召开特约监察员座谈会，开展企业走访、稽查回访工作，着力加强作风建设，规范权力运行，深化廉政风险防控管理。

【行政保障】规范财务管理，降低行政运行成本。完善出台《经费支出工作规程》《办公用品采购管理办法（试行）》《公务接待管理办法（试行）》等制度规定，控制“三公”经费，厉行勤俭节约。加大督查督办力度，加强公文管理，精简会议活动。加强调查研究和信息工作，两篇调研在市级和中央级刊物发表，实现成果转化，20余篇信息被市委、市政府采用。狠抓安全维稳，对全局技防设备进行了维护、更新。根据怀柔区政府加强环境整治力度，迎接、承办好2014年亚太经济合作组织（APEC）国际性会议工作要求，对机关办公楼和外围科所办公办税场所进行了整修，对部分税务所和稽查局等科室办公地点进行了调整，基本形成了格局合理、秩序良好、便捷舒适的办税环境。

【文化建设】开展“我身边的好税官”征文演讲活动，凝聚士气，鼓舞干劲。有3名同志在区总工会举办的征文比赛中获奖。组织干部参加怀柔区第九套广播体操比赛并取得了一等奖的好成绩。

【先进表彰】2013年，怀柔地税局荣获怀柔区工会工作先进单位、怀柔区“劳动创造幸福、劳动成就梦想”活动优秀组织奖。

【领导班子成员】怀柔区地方税务局党组书记、局长：姚敬国；副局长：郭海福、樊京虎、吕延程；纪检组长：陈刚。

（安学敏　高　阳）

平谷区地方税务局

【概况】平谷区地方税务局位于平谷区林荫北街5号，机关内设14个科室，下设10个税务所、1个事业单位（机关后勤服务中心）、1个稽查局。截至2013年底，全局共有干部职工274人，其中公务员253人，工勤人员21人。全区注册税务登记户数（正常户）22752户，内资企业18021户（其中国有企业156户，集体企业281户，股份制合作企业381户，联营企业2户，有限责任公司11002户，股份有限公司90户，私营企业4785户，其他企业1324户），个体工商户4567户，中外合资、中外合作和外商独资企业110户，港澳台合资、合作和独资企业54户。

【税收收入】2013年，平谷区地方税务局完成各项税费收入35.20亿元，同比增收1.34亿元，增长3.96%；完成地方公共财政预算收入27.89亿元，同比增收1.25亿元，增长4.67%；完成区级地方公共财政预算收入14.90亿元，同比增收0.39亿元，增长2.68%。

【组织收入措施】在坚持组织收入原则和组织收入责任制的同时，重点加强两方面工作。一是增强与政府部门的工作协调性。组织收入工作得到区、乡镇领导和区有关部门的大力支持。二是加强税收综合分析。健全区局、税务所纵向分析和各科室所横向分析机制，从税收收入、经济运行、税源、政策效应、税收风险五个方面进行综合分析，指导组织收工作。2013年，各月收入预测准确率均在95%以上。残保金、工会经费代征代收工作也取得显著成效，全年入库残保金2331万元，入库工会经费2901.73万元。

【服务区域经济社会发展】主动服务领导决策。每月向区、乡镇政府、区有关部门报送信息，进行税收政策解读。及时汇报税制改革、税收征管措施调整对平谷区组织收入工作的影响，针对组织收入工作中遇到的问题，提出加强组织收入、完善招商引资管理的建议。积极解决涉税问题。局领导、各科所均顺利与区有关部门、各乡镇对接。通过召开座谈会、上门走访等方式了解税源建设方面的计划、各产业基地、中关村平谷园等重点区域发展规划、涉税需求，以及重大项目数量、重点工程进展情况，研究税收政策与产业政策对接。为落实北京市委书记郭金龙到平谷调研时的讲话精神，开展土地使用税政策落实情况调研，提出完善政策建议，得到市局支持，进一步减轻了农业种植企业负担。

【税收征管】持续完善业务流程。一是提高流程的适应性。各税务所对业务流程进行全面梳理，针对与征管要求及征管现状不适应问题，提出修改完善建议，经业务科室集中研讨、确认、汇总，向市局反馈意见建议60余条。二是学习先进的管理理念。对厦门市地税局业务流程与区局业务流程进行比对，找出差异，取长补短。针对减免缓退超时限问题，分析原因，完善管理。三是通过流程梳理推动征管工作。流程梳理中，针对“农家乐”停复业、个体工商户注销、农民经济合作社申报等提出改进管理的建议。严格征管质量考核。找准与国税户数存在差距的原因，加强协调配合，提高税务登记管理质量。查找无税申报率居高不下的原因，制定分类管理措施，并提出管理建议向市局报告，引起市局重视。加强告知、迟报催缴，提高申报率。加强审计中发现问题的整改，提高征管质量。全年登记率保持100%，综合申报率、入库率均在99%以上。加强分税种管理。建立外出经营企业基本台账、信用台账、税款异地缴纳台账，有针对性地加强企业所得税监控。通过与国税局的信息交换，核实税种管理情况，堵塞漏洞。利用财产行为税监控平台，对土地增值税与营业税入库情况、房土税登记与入库信息等进行比对。2013年底，布置997户房土税异常信息比对工作。推进征管评查联动。以征管为龙头，以税务所为依托，通过纳税评估发现行业、税种管理的共性问题，通过稽查纠正个别企业税收违法行为，通过落实政策加强分税种管理，发挥征管评查各环节的合力。纳税评估部门集中精力开展重点行业、重点税种评估，加强对税收征管工作的指导，评估入库1941万元；稽查局加强重点行业、纳税大户稽查，预计查补收入超亿元。2013年，制作《纳税评估、税务稽查综合反馈（意见）建议书》13份、《税务稽查执行情况反馈单》174份，征管评查衔接更加顺畅。

【纳税服务】根据纳税人满意度调查结果、进一步改进作风密切联系群众有关要求、纳税人需求，及时研究完善服务措施。落实所长带班制度，加强科所间协调，避免纳税人多头跑、多次跑。联合区经信委，对需贷款扶持的中小微企业进行信用评定，提交银行作为确定贷款对象的参考，22家企业取得贷款8000余万元。对经营规模较大、纳税信用等级较高的纳税人提供预约服务或延长发票授权期。积极推广发票网上报数、网上授权，进一步减轻纳税人负担。突出服务重点。提前介入中关村平谷园重点项目、重点企业引进，帮助企业尽快完成登记事宜。提请市局在核心征管系统中为平谷区“四园、五基地”等重点区域数据加注标识。坚持每月进行新办户培训，根据政策变化及企业需求组织分行业、分税种培训。对43户国资委系统企业、37户中关村高新技术企业分别进行集中辅导培训。与经信委、农行共同建设中小微企业扶持平台。将《税收优惠政策汇编》电子版上传至中小微企业政策查询平台，方便办税人员查询。落实税收优惠政策，全年减免各项税费6204万元。

【税收法制建设情况】开展“学法用法依法行政”主题宣传教育活动。认真落实区政府《规范行政行为工作专项考评实施细则》。整理建局以来的业务类发文，为完善业务流程体系，降低执法风险打下基础。加强督察内审。先后2次共对19项内容进行执法督察。将培训、辅导和答疑解惑贯穿督察全过程，充分发挥服务和规范双重作用。积极配合外部审计监督，充分利用督察及外部审计结果，查找工作漏洞，规范管理。

【党建工作】制定、落实年度党建思想政治工作要点、党组中心组和干部理论学习年度计划，全年组织党组中心组学习21次。实施书记讲学、集中导学、在线自学、培训深学、试卷考学、实干践学“六学工程”。开展党的群众路线教育实践活动，认真完成规定动作，创新自选动作。领导班子查找“四风”方面问题16个，班子成员查找个人“四风”方面问题71个，整改已取得初步成果。深入开展“四亮、四比、四创、五评”活动、“五星级党组织”创建工作。

【干部队伍建设】一是利用集中培训、科所培训、网上培训等多种形式，开展全员更新知识培训、财务会计知识提高培训，在系统《小企业会计准则》、稽查业务知识考试中取得良好成绩，2 人通过高级经济师笔试，23 人取得中级职称。全局人均在线学习 112 学时。2 名同志获选区级学习之星，1 个家庭获得学习型家庭称号。二是实现综合管理三零目标。将“无违法违纪、无管理责任事故”双零目标调整为“无纳税服务投诉举报、无违法违纪、无管理责任事故”三零目标。组织开展领导班子成员、党员贯彻落实作风建设规定承诺活动，对外出就餐、公车使用等容易忽视的问题提出明确要求，进一步加强招待、财务、后勤管理。建立查岗制度，组成联合检查组对税容风纪、纳税服务、安全管理等工作进行检查，及时纠正偏差，监督整改，促进各项管理制度的落实。三是转变了作风。将市局目标管理考核、区政府绩效考核、区依法行政考核分解到各科室，明确办理、检查、总结的时间安排和具体要求，保证事事有人负责。对重点工作、上级领导批示、纳税人诉求进行督办，跟踪办理情况，及时通报办理结果。建立月例会制度，加强工作协调。调整科室职能配置，理顺工作关系。及时反馈群众意见处理及办理结果。

【先进表彰】平谷区地方税务局被评为首都文明单位标兵、首都全民义务植树先进单位，被授予首都劳动奖状。

【领导班子成员】平谷区地方税务局党组书记、局长：张秀娟（女）；副局长：朱庆丰（调研员）、牛皖军、王敬丰；纪检组长：秦德海。

（李冬莲）

房山区地方税务局

【概况】房山区地方税务局地处房山区拱辰街道办事处，位于房山区拱辰大街 1 号，邮编 102488。全局共有干部职工 285 人，其中研究生 18 人、大学本科 198 人、大学专科 47 人，大学专科以上学历人数占全局总人数的 92.3%，党员 235 名，占全局总人数的 82.5%；团员 10 名，党、团员总数占全局总人数的 86%。局内设置 15 个职能科室、1 个稽查局、12 个税务所和 1 个机关后勤服务中心。纳税人在册税务登记正常户为 37744 户。其中，国有企业 259 户，集体企业 1099 户，私营企业 15165 户，个体工商户 12695 户，联营企业 9 户，股份制企业 620 户，有限责任公司 6291 户，股份有限公司 143 户，港澳台投资企业 47 户，外商投资企业 83 户，其他 1333 户。

【税收收入】2013 年，房山地税局在市地税局和区委、区政府的领导下，坚持以组织收入为中心，加强税源管理，细化税收分析，深入了解“营改增”、房地产业政策变化，积极落实各项组收措施，确保提前 82 天完成全年收入任务。全年累计入库各项收入 676995 万元，同比增收 160432 万元，增长长 31.1%。其中：完成地方一般预算收入 584169 万元，同比增收 143971 万元，增长 32.7%，完成市局下达任务的 124.6%。完成区级一般预算收入 284767 万元，同比增收 63572 万元，增长 28.7%。其中：营业税累计完成 280928 万元，同比增收 68643 万元，增长 32.3%；

企业所得税完成74206万元，同比增收13675万元，增长22.6%；个人所得税累计完成54649万元，同比增收11817万元，增长27.6%；印花税完成4272万元，同比增收1270万元，增长42.3%；土地增值税入库139236万元，同比增收29439万元，增长26.8%。

【重点税源户税收贡献】截至2013年12月31日，房山区地税局共有税源户40792户，比上年同期的40939户减少147户，下降0.36%。从分行业户数分布情况来看，批发和零售业户数最多，为16031户，达到总体比重的39.3%，税收仅占总体收入的2.08%；房地产业和建筑业户数分别为917户和2245户，所占总体比例分别为2.2%和5.5%，税收占比分别达到总体税收比重的54.8%和15.05%。全局有税户数达到32345户，其中：市、区、所三级重点户1370户，累计入库各项收入571386万元，占总收入的84.4%；入库在千万元以上大户有81户，较同期增加了1户，入库税款436514万元，较同期增加126592万元，对总体增收贡献率达到78.9%。

【国家税务总局局长肖捷到房山调研】2013年2月1日，国家税务总局局长肖捷到房山区国税局和地税局调研，了解基层情况、听取工作汇报。肖捷局长首先到房山区地方税务局良乡税务所与一线税务干部热情交谈，询问干部们的日常工作、管户多少等情况，并向干部们致以节日的问候；叮嘱干部们一定要坚持依法行政，坚决不收“过头税”，努力提升税收质量。随后，肖捷局长与北京市税务系统人员举行了座谈会，认真听取了房山区国税和地税工作情况汇报和基层反馈的意见、建议。肖捷局长强调：一是要不遗余力地抓好税收核心业务，特别是纳服和征管，希望北京市国税、地税部门在提高征管质效方面成为全国的表率。二是在认真履行法律赋予责任的同时，要规范好税收执法权和税收管理权。三是大力培养专业化人才，努力建设一支高水平干部队伍。

【服务区域经济发展】积极发挥地方税收的职能作用，主动开展服务区域经济发展工作。2013年6月21日下午，北京市地方税务局在区政府组织召开服务房山区域经济发展座谈会，市地税局局长杨志强、副局长郝硕博、卜祥来、房山区委书记刘伟、区长祁红、常务副区长李江出席会议。听取房山区发改委对房山区域经济发展情况和“五大园区”建设情况的简要介绍，听取房山地税局有效发挥税收职能作用、服务房山区域经济社会发展的具体实施意见，就税源引进、属地征管、政策对接等工作进行了交流和探讨。会议期间，双方还就加大干部交流、加快办公用房改造等问题达成了一致意见。为确保服务区域经济发展工作落到实处，会后，房山区地税局按照服务政府、服务园区、服务企业、建立制度四个方面，制定了任务分解表，明确责任，细化措施。建立与区住建委、发改委、统计局、财政局等部门的联系机制，形成工作合力。房山地税局局领导带队深入乡镇、企业走访100余次，征集意见建议59条，采取措施进行了改进和完善。各基层税务所建立与乡镇、园区的联系机制，积极开展政策辅导，帮助解决实际困难。

【税收征管改革】根据北京市地税局指示精神，从6月底开始，房山区地税局将年初制定的税源专业化改革转向税收征管全面改革，改革范围扩大，涉及纳税服务、税收征管、纳税评估、稽查评估等多个方面内容。2013年内，共完成了三项工作：一是对68项工作职能进行了调整，由税源管理所分别调整到第一税务所67项和纳税服务科1项，同时调整了纳税评估工作的机构设置、主要职责和业务流程；二是对部分业务的流程和衔接进行明确；三是深入开展调查研究，制订征管改革工作方案。

【规范移动办税工作】针对当前纳税服务对移动办税工作的新要求，房山区地税局对移动办税工作进行了调整，6月28日，重新修订并下发《房山区地方税务局关于进一步明确移动办税工作的通知》，明确各区域移动服务的时间，规范服务内容和服务行为，促进了移动办税工作的健康发展。

【试行并推广个人所得税完税证明自助服务系统】1月4日，房山区地税局在第一税务所试运行个人所得税完税证明自助服务终端系统，通过实践，先后7次对系统进行修改完善，实现系统的稳定运行。系统运行以来，房山区地税局全年自助打印个税证明2058份，方便纳税人。

【出台投诉管理办法】制定《房山区地方税务局纳税服务投诉管理办法》，从职责分工、工作流程、投诉监管、从严考评等环节对所涉及的纳税服务投诉全程进行规范，从而使纳税服务投诉实现有据可依，有力促进依法行政工作的落实。

【“营改增”扩围】2013年内，为确保“营改增”试点改革扩围工作顺利完成，房山区地税局加强与区国税局税源信息信息交换，细化“营改增”应转户与待核实户的核实要求，加大待转户名单内企业经营范围、国家标准行业、减免税情况、收入情况、影视服务类收入等信息核实力度，确保38户“营改增”企业顺利移交给区国税局。认真做好“营改增”后续管理，确保过渡性财政扶持政策落实到位，确认61户企业享受财政补贴465万元。

【试行纳税评估专业化管理】年内，房山区地税局根据税源专业化管理改革要求，试行纳税评估专业化管理，成立房山、良乡两个专业评估组，分别隶属于房山税务所和良乡税务所，在纳税评估科的带领下，两个评估组整合评估案源，开展涉税疑点标识和风险排序工作，实现对不同税收风险等级的纳税人实施差异化和递进式的风险管理，全年共评估1910户次，补缴税款及滞罚收入1358万元。

【开展明察暗访和满意度调查活动】组织社会监督员分别对12个基层税务所进行明察暗访，针对暗访中发现的问题，及时进行整改落实。委托中介机构采取问卷调查和实际走访相结合的方法，开展纳税人满意度调查，调查涵盖“服务质量、服务场所、税法宣传、行政执法、干部形象、勤政廉政”等7项内容，重点了解纳税人对房山区地税局工作的具体意见和建议，通过调查，纳税人2013年度对房山区地税局工作的总体满意度为99.5%，比2012年提高3个百分点。

【党的群众路线教育实践活动】组织开展党的群众路线教育实践活动，活动共分学习教育、听取意见，查摆问题、开展批评以及整改落实、建章立制三个环节活动。活动期间，班子成员带队走访乡镇24次、召开座谈会6次，组织同干部谈心32次，召开领导班子民主生活会2次，征求群众意见建议8类27条，其中，除2条需较长时间解决外，其他25条都进行了立即整改。通过此次教育活动，房山区地税局在服务水平上得到新提高，在改进作风上取得新成效，在推动工作上获得新起色。

【表彰奖励】2013年，房山区地税局先后荣获房山区服务“一区一城”建设先进单位、房山区服务“一区一城”建设特殊贡献奖、房山区2013年度文明单位标兵。

【领导班子成员】房山区地税局党组书记、局长：马强；副局长：谭巨科、王忠悟、翁筱玲（女）；纪检组长：安永刚。

（李　伟）

昌平区地方税务局

【概况】昌平区地税局位于昌平区南环东路16号。截至2013年底，昌平区地税局共设置14个科，13个基层税务所，1个稽查局和1个机关后勤服务中心。人员总数为350人，其中，大学本科以上学历269人，占总人数76%；共产党员273人，占总人数的78%；共青团员4人，占总人数的1%；平均年龄42.4岁。共有正常税源户7.54万户，比2012年增加0.74万户，增长10.8%。

【组织收入】2013年，昌平区地税局组织各项收入111.8亿元，首次突破百亿大关，同比增收20.7亿元，增幅22.6%；完成地方公共财政预算收入88.81亿元，同比增收15.1亿元，增幅20.5%；完成区级税收40.47亿元，同比增收4.7亿元，增幅13.2%，对区级财政的收入贡献率达到67.4%，同比下降1.1个百分点。

【党的群众路线教育实践活动】按照要求认真组织开展党的群众路线教育实践活动，坚持教育先行，严格落实三天集中学习要求，原原本本进行23项规定内容的学习，并充实8项自选动作，做好理论武装工作。坚持开门搞活动，通过幸福指数问卷调查、“四风”民意调查、26场内外部座谈会、网上论坛、设立意见箱、走访相关部门和重点纳税户以及谈心谈话等方式，深入广泛听取意见建议。坚持边整边改，对涉及区局的47条意见建议，立行立改13条，其余的制定整改措施；进入整改落实环节，党组号召大家再次深挖问题，强化教育效果。坚持建章立制，制定实施《昌平地税局提升幸福指数中长期规划》，建立党组重要事项报告制度、处级领导“1+4”联系制度等17项制度规定，为推动工作落实提供了制度依据和保障。

【转变职能】围绕“三个服务”工作，改进作风，转变职能，制发《昌平区地方税务局关于推进职能转变工作的通知》，提出19条具体措施。实施促进区域经济社会发展工作实施方案，配合北京市地税局与昌平区主要领导举行服务区域经济社会发展座谈，解决昌平发展过程中的涉税问题。邀请国家税务总局政策制定专家对驻昌央企、上市拟上市企业进行高端专题辅导，实现三层面、首创性、立体式地服务，通过现场互动，解决企业涉税问题，满足重点企业高层次涉税需求。在服务纳税人方面，注重税法宣传广度，在全国税收宣传月期间，开展6次较大型的税法宣传活动，新浪、搜狐、法制晚报等14家网站、报刊进行报道。在服务基层方面，严格做好统筹，下发工作任务294项，减轻基层工作负担。将局长办公会移到各税务所召开，直接了解基层工作情况，直接掌握基层人员思想状况，直接解决基层难题。推行5W2H分析法，强化过程管理；各税务所每月上报会议纪要，提高基层务实的工作效能。

【征收管理】加强征管基础工作，截至2013年底，登记正常户76651户，登记率、申报率、入库率全部达标。坚持以税基管理为核心，加强企业所得税后续管理，开展高新技术企业认定管理自查自纠、个人独资和合伙企业认定、企业所得税征收方式鉴定、税源调查、档案互查、无税申报企业清理核实以及个人所得税明细申报等项工作。加强土地增值税差别化预征和清算管理，完成71家企业土地增值税差别化预缴。严格落实存量房交易税款征收政策，推进房地产税收一体化管理，征收税款突破20亿元。加强残保金、工会经费代征代收工作，残保金入库8647.09万元；工会经费入库11235.78万元。重视加强信息化建设，全年更新信息化设备235台次，维修281台次，受理用户权限调整561次，修改后台数据110次，改进完善昌平查询系统，使查询速度提高十倍。完成金税三期工程网络切换工作，确保信息系统平稳过渡。推进信息管税，积极开展国标税控完善性建设项目工作，指导升级税控机具5255台。

【依法行政】研究制定《法制宣传教育工作计划》《领导干部学法计划》以及《关于加强领导干部和公务员学法用法工作意见》，组织《税收违法违纪行为处分规定》全员培训。加大大额资金监管力度，全年审查备案合同7份，涉及金额558.77万元。全面落实税收优惠政策，全年共计减免退税18.62亿元。加大税收违法案件和行为查处力度，共处理检举类案件175件；各级依法做出税务行政处罚决定1287起次，处罚金额491万元。强化税收执法督察工作，全年对10个项目349份案卷进行日常执法督察和专项执法检查，下发处理决定书23份，督促整改。加强税收社会化管理，组织31家单位重新签订个人出租房屋委托代征协议，代征税款首次突破2千万元；加强发票管理，网上报数授权率全市排名第四。严格执行重大税务案件审理办法，组织召开重大案件审理会11次，审理案件21起，涉及税款5527万元。加强国际税收管理工作，共开具对外支付税务证明232份，计征税款307.8万元。通过网站主动向社会公开政务信息近百条，受理涉密事项查询46起，依法处置依申请公开事项5件，维护纳税人合法正当权益。

【稽查与评估】以组织收入为中心，努力做好税收维护稳定工作，真正落实以查促查、以查促收、以查促管、以查促政、以查促廉。全年共对240户企业实施立案检查，结案220户，辅导32户重点税源户开展自查，实现查补收入共计8369.76万元，其中：税款6930.45万元，滞纳金1001万元，罚款：438.3万元；实际入库8369.76万元。有问题率98.6%，入库率100%，滞罚率20.8%，查补收入比上年同期增长24.9%。

【纳税服务】全年网站共更新各类信息103条，更新飘窗8个，增加税收专题1个，处理留言17条。13部12366热线电话全年录入信息共计3044条，平均每月达254条。2013年共受理公检法涉密查询事项23起，其他情况的涉密查询事项23起。2013年共处理各类投诉举报信息共计23件，均在第一时间按规定处理。

【“营改增”试点】为更好地将“营改增”试点工作政策落实到位，开展以税务大厅为主要宣传阵地，税务网站、短信平台相互结合的营业税改征增值税宣传工作。同时，根据此次扩围纳税人的规模，分批次进行深入了解，实地走访，特别是对昌平电视台、歌华有线昌平分公司和辖区内五家电影院进行了重点座谈，充分了解企业的实际情况，摸清“营改增”政策对企业的实际影响，确保政策贯彻落实。

【小微企业免征营业税】为有效落实小微企业免征营业税政策，在多方位多层次地开展宣传工作的同时，积极部署配套工作，确保将税收优惠政策执行到位。在通过税务所征收服务大厅张贴公告、电话咨询等传统宣传途径的基础上，通过短信、网站等多种途径进行政策辅导，为纳税人详细介绍小微企业营业税优惠政策，保证政策贯彻到位。各税务所通过业务培训会、所务会等形式进行内部培训，使每名干部了解政策变动情况及申报要求。对上门申报企业，详细区分收入额为零和收入额小于两万的零申报情况，并要求收入额小于两万的企业按要求填写《减免税申报表》并及时录入系统。对网上申报企业，通过系统告知功能全面告知必须录入《减免税申报表》，为后续统计工作打下坚实基础。各税务所按时上报《减免税统计表》，并对工作中存在的问题及时反馈税政科室，由主管科室反馈市局。2013 年，共有 3975 户小微企业享受此优惠政策，共计减免营业税 180 万元，户均减免 452.83 元。

【队伍建设】认真抓好干部队伍建设，严格执行干部选拔任用“一报告两评议”制度，6 名科级正职通过试用期任职考核，8 人晋升科级非领导职务。探索分层分类培训，全年人均达到 178 学时，成效显著。注重业务素质养成，在系统稽查业务知识考试中，成绩名列前茅。

【基层党建】坚持集体领导，党组研究决策重大问题 168 项，形成会议纪要 24 期。举办党组中心组学习 5 次，深入学习党的十八届三次全会精神、中国梦有关内容以及依法行政相关知识。党支部书记业务知识和领导能力培训的成功举行，提升了党员领导干部队伍的能力素质。充分发挥典型示范作用，评选表彰 5 个先进党支部和 30 名优秀党员，为 12 名党员先锋岗授牌。基层科牵头，以“美丽昌平地税”为主题，组织开展中国梦主题征文、“三个一”精品建设、“继承革命传统，弘扬时代精神，建功地税事业”以及每月读书观影等丰富多彩的 12 项具体活动，为广大党员干部送文化、送健康、送温暖，舒缓压力，和谐氛围，提升党组织建设工作的质量。

【党风廉政】扎实推进清廉地税建设，落实党风廉政建设责任制，逐级签订党风廉政建设责任书和廉政承诺书，组织正风肃纪专项整治、会员卡专项清退工作，将各级改进作风建设制度汇总发布，梳理涉权事项 80 项，提示廉政风险，严明纪律要求。认真组织民主评议基层科所和纳税人满意度调查，推进政风行风建设；开展党组书记上党课、道德讲堂系列讲座，加强廉政教育，增强自我约束力。

【未来科技城税务所挂牌成立】2013 年 12 月 18 日，根据《北京市地方税务局关于同意昌平区地方税务局成立未来科技城税务所的批复》（京地税函〔2013〕33 号），昌平区地税局未来科技城税务所正式挂牌。未来科技城税务所主要负责未来科技城区域内注册的中央企业及与之相关的其他企业和建设开发未来科技城的企业纳税人的信息采集、纳税申报、税款征收、减免缓退等涉税工作，负责监控税源户纳税情况以及为纳税人服务等工作。

【获得荣誉】2013 年，昌平区地税局获国家机关事务管理局、国家发展改革委员会、财政部联合表彰的“第一批节约型示范单位”；获得昌平区精神文明建设委员会颁发的“2013 年度军（警）民结对共建先进单位”。

【领导班子成员】昌平区地税局党组书记、局长：于欣杰；副局长：钱富、康水利、王治国、赵永鑫、田鸿雁（女）；纪检组长：谷秀敏（女）。

（郑海峰　韩晓君）

大兴区地方税务局

【概况】大兴区地方税务局原名大兴县地方税务局，于2001年4月30日大兴撤县升区后正式更名。原位于大兴区兴政街42号，于2002年10月1日迁入清源路11－1号。根据2010年2月北京市地方税务局关于印发《北京市大兴区地方税务局主要职责内设机构和人员编制规定》的通知，设14个内设科室，14个税务所，1个稽查局（科级，下设5个科），1个机关后勤服务中心（事业单位）。全局共有干部职工346人，平均年龄40.5岁，其中党员253人，团员9人，民主党派5人。具有大学本科及以上学历的283人。截至2013年12月31日，在册税务登记户51038户。共有内资企业33124户，涉外企业535户，个体工商户15688户，其他企业1692户。内资企业中：国有企业277户，集体企业658户，股份合作企业1205户，联营企业13户，有限责任公司6514户，股份有限公司126户，私营企业24331户。涉外企业中：港澳台商投资企业333户；外商投资企业197户，外国企业5户。

【组织收入】2013年，大兴区地税局累计组织各项税费收入97.9亿元，同比增加15.8亿元，增长19.2%；地方公共财政预算收入完成80.7亿元，同比增加12.4亿元，增长18.1%，完成市局调整后计划指标74.2亿元的108.7%；区级收入完成38.6亿元，同比增加4.1亿元，增长11.8%，完成区级年度计划指标37.2亿元的103.8%。

【税政管理】认真做好2012年度企业所得税汇算清缴工作，分阶段加强培训，对减免税备案管理、资产损失备案管理、申报管理等事项进行重点跟进，了解各所工作进度和管理质量。共汇缴6715户，实际应纳所得税额13.21亿元，同比增加1.82亿元，增幅15.92%。按照市局要求开展企业所得税预缴申报与入库数据比对、落实高新技术企业认定管理自查自纠、细化跨地区经营汇总纳税总分机构管理要求等工作。继续做好“营改增”对收入影响的跟踪测算工作，全力做好“营改增”试点扩围准备工作及改革后续工作。加强与残联、财政及各税务所的协调配合，完成残保金代征任务入库户数20720户，其中有金额入库16679户，入库为零的4041户，入库金额为9088万元，同比增长1418万元，增长率18.49%。入库户数率为80.5%、入库金额率为104.03%。同时继续大力开展年所得12万元以上个人所得税的自行申报工作，年内共有11639名纳税人完成了年收入12万元以上的纳税申报，完成年度任务的128.69%。加强与区工会、税务所之间的横纵向沟通协调，全年四个缴费期，缴费率分别为99.11%、99.31%、99.74%、99.74%。围绕新政策做好房产税和城镇土地使用税的征收、辅导、数据统计工作，依法加强土增税预征催缴工作及清算力度，妥善应对受“新国五条”影响契税业务量激增局面，全面做好契税管理工作，依法展开车船税、印花税、耕地占用税等征收工作，确保税款及时足额入库。深入推进存量房评估试点工作，确保政策稳步实施。全面做好土地增值税管理工作，严格落实差别化预征工作，有序开展土增税清算，截至2013年底，完成6项清算，共入库6053万元，实现了土地增值税的有效监督。加强税源监控管理平台的利用，税源信息采集质量不断提高，有针对性地采取积极有效的征管措施，加大税源登记管理和税款补征力度，优化了税务评查手段，税款缴库情况也愈加规范，堵塞了税收征管漏洞。

【纳税评估】加强风险管理，优化评估方法，重点围绕特定行业、特定税种，逐户查找纳税疑点。对190户建筑企业实施了评估辅导，补缴税款43户，转核实环节19户，入库税款及滞纳金150.90万元。组织开展了房产税、城镇土地使用税纳税评估工作和无税申报企业纳税评估工作。共计对3058户企业进行了评估核实，补缴税款及滞纳金76.33万元。开展了车船税评估核实工作，共计对1242户企业，3091辆车进行了核实，发现问题企业372户，涉及补缴税款车辆768辆，入库税款及滞纳金共计100.02万元。圆满完成了城市维护建设税、教育费附加和地方教育附加比核实工作，共对791户企业实施了评估辅导，缴纳税款、滞纳金1461.39万元，尤其是对增值税免抵项目缴纳附加税情况进行了一次摸底，发挥评估优势，及时堵塞了征管漏洞。初步尝试国税、地税部门联合评估，发挥地税牵头作用，对五星级住宿业企业进行深入核实，实现信息共享，经过共同约谈4次，实地核实2次，开展两局阶段汇报3次，最终圆满完成联合评估工作。累计对6355户次纳税人实施了纳税评估，有问题企业3168户，评估有问题率为50%，入库税款及滞纳金共计13617.94万元。在保证纳税评估成果的同时，注重夯实工作基础，通过分层次、分重点、分类别的对纳税人及评估人员开展辅导培训，继续实施评估案卷复查制度、大额税款入库备案制度及评估工作情况月通报制度，全面推进依法行政，有效发挥纳税评估工作职能。

【征收管理】加强日常监管，专人负责提醒、督导，登记率、申报率、入库率均达到100%。按时做好个体工商户“定期定额批量扣税”工作，入库税款439万元。稳步推进财税库行横向联网工作，目前共有网上申报用户34438户，网上申报率99.7%，其中数字证书用户12824户，有6.78万户次纳税人通过“网上申报实时缴税”方式申报缴纳税款35.46亿。加强个人出租房屋委托代征管理工作，21个委托代征单位共计代征税款2189万元。继续开展无税申报企业清理核实工作，共核实清理无税申报企业623户，有问题40户，补税33.5万元。积极清理欠税，全年清理欠税税款337万元。加强非正常户、证件失效户的管理，累计清理非正常户4500户。开展漏征漏管户核实清理，通过分镇、街逐户核查，共清理漏征漏管户18342户，有效避免了税款流失。深入推进“两个服务”工作，扎实推进税收业务流程的持续优化；调整调度会机制，完善工作内容，及时宣传落实新修订的业务流程事项，减轻基层负担。开展国标税控发票明细数据采集模块上线工作，基本完成税控器具升级工作，国标税控升级3700台，实现网上报数授权月均达到40%。健全完善征管评查联动机制，强化“以管理促评查，以评查助管理”，通过定期召开联席会、发布管理建议、搭建案例库、及时启动重大问题快速反应机制。

【信息化管理】强化运维管理，完备信息化管理制度，启用新《信息系统数据后台处理单》《数据后台查询单》，出台系统管理员应做必做工作规范，制定独立办公区计算机房的管理办法。在系统内率先安装新网管监控系统，对全局各科室所344台设备进行了更新安装，以提升网络防护能力。在应对二手房交易高峰工作中，及时调试、安装网络设备，保障窗口正常工作开展。积极部署金税三期工程业务系统改造工作。对税务所进行U盘隔离器的安装，稳妥落实内外网物理隔离工作，以满足干部在线学历教育和自助办税服务。对3G无线上网管理规定进行重新修订，以确保信息系统网络安全。通过做好技术支持、病毒防范、更新维护、网管监控、突发事件处理等工作，保证系统正常安全运行。

【纪检监察】严格落实党风廉政建设责任制和“三重一大”等各项制度，通过民主评议基层科所、编制职权目录、建立项目化管理台账等手段，不断强化廉政工作在征管评查、减免缓退等重点风险环节的监督制约作用，全面推进廉政风险防控管理。发放社会调查表、查访登记表、电话暗访记录表等1000余份，收集廉政意见建议12条，制定整改措施21条，有效提高了区局廉政建设水平。转变作风，严格贯彻落实中央八项规定和市委15条意见。结合工作实际，研究制定了《关于贯彻落实改进工作作风密切联系群众有关规定实施办法》《会议管理办法》《公务接待管理办法》等规章制度，确保中央八项规定落到实处。严格“三公”经费管理，认真执行厉行节约相关规定，简化接待活动。积极压缩会议规模，精简各类文件数量，会议数量同比减少近30%，发文数量减少13%。在制定自由裁量基准等方面，全面推进廉政风险防控管理工作。通过走访区纠风办、各镇、办事处主管纠风工作的负责人、设置浮动窗口等形式广泛征集各方面的意见建议。深入学习市、区两级“两规范一提高”试点工作实施方案，并与兄弟单位围绕实施方案的内容及标准开展座谈，进一步深化政务公开加强政务服务。开展参观《光辉典范——抗战时期中国共产党党风廉政建设》专题展览、征集廉政作品等教育活动。全年共购买廉政书籍330本，刻录警示教育光盘50余张，开展实地参观4次，群发廉政短信4次342条。

【法制工作】规范执法，继续做好试点工作。通过实地走访、电话辅导、案卷评查等方式，加强行政处罚裁量权日常指导监督，及时协调解决与征管各环节的衔接适用以及违法行为定性等问题，减少“合法不合理、同案不同罚”现象的发生，确保基层正确适用执行标准。注重收集、整理基层反馈的各类裁量权问题，分析原因，查找不足，提出合理化建议，为不断完善实施办法和执行标准提供依据。组织依法行政培训会和行政处罚培训会，开展纳税人权益保护等三项问卷调查，对税务所已结案行政处罚案卷进行了案卷评查。对8名科级正职领导干部进行了离任审计，强化了科级领导干部的经济责任意识、自我约束意识。配合市审计局延伸审计。对“税务行政处罚案卷、代开普通发票相关制度落实情况”等项目进行了税收执法督察工作。加强对税务所对外付汇税务证明开具工作的政策指导，规范税务所对外支付税务证明受理、开具、复核各环节工作及文书使用。按照《北京市地方税务局国际税务管理处关于服务贸易等项目对外支付税务备案有关问题的函》的要求，做好对外支付税务备案执行过渡工作。积极与国税局联系，建立国税地税部门信息传递机制。

【稽查检查】建立并试行《税务稽查选案管理办法》《稽查局案情分析会制度》《稽查局业务考核管理办法》及月度通报等多项工作制度。研定《电子软件查账工作方案（试行）》，确定3户企业开展电子查账工作。严格执行《税务稽查选案管理办法》，重点选取了181户企业开展税收专项检查。研究确定了《税收举报分办工作办法》，建立起了“一登记、两档案”工作机制。全年受理各类违法举报案件200件，答复举报问题145件，督办8起立案检查企业。对涉及发票违法犯罪活动工作的25户企业立案检查，结案5户，查处假发票259份，组织收入664.66万元。切实加强协查工作，共承接协查案件125份，回复125份，回复率达100%。制定《税务稽查案件审理“五色”管理办法（试行）》，对涉税举报、重大案件、疑难案件和普通案件进行了分类审理。全年共接收审理案卷195件，转执行案件186件；共组织重大案件审理会议5次，审理重大案件10件。

【政务工作】以加强制度、完善机制、规范流程为原则，对优化政务流程完善管理制度工作进行总结验收，并于一季度末汇编成册；强化制度执行，确保用好的制度管权、管事、管人，促进区局各项工作走向规范有序。切实提高办文办会质效，加大督查督办力度。全年共接收电子文件256件，纸质文件360件；发文182件。确保全局重点工作项目及上级、本级交办的重要事项及时督办、反馈，并结合改进文风，将汇总内容简化，做到重点突出、问题明示，为领导科学决策提供有力依据。

【党建工作】以党的十八大精神为统领，以党的群众路线教育实践活动为契机，大力加强党的建设、领导班子建设和干部队伍建设。一是党的建设全面加强。通过“突出一项活动、狠抓两类制度、关注三项工作”，进一步加强基层党组织建设。深入开展党的群众路线教育实践活动，以实际行动践行为民务实清廉的要求，以“三会一课”、理论教育等学习制度为载体，深入贯彻党的十八大精神，开展理想信念和社会主义核心价值观教育。二是领导班子建设持续巩固。以领导机关、领导班子和领导干部为重点，着力解决“四风”问题。在教育实践活动中，共发放征求意见表106份，召开座谈会24次，查找领导班子“四风”方面存在的问题27条，班子成员存在的问题29条。领导班子、班子成员针对查找的问题，认真撰写了对照检查材料，制定了整改措施，有效提升了班子建设水平。坚持中心组理论学习制度，强化学习教育，不断增强领导班子依法治税和总揽全局的能力。全面落实领导干部调研走访制度，全年班子成员累计走访基层税务所和企业277次。三是干部队伍建设全面推进。通过修订《大兴地税局科级领导干部管理暂行办法》，制定《大兴地税局一般干部内部轮岗暂行管理办法》，不断激发干部队伍活力。2013年，共组织对34名科级领导干部和79名一般干部进行了岗位交流。加强与大兴区各单位的人才交流，鼓励干部参加公开选拔和遴选，全年共有18名干部交流至市局或大兴区相关单位，干部队伍活力不断增强。强化税收业务技能培训，合理制定培训计划，组织全员开展了小企业会计、纳税评估、中级经济师等业务培训，参训人员达1200人次。围绕各税种、征管法等业务知识，组织开展岗位练兵及“每月一测”竞赛活动，确保年人均参加考试次数不少于一次，不断提高干部的业务素质。鼓励干部参加专业资格考试和在职研究生学习，切实提高税务干部的业务技能及综合素质。

【表彰奖励】2013年，大兴区地方税务局获得2个市级先进集体，3个区级先进集体，1个区级先进个人。

【领导班子成员】大兴区地方税务局党组书记、局长：冯守利；副局长：杨连波、赵百军、孔祥波、田凤霞（女）；纪检组长：孔军。

（张卫彬）

密云县地方税务局

【概况】 密云县地方税务局位于密云县鼓楼东大街七号，共设14个职能科室，1个机关后勤服务中心，1个稽查局（内设5个科室），9个税务所。截至2013年底全局干部职工267人，其中：研究生学历18人，研究生学位9人，大学本科学历184人，大学专科学历54人，专科以下学历11人；党员195人，占全局人数的73%，共青团员9人，占全人数的3.37%。截至2013年底，累计正常登记户26919户，其中：国有企业179户，集体企业254户，私营有限责任公司7204户，其他有限责任公司5440户，个人独资企业287户，个体工商11021户，股份合作企业241户，股份有限公司68户，涉外企业245户，其他类型企业1980户。

【税收收入】 2013年，密云县地方税务局累计完成各项税费收入35.5亿元，增幅17.4%，首次突破35亿元。其中完成地方公共财政预算收入28.5亿元，同比增收4.3亿元，增幅17.5%。完成县级公共财政预算收入15.2亿元，同比增收1.7亿元，增幅12.9%，占县级财政收入的60%。

【党的群众路线教育实践活动】 定期开展理论中心组学习，组织班子成员和科级正职进行集中封闭学习，全面领会活动精神。班子成员认真撰写对照检查材料，逐条制定整改措施。邀请县直机关工委和各镇财政科长座谈，向相关委办局邮寄《征求意见函》，征求意见和建议。采取“请进来”与“走出去”相结合的方式，确保查找问题对准焦距。处级以上领导实地走访纳税信用A级企业22户，征求对领导班子的意见和建议。严格贯彻落实中央八项规定、市委十五条意见、市局十六项措施，厉行勤俭节约，转变文风会风。规范财务管理，推行公务卡结算方式改革。加强预算资金审批执行，严格执行政府采购程序。精打细算推进基层税务所维修改造。切实加强“三公”经费管理。严格执行政府信息公开制度。加强调查研究，注重成果转化。精简整合各税务所定期报送的报表材料，切实减轻基层负担。

【依法行政】 一是制定我局“十二五”时期推进依法行政工作措施。二是顺利通过“六五”普法中期检查验收工作。三是积极申报北京市法治文化单位建设示范点。四是配合市局审计组对离任领导干部进行经济责任审计。五是制定区局内部财务审计办法和配合外部审计监督工作规程，进一步完善督察内审制度体系。

【税费管理】 做好“营改增”扩围工作，成立工作小组，实行实地督导机制，进行税负影响测算。积极应对房地产市场调控，及时增加受理窗口、抽调业务骨干，确保存量房过户正常办理。超额完成年收入12万元以上个税申报工作任务，全年申报人数达到3603人次，完成要求任务的124.4%。认真开展5140户企业所得税汇算清缴工作。强化代征代收工作，全年代征残保金2789万元，代收工会经费3223万元。

【服务区域经济社会发展】与县委、县政府、各委办局及重点税源户进行座谈，广泛征集意见，结合实际制订工作方案，并通过县政府向全县转发。组成七个工作组，完善联系协同、提前介入、跟踪服务等工作机制，有针对性地对县级重点工作进行精细化管理和全程跟踪服务。班子成员走访镇、街、乡，共同研讨税收政策，主动提供纳税服务，帮助解决实际问题。积极配合开展第三次全国经济普查，提供基础信息数据，保证了经济普查工作的顺利进行。

【征收管理】认真开展无税申报企业专项清理工作，进一步完善无税申报的分类管理措施，年内共清理无税申报户3596户。开展税源与征管状况监控分析一体化工作。做好免征企业发票工本费工作和个体工商户定额核定工作。自行开发便携式电子产品“税务电子工作手册”并投入使用。开展新版税收管理员平台的培训辅导。积极协调县流管办，增加两处个人出租房屋委托代征单位。对鼓楼街道2000余户出租房屋的商户进行税法宣传及纳税检查。年内个人出租房屋代征3719户次，代征税款425.9万元，同比分别增加1453户次和158.3万元。积极与县发改委、建委、规划局取得联系，及时掌握辖区内建筑项目情况，堵塞征管漏洞。建立全县首家服务商户绿色通道，全程代理个体工商户纳税人税务登记事项。

【稽查与评估】尝试模型评估手段，积极推进专项评估工作，对建筑业、房地产经纪业、物业管理业、住宿业共128户企业进行专项评估，发挥纳税评估在税源专业化管理中的能动作用，促进组收。共实施评估2608户次，有问题1142户，补缴税款、滞纳金、罚款合计3735.41万元，评估补税额占全局税收收入的1.05%。深入开展专项检查工作，加大重大案件查办力度，积极开展打击发票违法犯罪活动，实行案件跟踪机制，提高稽查整体工作效率。共立案61件，检查查补各项收入3105.6万元。

【纳税服务】将2012年度纳税人满意度暨征询纳税人意见调查报告印刷成册，结合实际制定整改措施。制定短信服务平台管理办法和信息审核备案制度，确保涉税信息发布安全、及时、高效。开通无线网络服务，方便纳税人随时获取信息和资料。对企业财务人员及税务干部近600余人进行纳税辅导。组织召开重点纳税人座谈会。完成纳税信用A级企业的评定工作，做好C级企业评定试点工作。积极稳妥解决纳税人投诉事件，有效缓解征纳矛盾。

【三项建设】即领导班子建设、党的建设、干部队伍建设。坚持落实党组理论中心组学习制度、党课制度和民主生活会制度，加强领导班子思想、作风建设。严格落实“一报告、两评议”制度，加强领导班子的监督管理。制定关于进一步加强调查研究服务基层工作的意见，班子成员和相关科室分别与各税务所、稽查局进行了挂钩联系，班子成员深入基层调研18次。按照“三定”方案要求，精简机关人员，充实一线队伍。制定稽查机构改革方案。通过科级干部竞争选拔和推荐选拔工作，选拔出2名科级正职和5名科级副职。机关党委与穆家峪镇党委开展结对共建，积极帮助黄土坎村脱贫致富。局领导、16个党支部分别与半城子村22户困难户结对帮扶。召开团员大会，完成团委换届选举。共青团工作受到团中央第一书记秦宜智高度肯定。

【廉政建设】召开党风廉政建设会，层层签订党风廉政建设责任书。深入开展“两规范一提高”工作。开展廉政风险防控管理工作，共排查风险点172个，制定防控措施258个。认真开展会员卡专项清退活动。对新招录人员进行廉政集体谈话，并签订《廉洁自律承诺书》。向纳税人发送《致纳税人的一封信》共9661封。全局科级以上干部签订《不出入私人会所承诺书》。举办第六届“亲情助廉”活动。大力推进党务公开工作，强化党内监督。

【和谐地税】狠抓安全维稳，后勤保障水平稳步提高。开展税苑文化讲堂活动，邀请知名学者进行讲座，加强对干部的心理疏导和人文关怀。组织干部职工进行健康体检和口腔保健，组织女工练习瑜伽，对退休老干部、困难职工、遗属、生病住院干部、残疾干部和劳动模范进行慰问，送去党组关怀。

【先进表彰】密云县地税局被北京市档案局评为北京市区县机关档案工作测评市级优秀单位；被密云县交通安全委员会评为县级交通安全先进单位。第四税务所被密云县总工会评委福田杯经济技术创新竞赛优秀科室班组；被密云县行政服务大厅评为绿色服务先锋岗。

【领导班子成员】密云县地方税务局局长：丁锦宁；副局长：姜学东、王劲松、王宝军、刘文龙；纪检组长：李连武。

（韩　旭）

延庆县地方税务局

【概况】延庆县地方税务局位于延庆县庆园街4号，负责辖区内宣传、贯彻、实施有关地方税收工作的法律、法规及规章，负责编制辖区内地方税收计划并组织实施；负责依法实施征管范围内各种税、费的征收和管理工作，并对各种涉税违法、违规行为进行行政处罚，实施本辖区内税收政策咨询和纳税服务工作。共有干部职工220人（公务员196人，工人24人），其中副处级以上干部7人，科级干部46人（正科级29人，副科级17人），主任科员39人、副主任科员30人；下设14个职能科室，12个税务所，1个稽查局，1个机关后勤服务中心。全局干部职工中，有党员171人（含退休15人），有团员46人。2013年，延庆县地方税务局共有正常税源户15933户。其中，按经济性质划分：国有企业196户，集体企业266户，私营企业2068户，有限责任公司1733户，股份制企业181户，外资企业73户，个体工商户10568户，其他企业848户；按征管行业划分：农林渔牧业707户，制造业606户，建筑业380户，交通运输仓储和邮政业429户，批发和零售业7954户，住宿和餐饮业1956户，金融业67户，房地产业134户，租赁和商业服务业528户，居民服务和其他服务业2294户。

【税收收入】2013年，累计入库各项税费收入12.8亿元，同比增加1亿元，增长8.6%，达到历史最高值。地方公共财政预算收入10亿元，同比增加0.9亿元，增长9.8%，完成市级收入计划的103.4%；县级地方公共财政预算收入5.16亿元，同比增加0.5亿元，增长10.2%，建局以来首次突破5亿元大关，为区域经济和社会发展提供了积极的财力保障。

【征收管理】建立完善征管状况监控分析指

标体系，从征管基本情况、纳税人遵从状况、税源结构、管理质量和效率几方面对征管状况进行分析，提高了征管质效。加强各项税收征管指标分析通报，网上申报率达到96.7%，扣款成功率达到97%，比上年同期提高了13个百分点。对无税申报户进行核实清理和评估、稽查，实现了从“无税户”到“有税户”的有效转化。规范征管业务流程，统一发布征便函，减少各岗位下发通知的随意性。精心部署实施，完成2007户税源调整工作。做好“营改增”涉及地税发票管理工作，做好国标税控机升级和数据报送工作。征管评查部门形成联动，企业所得税汇算清缴、“营改增”试点及残保金、工会经费代征出色完成，全面开展关联数据核查比对，科学筛选稽查案源，加大检查和执行力度，推广电子查账应用，上下齐心向征管工作聚焦聚力。

【服务区域经济发展】深入落实《北京市地方税务局关于积极发挥税收职能作用促进区域经济社会发展的意见》，立足县域发展功能定位，侧重提供信息、环境、人才等方面支持，全力服务区域经济社会发展。主动联系县发改委，联合财政局、国税局及延庆和八达岭开发区等八家单位召开座谈会，达成六项共识，为辖区稳定税源、吸引税源、培养税源提供了帮助。同时，每月以《税收工作报告》的形式向县委、人大、政府、政协汇报收入进度及征管工作情况，及时向主管县长请示、汇报工作，印发了6期建议型、政策型、动态型《地税专刊》呈送县领导，为领导决策提供参考。召开地税部门服务延庆区域经济发展座谈会。创新纳税服务“精神要饱满，态度要和蔼，环境要整洁，电话要通畅，解答要准确”等“十要”标准，以主动、超前的服务理念优化纳税服务，努力让地税成为延庆最美的服务名片。全面改进tax861网站，打造“网上地税局”。充分利用网络、咨询服务热线、办税服务厅等多种渠道宣传税法，在《延庆报》开辟地税专栏，多角度展示了延庆地税的形象。多部门合作拍摄地税微电影《贴心服务暖人心》，在延庆电视台播出后收到良好的社会反响。在纳税人综合满意度调查中，取得了2012年度系统第三名和“管户数1万~5万”组第一名的好成绩，2013年度纳税人投诉为零。

【党的建设】不断丰富党建工作内涵，推进“学习型”党组织建设，党组理论中心组深入开展以党的十八大、十八届三中全会精神及“中国梦”为主题的学习活动，及时就税收政策、中央和市、县重要精神进行传达学习，提高胜任工作的理论水平和业务能力。通过召开党员民主生活会，开展批评与自我批评，持续加强党的思想、组织、作风和制度建设，党建工作水平有了提高。扎实开展党的群众路线教育实践活动，认真贯彻“照镜子、正衣冠、洗洗澡、治治病”的总要求，以学习夯实思想基础，多渠道深入听取意见，用行动回应群众呼声，靠制度确保长效，收到了较好效果，整个教育实践活动得到市局督导组的肯定。

【队伍建设】坚持党组会、局长办公会和民主生活会制度，严格遵守“三重一大”规定，党组定期听取机关党委工作汇报。建立健全干部考核评价机制，在全体处级非领导职务及以下干部中实施《延庆县地方税务局干部年度考核评价办法》。制定实施《整体形象建设工作检查实施办法》，通过对规范服务、遵规守纪等内容的监督检查，促进干部队伍整体形象的建设。在全体党员中启动“星级党建工程”和“服务型党组织”创建，在全体干部中开展“岗位标兵风采大赛”“我身边的榜样”评选活动，在全局营造比、学、赶、帮、超的良好氛围。制定《正科级领导干部选拔任用工作实施方案》，选拔任用了2名正科级领导干部。加强专业化人才培养1人取得高级经济师资格，32人获得中级经济师资格，先后4次组织178人次进行税收业务岗位和稽查检查岗位专题培训，在系统组织的稽查局人员业务知识考试中，取得A卷系统平均分第一、及格率第二的优异成绩。督促干部加强在线自学，全局10人超过100学时，5人超过300学时，最高达到1040学时。

【党风廉政建设】坚持党组统一领导，处科两级深入落实“一岗双责”，层层签订党风廉政建设责任书，细化分解年度党风廉政建设和反腐败工作任务。加大反腐倡廉宣传力度，组织干部参观警示教育基地，观看警示教育片、举办专题讲座，筑牢干部拒腐防变的思想堤坝。深化廉政风险防控管理，围绕税款征收以及人财物管理，确定重点防控项目，排查廉政风险，完善防控措施。组织开展2013年执法监察、效能监察和廉政回访，深入开展“改进作风年”、民主评议基层科所、“两规范一提高”活动。注重发挥督察内审的职能作用，促进全局业务工作从程序到实体更加合法合规，监督引导广大干部有效防范规避执法风险。坚持逢离必审，关口前移，做好科级和处级领导干部调整离任审计工作，实现从任初、任中到离任审计的闭环式管理，建局20年来未发生任何干部违法违纪行为。

【依法行政】制定2013年度领导干部学法用法计划，组织全员开展法律知识培训、测试，并联合相关职能部门开展了多种形式的税法宣传活动。完成了“六五”普法中期迎检、依法行政中期督导和年终依法行政考核工作。开展行政处罚自由裁量权试点和依法行政情况调研工作。做好行政处罚案卷执法检查，对存在的问题及时提出了执法整改意见，对结构性减免税政策落实、纳税评估、代开发票、非正常户认定、注销户税控装置和发票缴销等内容开展执法督察，并强化执法检查成果运用。

【领导班子成员】延庆县地方税务局局长：王竺（女）；副局长：吴永茂、丁振；纪检组长：王乃君（女）；副调研员：李庆富、白爱柱、王永强。

（沈文涛）

北京市地方税务局燕山分局

【概况】北京市地方税务局燕山分局是主管北京市燕山地区地方税收工作的行政机关，全局共设16个部门，9个职能科室，1个稽查局（下设科室2个）、4个税务所和1个机关后勤服务中心。现有正式在册干部职工88人，平均年龄42岁。党员56人，占总人数的63.6%。研究生5人，本科64人，大专13人，大专以下6人（全部为工人），占总人数的6.8%。截至2013年，燕山地区登记管辖户共计4401户，其中国有企业27户，集体企业54户，股份制企业111户，联营企业1户，有限责任公司813户，股份有限公司14户，港澳台商投资企业1户，外商投资企业4户，个体工商户2594户，私营企业635户，其他147户。

【税收收入】2013年，北京地税局燕山分局完成各项税费收入110584万元，完成地方公共财政预算收入87316万元，完成年度计划的101.5%。

【服务区域经济社会发展】根据市局工作部署，及时成立领导小组及办公室，并制发了工作方案，明确职责、强化分工、细化任务。加强与国税局、工商分局等部门数据交换工作，努力实现区域部门间的数据整合与共享。利用分局网络及办税服务厅公告栏及时发布税收政策调整细则，做好宣传引导工作。通过座谈会等形式做好对重点行业、重点企业以及重点部门的专项服务。对服务区域经济发展座谈会后续情况进行跟踪反馈，确保各项税收政策落实到位。

【征收管理】坚持做好数据交换工作，通过与国税、工商建立联席会制度，完善登记管理，全年与国税局交接登记资料731户次，与工商分局互换信息4203户次。认真做好税源监控管理，严格按月对登记率、入库率、欠税率考核进行通报，始终保持登记率、入库率99%以上，欠税率为0。通过加强培训，完成14户重点税源的数据收集、归类审核及上报工作。通过对50户纳税企业实地调查核实，加强了全局无税申报企业管理。加强发票管理力度，对使用重控票证的税务所和代征单位进行全面检查，对发票使用中存在小额高频现象的37户纳税人进行核实。

【税收政策】认真做好"营改增"扩围改革工作，加强宣传辅导，及时做好数据交换和测算，确保改革平稳过渡。加强减免税管理，全年办理减免税25份，减免税备案121份。严格税政管理，年所得12万元申报完成市局下达任务数的107.5%。个人所得税明细申报率99.62%，正确率99.51%。企业所得税汇算清缴实际应纳所得税额同比增加5.32%。完成场内车辆纳税情况核查及存量房交易涉税环节自查工作，杜绝违法违规现象。有效做好代收代征工作，工会经费代收申报率、缴费率均为100%，残疾人就业保证金代征入库率达99.86%。

【纳税评估】组织80户企业召开纳税评估税收政策辅导会并进行集体约谈，部署纳税人自查工作，有效推进评估工作进度。2013年，完成纳税评估734户，补缴税款、滞纳金和罚款共计171.62万元，同比增长35.4%。

【税务稽查】在案源选择、查前准备、查中督办、事后反馈等环节实现精细化管理，扎实有序开展好"电子查账"工作，全年立案稽查50户，累计入库税费685万元，人均办案户数5.44户，人均查补收入76.1万元，有问题率、入库率均为100%。

【信息化建设】对机房进行加固改造，圆满完成金税三期工程网络割接工作。加强信息安全管理，完成全局UPS电池更换及内外网物理隔离，全年进行网络安全监控数据备份47次，定期做好系统巡检和设备抢修维护工作，防微杜渐确保工作正常运转。

【落实局长联系纳税人制度】燕山分局领导多次深入企业走访了解企业经营状况，"走出去"听取企业意见和建议。邀请16户纳税企业与局领导进行座谈，"请进来"提高服务针对性。

【纳税服务信息化】完成新版网站改版及日常维护工作，为纳税人获取信息提供便利。利用12366纳税服务热线解答纳税人疑问1380余次。加强网上申报户的推广力度，企业户网上申报率达到96.68%，方便纳税人自主办税。

【培训辅导】组织50家纳税企业开展重点税源高级财务主管培训会，突出培训专业化特点。

在北京市地方税务学会的大力支持下，开展140户纳税人参加的大型培训。组织了500余户企业进行企业所得税汇算清缴培训，保证纳税人及时掌握政策变化。窗口部门制定《新办纳税人税务辅导提示》，对新办户注意事项进行提前告知，前移辅导。

【税收宣传】在办税服务厅和网站发布政策，利用“三五”学雷锋日、税收宣传月开展“我是小小税收宣传员”主题活动，与燕山国税局联合举办“燕山地区税收知识竞赛”及“涉税风险防范进燕化”等活动，实现宣传形式多样化。截至2013年，燕山局纳税服务工作已连续5年保持零投诉、零举报。

【执法督查】采用信息化手段对非正常户认定、行政处罚以及纳税评估等8个项目开展选案筛查，共抽查案卷145卷，有问题率15.17%，问题率增幅120%，并对查出问题进行彻底整改，做到了发现问题更加全面，解决问题更加彻底。

【法制工作】有效落实裁量权试点工作，与区国税局进行交流，规范处罚标准和界限，并对工作中发现的问题及时汇总整改。开辟网上纳税人权益保护专区，确保行政救济渠道畅通。认真完成了行政处罚案卷评查工作。

【党建工作】开展党的群众路线教育实践活动，有效落实“为民务实清廉”工作总要求。开展党组负责人讲党课等内容丰富的学习教育活动，累计组织领导班子及党组中心组扩大学习25次，参观活动4次，观看纪录片7部。汇总收集党员、群众、社区居民代表等各层级意见和建议，并对18个问题在全局进行了通报和整改。召开专题民主生活会，班子成员逐一进行对照检查，认真开展批评与自我批评。认真做好党建基础工作，通过了燕山工委组织部党建责任制工作检查。做好党员信息库维护工作，完善党建工作平台。为庆祝建党92周年组织了“走进石化产业基地、服务区域经济发展”主题党日、“和谐社区党员共建日”等丰富活动。

【领导班子建设】按月落实领导干部年度学法计划，有效提升班子成员依法行政能力。坚决落实“三重一大”决策制度和实施办法，保证重大事项科学谋划，累计召开局长办公会和局党组会56次，集体讨论决策涉及人、财、物的事项199项。按照市局“一报告两评议”工作要求，认真落实领导干部民主生活会等制度，做到税收业务与党建工作和廉政工作相统一，同部署、同安排、同落实、同检查。

【干部队伍建设】组织开展全体中层干部提升能力培训和两批公务员培训，有效提升干部综合素质。组织全局干部参加市局小企业会计准则、稽查专业考试和中级经济师考试。与北京市“双高”人才中心合作组织实施了副科级领导干部竞争性选拔工作，完成5名副科级领导干部选拔任职，促进干部选拔任用更加科学化、透明化。2013年，完成正科级领导干部竞争性选拔任职1人，内部轮岗5人，系统内调动5人。

【党风廉政建设】印发《党风廉政建设和反腐败工作任务分工方案》，确定重点工作30项。逐级签订党风廉政建设责任书，切实履行好“一岗双责”。细化《廉政风险防控管理工作实施方案》和《工作推进表》，梳理涉权事项102项。大力加强政风行风建设，开展税务所长面向纳税人述职述廉及局领导邀请特约监察员评议政风行风活动，构建和谐征纳关系。认真落实中央八项规定要求，加强对春节、中秋等重要时期的监督检查。开展会员卡清退活动，做到零持有、零报告。

【行政运行】完成优化政务流程收尾工作，累计梳理制度流程311项。向燕山档案馆移送税务文书档案1325份，规范了档案管理。分局111项折子工程全部有效落实。大力做好政府信息公开工作，主动公开62项，依申请公开17项。加大“三公”经费管理力度，并在经费支出中实行“事前签报、四级审批”流程，严格执行好厉行勤俭节约、反对铺张浪费相关规定。在“两会”、汛期、节假日等重要时期，落实好局领导带班、双人双岗值班模式，加强安全管理。通过开展司机安全培训确保行车安全。充分发挥党团工会作用，营造和谐工作环境。

【领导班子成员】北京市地方税务局燕山分局党组书记、局长：张亚平；副局长：缴荫龙；田贵远、杜新立、安庆宪；纪检组长：李广生。

（吴　凡）

北京市地方税务局西站分局

【概况】北京市地方税务局北京西站分局于1996年1月20日正式成立，为北京市地方税务局派出机构，是依法在北京西站地区实施国家税收征收管理的行政执法机关。2013年，西站分局以科学发展观为指导，按照系统年度工作会议提出的总体要求，牢牢把握稳中求进的总基调，扎实开展党的群众路线教育实践活动，推进依法行政深入开展，探索税源专业化管理，强化纳税服务，推进党的建设、领导班子建设、干部队伍建设，努力实现三个满意，1999—2011年连续13年被评为北京市“首都精神文明单位标兵”。截至2013年12月31日，共有正常户864户，其中个体工商户351户，国有企业110户，集体企业5户，私营有限责任公司266户，其他有限责任公司88户，国家机关、事业单位和社会团体共10户，私营独资企业1户，其他类型的企业33户。截至2013年12月31日，共有干部职工65名。其中：硕士及研究生学历5人，占总人数7.69%；本科学历54人，占总人数83.08%；大专学历4人，占总人数6.15%；大专以下学历2人，占总人数3.08%。共有党员46名，占总人数的70.77%。

【税收收入】2013年，累计实现各项税费收入5.4亿元，首次突破5亿大关，较上年同期增加2.07亿元，增长62.27%；累计完成地方公共财政预算收入4.94亿元，较上年同增加2.02亿元，增长68.92%，完成调整后计划任务4.2亿元的117.6%，增长幅度居全市地税系统第1名。

【税源管理】坚持组织收入目标责任制，正确把握首都经济及西站地区经济发展趋势，按照收入任务指标，认真分解、预测、落实计划指标，科学编制2013年税收计划，做好计划、预测及收入分析工作，确保税收收入稳步增长。充分了解增减收因素，细化分解指标，确保完成收入计划。

【税收政策】一是做好大秦铁路入库工作。作为跨省企业异地缴纳的首次尝试，注意与山西主管税务机关进行交流与沟通，注重工作细节，指定主管税务所，实行专人专管，截至2013年12月31日，实现营业税入库1.25亿元，圆满完成跨省入库工作。二是配合“营改增”做好税收征管工作。与西站国税局密切配合，做好名单交接工作，按照2013年营业税改征增值税名单，逐户进行核对，确保整体工作的顺利推进。三是落实发票税控机具升级工作。为突出精细化服务的理念，减少纳税人的等候时间，保证用票需求，将所有需要办理业务的纳税人分时分段进行通知，保证纳税人在5分钟内办结，顺利完成税控机具升级工作。

【稽查与评估】 深入开展行业评估、个人工资薪金所得与企业工资费用支出比对工作。2013年，共开展评估173户，其中日常评估70户，评估辅导67户，补缴税款及滞纳金9.4万元。专项评估36户，其中，国税、地税部门住宿业联合评估1户，补缴税款及滞纳金279万。全面开展各项稽查检查工作，2013年共立案28户，结案28户，查补税款（含滞纳金、罚款）427.96万元。严厉打击发票违法犯罪活动，配合西站公安分局捣毁了团伙发票制售案犯罪窝点9个，收缴各类国税、地税发票42.6万份（其中地税发票42.1万份），各类私刻印章171枚。

【内部管理】 制定依法行政工作思路，明确工作重点，保证工作顺利开展，制定分局“学法用法依法行政”主题宣传教育活动计划，开展多种形式学习活动，按季度印发《西站分局依法行政专刊》。落实税收执法督察工作，制定2013年执法督查工作计划，明确组织领导、工作目标、工作内容及工作方法，开展税务行政许可案卷评查工作，及时发现问题解决问题，有效规范基层执法行为。

【纳税服务】 有效发挥网站服务平台作用，发布和维护各类信息58项，整理收集热点问题8条，利用网络征询纳税人意见和建议，切实提升纳税服务质量。细化岗位责任，规范服务标准，整理简明业务操作手册和工作事项一览表，提高干部业务通办能力。办税咨询辅导前移，在受理业务的高峰时段，安排专人进行咨询辅导，减少窗口办税人员的咨询辅导压力，提高涉税业务的办理效率。开展个性化服务内容，及时更新自动语音电话咨询内容，进行税务登记提醒65次，提供送票上门服务2次，送票220箱，利用申报控制发送告知8次，利用纳税人免费邮箱发布政策资料8次，为两个市场提供完税证1000份，为印花税代售银行发放印花税票19145枚。

【党的建设】 一是扎实开展党的群众路线教育实践活动。强部署，把教育实践活动各环节落实到各项工作中；提要求，把开展教育实践活动同税收工作紧密结合，切实做到两促进、两提高；做表率，领导干部带头讲党课，撰写心得体会，严格遵守各项工作纪律；重学习，以组织集中学习、自学、专题培训等形式加强理论学习；转作风，制作教育活动专刊40期，通过领导干部带队走访纳税人、深入基层调研、面对面谈心、召开座谈会，征求干部职工意见建议19条，征求纳税人意见建议21条，已全部进行反馈。二是加强党建工作。通过开展2012年度党组民主生活会、党务工作集中检查、征询意见建议、评选2012—2013年优秀共产党员、深入开展创先争优活动等工作，打牢党建工作基础。

【班子建设】 一是认真贯彻执行民主集中制。班子成员在深入学习认真查找不足以及边学边改的同时，坚持民主集中制原则，带头反对“四风”，坚持重大事项、重要工作集体研究决定，努力做到科学决策、民主决策，不断提高思想政治工作的能力和水平。二是加强调研，服务基层，班子成员通过走访企业、与干部谈心、召开座谈会等形式，了解管辖范围和企业分布状况，同时也了解干部的所思所想，为开展工作打下基础。

【干部队伍建设】一是按规定做好7名副科级领导试用期满后的转正、3名军转干部的接收及副主任科员晋升任职考察工作。二是开展教育培训、岗位练兵，利用内网、地税网院进行在线学习，聘请专家学者为全体干部进行专题讲座，进一步拓宽视野，增长见识，提升综合素质，全年组织各类培训18次，参训人员810人次，通过集中与自学相结合的方式，分局在参加系统《小企业会计准则》、稽查业务考试中取得全系统第9名和第7名的好成绩。三是充分利用工会组织，积极参加市局和西站地区管委组织的各项活动，干部队伍凝聚力进一步增强。

【党风廉政建设】召开2013年党风廉政建设工作会，逐级签订党风廉政建设责任书。充分发挥社会特邀监察员的外部监督作用。落实党风廉政建设责任制，推进廉政风险防控管理，加强监督检查。通过开展填写《廉政风险防范管理自律手册》、观看专题教育片等工作，将廉政教育落到实处。

【领导班子成员】北京市地方税务局北京西站分局局长：杨涛；副局长：徐坡、何建忠、孔祥波、张燕萍（女）。

（崔　颖）

北京市地方税务局开发区分局

【概况】北京市地方税务局开发区分局是北京市地方税务局设在北京经济技术开发区主管本辖区内地方税收工作的直属机构，是按照国家税法规定在开发区内实施国家税收征收管理的行政执法机关。其主要任务是在北京市地方税务局的领导下，贯彻执行国家的各项经济、税收政策；组织地方税收收入；从宏观和微观上调控经济发展；维护和规范税收秩序，促进改革、开放，为北京经济技术开发区和首都的经济发展服务。分局现有人员81人，其中干部75人，职工6人。

【组织收入】2013年，北京市地方税务局开发区分局完成各项税费收入100.37亿元，同比增加20.55亿元，增长25.74%，其中地方公共财政预算收入79.31亿元，同比增加16.07亿元，增长25.4%，完成地方公共财政预算收入年度计划66.3亿元的119.62%，税收收入再创历史新高。

【分解税收任务】根据开发区经济、征管、税收政策以及税源变化情况，对税收指标进行科学分解。强化对组收工作的考核。成立组收工作领导小组，加大对组收工作的监督管理，实行“一把手”负总责制，层层签订责任书，把任务“砸死敲实”；加强对组织收入工作的组织协调，按月召开税收分析会，通报组收情况，解决组收难题，分析增减因素，制定工作措施，保证组收工作有条不紊开展。

【重点税源管理】提升税源管理质量，积极探索税源分级分类管理，根据纳税人和征税对象的不同特点，将其划分成若干类型，找出规律，有针对性地加强管理。如按行业、按规模、按税种、按社会信誉等级、按注册类型、按纳税人类别、按征税对象等。将市、区、所三级重点税源户集中交由自身素质高、业务技能过硬的管理员进行管理，按月听取专管员工作情况汇报，了解掌握基础税源企业的相关情况，为实施有针对性的服务与管理发挥积极作用。

【信息共享及纳税评估】 加快与管委会等政府部门进行信息共享的平台建立，从而在税收征管中获得更多的涉税信息，有效开展纳税评估。从每类行业中选取典型企业进行调查，全方位采集其涉税信息，总结确定行业税源监控指标，建立相应的数学评估模型，进行纳税评估，并与纳税人自行申报的信息进行比对，找出差异，最大限度的监控企业的纳税行为。

【落实优惠政策】 有针对性地落实各项税收政策，通过全方位开展税收政策宣传和辅导，让广大纳税人对与之相关的各项税收政策有深入的理解，并能充分利用和享受相关政策。

【服务区域经济发展】 加强与区国税、工商、财政等相关部门沟通，听取了相关部门就促进区域发展工作的意见和建议。班子成员深入重量级、有代表性的企业进行走访，了解企业的发展状况，宣传税收政策，解决企业存在的问题和困难，最大限度地为企业发展助力。积极参与开发区相关的招商引资、企业奖励等专项性工作，邀请开发区产业促进局领导为全体干部做了“开发区经济发展和招商引资情况”专题讲座。

【纳税服务】 做好办税公开、首问责任制、纳税服务承诺等各项服务制度的落实。以办公楼改造为契机，规范办税服务大厅规范化建设。加强对重点税源户、新引进税源户、有困难企业的走访，提供分税种、分行业、分事项的政策咨询服务，有针对性地进行讲解与释疑，为企业提供全方位的服务。对服务不到位，行政不作为的干部严肃处理，一票否决。

【领导班子成员】 北京市地方税务局开发区分局党组书记、局长：武立煌；副局长：徐京来、刘凤彬；纪检组长：扈寒梅（女）。

（孙　皓）

北京市地方税务局第一稽查局

【概况】 北京市地方税务局第一稽查局是北京市地方税务局的直属单位，负责对北京市行政区域内地方税务机关管辖的内资企事业单位和个人实施税务检查工作。办公地址位于北京市朝阳区裕民路12号院C3座。全局设15个科室，2013年底共有干部职工126人，其中本科以上学历110人，占干部职工总人数的87%，中共党员95人，占干部职工总人数的75%。

【稽查案件】 2013年查处案件194件，调查核实案件17件，组织召开研定会12次，研定案件56户次，组织召开审理会16次，审理定案案件85件，定性偷税案件4件，查补50万元以上案件24件，查补税款、滞纳金、罚款共计35594.57万元，入库总额30071.4万元，入库率达到85%。与上年同期相比，查补金额增加33%，入库金额增加了97%。

【重点税源检查】 按照中纪委、国家税务总局等上级机关的要求和部署，组织骨干力量，全力以赴，重点稽查，共查办上级交办的重大案件9件，调查核实案件12件，接办全系统首例复查案件，承办的“北京时代嘉华文化传媒有限公司偷税案”“北京华尔克林业高新技术发展有限公司案”被评选为税务稽查重大案件，“北京君合百年房地产开发有限公司案”被评选为税务稽查精品案例，李南南、毕岩同志被评选为地税系统稽查能手，受到国家税务总局“打击整治发票违法犯罪专项行动”通报表彰。根据市局稽查处工作要求，承办13户部分区县分局重点税源户的检查工作，建立检查进度周报制度，局党组直接督办案件进度，统筹安排各项稽查任务，全力支持组织收入计划的完成。

【提供有效案源】对房地产行业进行专项纳税评估，重点依据建委竣工备案及企业所得税申报表房地产预计利润调整的对比情况，利用毛利率及销售费用率2个指标计算进行分析，完成房地产业15户企业四个年度纳税情况的评估工作。针对市地税局交办打击发票专项检查10户案件，在原毛利率及销售费用率2项指标基础上，新增综合税收贡献率、管理费用率、参考财务费用金额、职工工资总额变动率等4项指标计算，以增强疑点准确度。根据延伸检查案件工作需求，对在检查中发现的第三方企业及其项目公司进行评估，将营业税、土地增值税的申报缴纳与税前列支税金进行比对分析，并参考建委竣工备案记录、企业所得税申报等6项指标，进行综合分析，得出评估结论。通过各种指标的综合运用，提高了选案的目标性和准确性。

【清理遗留案件】局领导参与指导办案，稽查科长带队组成检查组，承办上级交办各类案件，有效提高稽查案件与检查力量之间的协调性。对遗留案件高度重视，加大查处力度。通过多次约谈纳税人，排除疑点，化解争议，消除分歧。对复杂案件及时有效地与相关税政和法制部门进行反复研究、推敲，完成多件积案的清理工作，3年来累计清理117件，体现稽查的战斗力。

【依法行政】加大执法督察频率，全年共开展执法督察3次，及时通报了督察结果。根据新修订的《中华人民共和国发票管理办法》，明确稽查案件中适用新旧发票管理办法的意见，为具体操作提供明确依据。制发审理工作内容的通知，明确强化审理标准。制发《税务稽查文书时间节点对照表》，大幅减少程序法方面出现的问题。

【审理前置】对多件案情复杂、附证存在难度的重大案件审理部门提前介入，有效确保所附证据的关联性、合法性及真实性，防范执法风险，有效提高了案件质效。针对执行入库难的案件，制定执行方案，多方沟通意见；完成45户欠税公告清理工作；积极与市局相关处室和法律专家共同座谈，结合工作实际，一起研究探讨《行政强制法》，力求解决执行工作过程中所涉及的有关问题，更好地提高执行工作绩效。

【行政管理】一是认真做好政务流程收尾工作。从分局和基层科室两个层面全面推进，确保税收执法权和行政管理权良性运行。二是做好会议管理和文秘工作，组织信息、宣传、调研工作，统筹协调工作会等全局性重大会议的组织工作。三是合理维护办公用品和设备，及时为稽查办案提供用车保障。四是强化财务决算、预算工作，编制2014年部门预算。推行公务卡使用管理工作，制定使用操作细则，明确使用规范。五是根据市地税局金税三期工程城域网改造项目实施工作安排，全力配合市局内外网物理隔离及业务系统改造测试工作，保证全局办公系统的正常运转。

【案件管理】强化案件管理，加大督办力度，定期通报案件查办进度，对未结案件进行逐户说明，及时解决查办难点和疑点；建立《案件检查情况台账》制度，以“分类清、情况明、数字准、项目全”为标准，清晰掌握办案信息，从源头加强了案件的整体把握。

【党风廉政建设】 根据北京市地税局《关于深入开展党的群众路线教育实践活动实施方案》制定实施方案，在全局范围内开展党的群众路线教育实践活动。集中解决形式主义、官僚主义、享乐主义和奢靡之风“四风”问题。班子成员通过学习座谈，征求群众意见，并按照谈心谈话要求进行了诚恳的交流，制定详细的整改措施，确保活动取得实效，得到市局督导组充分肯定。结合庆祝建党92周年纪念活动，邀请专家对中国梦进行解读，各个党支部也根据计划分别开展了纪念活动，规范开展政治思想学习和民主生活会，在稽查工作中充分发挥党支部的战斗堡垒作用和共产党员的先锋模范作用。党总支被评为全市地税系统2012年先进基层党组织。

【廉政风险防控管理】 召开党风廉政建设工作会，明确廉政责任，逐级签订了责任书；召开2次特约监察员座谈会，及时协调解决纳税人反映的问题和合理建议；组织全面梳理行政、业务职能范围内的涉权事项，强化干部教育，深化廉政风险防控管理。

【规范检查程序】 一线检查人员全力扎实重点行业业务基础，重视办案经验积累，不断总结行业检查规律，结合工作实际修改完善《房地产检查工作底稿》。增加设置审核结论自动汇总项目和重点审核问题项目，使检查人员面对房地产企业复杂的情况能全面梳理，逐一排查，重点分析，提高检查力度，加强对企业总体的了解和判断，使行业检查更加标准化、制度化。

【加强“两会”作用】 充分发挥案情分析会和案件分析会的“两会”制度，做好查前准备工作、在科内搭建业务交流与学习的平台，就企业所得税、营业税、房产税等相关业务政策进行分析讨论，通过分析案情，研究涉税问题，相互借鉴、相互学习，提高一线稽查干部的业务能力。

【业务知识更新】 落实各项培训内容，开展了电子查账培训，组织稽查科室全体人员和业务职能科室参加；开展税政知识培训，对个人所得税、律师事务所等行业进行查前政策培训；组织全员会计基础知识培训及考试。

【领导班子成员】 北京市地方税务局第一稽查局局长：李强；副局长：李森林、张发伍、但启明、李亚庆（女）、王大庆。

（邓前英）

北京市地方税务局第二稽查局

【概况】 北京市地方税务局第二稽查局负责北京区域范围内外商投资企业、外国企业和个人税务检查工作，以及本市涉税大要案及市地税局交办案件的查处工作，具有独立的执法主体资格。办公地理位置在朝阳区裕民路12号院C3座。内设办公室、人事教育科、监察科、案件管理科、业务科、税政科、审理科、执行科、评估科，第一至第六税务稽查科15个部门。全局共有干部职工115名，其中：公务员104名，工勤人员9名，合同制工人2名；有硕士研究生4

人，本科生96人，大专生9人，大学本科以上学历占全局总人数87%；党员85人（含预备党员2人），团员3人，民主党派1人，党员占全局总人数80%。

【稽查案件】2013年，第二稽查局共查办案件210件，转执行案件108件，有问题案件99件，有问题率为92%，结案案件115件。查补税、滞、罚款总额5119万元，入库税、滞、罚款总额1.12亿元。全年执行环节清理欠税入库收入5587万元。

【提高办案质效】围绕办案周期长的问题，有效调整了《中间报告》的审批程序，对超期案件调换或增加检查人员，明确落实督办决议的执行和领导责任；及时组织召开案件督办会，对疑难业务问题由督办会及时协调解决。2013年，共召开案件督办会7次，督办案件328件次。

【办案成果转化】对2012年度结案的案件进行优秀案件和优秀案例的评选表彰，共评选出10个优秀案件和6个优秀案例。加强案例交流，注重对重大案件、典型案件和疑难案件的剖析，形成具有实际指导意义的案例，为稽查人员办案提供借鉴和参考。

【税政支持】认真梳理税收政策请示流程，从书面请示、汇报请示、口头交流三类进行管理，制作了税政请示与答复台账，便于归纳、总结、分析稽查中遇到的问题，规范答复内容。全年受理税政请示42件，针对疑难税政请示，召开案件研讨会19次，向有关处室请示50余次，并到征收局实地了解情况，为稽查办案工作提供了税政支持。

【清理欠税】积极做好清理欠税工作，随时对欠税企业的涉税税款、滞纳金和罚款逐一逐户进行梳理统计。对欠税企业进行电话沟通、实地考察、政策讲解。

【电子稽查软件应用】积极推广电子稽查软件，把电子账务稽查软件的功能与实际检查案件有效结合。全年共对86家企业进行电算化核算，并成功对40家企业使用了电子账务数据分析检查，占电算化核算企业的47%，查补收入约800万元。成功解决了两个重大案件的数据提取和破解的难题，有效推进了检查进程。

【依法治税】逐步建立和完善依法行政工作机制，根据人员调整情况，及时调整依法行政工作领导小组成员，为全面开展依法治税工作提供组织和人员保障，将依法行政基本准则贯穿于税务稽查工作各领域、各环节、全过程，初步建成了“党组统一领导，法制部门组织协调，相关部门齐抓共管”的依法行政工作格局。将合法性审查和合理性审查作为政策把关的重要内容，在对日常工作中各类稽查管理工作制度进行审查的同时，加大对重大案件的查处和监督，全年共对6项稽查管理制度进行全面审核。积极组织案件报审必备证据材料的研讨会，研究政策方面的法律支持和服务，提前排除可能出现的行政风险，确保税收执法依据的持续有效。

【党的群众路线教育实践活动】采取集中学习的形式，认真研读了新《党章》《论群众路线——重要论述摘编》、习总书记重要讲话等必读书目。组织参观《复兴之路》展览；组织观看《把群众放在心上》《正道沧桑——社会主义500年》和《苏联亡党亡国20年祭》《周恩来的四昼夜》等专题片、电影。通过学习教育、谈话谈心、对照自查等工作，全体党员干部的党性修养和宗旨意识进一步增强，反对“四风”的自觉性更加坚定。认真贯彻落实中央八项规定，改进工作作风、密切联系群众，建立班子成员联系基层科室工作制度，深入一线调研了解情况、指导工作，切实解决实际问题。

【党建工作】 继续开展“党员示范岗”创建活动，党总支制定了《党员示范岗创建工作办法》。开展创建活动“党员示范岗”标兵评选和优秀党员、优秀党支部评选，评选出8名优秀党员和10名党员示范岗标兵，并对示范岗标兵进行了表彰。在干部队伍中营造踏实敬业、积极向上的工作氛围。

【廉政教育】 巩固廉政风险防控管理工作成效，对重点环节进行重点防控。加强反腐倡廉宣传教育，聘请特约监察员进行《廉政勤政与为纳税人服务》的讲座交流，组织观看廉政教育专题片《闪光的税徽》，参观廉政教育基地和反腐倡廉图片展览。坚持开展廉政回访工作。

【行政管理】 大力改进文风会风，讲实话、讲真话、讲短话，厉行勤俭节约，发扬艰苦朴素的优良传统。规范财务管理，严格执行政府采购制度，推行公务卡结算方式改革，切实加强“三公”经费管理。加强调查研究工作，实现调研成果转化6项。继续开展丰富多彩的工会活动，组织安排干部职工休养，营造积极健康的工作环境。发挥后勤保障作用，加强车辆安全管理，进行办公设备和办公家具的更新维护。

【队伍建设】 按照领导班子“一报告、两评议”工作要求，完成了3名遴选人员的接收、核职、任职和职务晋升工作，完成了3名副主任科员晋升主任科员，完成了8名试用期科级领导干部的正式任职工作。通过开展以需求为导向的分级分类干部教育培训，稳步提高干部队伍的业务素质。先后开展了小企业会计准则、企业所得税讲座等多次业务知识培训。积极鼓励全体干部参加高、中级经济师的培训和考试，为干部提供网校课程、书本资料、学习讲义和模拟试题，采取面授与网校授课相结合的方式，巩固学习成果。共有3人通过高级经济师考试，有16人通过中级经济师考试。2013年，在不耽误日常工作的基础上，多次为干部提供稽查业务知识培训，并为干部提供集中脱产学习时间。

【领导班子成员】 北京市地方税务局第二稽查局党组书记、局长：张天生；副局长、调研员：鲍秋苓（女）、杨肖东、刘桂森；副局长：张慧秋、姜欣。

（王元锋　郑　飞）

北京市地方税务局第三稽查局（原北京市地方税务局第一直属分局）

【概况】 北京市地方税务局第一直属分局自2010年8月开始筹备至2013年10月20日，致力于大企业专业化管理与服务工作的创新与研究，办公地址位于北京市朝阳区裕民路12号院C3座。10月21日，根据《北京市地方税务局关于调整稽查机构设置的通知》（京地税人〔2013〕161号）规定，将大企业税收管理服务职责按照属地原则交由各区（县）地税局承担，并将分局更名为北京市地方税务局第三稽查局，为市地税局直属正处级行政机构。为分局增加行政编制20名，所需编制分别从第一稽查局、第二稽查局人员编制和西城区地税局税务所稽查机构行政编制中调剂9名、6名和5名。将分局的主要职责调整为：依法对责任区域内重点纳税人、扣缴义务人实施税务检查，查处偷税、逃避追缴欠税、骗税、抗税等重大案件。分局转型为稽查局后，科室设置调整为办公室、人事教育科、企业服务科、税源监控科、管理一科。截至2013年底，共有干部32人，全部为本科以上学历，其中研究生8人；中共党员23人。

【筹建工作】2013年4月，按照市局要求，重新起草职责内容，上报工作方案及具体说明。5月初，市地税局党组确定《第一直属分局职能配置、机构设置和人员编制的规定》后，分局党组根据人员情况和工作实际，成立5个职能科室，细化各科室工作职责，选拔4名干部为副科级领导职务。10名基层遴选人员和6名调入人员全部到岗到位。依靠市局的帮助和支持，克服办公楼层装修改造等实际困难，改善工作环境，配置办公设备，聘请专业公司对新装修的办公环境进行空气质量检测，并根据检测结果，对空气质量不达标的办公区域进行净化治理。年底，已实现主要业务工作、内外网办公系统、人事管理、后勤财务等工作正常运转。

【完善工作制度】一是抓制度建设。根据工作实际先后讨论通过《党组议事工作规则》《局长办公会议制度》等6类13项制度规定，并对后期制度建设进行规划。二是抓制度落实。出台的各项规章制度及时通过内网转发全局，让每名干部学习、知晓文件内容，并认真贯彻执行、落实到位。完成2012年度公务员年度考核、奖励工作，配合市局做好局领导班子考核工作。按照干部任免程序，11名干部晋升上一级科级非领导职务。2名预备党员按期转正。独立开展财务工作，执行财务预算，认真做好人员工资、住房公积金、医疗保险等各项工作。

【调研工作】认真确定调研课题，注重在调研过程中解决问题、指导工作。积极参与市地税局《关于加强我市总部经济税源管理的思考》和《关于做好税收征管改革新形势下重点税源监控工作的思考》等课题调研。结合实际工作要求，完成《关于对部分北京市属国有大企业基本情况的分析》《北京市总部企业纳税概况分析》和《关于对大企业开展税务审计的可行性研究》的调研课题。

【培训工作】结合运行实际和业务特点，在做好启动工作的同时，创新培训方式，提升干部业务能力。选送2名业务骨干到中介机构进行一个月的“工作式”培训，熟悉掌握中介机构对税务审计工作的流程和工作要求，对今后开展税收审计、风险防控工作起到借鉴作用；举办“依法行政”“房地产和金融行业”为专题的全员业务培训，每次培训为期三天，聘请中介机构的行业专家和稽查分局的业务分管领导授课，共有60余人次先后参训。培训始终注重理论与实际操作相结合，增强干部对稽查工作的理解和认识，提升干部税收风险防控能力。积极部署开展专业技术职称考试工作。认真落实市局要求，广泛动员，分局1人报考高级经济师，14人报考中级经济师。

【税源监控分析】2013年上半年，根据北京市统计局和北京市商务委员会提供的2011年度市总部企业名单，查询整合同年度相关数据，初步完成对市总部企业的税收概况分析工作。

【完善税源数据信息】按照市地税局征管处提出的“购买上市公司数据资料”项目要求，结合工作实际，提出税收数据需求，尝试向第三方购买税收相关数据信息，完善税源数据信息。

【信息化建设】完成现有人员计算机设备和办公设备的采购和分配，及时安装调试，保障计算机和网络设备正常运行。在市地税局相关处室的帮助和支持下，完成内网单点登录系统与内网办公系统中分局机构、人员设置的调整与系统基础权限的设置。

【服务央企】接手纳税服务处有关“服务央企”工作，着手布置了分局纳税辅导工作方案以及安排“小教员”培训工作。

【落实完成税务总局大企业司交办的工作】一是完善纳税评估管理办法。完成国家税务总局大企业自查软件中部分地税税种的维护、分行业建立并完善大企业税收风险特征库中的石油石化、烟草、银行、电力、电信五个行业的企业税收风险特征信息收集整理等工作。制定评估工作流程，进一步完善了建筑业的评估模型，为开展大企业评估工作提供保障。二是完成关于好又多公司股权转让交易税收征管协调的后续工作。进一步核实涉税企业的股权转让收入分配情况。以向该企业发送《税务事项告知书》的形式催缴企业税款入库额432万元。三是协助税务总局大企业司管理四处，完成总局领导出访所采集的“中国水利水电建设集团”“中国水利电力对外公司”“中工国际工程股份有限公司”及“中铁建铜冠投资有限公司”等四家央企驻外机构诉求征集工作。四是协助国家税务总局完成大企业自查软件中部分地税税种的维护工作，核对个人所得税、印花税和土地增值税三个税种的相关法条的废止、修改情况及时效。五是参加国家税务总局组织的《关于加强大企业个性化纳税服务工作的意见》座谈会，作为五省市参会单位之一，代表北京地税研究提出修改意见。六是参与国家税务总局对中国烟草总公司、中国大唐集团、中国工商银行股份有限公司三户企业的风险管理和税务审计工作，制定分阶段工作方案及各阶段工作计划。七是探索对企业税务审计的方法。根据国家税务总局提出的大企业税务审计理念，派业务骨干参加总局与国际货币基金组织联合举办的澳大利亚、美国税务审计经验交流培训会，到会计师事务所学习国内外税务审计先进经验。

【服务总部企业】积极落实《北京市商务委员会拨付跨国公司地区总部补助和奖励的征求意见函》的落实反馈工作。与北京市商务委总部经济发展处建立部门长效沟通机制，并共同前往安东石油、美盛中国、中粮集团等三户总部企业进行走访座谈，对征求到的中粮集团涉及营业税和地方税等税种的业务诉求，进行归集整理并提出拟处理意见，提交市地税局分析研究，将服务央企的具体举措落到实处。

【税务稽查案管工作】2013年8月，第一直属分局工作职责调整，增加税务稽查职能，组织干部对《税务稽查业务手册》进行重点学习，对税务稽查案管系统操作流程进行统一培训。8—10月，共组织对市地税局下发的国家税务总局重点税源企业、市局重点税源企业等11户企业进行立案、文书制作，以及国家税务总局重点税源企业专项总结及报表的上报工作。结合市地税局稽查处下发的2012年度纳税百万元以上重点税源企业统计数据，针对房地产业、建筑业、工程监理业等行业的特点，对统计数据进行深入分析，筛选出第一批待查对象，共涉及5个行业35户企业。

【税务稽查检查】制定检查预案。通过查阅企业报送的自查报告和财务报告，了解被查企业的整体情况。下发税务检查通知书等文书，约定采集资料的时间，包括电子账、纸质凭证、合同、账簿等。接手11个案子，以税务稽查软件为依托，对企业账簿进行检查，开展税务稽查工作。

【税务稽查审理】办理审理案件1件，借此契机，逐步梳理第三稽查局审理工作相关制度及业务流程。

【完成大企业服务与管理工作的交接】 根据市地税局对分局工作职责新的调整要求，分局将大企业服务与管理工作转交给国际税务管理处和数据管理处。结合三年来开展大企业服务与管理工作的情况，分局认真梳理原职责范围内的各项工作，顺利完成了交接工作。

【党的群众路线教育实践活动】 迅速成立党的群众路线教育实践活动领导小组及办公室，统筹负责群众路线教育实践各项活动的开展，并制定《中共北京市地方税务局第一直属分局党组深入开展党的群众路线教育实践活动实施方案》。召开“深入开展党的群众路线教育实践活动动员大会”，使全局干部明确教育实践活动的重要性；明确目标任务；明确各个阶段的工作；四是明确原则和要求。第一时间召开领导小组会议，确定落实方案，保证学习落实到位。按照集中学习与干部自学相结合，研读书目、文件与专题讨论、辅导相结合，学习理论与观看教育影片、参观革命教育基地相结合的原则，组织全体党员原汁原味地学习了习近平总书记在党的群众路线教育实践活动工作会议上的讲话等重要文件和论述，学习时间累计达到3天；成立三个学习小组，在集中学习之后开展分组讨论，交流学习心得；组织全体干部观看《正道沧桑》专题片及教育影片《周恩来的四个昼夜》，组织参观革命教育基地双清别墅、参观《复兴之路》展览；邀请中组部党建研究所副巡视员、教授赵湘江为全局干部作专题辅导讲座。通过内容丰富、形式多样的活动，保证学习效果。分局领导班子深入党员群众，深入纳税人，深入相关业务单位，积极听取意见，先后开展了与商委总部经济发展处、与安东石油等两户总部企业、与分局全体干部的座谈会；并向全局干部发放《第一直属分局党组落实群众路线实践活动调查表》和《工作调查问卷》，广泛征求相关单位及分局干部的意见和建议，准确掌握群众的所思所想和所需所盼，反思工作不足。

【领导班子成员】 北京市地方税务局第一直属分局党组书记、局长：陈侠（女）；副局长：陈来滨（自2013年5月22日起任职）、邵强、文竟（女）、崔彤阳。

（宋　潇）

北京市地方税务局第二直属分局

【概况】 北京市地方税务局第二直属分局为市地税局下设的主管全市外国企业、市局指定管辖的企业和部分外籍个人地方税收征管工作的直属机构。2013年10月，经市局党组决定，北京市地方税务局第二直属分局更名为北京市地方税务局直属税务分局，更名后职责不变。办公地址位于北京市东城区体育馆西路8号，毗邻著名的世界文化遗产——天坛公园，地理条件优越，交通较为便利。全局设有8个科室、3个税务所，共有干部职工64人，其中处级领导干部5人，调研员1人，副处级调研员（兼任科长）2人，正科级领导干部8人，副科级领导干部10人

(其中主任科员兼任的6人),主任科员17人,副主任科员16人,工人4人。全局共有中共党员43名,占全体干部职工人数的67.2%;共青团员4名,占全体干部职工人数的6.3%。截至2013年底,全局共有税务登记户4702户,其中常驻代表机构4411户、新闻机构194户、外资银行27户、承包商40户、商会19户、保险公司4户、学校3户。

【税收收入】2013年,北京市地方税务局直属税务分局累计完成各项税费收入28.51亿元。受"营改增"、代表机构代表人数限制以及外资银行业减收等因素影响,累计完成地方公共财政预算收入17.05亿元,同比减收2.31亿元,完成年度地方公共财政预算收入目标17亿元的100.28%。

【平稳完成交接工作】10月,按照市局关于独立分设国际税务管理处的要求,及时制定交接工作方案,归集整理工作资料,形成交接资料清单,共移交实物、印章、督察督办完成件、市局重要领导批示办结件、呈市局领导批示的签报件、实际案卷、情报交换办结件、国际税收管理发文件及一般性文件处理件等共186项国际税收相关资料,并就部分调查案件后续事宜做了详细的情况介绍,实现业务顺利交接、人员按时划转,确保工作平稳过渡、运行顺畅。

【组织收入责任体系】面对复杂的国内外经济环境,分局坚持"一把手"负总责的三级收入目标责任制,从政策变动到征收管理等多方面分析税收收入,准确把握影响短期收入变化的因素,按旬做好预测,制定年底组织收入工作计划,加强对重点税源、重点税种的监控,最大限度地压缩收入缺口。

【依法行政】制发《第二直属分局党组工作规则》,明确重大事项集体决策、重要人事任免集体决定、大额度资金使用党组上会集体研究等决策工作规则。组建以来共召开党组会28次,讨论研究人事任免、晋升和大额资金使用等议题66项。加强并接受内外部的监督,开展执法培训和检查,对各项行政执法工作抽查,组织全局进行征管业务流程培训及考试。做好政府信息主动公开工作,对外网进行初步改版,全年通过政府信息公开栏目主动公开信息54条。通过电话、座谈、培训等方式及时宣传辅导涉税政策,提高税收工作的透明度。

【服务区域经济社会发展】积极参加市局组织的服务区域经济发展座谈。与区县局及其部分城区金融部门建立定期联席沟通机制,搭建交流平台,推进企业和地方合作共赢。根据管理对象特点,采取不同级别的应对措施。

【"营改增"试点】认真拟定工作方案,全年召开6次专题会议,加强管理及分析,完成89户企业典型税源调查及税源户核实工作。2013年,新纳入"营改增"扩围范围的企业共7户,缴销税控装置2户2台次。

【部分外资银行管辖权调整】按照市局关于对成立法人机构的外资银行实行属地管理的工作要求,及时核实所辖97家外资银行税收征管情况,分析研究转出前后税收变化及影响。对内,制定工作方案,召开业务协调会,征询市局相关处室和区县局意见,明确转出手续涉及的各项工作。对外,向纳税人发布公告,协调服务商完成税控IC卡更换工作,确保工作无缝衔接和顺利实施。年内共完成69家外资银行转出税务登记工作。

【税源专业化管理】实行科学化、精细化税源管理,在第二、第三税务所尝试开展税源专业化管理,将岗位分为专业化管理岗位和日常管理岗位。专业化管理岗位主要负责纳税清算、纳税评估、零申报核查等风险应对工作。日常管理岗位按照目前征管流程主要负责部分纳税人发起事项的处理及迟报催缴等工作，初步形成了税源专业化管理模式。

【规范税政管理】组织业务骨干进行个人所得税、“营改增”、地方税等政策的集中研讨，统一政策口径。加强个人所得税、工会经费等税费政策指导及迟报催缴。对“营改增”企业的附加税费缴纳情况进行比对分析，积极组织催缴入库。认真研读小微企业免征营业税有关政策，确保相关政策在外国企业常驻代表机构中的贯彻落实。强化对外支付税务证明的管理，积极贯彻落实《关于服务贸易等项目对外支付税务备案有关问题的公告》（国家税务总局、国家外汇管理局公告2013年第40号）精神，制订对外支付税务备案工作流程，做好协定的审批、备案工作。

【日常征管】充分利用税收管理员平台，按月清理待登记户、非正常户等，强化户籍管理，登记率达100%。通过征期中催报、征期后迟报催缴等方法，提升申报率和入库率。加强税务登记基础信息管理，规范税务登记基础信息录入口径、非正常户认定和解除非正常户认定手续。全年新办登记204户，注销登记407户，与国税交换1583户登记资料。通过召开税务所、中介机构座谈会等方式，规范纳税清算与注销税务登记工作衔接的业务流程，明确纳税清算表和注销税务登记申请审批表的填写要求，简化纳税清算应提交的资料。开展无税申报户清查，确定无税申报清查名单，制订工作方案，制作纳税事项提示函，了解无税申报情况。通过外网、手机短信、电话等多渠道开展宣传，通过全面梳理，分析出纳税人零申报的8种情况，并制定了相应的应对措施。全年16户纳税人补缴税款及滞纳金196.3万元。延伸纳税评估范围，将代表机构纳税清算列入专项纳税评估。制发《关于加强纳税评估工作的通知》，规范内部工作流程，明确纳税评估工作时限、系统操作、评估报告、文书填写以及档案归集。每月形成变更首席代表的代表机构名单，进行重点评估。全年共评估纳税人455户，发现问题100户，补缴入库税款1197.27万元，滞纳金317.88万元。提升档案管理水平，制定完善各项税务档案基础制度，完成档案服务器、税务档案扫描仪、真空封包机等专用设备购置，完成归档子系统、扫描子系统安装。

【信息化建设】制定信息系统安全管理规范、信息系统运行维护管理规范、信息系统数据后台查询管理办法、信息系统数据后台处理管理办法，明确各部门信息化职责范围和权限。按照市局内外网物理隔离和金税三期工程的要求，做好技术支持，及时反馈各类问题。全年购置计算机、打印机、服务器等设备50余台，购买正版软件57套，为信息化工作提供有力保障。

【纳税服务】对内，加强对窗口干部行政礼仪、文明礼仪培训。推行重点税源户“点对点、一对多”的个性服务，设立服务专线，有针对性地提供咨询服务和信息援助。及时处理纳税人投诉，全面了解情况，如实反馈调查结果，深入查找问题并积极整改。对外，建立纳税服务承诺、纳税服务规范、纳税服务咨询、涉税保密信息查询等相关纳税服务工作制度，建立并逐步完善纳税人投诉处理机制。认真分析2012年度满意度调查结果，制订整改方案。协调市局相关处室，组织参加北京市投资促进局主办的税收新政策解读会。召开外国（地区）商会座谈会。做好对新开户的走访和纳税辅导。联合个人所得税处组织个人所得税政策专题辅导会。开展“税法宣传走进写字楼”“税法宣传送到家”等宣传活动，提升纳税人的税收法制观念。

【依法行政】制发推进依法行政领导小组及印发工作规则的通知，对税收规范性文件进行清理，积极开展法制培训工作，组织网上问卷调查活动，组织全局对典型复议、诉讼案例进行学习。法制部门就全局法制工作的建设发挥了组织、指导、协调和监督作用。成立执法督察组，拟定执法督察方案。对税务所的行政处罚代开发票、非正常户管理、支付手续费等项目进行税收执法督察，对发现的问题进行了整改、通报。顺利完成市局执法督察任务。对本局的财务管理和财务制度的完备情况进行内审。

【行政管理】建立健全行政管理规章制度，规范行政管理。严格落实中央及市委有关规定，厉行节约，转变文风会风。切实加强“三公”经费管理，推行公务卡结算。加强预算资金审批执行，严格执行政府采购程序。完成全局干部社保、房补、公积金的认定、转入、核准及缴费工作。做好车辆的调度使用和日常维护，强化安全教育。对735件固定资产进行了报废处置。合理制定办公用品采购计划，满足工作需要。

【党的群众路线教育实践活动】加强学习教育，提高思想认识。通过集中学习、专题讲座、观看专题片、参观展览基地等多种形式进行系统学习。聚焦“四风”，深入查摆问题。通过召开外国（地区）商会座谈会、局内干部座谈会、系统国际税收管理部门座谈会、特约监察员座谈会等广泛征求意见。领导班子成员主动查摆问题，开展自我剖析、交流谈心、批评与自我批评，深剖问题根源。截至2013年底，共电话征求意见130余次，接待纳税人120余人次，走访及约谈纳税户18家；召开干部群众座谈会，收集意见建议共计56条。边查边改，力争整改见成效。明确整改事项的责任部门和负责人，提出具体的整改措施，及时解决发现的问题，并着手制定、完善相关制度。

【党的建设】先后起草完成党员干部理论学习制度、党组中心组学习制度、党务公开工作实施办法、党员联系群众制度。开展了“追忆抗战历史，重温入党誓词”主题活动。完成分局党支部民主评议党员工作。

【队伍建设】全年共有3名干部晋升非领导职务，其中主任科员1人，副主任科员2人。完成正、副科级领导干部转正考核9人，其中正科级5人，副科级4人。进一步优化了干部队伍结构，完善了人员配置。

【党风廉政建设】制定党风廉政建设和反腐败工作重点任务分工方案、特约党风廉政监察员工作暂行办法，聘请6名特约监察员。逐级签订党风廉政建设责任书。依托税收综合征管信息系统、税收执法管理信息系统，围绕“两权”运行中重点岗位和关键环节，有针对性地开展执法监察和效能监察，规范税收执法行为。组织全局党员干部参加“弘扬廉洁理念，倡导清风正气”廉政微小说和平面廉政公益广告创作征集活动。

【教育培训】分层次落实年初14个培训计划。全员参与公务员更新知识培训，组织干部对党的十八大及十八届三中全会精神、中央八项规定等、国际形势分析等进行学习。前后开展了法制培训、征管培训、廉政教育等内容丰富的教育培训，提高了干部综合素质，增强了业务能力，在全系统业务科室及税务所人员《小企业会计准则》抽考中，分局获得了及格率全系统第一、总平均分全系统第二的优异成绩。

【领导班子成员】北京市地方税务局直属税务分局局长：薛礼；副局长：徐媛（女）、唐敬春（女）、张清松、向丽（女）、陈鑫。

（葛　玮）

社会团体

北京市国际税收研究会

【概况】 北京市国际税收研究会办公地点设在朝阳区安苑东里三区1号，主要负责北京市国际税收学术研究工作，是经北京市社会团体登记管理机关核准登记的民间、群众性学术团体。本会现有理事186人，常务理事79人，团体会员99个，个人会员4个。本会下设分支机构2个：办税人员分会和学术委员会；下设办公机构6个：秘书处、理论调研部、宣传培训部、咨询开发部、对外联络部、信息资料中心。2013年末，驻会工作人员23人，其中在职人员4人（包括1名科级干部和3名司机），税务系统离退休人员14人，外聘人员5人。2013年，认真学习贯彻党的十八大精神，服务于经济稳中求进大局，着眼于深化改革开放，致力于税收促进经济发展方式转变的主题，不断探索研究新的历史时期税收发挥作用的新需求、新途径、新经验，积极开展理论调研，认真做好税法宣传和培训、国内外学术交流等项工作。

【理论调研】 圆满完成中国国际税收研究会和北京市社科联交办的课题调研任务，撰写论文，并分别在专业研讨会和年会上做了发言交流。同时，组织完成四个群众性课题调研。理论调研取得成果：一是完成关于缩小收入分配差距问题的研究。撰写论文《缩小居民收入分配差距，发挥税收调节作用》，报送北京市社科联，并在中国国际税收研究会在青岛举办的课题研讨会进行了交流，被评选推荐编入中国国际税收研究会年度论文集。二是邀请专家学者完成专题调研。邀请中国国际税收研究会、财政部科研所等单位的专家学者撰写专题理论调研文章，分别是《构建我国地方税体系的思考》《改革个人股权收益、转让所得税制，缩小劳资收入分配差距》《促进收入分配公平的个人所得税改革浅析》《论增值税改革》《税收与赤字》。其中，《税收与赤字》被《中国税务报》2013年10月9日以“控制赤字规模，求得财政平衡”刊载在B4版《财经论坛》上。三是积极开展群众性调研活动。根据中国国际税收研究会理论调研课题安排和北京市税收工作实际情况，研究确定了“推进营业税改增值税的国际借鉴研究”“促进缩小收入分配差距税收政策的国际借鉴研究”“如何构建地方税体系的国际借鉴研究”“强化税收专业化、精细化管理的国际借鉴研究”四个群众性重点调研课题。四个课题组组长单位第一稽查局、西站分局、第一直属分局、第二直属分局积极组织协调，各单位密切协作，结合本区县实际情况，有针对性地积极进行调研，撰写论文。中国人民大学安体富、中央财经大学刘桓、梁俊娇、首都经贸大学丁芸、毛夏鸾等教授，积极与区县理论调研小组联系，参与小组调研，对小组调研内容、调研方法给予认真细致的实际指导，并亲自参与小组研讨会讨论，促进调研小组工作的开展。四是召开2012年度课题研讨总结表彰大会，各区（县）局常务理事、理事和理论调研员，中国人民大学、中央财经大学、首都经贸大学的教授、学者50余人出席会议。会上，通州局、昌平局、朝阳局和中央财经大学的代表做了大会理论调研交流发言，对上年收到的180篇理论调研文章中的90篇进行评选表彰，并宣读年度优秀理论调研员表彰名单。

【《国际税收参考》编辑出版】2013年，共编辑发行《国际税收参考》12期，登载各类税讯363篇，约21.4万字，其中，第5期（总期141期）为税制改革专刊，第10期（总期146期）为财政收支专刊，并编辑2012年目录和2013年目录各一期。每月发行360余份，并在北京地税的内网、外网登载。

【税法宣传和培训】2013年，办税人员培训工作分为两个阶段组织实施。1—7月，按照原有培训模式进行，即按照组织有关培训点招生，纳税人、办税人员自愿参加，由北京市国际税收研究会统一时间、统一教材、统一收费标准的培训模式，实施全方位培训。从8月始，按照市局《2013年6—12月纳税辅导工作方案》的要求，对全市的纳税人、办税人员进行免费培训新模式。全年共组织举办纳税人、办税人员培训班次34班次，培训办税人员11000余人。其中，为4500余人办理办税人员证书。全年，举办公务员培训10期，共培训1040名同志。

【国内外学术交流】办税人员分会常务副会长刘凤江参加在泰国首都曼谷召开的“亚太地区纳税人协会联盟”2013年度会议。2013年的亚太地区纳税人联盟年会主题是：“加强组织建设，扩大会员规模，加强交流学习，促进组织发展”。在这次会议期间，与乌克兰纳税人协会共同签订双方纳税人组织开展互相学习、交流及工作合作协议。

【会员单位业务交流】根据会员界别组在税务工作中遇到的热点、难点问题，2013年安排了“关于资本市场的若干涉税问题的国际借鉴研究”和“关于税收征管法的改革与完善的国际借鉴”的课题研究，撰写出研究报告，提供给国家税务总局、证监会等部门参考。在广泛征集会员在“营改增”进一步扩大试点中存在的60余个问题的基础上，就增值税改革进程中有关问题举办专题讲座。邀请北京市国税局和毕马威会计师事务所专家，与会员单位进行现场交流、答疑。

【筹备换届选举】按照章程规定和研究会部署，将换届各项准备工作的工作目标、工作程序及完成时限列出详细计划，按照计划做好筹备工作。

【领导班子成员】北京市国际税收研究会会长：孙振刚；副会长：金兴、郝如玉、米建国、安体富、刘桓、雷振刚、徐华；监事长：左金玲（女）；秘书长：金宝福。

（唐乃清）

北京市地方税务学会

【概况】北京市地方税务学会（Beijing Local Taxation Institute，缩写 BLTI），是由北京市地方税务局、企事业单位和财税工作者自愿联合发起成立，经北京市民政局核准登记的非营利性社会团体法人。下设秘书处、调研部、业务部、培训部、编纂部。2013 年末，驻会工作人员 20 人。办公地点设在朝阳区裕民路 12 号院 C3 座。学会宗旨：认真学习马克思列宁主义、毛泽东思想、邓小平理论、“三个代表”重要思想和科学发展观，坚持党的四项基本原则和改革开放的路线、方针、政策，自觉遵守国家宪法、法律、法规，遵守社会道德风尚，以促进首都经济建设为目标，服务于北京市地方税收事业，研究探讨税制改革，加强地方税收理论建设，增进中外税收领域学术交流，为推进首都经济持续稳定健康发展，充分发挥学会作为税务部门与纳税人之间的桥梁和纽带作用。业务范围：学习宣传党的路线、方针、政策和国家、北京市关于地方税收、财政的政策法规，为首都经济发展服务；指导区县地税局、分局设立的学会组织依法照章开展工作；组织和联系地方税务、财政、经济、教育和学术界开展有关地方税收政策、理论、制度和管理方式的研究和探讨；研究探索地方税收遇到的新情况、新问题，提出解决的意向意见和办法，及时向业务主管部门传递信息及推荐研究成果，凡属比较完善可行的调研报告、论文向相关媒体、刊物推荐，进行宣传交流；开展与税收工作相关的社会服务工作；接受业务主管部门以及纳税单位、个人委托，开展地方税收宣传、咨询、学术研究、人员培训、编辑专业书刊等业务活动；加强与国内和全市各有关学会、协会的协作和交流，促进地方税收管理水平的提高；有组织、有计划地与国外税收研究机构建立联系，开展国家间和友好城市间的学术交流活动；总结交流地方税收管理的经验，组织评议全市地方税收学术研究成果。学会最高权力机构是理事会。主要职责：制定和修改章程；选举和罢免常务理事、监事；审议常务理事会、监事会的工作报告和财务报告；决定重大变更和终止事宜；决定其他重大事宜。

【推进全系统开展调研工作】2013 上半年，学会组织各区县局、分局税收理论调研员召开调研工作总结大会，会上总结了上年调研工作的主要成绩，对各单位报送的调研报告进行了评优表彰，布置了 2013 年调研工作任务。各区县局、分局的调研工作在各单位领导的大力支持下，开展得有声有色。全系统广大干部在促进首都积极发展、为纳税人服务的过程中，结合税收工作实际，潜心研究，认真思考，深刻总结，撰写了大批对服务主题主线、税制改革、征管实践具有重要作用的调研报告。各单位共报送调研报告 129 篇，学会从中选出 33 篇评为优秀调研报告，已汇编成书，供学习参考。

【开展重点调研】2013 年，突出提高调研报告质量、多出精品的指导思想，改进调研工作方式方法。年初召开有国家税务总局科研所和大专院校的专家学者参加的调研工作计划会，确定五个重点调研课题，其中三个课题由区县局组成调研组承担，两个课题由学会调研部组织完成。重点调研课题中的两篇调研报告《纳税服务社会化研究》《税务管理中数据信息运用问题研究》分别被国家税务总局《税收研究资料》的第六期和第十一期刊登。2013 年 5 月，按照市局局长杨志强的指示，学会开展建立地方税体系的调研工作，完成了两篇《地方税体系建设研究》的调研报告，得到市地税局领导和有关部门的高度重视。在 6 月下旬召开的六省市区地方税务学会（研究会）工作交流会上，学会向大会介绍这两篇调研报告，引发与会代表们的热烈讨论，对积极推进建立地方税体系取得良好效果。

【培训工作】学会每年坚持为会员组织两次专业培训。2013 年 8 月和年底，分别为企业会员组织了"发票管理"和"企业所得税汇算清缴"的专业培训，约 160 多人次参加，为这些单位的财务人员做好本职工作起到了很好的指导作用。2013 年 6 月，市地税局下发《北京市地方税务局关于组织纳税人培训有关问题的通知》，形成了一套由政府出资为广大纳税人提供税务专业公共服务的管理办法。学会认真学习领会市局《通知》中关于组织社会培训工作的原则、要求和经费管理规定，研究制定《北京市地方税务学会关于组织纳税人开展税收培训辅导相关事宜的通知》和一系列开展社会化培训工作的管理办法，使培训工作更加制度化、规范化，完善了培训工作的基础建设。2013 年，学会共组织与联合组织各类培训 33 期，培训人员 5665 人次。其中学会组织培训 2 次，参训人员 154 人次，与市属委办局等单位联合组织培训 6 次，参训人员 1146 人次；与系统内各区县学会联合组织培训 17 次，参训人员 3368 人次；与市局机关联合组织培训 8 次，参训人员 997 人次。与市地税局联合开展社会化培训，提供社会化公共服务，是学会培训工作的重大突破，使学会培训工作迈入为广大纳税人服务的更加广阔的领域。为保证培训工作的良好效果和今后的健康发展，学会在培训人员中开展了对培训工作的满意度调查。市国资委和西城、燕山地区的参训人员对培训内容的满意率分别为 94.3%、98.48%、99%；对授课人员的满意率分别为 92.4%、100%、99%；对培训管理工作的满意率分别为 96.2%、98.4%、100%。

【政策服务】学会继续与市地税局纳税服务中心合作，开办网上"税收新政策月综述"栏目，每月及时把当前最新的税收政策和税收政策的新变化在网上告知纳税人。2013 年共编辑 11 期，网上访问量达 5 万余人次，很好地发挥了税收政策的宣传作用。学会按照以行业编辑税收政策汇编的长期计划，2013 编辑了《文化、体育业地方税收政策解读》一书。在市地税局各有关处室的大力支持下，完成该书的编辑工作，已经出版社出版发行。学会按季出版会刊 4 期，刊登北京市经济和地税信息近 100 条，报道全市经济工作和税收工作的基本情况，反映社会关注的税收热点问题，并把地税系统和会员单位的调研成果及时在会刊上刊载，受到会员单位和地税系统的好评。

【《税务志》编纂】北京市地税局按照市委、市政府的要求，于 2010 年 11 月成立北京市地方税务局税务志编纂委员会办公室（简称编纂办），负责组织实施《税务志（地方税收）》的编纂工作。2013 年 6 月，市局党组决定将编纂办并入学会建制。编纂办按照工作计划积极开展工作，认真组织第二轮修志续志工作。为了提高编纂工作水平，编纂办邀请市地方志办公室的领导为负责编纂的同志们进行业务培训，使大家明确了税务志编纂工作的业务要求。年末，市地税系统参与编纂《税务志》的有关单位已全部按计划完成修志续志工作，进入审定修改总编阶段。

【召开第二届第四次理事大会】2013 年 5 月中旬，学会按照章程规定，召开学会第二届第四次理事大会。会前，学会多次召开有关会议，认真研究第四次理事大会的任务和内容，对大会的召开进行充分准备。大会期间，秘书处向大会报告上一年度工作并做出 2013 年度工作计划安排；监事会向大会报告学会依法开展活动和年度财务审计情况，会议顺利审议通过以上两个报告。市地税局副局长卜祥来出席大会，并对学会工作和建设作重要讲话。全体理事和各区县局、分局的学会（研究会）特邀代表共一百余人参加了大会。第二届第四次理事大会顺利完成各项内容，实现大会预期目的。

【学会年审工作】根据北京市社会团体管理办公室年检规定，学会于 2013 年 4 月按照要求向北京市社团办提交各项年检报告、资料以及学会依法开展各项活动的报告，顺利通过 2013 年年度审验。

【加强自身建设】近年来，学会建设发展很快，机构设置为一室四部，驻会干部已有 20 人，其中老干部多，处级领导干部多，全部是共产党员。学会领导班子始终高度重视学会自身建设，坚持把带好干部队伍摆在各项工作的首位。一是抓好党的十八大和习近平总书记系列重要讲话精神的学习，不断提高干部队伍的思想认识水平，在思想上、政治上和行动上自觉与党中央保持高度一致。二是抓好党的群众路线教育活动的学习，深刻认识党的群众路线和党员干部的群众观点是党的阶级性的体现，教育每个党员，尤其是退休党员干部坚持做到离岗不离队，在思想上牢固树立全心全意为人民服务的意识，在实践中全心全意为广大纳税人服务，为地税建设事业服务。三是抓好党中央和中纪委关于加强党的作风建设的文件学习，自觉反对“四风”，严格遵守党纪政纪和中央八项规定，自觉反腐倡廉，真正做到入党一生、清风一世，保持共产党员先进性的本色。四是抓好党支部建设，充分发挥党支部的战斗堡垒作用，坚持党的组织生活各项制度，开展经常性的党的宗旨、党员标准、党的纪律教育，使每个党员时刻感受到“我在组织中，组织关心我”，保证每个党员在思想上政治上健康成长。

【召开六省市区地税系统学会（研究会）理论研讨会】六省市区地税系统学会（研究会）理论研讨会是原九省市区地税系统学会（研究会）理论研讨会的延续。2013 年 6 月下旬由学会主办召开。会议有两项内容，一是理论研讨；二是工作交流。参加研讨会的单位有广东省地方税收研究会、内蒙古自治区地方税务学会、江西省地方税务研究会、河南省地方税务研究会、广西壮族自治区地方税收研究会。会前，北京市地税局局长杨志强、副巡视员刘宝忠热情会见了 6 省市区参会代表。杨志强局长热情欢迎各位代表来京参加研讨会，希望大家留下好经验、好做法；阐述了对“营改增”后如何构建完善地方税体系的意见和思考，希望大家充分利用这次机会，进一步深入研讨，积极推进地方税体系建设。研讨会上，与会代表围绕本次会议研讨主题“如何构建地方税体系”进行研讨交流。学会首先汇报了“地方税体系建设研究”的调研报告，广东省地方税收研究会、广西壮族自治区地方税收研究会、河南省地方税务研究会分别作了“深化分税制改革完善地方税体系”“构建地方税体系的思考”“关于建立地方税体制的研究”的研讨专题汇报，会议代表们对“如何构建地方税体系”进行热烈的讨论。中央财经大学、首都经济贸易大学等高校的专家学者也特邀参加会议。会议深入探讨建立地方税主体税种、划分征收管理权和税收征收权等地税系统面临的实际问题。通过研讨，大家对构建地方税体系的迫切性达成了共识，对深化税制改革的思路更加明确，对地方税收领域面临的问题认识更加清晰，会议起到互学互补、推动改革的目的。会议决定把研讨会以工作交流的形式确定下来，由各单位轮流承办，每年召开一次。

【领导班子成员】北京市地方税务学会会长：徐志宏；副会长：范云军、王天麟、路俊霞、韩风岐、于燕萍（女）；秘书长：徐滨；副秘书长：柳昌荣、金燕齐。

（侯燕玲）

统计资料

北京市地方税务局各项税费收入完成情况
（2013 年）

单位：万元

项　目	年度计划	本期累计收入				
		本期累计	同期累计	占年度计划（%）	比上年同期累计	
					增减额	增减（%）
各项税费收入合计		31003381	28968712		2034669	7.0
其中：各项税费收入（不含工会经费）		30616493	28652480		1964013	6.9
地方公共财政预算收入合计	22135000	23187139	22178545	104.8	1008594	4.5
一、国内税收收入合计	28112000	28953410	27031014	103.0	1922396	7.1
1. 营业税	10300000	10323466	11527384	100.2	-1203918	-10.4
2. 企业所得税	2410000	2580707	2210234	107.1	370473	16.8
其中：中央级		1600917	1391481		209436	15.1
地方级		979790	818753		161037	19.7
3. 个人所得税	8180000	8344703	7034764	102.0	1309939	18.6
其中：中央级		5006822	4220858		785964	18.6
地方级		3337881	2813906		523975	18.6
4. 资源税	8000	8238	8032	103.0	206	2.6
5. 固定资产投资方向调节税			107		-107	-100.0
6. 城市维护建设税	1743000	1789818	1621502	102.7	168316	10.4
7. 房产税	1200000	1225420	1107209	102.1	118211	10.7
8. 印花税	490000	522206	447060	106.6	75146	16.8
9. 城镇土地使用税	163000	163390	162568	100.2	822	0.5
10. 土地增值税	1524000	1872364	1320656	122.9	551708	41.8
11. 车船税	230000	258199	222935	112.3	35264	15.8
12. 耕地占用税	88000	89962	102719	102.2	-12757	-12.4
13. 契税	1399000	1774920	1265844	126.9	509076	40.2
14. 其他税收		17			17	
二、非税收入合计		2049971	1937698		112273	5.8
1. 教育费附加收入	804200	829521	747332	103.1	82189	11.0
2. 外商投资企业土地使用费	9800	9814	10417	100.1	-603	-5.8
3. 税务部门罚没收入		2133	2121		12	0.6
4. 其他		1208503	1177828		30675	2.6
（1）文化事业建设费收入	3300	3368	216463	102.1	-213095	-98.4
其中：中央级		295	103588		-103293	-99.7
地方级		3073	112875		-109802	-97.3
（2）残疾人就业保障金	248700	262273	224406	105.5	37867	16.9
（3）地方教育附加	534000	555974	420727	104.1	135247	32.1
（4）工会经费		386888	316232		70656	22.3

北京市地方税务局各项税费收入分单位完成情况（2013年）

单位：万元

序号	项　目	各项税费收入（不含工会经费）					
		本期	同期	增减额	增减（%）	比重（%）	规模排序
1	合　计	30616493	28652480	1964013	6.9	100.0	
2	东城局	3037616	3033015	4601	0.2	9.9	4
3	西城局	5387090	5099953	287137	5.6	17.6	2
4	朝阳局	6867421	6486413	381008	5.9	22.4	1
5	海淀局	5180693	5375350	-194657	-3.6	16.9	3
6	丰台局	1494591	1258112	236479	18.8	4.9	5
7	石景山局	565674	499594	66080	13.2	1.9	12
8	门头沟局	330386	303217	27169	9.0	1.1	16
9	燕山分局	110585	156526	-45941	-29.4	0.4	19
10	昌平局	1118754	912165	206589	22.6	3.7	7
11	通州局	892130	681593	210537	30.9	2.9	10
12	顺义局	1359217	1241264	117953	9.5	4.4	6
13	大兴局	978806	821198	157608	19.2	3.2	9
14	房山局	676995	516563	160432	31.1	2.2	11
15	怀柔局	438260	358419	79841	22.3	1.4	13
16	密云局	355276	302735	52541	17.4	1.2	14
17	平谷局	352006	338600	13406	4.0	1.2	15
18	延庆局	128188	118036	10152	8.6	0.4	18
19	开发区分局	1003743	798294	205449	25.7	3.3	8
20	西站分局	54000	33275	20725	62.3	0.2	20
21	直属二局	285055	318158	-33103	-10.4	0.9	17
22	首都功能核心区	8709761	8451126	258635	3.1	28.5	
23	城市功能拓展区	14162379	13652744	509635	3.7	46.3	
24	城市发展新区	6140230	5127603	1012627	19.7	20.1	
25	生态涵养区	1604116	1421007	183109	12.9	5.2	

注："比重"为各项目数据占"合计"的百分比。

北京市地方税务局税务登记户数
（2013 年）

税务登记户经济类型情况表

户数及比重 经济类型	户数（户）	比重（%）
私营企业	513675	43. 16
个体工商户	319841	26. 88
有限责任公司	236776	19. 90
外资企业	34044	2. 86
其他经济	28951	2. 43
股份合作企业	23911	2. 01
集体企业	14597	1. 23
国有企业	11489	0. 97
股份有限公司	6359	0. 53
联营企业	354	0. 03
合　计	1189997	100. 00

税务登记户按产业分布情况表

产业结构	征管行业	户数（户）	比重（%）
第一产业户	农、林、渔、牧业	26296	2.21
第二产业	采矿业	465	0.04
	制造业	46898	3.94
	电力、热力、燃气及水生产和供应业	1036	0.09
	建筑业	36406	3.06
第二产业户小计		84805	7.13
第三产业	批发和零售业	457325	38.44
	交通运输、仓储和邮政业	28663	2.41
	住宿和餐饮业	52888	4.45
	信息传输、软件和信息技术服务业	19068	1.60
	金融业	9588	0.81
	房地产业	25369	2.13
	租赁和商务服务业	171999	14.45
	科学研究和技术服务业	123450	10.37
	水利、环境和公共设施管理业	2810	0.24
	居民服务、修理和其他服务业	117798	9.90
	教育	7549	0.63
	卫生和社会工作	4343	0.36
	文化、体育和娱乐业	48955	4.11
	公共管理、社会保障和社会组织	9050	0.76
	国际组织	41	0.00
第三产业户小计		1078896	90.66
合　计		1189997	100

各区县税务登记户分布情况表

序号	区县局	税务登记户数（户）	占全市总户数比重（%）
1	朝　阳	231081	19.42
2	海　淀	207361	17.42
3	丰　台	120491	10.13
4	西　城	81468	6.85
5	昌　平	79302	6.66
6	通　州	78724	6.62
7	东　城	67504	5.67
8	大　兴	51097	4.29
9	顺　义	45041	3.78
10	房　山	40826	3.43
11	石景山	38828	3.26
12	怀　柔	38321	3.22
13	密　云	28205	2.37
14	门头沟	24010	2.02
15	平　谷	23749	2.00
16	延　庆	15224	1.28
17	开发区	7510	0.63
18	直属二	5925	0.50
19	燕　山	4388	0.37
20	西　站	942	0.08
合　计		1189997	100.00

北京市税务登记户划分区域功能表

功能区域	税务登记户数（户）	功能区域	税务登记户数（户）
首都功能核心区	154897 户	城市功能拓展区	598196 户
东　城	67504	朝　阳	231081
西　城	81468	海　淀	207361
直属局	5925	丰　台	120491
		石景山	38321
		西　站	942
全年累计税收收入	8709761 万元	全年累计税收收入	14162379 万元
城市发展新区	306888 户	生态涵养发展区	130016 户
通　州	78724	门头沟	24010
顺　义	45041	平　谷	23749
大　兴	51097	怀　柔	38828
昌　平	79302	密　云	28205
房　山	40826	延　庆	15224
开发区	7510		
燕　山	4388		
全年累计税收收入	6140230 万元	全年累计税收收入	1604116 万元

机构人员

北京市地方税务局局领导名录

局长、党组副书记	杨志强（3月任）
局长、党组副书记	王晓明（3月免）
党组书记、副局长	刘江平
党组成员、副局长	郝硕博（7月免）
党组成员、副局长	王京华（女，8月免，任巡视员）
党组成员、副局长	任　军（1月免）
党组成员、副局长	朱元广（7月任）
党组成员、纪检组长	吴　鼎
党组成员、副局长	吕兴渭
党组成员、副局长	卜祥来（5月任）
党组成员、副巡视员	王勇生（7月免）
副巡视员	刘宝忠
副巡视员	杨文俊

北京市地方税务局各处室、直属事业单位、区县局、分局、社会团体、群众团体主要负责人名录

市局各处室

办公室主任	周上序
法制处处长	施　宏
研究室主任	常海龙
营业税管理处处长	王宝明（12月任）　范力军（11月免）
企业所得税管理处处长	王京秋（5月任）　张　翅（5月免）
个人所得税管理处处长	王　炜（5月任）　肖慧宗（5月免）
地方税管理处处长	宗立元（12月任）　钱剑兰（女，12月免）
残保金管理处处长	韩　松（7月任）　李海燕（7月免）
工会经费管理处处长	姜松霞（女）
国际税务管理处处长	李　娜（女，12月任）
征收管理处处长	陆　坤
收入规划核算处处长	郭顺民（女，5月任）　张亚平（5月免）
税务稽查处（税务违法案件举报中心）处长	杨晓东
纳税评估处处长	王　磊（10月任）　刘振声（10月免）
纳税服务处处长	李宗定（10月任）　王　磊（10月免）
档案处处长	邹永欣（女）
科技信息处处长	李龙江（5月兼任）　杨　涛（5月免）
计划财务处处长	肖慧宗（5月任）　关小虎（5月免）
宣传教育处处长	庄祁玮
基层工作处处长	沈永奇
人事处处长	董雪涛
保卫处处长	王立水
数据管理处处长	刘振声（10月任）

督查内审处（原审计处，11 月更名）处长	关小虎（5 月任） 周上序（5 月不再兼任）
机关党委办公室主任	江聚祥（11 月任） 高学江（11 月免）
离退休干部处处长	黄 健（5 月任） 张 康（5 月免）
中共北京市纪委驻北京市地税局纪检组副组长	吕新利
北京市监察局驻北京市地税局监察处处长	
《税务志》编纂委员会办公室主任	宋榜捷

直属事业单位

票证管理中心主任	孙长海（12 月任） 王宝明（12 月免）
纳税服务中心主任	于 鹏（10 月任） 李宗定（10 月免）
信息中心（信息系统运营维护中心）主任	李龙江（兼）
信息系统安全保障中心主任	李龙江
《北京税务公报》编辑部副主任	于军海
机关后勤服务中心主任	门 杰（副主任，12 月主持工作） 杨玉杰（12 月免）
老干部活动中心和干部培训中心党组书记	李建十
老干部活动中心和干部培训中心主任	矫卫建

各区县局、分局

东城区地方税务局党组书记	秦龙生（5 月免）
东城区地方税务局局长	赵增科（5 月任） 刘春林（5 月免）
西城区地方税务局党组书记	邢 军（7 月免）
西城区地方税务局局长	万国喜（7 月任） 李玉庆（7 月免）
朝阳区地方税务局局长	郭文武（3 月任） 陈合庄（3 月免）
海淀区地方税务局局长	郭筑明（5 月任） 杜军利（5 月免）
丰台区地方税务局局长	金志雄
石景山区地方税务局局长	张兴明
门头沟区地方税务局局长	吴鲁平
通州区地方税务局局长	杨玉杰（12 月任） 朱兴有（12 月免）
顺义区地方税务局局长	张 翅（5 月任） 张天生（5 月免）
怀柔区地方税务局局长	姚敬国（7 月任） 韩 松（7 月免）
平谷区地方税务局党组书记	张忠良（10 月免）
平谷区地方税务局局长	张秀娟（女）
房山区地方税务局局长	马 强（7 月任） 万国喜（7 月免）

昌平区地方税务局局长	于欣杰（7月任） 姚敬国（7月免）
大兴区地方税务局局长	冯守利
密云县地方税务局局长	丁锦宁（5月任） 赵增科（5月免）
延庆县地方税务局局长	王 竺（女，7月任） 于欣杰（7月免）
北京市地方税务局燕山分局局长	张亚平（5月任） 王 炜（5月免）
北京市地方税务局北京西站分局局长	杨 涛（5月任） 刘 义（5月免）
北京市地方税务局开发区分局局长	武立煌（5月任） 王炯宁（5月免）
北京市地方税务局第一稽查局局长	李 强（12月任） 孙长海（12月免）
北京市地方税务局第二稽查局局长	张天生（12月任） 郭筑明（5月免）
北京市地方税务局第三稽查局（原第一直属分局，11月更名）局长	陈 侠（女）
北京市地方税务局直属税务分局（原第二直属分局，11月更名）局长	薛 礼
北京市地方税务局第四稽查局局长	范力军（11月任）

社会团体

北京市国际税收研究会会长	孙振刚
北京市地方税收学会会长	徐志宏

群众团体

北京市地方税务局直属机关工会主席	王勇生
北京市地方税务局直属机关工会副主席	牛 杰（女）

北京市地方税务局机构、人员统计情况

北京市地方税务系统机构统计表（2013 年）

单位：个

项目＼类别	合计	北京市地方税务局					
		市局机关处室	区、县局	直属分局	事业单位	税务所	稽查局
机构	311	28	16	8	10	230	19
说明	1. 市局机关处室包括：24 个内设机构及机关党委、直属机关工会、离退休干部处、驻局纪检组（驻局监察处）。 2. 直属分局包括：直属税务分局、燕山分局、西站分局、开发区分局、第一稽查局、第二稽查局、第三稽查局、第四稽查局。 3. 事业单位包括：信息中心、信息系统安全保障中心、信息系统运营维护中心、票证管理中心、纳税服务中心、机关后勤服务中心、税务公报编辑部、干部培训中心、老干部活动中心、税务档案资料管理中心。						

注：①本表各项统计数截至 2013 年 12 月 31 日。

②社会团体：北京市国际税收研究会、北京市地方税务学会、北京税收法制建设研究会。

北京市地方税务系统人员基本情况统计表（2013 年）

单位：人

项目＼类别	实有人数合计	性别		民族		文化程度						学位		政治面貌				年龄结构					
		男	女	汉	其他	研究生	大学本科	大学专科	中专	高中技校职高	初中以下	博士	硕士	共产党员	共青团员	民主党派	无党派或群众	30 岁以下	31 至 35 岁	36 至 45 岁	46 至 54 岁	55 至 59 岁	60 岁以上
合计	7283	4138	3145	6906	377	452	5362	1123	90	198	58	14	412	5159	180	65	1879	550	1103	2736	2492	401	1
干部	6828	3713	3115	6467	361	452	5277	991	63	41	4	14	412	5022	178	64	1564	547	1086	2591	2285	318	1
工人	455	425	30	439	16		85	132	27	157	54			137	2	1	315	3	17	145	207	83	

北京市地方税务局区县局、分局机构设置情况统计表
(2013年)

单位：个

单位	机关科室	税务所	稽查局	稽查局下设科	事业单位	合计
合 计	305	230	19	99	22	
东城区地税局	18	24	1	11	2	
西城区地税局	18	21	1	11	2	
朝阳区地税局	14	15	1	6	2	
海淀区地税局	15	18	1	5	2	
丰台区地税局	14	13	1	5	2	
石景山区地税局	14	10	1	4	2	
门头沟区地税局	14	10	1	5	1	
通州区地税局	14	11	1	5	1	
顺义区地税局	15	16	1	6	1	
怀柔区地税局	14	8	1	5	1	
平谷区地税局	14	10	1	5	1	
房山区地税局	15	12	1	5	1	
昌平区地税局	14	13	1	5	1	
大兴区地税局	14	14	1	5	1	
密云县地税局	14	9	1	5	1	
延庆县地税局	14	12	1	5	1	
直属税务分局	8	3				
燕山分局	9	4	1	2		
西站分局	7	2	1	2		
开发区分局	8	5	1	2		
第一稽查局	16					
第二稽查局	16					
第三稽查局	6					
第四稽查局						

(张当眉)

大事记

北京市地方税务局大事记（2013年）

1月

1月1日 北京市地方税务局税收管理员平台评估模块正式上线。

1月1日 北京市地方税务局在房山区地税局（房山区综合行政服务中心）上线试运行全市第一台个人所得税完税证明自助服务设备。

1月1日 北京市地方税务局开始对全市1757家律师事务所和8380名合伙人个人所得税实行查账征收。

1月4日 北京市地方税务局党组书记刘江平主持召开市局党组会议，传达学习市委十一届二次全会精神，审议并原则通过了《2013年北京市地方税务工作会议工作报告》和对钱丽换等12名同志任职试用期满进行考核的工作安排，研究决定启动2012年度考核奖励工作。

1月7日 北京市地方税务局以电视电话会议形式召开2013年北京市地方税务工作会议。市局局长王晓明作了题为《全面贯彻党的十八大精神 推动北京地税事业科学发展》的工作报告。会议明确了2013年全市地税工作的总体要求：深入学习贯彻党的十八大和市委全会精神，以邓小平理论、“三个代表”重要思想、科学发展观为指导，紧紧围绕主题主线，牢牢把握稳中求进的工作总基调，以组织收入为中心，深入推进依法行政，严格依法征管，持续优化服务，加强税政管理，狠抓作风建设，密切联系群众，推动地税事业科学发展，为首都经济持续健康发展和社会和谐稳定作出新贡献。

1月7日 北京市地方税务局按照《北京市审计局对北京市地方税务局2012年度预算执行和决算草案进行审计的通知》（京审财通〔2013〕1号）和《北京市审计局对北京市地方税务局2012年度地方税收征管情况进行审计的通知》（京审财通〔2013〕2号）要求，配合市审计局开展审计工作。

1月8日 北京市财政局、北京市地方税务局、中国证监会北京监管局联合转发《财政部、国家税务总局、证监会关于实施上市公司股息红利差别化个人所得税政策有关问题的通知》（京财税〔2012〕2966号），自2013年1月1日起，对个人从公开发行和转让市场取得的上市公司股票，持股期限在1个月以内（含1个月）的，其股息红利所得全额计入应纳税所得额；持股期限在1个月以上至1年（含1年）的，暂减按50%计入应纳税所得额；持股期限超过1年的，暂减按25%计入应纳税所得额。上述所得统一适用20%的税率计征个人所得税。

1月11日 北京市财政局、北京市地方税务局联合转发《财政部、国家税务总局关于铁路房建生活单位营业税政策的通知》（京财税〔2013〕19号），对经铁道部或者各铁路局批准改制的铁路房建生活单位，为铁道部所属铁路局及国有铁路运输控股公司提供营业税应税劳务取得的收入，自改制之日起3年内免征营业税。

1月13日 北京市地方税务局举办“金蛇狂舞迎新春，欢欢喜喜过大年”主题春节联欢会，市局局长王晓明、党组书记刘江平等局领导观看了演出。

1月15日 北京市地方税务局召开2013年系统办公室工作专业会议，市局副巡视员杨文俊出席并讲话。

1月16日 北京市地方税务局、北京市住房城乡建设委联合印发《北京市地方税务局、北京市住房和城乡建设委员会关于加强部门协作 共同维护正常税收秩序的通知》（京地税地〔2013〕3号），加强房屋登记过程中完税凭证的审核管理工作。

1月17日 北京市地方税务局召开2013年系统纳税评估工作专业会议，市局副局长任军出席并讲话。

1月21日 北京市国际税收研究会会长孙振刚在中国国际税收研究会第五届学术研究委员会工作会议上被选为第五届学术研究委员会委员。

1月21日 北京市地方税务局召开2013年系统财务工作专业会议，市局副巡视员杨文俊出席并讲话。

1月22日 北京市地方税务局召开2013年系统收入规划核算工作专业会议，市局总经济师卜祥来出席并讲话。全系统2013年地方公共财政预算收入计划在会上下达。在充分考虑“营改增”试点改革等因素，2013年全系统地方公共财政预算收入计划2213.5亿元，比上年下降0.2%。

1月22日—23日 北京市地方税务局参加国家税务总局财产和行为税司召开的房地产税制改革工作座谈会，研究讨论房地产税制改革涉及的具体问题和有关工作。

1月22日—23日 北京市地方税务局召开2013年系统纳税服务工作专业会议，市局副局长吕兴渭出席并讲话。

1月23日 北京市地方税务局召开2013年系统法制工作专业会议，市局总经济师卜祥来出席并讲话。

1月22日—24日 北京市地方税务局副局长王京华参加政协北京市第十二届委员会第一次会议第四组民建工商联讨论和第二次全体会大会发言。

1月23日 北京市地方税务局党组书记刘江平主持召开党组会议，传达学习了《中共北京市委办公厅 北京市人民政府办公厅关于认真贯彻落实习近平总书记重要批示和中央办公厅相关要求的通知》，审议并原则通过了《中共北京市地方税务局党组贯彻落实关于改进工作作风、密切联系群众有关规定的实施办法》，研究决定开展2012年局级领导班子和领导干部年度考核及干部选拔任用“一报告两评议”工作、处级领导班子和领导干部考核等事项。

1月23日 北京市地方税务局召开2013年系统审计工作专业会议，市局总经济师卜祥来出席并讲话。

1月23日 北京市地方税务局转发《国家税务总局关于下发2013年重点税源监控报表制度的通知》（京地税收〔2013〕12号）。

1月24日 北京市地方税务局召开2013年系统企业所得税、残保金、工会经费工作专业会议，市书副局长王京华出席并讲话。

1月24日 北京市地方税务局召开2013年税务稽查工作会议，市局副局长郝硕博出席并讲话。

1月24日 北京市地方税务局党组书记刘江平主持召开2013年机关党委第1次会议，研究审议北京地税局机关2013年党建工作要点等事项。

1月25日 北京市地方税务局召开2013年度“服务基层、服务纳税人”工作会议，市局副局长吕兴渭出席并讲话。

1月28日 北京市地方税务局召开2013年系统地方税工作专业会议，市局副局长王京华出席并讲话。

1月28日 北京市地方税务局牛杰被北京市总工会评为“北京市女职工工作先进个人”。

1月29日 北京市地方税务局召开2013年系统征管、档案、信息工作专业会议，市局副局长吕兴渭、副巡视员杨文俊出席并讲话。

1月29日 北京市财政局、北京市地方税务局联合印发《北京市财政局、北京市地方税务局关于延庆县重大暴雪救灾有关税收优惠政策的通知》（京财税〔2013〕106号）。

1月29日 北京市地方税务局召开2013年系统后勤服务工作专业会议，市局副巡视员刘宝忠出席并讲话。

1月31日 北京市地方税务局印发《北京市地方税务局关于修订2013年收入规划核算报表工作有关事项的通知》（京地税收〔2013〕16号）。

2月

2月1日 国家税务总局局长肖捷带队到房山区国税、地税局调研基层情况、听取工作汇报，北京市国税局局长吴新联、市地税局总经济师卜祥来陪同。

2月6日—3月20日 北京市地方税务局与市财政局共同开展《中华人民共和国城市维护建设税暂行条例》实施情况调查工作，研提改革建议。

2月6日 北京市住房城乡建设委、市地税局和市财政局召开联席会议，研究联动加强房地产税收征管工作有关情况，市地税局副局长王京华出席。

2月6日 北京市地方税务局召开2013年系统安全保卫工作暨春节安全工作动员部署会议，市局副巡视员刘宝忠出席并讲话。

2月8日 北京市住房城乡建设委、市地税局联合印发《北京市住房和城乡建设委员会、北京市地方税务局关于落实市政府专题会议精神有关情况的报告》（京建文〔2013〕19号），将《关于进一步做好本市房地产市场调控工作的意见》上报市政府。

2月14日 北京市地方税务局召开2013年系统个人所得税工作专业会议，市局副局长任军出席并讲话。

2月18日 北京市地方税务局局长王晓明主持召开局长办公会议，听取了关于2013年收入任务安排和1月收入完成情况的汇报，审议并原则通过了《北京市地方税务局“十二五”时期推进依法行政工作规划》、2012年四季度及全年管理考核结果。

2月18日 北京市纠风办、市经济信息化委下发了《关于2012年度北京市政务网站考核评价结果的通报》（京纠发〔2013〕2号），北京地税网站被评为2012年度优秀政务网站。

2月19日 北京市地方税务局2013年工会经费税务代收工作会在干部培训中心召开。

2月25日 北京市地方税务局党组书记刘江平主持召开党组会议，审议并原则通过了2013年北京市地方税务系统党风廉政建设工作会议材料、2012年度“以奖代补”资金分配方案，研究按照市委组织部要求进行市级党政工作部门领导班子互评等事项。

2月25日—11月15日 北京市地方税务局

组织开展税收执法文书清理工作，对全系统287个执法文书进行了清理，发现问题文书64个。

2月26日 财政部、国家税务总局下发了《关于中关村、东湖、张江国家自主创新示范区和合芜蚌自主创新综合试验区有关研究开发费用加计扣除试点政策的通知》（财税〔2013〕13号）、《关于中关村、东湖、张江国家自主创新示范区和合芜蚌自主创新综合试验区有关职工教育经费税前扣除试点政策的通知》（财税〔2013〕14号）和《关于中关村、东湖、张江国家自主创新示范区和合芜蚌自主创新综合试验区有关股权奖励个人所得税试点政策的通知》（财税〔2013〕15号）等文件，明确了试点税收政策，文件自2012年1月1日—2014年12月31日执行。

2月26日 北京市地方税务局召开2013年市地税系统党风廉政建设工作会议，市局局长王晓明主持会议，纪检组长吴鼎作工作报告，党组书记刘江平讲话。北京地税局全体局领导，各处室、直属单位副处级以上领导干部，各区县局、分局副处级以上领导干部、监察科科长，北京国际税收研究会、地方税务学会秘书长参加会议。

2月28日 北京市地方税务局党组书记刘江平主持召开党组会议，研究朝阳区地税局党组书记、局长职位人选事宜。

2月28日 北京市地方税务局印发《中共北京市地方税务局党组中心组2013年理论学习计划》（京地税党〔2013〕9号），对2013年北京地税局党组中心组理论学习做出安排。

2月28日 北京市地方税务局接到财政部驻北京专员办《关于北京市地税局开发区财税政策执行情况及税收征管质量检查结论和处理意见的通知》（财驻京监〔2013〕49号），并组织开展整改工作。

2月 首都综治委授予北京市地方税务局“2012年度首都社会管理综合治理先进单位”称号。

3月

3月4日 北京市地方税务局印发《北京市地方税务局关于取消发票工本费有关问题的通知》（京地税票〔2013〕41号），规定自2013年1月1日起取消发票工本费。

3月4日 北京市地方税务局组织2012年新录用大学生和军队转业干部在干部培训中心开展初任培训，共163名新录用人员参加培训。

3月4日 北京市地方税务局党组书记刘江平主持召开党组会议，研究确定郭文武为朝阳区地税局正职考察人选，听取了对区县党政领导班子、市级党政工作部门领导班子年度考核测评情况的汇报、关于市人力社保局调整工作性津贴发放办法的汇报，通报了《国务院办公厅关于继续做好房地产市场调控工作的通知》（国办发〔2013〕17号）发布后，部分区县办理存量房过户缴税手续的纳税人数量激增有关情况。

3月5日—8月31日 北京市地方税务局在全市范围组织开展建筑业专项评估工作，共评估2022户，发现有问题户719户，入库税款、滞纳金、罚款共计2207万元。

3月6日 北京市地方税务局党组书记刘江平主持召开党组会议，研究决定陈合庄免职、郭文武任职，通报了近期继续做好房地产市场调控工作有关会议精神。

3月6日 北京市地方税务局机关团委联合7家兄弟单位团组织在石景山区树仁打工子弟学校开展了“春暖校园”学雷锋志愿服务活动，普及税收知识，解答税收热点问题。

3月7日 北京市地方税务局机关工会举办

了系统“巾帼展风采·巧手竞才艺”十字绣作品展，共展出作品70余件。市局党组书记刘江平、副局长吕兴渭、副巡视员王勇生和杨文俊参观了展览。

3月12日—5月10日 北京市地方税务局组织开展“弘扬廉洁理念，倡导清风正气”廉政作品创作征集活动，共征集微小说158篇、廉政公益广告21件，其中向市纪委选送微小说20篇、廉政公益广告12篇。

3月13日 北京市地方税务局印发《北京市地方税务局关于印发〈北京市地方税务局合同管理办法〉的通知》（京地税法〔2013〕49号）。

3月15日 北京市地方税务局党组书记刘江平主持召开党组会议，研究2013年预算公开、北京地税局内外网物理隔离改造项目立项、2012年度考核奖励工作安排、基建历史遗留问题等事项。

3月26日 北京市政府2013年3月26日第4次常务会议决定：杨志强任北京市地方税务局局长；免去王晓明的北京市地方税务局局长职务（京政任〔2013〕74号）。

3月27日 北京市财政局、北京市地方税务局联合转发《财政部、国家税务总局关于中国中信集团公司重组改制过程中土地增值税等政策的通知》（京财税〔2013〕434号），明确中国中信集团公司重组改制过程中涉及的土地增值税、印花税问题。

3月28日 北京市地方税务局印发《北京市地方税务局关于代扣、代收和代征税款手续费有关问题的公告》（北京市地方税务局公告2013年第1号）。

3月28日 北京市地方税务局印发《北京市地方税务局关于修改〈企业所得税核定征收鉴定操作规程〉的公告》（北京市地方税务局公告2013年第2号）。

3月29日 北京市地方税务局、市国家税务局在新浪官方微博以“税收、发展、民生”为主题，联合举办了“微答疑”活动，拉开了全市第22个税收宣传月的帷幕。

3月29日 北京市地方税务局党组印发《北京市地方税务局突发事件总体应急预案》（京地税党〔2013〕45号），修订完善了总体应急预案和9个专项预案。

3月30日 北京市地方税务局、市住房城乡建设委联合印发《北京市地方税务局、北京市住房和城乡建设委员会关于进一步做好房地产市场调控工作有关税收问题的公告》（2013年第3号），将土地增值税差别化预征率由2%～5%调整为2%～8%。对个人转让住房按规定应征收的个人所得税，主管税务机关通过税收征管、房屋登记等信息系统能核实房屋原值的，应依法严格按转让所得的20%计征。公告自2013年3月31日起施行。

3月31日 2013年度年所得12万元以上纳税人自行申报纳税工作结束，全市申报人数累计96万人，比上年同期增加21.5万人，增长28.8%。

3月 北京市地方税务局机关票证管理中心朱宁、地方税管理处佟云飞、宣传教育处赵艳慧、计划财务处钟志广和纳税服务中心刘玲玲5位干部，被市妇联、首都文明委、教委、团市委和关心下一代工委五部门联合授予“北京市好家长”光荣称号。

4月

4月1日 北京市地方税务局领导干部会议在北京地税局三层报告厅召开，市委组织部副部长刘春锋主持会议并宣读了市委、市政府关于杨志强、王晓明的职务任免决定，杨志强担任北京市地方税务局局长。市委常委、常务副市长李士祥作了重要讲话，王晓明、杨志强、刘江平作了发言。市局全体局领导，各处室、直属单位副处级以上领导干部，各区县局、分局、老干部活动中心、干部培训中心党政正职及党组副书记，国际税收研究会、地方税务学会秘书长参加了会议。

4月1日 国家税务总局与北京地税12366热线部分业务整合工作启动。

4月1日 北京市地方税务局、市住建委联合印发《北京市地方税务局、北京市住房和城乡建设委员会关于进一步做好房地产市场调控工作有关税收问题的公告》（北京市地方税务局公告2013年第3号）。

4月1日—5月15日、8月15日—9月20日 北京市地方税务局两次在北京地税官网开展了执法文书清理、改进权益保护专区、规范税务行政处罚裁量权和税收法规库升级改版的问卷调查。活动期间，共计有18237人次参与调查，《北京日报》5月3日财经版和《中国税务报》5月27日头版就有关工作进行了报道。

4月7日 北京市地方税务局局长杨志强主持召开局长办公会议，听取了2013年一季度收入完成情况汇报、北京地税局2012年折子工程完成情况及2013年折子工程项目的汇报，研究了市房地产市场调控有关税收工作、营业税改征增值税试点改革工作、市出租汽车行业税收工作、中关村示范区创新创业试点和文化创意产业发展有关税收政策执行情况，审议并原则通过了《北京市地方税务局纳税辅导工作管理办法（试行）》《北京市地方税务局关于落实人社部、财政部〈关于调整税务征收津贴实施范围和标准的通知〉的意见》。

4月7日 北京市地方税务局党组书记刘江平主持召开党组会议，审议并原则通过了2013年内部预算和手续费经费预算安排、2013年市局因公出访组团安排和市局党组会议增加重大税收业务类议题等事项。

4月8日 北京市地方税务局举办全市地税系统处级干部学习贯彻党的十八大精神轮训班，市局机关及各区县局、分局的131名处级干部进行了为期5天的集中脱产培训，市局党组书记刘江平、纪检组长吴鼎、副巡视员王勇生出席了开班仪式。

4月8日 北京市地方税务局印发《北京市地方税务局关于修改部分企业所得税减免税备案项目内容的公告》（北京市地方税务局公告2013年第4号）。

4月9日 国家税务总局局长王军在北京市国税局局长吴新联、市地税局局长杨志强的陪同下，先后到西城区国税局纳税服务大厅、海淀区地税局羊坊店税务所、海淀区国税局第二、第六税务所调研“营改增”后税源户变化、受理量增减、业务流程设置等情况，现场询问了纳税人对涉税服务工作的满意度，并看望、慰问了一线税务干部。税务总局办公厅主任张捷、货物和劳务税司司长杨益民，市地税局副巡视员刘宝忠等一同参与调研。

4月9日 北京市地方税务局印发《北京市地方税务局关于印发〈北京市地方税务局“十二五”时期推进依法行政工作规划〉的通知》（京地税法〔2013〕60号）。

4月9日 北京市地方税务局完成北京市2013—2014年度纳税信用A级企业国地税联合评定工作，本期共评定出纳税信用A级企业3389户。

4月11日 北京市地方税务局局长杨志强、党组书记刘江平召集各区县局、分局局长，在干部培训中心召开工作座谈会，听取各单位对当前地税工作的意见和建议。刘江平书记指出：各单位主要负责人要带好队，一是要为干部发展创造良好环境；二是要坚持民主集中制，避免一言堂；三是要逐步优化班子结构；四是要加强干部队伍建设，加强分级分类培训，提高干部专业素质和综合能力；五是要狠抓作风建设，严格落实中央八项规定，保证不出问题。杨志强局长要求：各单位要对地税部门目前存在的工作问题给予充分重视，在对外沟通方面，区县局要将与区县委、区县政府的联系作为重要任务。在税收工作方面，一是要充分认识组收工作的严峻性，多方面考虑减收因素，把主要精力放在抓收入上；二是要提高征管质量和效率。要大力加强征管工作，合理设置机构，研究有效措施，提高管理水平；三是要科学研究稽查工作的人员调配和机构设置问题；四是要研究纳税服务厅建设标准，服务内容要统一，服务手段和方法要明确，提高服务质效和纳税人满意度；五是领导机关和领导干部要更好地为税务干部服务，北京地税局机关要研究服务基层的具体工作方法，加强对区县局的工作指导，加强培训，建立干部交流机制，切实解决干部实际困难。

4 月 11 日—6 月 21 日　北京市地方税务局机关团委积极参加市直机关第一届青年岗位技能大赛，取得“优秀组织奖”优异成绩。

4 月 12 日　北京市地方税务局第二稽查局被评为“首都劳动奖状”先进集体。

4 月 17 日　北京市地方税务局党组书记刘江平主持召开党组会议，研究讨论了调整完善预算管理等政务事项，审议并原则通过了继续实行处级领导干部到龄改任同级非领导职务的有关规定、全系统部分副处级领导干部交流方案。

4 月 17 日　北京市地方税务局与市国税局、市投资促进局举办在京投资企业政策解读会，解答最新税收政策问题。市投资促进局副局长于燕、市国税局总审计师高瑞君、市地税局总经济师卜祥来出席并讲话。

4 月 18 日　北京市地方税务局召开纪检监察工作会议，部署全面推进廉政风险防控管理工作，市局纪检组长吴鼎出席并讲话。

4 月 20 日　北京市地方税务局举办全系统第二届“友谊杯”桥牌赛，全系统 14 个单位近 90 人参加了比赛，市局副局长吕兴渭参加比赛。

4 月 23 日　北京市地方税务局举办“网上预约领用发票服务”宣传推广活动，中国税务报、北京电视台、北京青年报、北京晨报等 6 家新闻媒体参加活动，并对预约领用发票的部分纳税人进行了现场采访。

4 月 25 日　金税三期工程集中办公汇报会在干部培训中心召开，国家税务总局副局长宋兰出席会议听取工作汇报，并对工作人员表示慰问，国家税务总局征管和科技发展司司长李林军、集中采购中心副主任刘金良、电子税务管理中心副主任陈梦林和市地税局局长杨志强、副巡视员杨文俊参加。

4 月 25 日　北京市地方税务局组织召开稽查工作新闻发布会，通报 2012 年稽查工作情况和 2013 年稽查工作重点。

4 月 27 日—7 月 31 日　北京市地方税务局开展纳税信用 D 级企业评定工作，本期共评定出纳税信用 D 级企业 126 户。

4 月 27 日—10 月 15 日　北京市地方税务局对马甸办公楼进行改造，增加办公面积近 600 平方米。

4 月 28 日—6 月 28 日　北京市地方税务局改建机关办公楼，完成举报中心及司机宿舍改造工程。

5月

5月2日 北京市国土局、北京市地方税务局联合印发《北京市国土资源局、北京市地方税务局关于进一步加强土地登记与税收管理相关工作的通知》（京国土调〔2013〕213号）。

5月3日 北京市地方税务局党组书记刘江平主持召开党组会议，审议并原则通过了《北京市地方税务局关于积极发挥税收职能作用促进区域经济社会发展的意见》《中共北京市地方税务局党组关于进一步加强调查研究服务基层工作的意见》《北京市地方税务局正处级领导干部民主推荐工作方案》、北京市地方税务局第一直属分局主要职责、内设机构和人员编制方案，研究讨论了稳妥推进全系统处级领导干部选拔任用和调整工作以及TAX861网站安全升级改造项目方案。

5月3日 北京市地方税务局印发《北京市地方税务局关于开展2013年税收会计检查工作的通知》（京地税收〔2013〕72号）。

5月6日 北京市地方税务局召开系统反避税业务培训会。

5月6日 北京市地方税务局对高端查询展示平台的开发费用及需求、数据更新及后期维护情况开展审计工作。

5月8日 北京市财政局、北京市地方税务局联合转发《财政部、国家税务总局关于对城市公交站场道路客运站场免征城镇土地使用税的通知》（京财税〔2013〕638号），执行期限为2013年1月1日—2015年12月31日。

5月9日 北京市地方税务局党组书记刘江平主持召开党组会议，讨论江聚祥等11名同志为正处级领导干部考察对象等事项。

5月9日 北京市地方税务局印发《北京市地方税务局关于贯彻落实房地产市场调控有关税收政策执行情况的报告》（京地税地〔2013〕79号）。

5月9日 北京市地方税务局局长杨志强主持召开局长办公会议，审议通过了《北京市地方税务局信息化项目立项管理办法》，听取了关于市局信息化工作情况的汇报、2012年度绩效管理考评结果和2013年绩效管理整改方案的汇报，以及关于区县局、分局工作座谈会和部分税务所所长座谈会问题反馈情况的汇报。

5月10日 北京市地方税务局组织党组理论中心组扩大学习会议，邀请市直机关“我的梦·中国梦”宣讲团成员、国防大学原副校长许志功教授作《中国梦与国防军队建设》专题讲座，市局党组书记刘江平出席并主持专题讲座，2000余名党员干部参加学习。

5月13日 北京市地方税务局与市国家税务局联合召开2013年全市税收调查工作部署会。

5月14日 北京市地方税务局召开中关村自主创新示范区企业座谈会，市局局长杨志强、副局长吕兴渭出席会议。

5月16日 北京市地方税务局局长杨志强、总经济师卜祥来与北京市第一中级人民法院副院长王金山一行进行座谈，就新形势下推进依法行政工作、探索建立税收征管及司法执行衔接工作机制等问题进行讨论和交流。

5月16日 北京市地方税务局召开房地产开发企业所得税政策辅导会，对市级企业所得税重点税源户中的36家房地产开发企业开展政策辅导与培训。

5月16日 北京地税局印发《北京市地方税务局2013年督察内审工作计划》（京地税审〔2013〕80号）。

5月22日 北京市地方税务局转发《国家

税务总局关于在全国范围内开展城镇土地使用税以地控税试点工作的通知》（京地税地〔2013〕85号），确定怀柔区为首个试点地区，开展城镇土地使用税以地控税试点工作。

5月22日 北京市地方税务局党组书记刘江平主持召开党组会议，审议并原则通过了《2013年市地税局会议重要议题计划安排》，研究了部分正处级领导干部进行交流任职、正处级领导干部考察对象任职、对部分副处级领导干部进行交流任职等事项。

5月23日 北京市纪委副书记王海平、李振奇、常委马燕军等一行5人就党风廉政建设和反腐败工作情况到北京市地方税务局调研。市局局长杨志强、党组书记刘江平、纪检组长吴鼎、副巡视员刘宝忠、副巡视员杨文俊参加调研。

5月24日 北京市地方税务局召开文化创意企业座谈会，来自新影联、天桥剧场、北广传媒、北青传媒等12家文化创意企业参加了座谈。市局局长杨志强、副局长吕兴渭出席会议。

5月27日 北京市政府第10次常务会议决定：卜祥来任北京市地方税务局副局长，免去北京市地方税务局总经济师职务（京政任〔2013〕121号）。

5月27日 国家税务总局政策法规司司长李三江一行来北京市地方税务局进行工作调研，市局局长杨志强、副局长卜祥来参加调研。

5月29日 北京市经济信息化委副主任童腾飞带领电子政务处、信息资源中心、首都之窗和信息化项目评审中心一行来北京市地方税务局调研，市局副局长郝硕博出席会议。

5月30日 北京市地方税务局举办系统第一届“健康杯”乒乓球赛，全系统共21个单位近260名干部职工参加比赛。

5月31日 北京市地方税务局、市财政局联合印发《北京市地方税务局、北京市财政局关于调整我市土地增值税纳税地点的公告》（北京市地方税务局公告2013年第5号），自2013年7月1日起施行。

5月31日 北京市地方税务系统西片11个区县局、分局营业税工作会在丰台区地税局召开，市局副巡视员刘宝忠出席会议并讲话。

5月—12月 北京市地方税务局全面开展服务区域经济社会发展工作，成立服务区域经济社会发展工作领导小组，印发《北京市地方税务局关于积极发挥税收职能作用 促进区域经济社会发展的意见》（京地税研〔2013〕75号），建立问题办理反馈机制。市局主要领导带队相继与15个区县政府、2个地区管委会召开地税部门服务区域经济社会发展座谈会，互通情况，征求意见，解决问题，10日内形成答复意见，书面回复。座谈会共征集办理问题115个，集中解决了城市改造农民搬迁税收政策适用、建筑企业营业税纳税地点、外资金融机构税收管理、税源户异地纳税等涉及民生保障、税收管理、产业发展多个层面的问题，收效良好。

6月

6月4日 北京市地方税务局印发《北京市地方税务局关于进一步加强纳税辅导管理工作的通知》（京地税纳〔2013〕89号）。

6月6日 国家税务总局副局长宋兰到北京市地方税务局调研，听取北京地税征收管理和纳税服务工作情况汇报，重点对现有征管模式下工作开展过程中的问题和建议进行研究。国家税务总局纳税服务司司长张树学、征管和科技发展司副司长董涛，市地税局局长杨志强、党组书记刘江平、副局长吕兴渭参加调研。

6月7日 北京市副市长程红对北京市地方

税务局报送的北京市外资企业税收发展研究报告作重要批示："这份报告很好，用翔实数据说明了开放经济对地方税收的贡献，坚定了扩大开放的信心，对下一步对外开放的工作重点也很有启发。望将此工作制度化，以年度分析报告形式供市及相关部门参考"。

6月7日　北京市地方税务局党组书记刘江平主持召开党组会议，讨论了市局纳税服务工作等事项。会议还通报了市委组织部对市局2012年度干部选拔任用工作"一报告两评议"测评结果。

6月7日　北京市地方税务局局长杨志强主持召开局长办公会议，听取了关于开展营业税改征增值税试点改革扩围工作的汇报、加强市局税收法规管理工作的汇报以及加强北京地税网站建设的汇报，审议并原则通过了《进一步加强全市无税申报企业税收征管工作方案》、开展打击发票违法犯罪活动的工作报告以及积极推进与高校和科研机构合作的方案。

6月8日　北京市地方务税局党组理论中心组举办扩大学习会，邀请王家本律师作"规避执法风险　预防职务犯罪"专题学习辅导报告。市局纪检组长吴鼎主持扩大学习会，局长杨志强、党组书记刘江平出席会议，2000余名党员干部参加学习。

6月9日　北京市地方税务局印发《北京市地方税务局关于进一步规范欠税管理工作的通知》（京地税征〔2013〕93号），先后发布四期欠税公告，公告欠税金额合计13104.11万元。

6月13日　北京市地方税务局局长杨志强主持召开专题会议，研究车船税征管工作，市局副局长王京华及相关部门负责同志参加会议。

6月14日　北京市地方税务局召开2013年减免税统计调查工作动员部署会。

6月14日　北京市地方税务局、市财政局联合印发《北京市地方税务局、北京市财政局关于调整我市土地增值税纳税地点的公告》（北京市地方税务局、北京市财政局公告2013年第5号）。

6月14日—8月23日　北京市地方税务局开展2012年度城市维护建设税、教育费附加、地方教育附加与流转税两税比对专项评估工作。共评估9193户，入库税款、滞纳金、罚款共计4164万元。

6月17日　北京市地方税务局与中国国际税收研究会举行重大课题研究合作协议签约仪式。国家税务总局原副局长、中国国际税收研究会顾问郝昭成，市局局长杨志强、党组书记刘江平，中国国际税收研究会常务副会长、秘书长伊兵出席。

6月17日　北京市地方税务局党组书记刘江平主持召开2013年机关党委第3次会议，研究讨论北京地税局机关纪念建党92周年大会安排，研究并通过14个先进基层党组织和85名优秀共产党员评选结果，研究决定对韩仲庚等5名党员在"七一"前夕给予生活困难补助，审批机关8个党支部因领导干部工作调整职务变动补选的党支部书记。

6月24日　北京市地方税务局《调查之后提措施　北京地税深化纳税服务》一文在《中国税务报》一版发表，介绍了市局纳税服务工作的新举措，得到了国家税务总局局长王军的批示。

6月24日—26日　广东、广西、江西、河南、内蒙古和北京6省市区地方税务学会工作联席会在北京召开，北京市地方税务局局长杨志强、副巡视员刘宝忠出席会议。

6月26日　北京市地方税务局召开2013年

上半年系统收入核算收入分析会，市局副局长卜祥来到会并讲话。

6月28日 北京市地方税务局党组书记刘江平主持召开党组会议，传达了中共中央关于开展党的群众路线教育实践活动有关精神，通报了纪念建党92周年活动安排和先进党支部、优秀党员评比结果和近期重点工作，审议通过了2013年上半年拟录用公务员和申报2013年下半年录用公务员计划，研究向市属国有企业推荐总会计师人选等事项。

6月28日 根据北京市人力社保局《北京市各级机关2013年上半年考试录用公务员工作实施方案》的通知要求，经过网上资格初审、北京市统一笔试、面试入围人员资格复审、面试、体检、实地考察等环节，北京市地方税务局最终录用73名公务员。

6月28日—7月31日 北京市地方税务局升级改版北京地税官网税收法规库。

6月30日 北京市财政局对北京市地方税务局个人所得税完税凭证打印及邮寄费项目进行绩效评价，绩效级别评定为"优秀"。

7月

7月1日 北京市地方税务局机关党委组织召开纪念中国共产党成立92周年大会，表彰了北京地税局机关2012—2013年度先进基层党组织、优秀共产党员。市局副巡视员王勇生主持会议，副局长卜祥来宣读表彰通报，党组书记刘江平作重要讲话。局领导杨志强、郝硕博、王京华、吕兴渭、杨文俊出席会议。

7月1日—9月28日 北京市地方税务局组织开展了全市范围房地产经纪行业（个人住宅交易部分）专项评估工作，共评估791户，发现有问题户138户，入库税款、滞纳金、罚款共计200万元。

7月1日—12月31日 北京市地方税务局与国际税收研究会、地方税务学会共同开展针对不同群体的纳税辅导，共计培训1.1万余人次，组织纳税辅导小教员培训近1500人次。

7月2日 北京市国家税务局、市地方税务局联合印发《北京市国家税务局、北京市地方税务局关于扩大营业税改征增值税试点税收征收管理若干事项的公告》（北京市国家税务局、北京市地方税务局公告2013年第9号），规定自2013年8月1日起，广播影视服务纳入营业税改征增值税试点范围。广播影视服务，包括广播影视节目的制作服务、发行服务和播映服务。

7月3日 北京市地方税务局组织召开北京地税金税三期工程第一阶段网络改造项目启动会，项目正式启动。

7月4日 北京市地方税务局局长杨志强、党组书记刘江平一行到市公安局就党建工作进行座谈交流，市委常委、市公安局党委书记、局长傅政华出席座谈会，双方就如何进一步做好党建工作进行了探讨。

7月8日 北京市政府第14次常务会议决定：免去王勇生的北京市地方税务局副巡视员职务（京政任〔2013〕158号）。

7月8日 北京市地方税务局组织开展北京地税系统"勤廉之星"推选活动。

7月9日 北京市总工会与北京市地方税务局共同签署了《北京市总工会支持市地税局工会建设协议书》。市人大副主任、市总工会主席梁伟出席签约仪式，市总工会党组书记曾繁新与市地税局局长杨志强签署协议书。

7月9日 北京市地方税务局与市国家税务局联合召开住宿业专项评估工作部署会，市地税局副局长卜祥来、市国税局总经济师郑怀远出席并讲话。

7月9日 北京市地方税务局印发《北京市地方税务局关于调整推进依法行政领导小组组成人员的通知》(京地税法〔2013〕105号)。

7月11日 北京市法学会副会长杜石平一行到北京市地方税务局进行座谈，市局局长杨志强、副局长卜祥来出席座谈。双方对互相关心的税法理论及实践工作进行交流，就如何进一步加强学术交流，合作研究进行探讨。

7月12日 北京市地方税务局党组书记刘江平主持召开党组会议，审议通过了《中共北京市地方税务局党组深入开展党的群众路线教育实践活动实施方案》，听取了北京地税法制工作情况的汇报和市局机关及直属单位干部职工物业费报销情况的汇报，研究了耕地占用税升级改造项目立项等事项。

7月12日 北京市地方税务局机关党委印发《关于深入学习贯彻习近平总书记一系列重要讲话精神的通知》(京地税机党通〔2013〕17号)。

7月15日 北京市地方税务局召开全市地税系统上半年税收收入形势分析会议，市局局长杨志强主持会议，全体局领导，各区县局、分局、各处室、直属单位主要负责人、国际税收研究会、地方税务学会秘书长参加了会议。

7月15日 北京市地方税务局党组印发《中共北京市地方税务局党组深入开展党的群众路线教育实践活动实施方案》(京地税党〔2013〕106号)，成立北京地税局党的群众路线教育实践活动领导小组及办公室，安排部署全系统开展活动。

7月16日 北京市地方税务局召开党的群众路线教育实践活动动员大会，在全系统全面启动党的群众路线教育实践活动。市局纪检组长吴鼎主持会议，并宣读活动实施方案，党组书记刘江平作动员报告，市委第十二督导组组长王新作重要讲话。

7月16日 北京市地方税务局印发《北京市地方税务局进一步加强全市无税申报企业税收征管工作方案》(京地税征〔2013〕111号)。

7月18日—19日 北京市地方税务局组织市局机关处级以上领导干部开展党的群众路线教育实践活动集中学习，9名市局领导班子成员和74名处级领导干部参观了“复兴之路”展览，分组学习了《习近平同志在党的群众路线教育实践活动工作会议上的讲话》等7份文件材料和《论群众路线——重要论述摘编》等5本学习书籍，并分组讨论、交流。市局党组书记刘江平在集中学习结束时作总结讲话。

7月20日—8月30日 北京市地方税务局对机关办公楼一层大厅进行了整体装修改造。

7月23日 北京市政府第15次常务会议决定：朱元广任北京市地方税务局副局长；免去郝硕博北京市地方税务局副局长职务(京政任〔2013〕172号)。

7月23日 北京市地方税务局党的群众路线教育实践活动领导小组印发《中共北京市地方税务局党组党的群众路线教育实践活动领导小组工作规则》(京地税群组发〔2013〕1号)。

7月23日 北京市地方税务局党的群众路线教育实践活动领导小组印发《中共北京市地方税务局党组党的群众路线教育实践活动领导小组关于派出督导组的通知》(京地税群组发〔2013〕2号)，成立7个督导组，对全系统各单位的活动开展情况进行全程督导。

7月23日 北京市地方税务局党的群众路线教育实践活动领导小组办公室印发《中共北京市地方税务局党组党的群众路线教育实践活动领导小组关于确定北京地税局领导干部基层联系点的

通知》（京地税群组办发〔2013〕1 号）。

7 月 24 日 北京市地方税务局党组书记刘江平主持召开党组会议，传达学习了全国组织工作会议和全市上半年经济形势分析会议精神，审议通过了 2013 年北京市地方税务系统领导干部会议工作报告和会议安排，研究了向市总工会推荐有关人选等事项。

7 月 25 日 北京市地方税务局印发《北京市地方税务局关于全面加强综合税收分析的意见》（京地税收〔2013〕112 号），初步形成市、区、所三级，以及收入规划、税政、征管等部门多层面、多角度的分析体系。

7 月 25 日—12 月 31 日 北京市地方税务局开展税收规范性文件清理工作，向社会公布了保留的 968 个文件目录、修改的 34 个文件目录和废止的 100 个文件目录。

7 月 26 日 国家税务总局副局长丘小雄到北京市地方税务局调研。税务总局收入规划核算司司长杨元伟、副司长郑文敏，财产和行为税司副司长周茵，市地税局局长杨志强、副局长郝硕博、副局长王京华、纪检组长吴鼎、副局长吕兴渭、副局长卜祥来陪同调研。

7 月 26 日 北京市地方税务局召开党的群众路线教育实践活动部分中小微企业座谈会，北京邮区中心局等 12 家企业参加座谈，市局纪检组长吴鼎主持座谈会，副局长吕兴渭出席会议。

7 月 29 日 北京市地方税务局召开 2013 年全市地方税务系统领导干部会议，学习贯彻北京市 2013 年上半年经济形势分析会精神，总结上半年工作，部署下半年任务。市局党组书记刘江平主持会议。会议通报了北京地税局座谈会反映问题的落实情况、上半年全市税收征管情况和全系统纳税服务投诉办理工作情况，纪检组长吴鼎作《认真做好新形势下的党风廉政建设工作》报告，局长杨志强作重要讲话。

7 月 30 日 北京市地方税务局企业数据交换项目工商查询接口正式部署上线，标志着市地税局与市工商局实现了企业基础信息共享。

7 月 31 日 北京市地方税务局局长杨志强主持召开局长办公会议，听取了关于全国税务系统纳税服务工作会议情况的汇报、自 2014 年起取消有奖发票的汇报，研究了国标税控完善性建设项目上线实施有关工作，审议并原则通过了 2013 年有奖发票布奖方案、《北京市地方税务局领导深入基层调查研究解决实际问题的实施办法》《北京市地方税务局工作人员考勤管理办法》以及 2013 年二季度考核结果。

7 月 31 日 北京市地方税务局印发《北京市地方税务局关于报送税控机打发票数据有关事项的公告》（北京市地方税务局公告 2013 年第 6 号），规定自 2013 年 9 月 1 日起，北京市使用税控装置开具北京市地方税务局监制的机打发票的纳税人，应按照主管税务机关规定的期限报送发票数据。

8 月

8 月 1 日 国标税控完善性建设项目上线，在完成国标税控发票明细信息采集的同时，实现了税控收款机网络报数和授权，2013 年 9 月 1 日起正式使用。

8 月 2 日 北京市地方税务局召开系统党的群众路线教育实践活动督导及相关工作会议，市局党组书记刘江平对督导工作提出要求，纪检组长吴鼎主持会议。

8 月 6 日 北京市地方税务局以党组理论中心组扩大学习的形式，举行了党的群众路线教育实践活动专题辅导报告会，邀请中央党校党建部教授吴辉作了题为《坚持群众路线　改进党的作风》的辅导报告，市局副局长卜祥来主持报告会。

8月7日 北京市地方税务局党组书记刘江平深入党的群众路线教育实践活动联系点朝阳区地税局，开展调研座谈，听取基层税务干部对市局机关领导班子和领导干部在“四风”方面存在的问题，及对教育实践活动的意见建议。

8月7日 北京市地方税务局党的群众路线教育实践活动领导小组办公室印发《关于加强北京地税系统党的群众路线教育实践活动联络工作的通知》（京地税群组办发〔2013〕4号）。

8月7日—15日 北京市地方税务局7个督导组分别参加海淀区地税局、朝阳区地税局等22个督导单位动员大会，启动区县局、分局、直属单位党的群众路线教育实践活动。

8月12日 北京市地方税务局党的群众路线教育实践活动领导小组办公室印发《中共北京市地方税务局党组中心组党的群众路线教育实践活动理论学习计划》（京地税群组办发〔2013〕6号）。

8月15日 北京市地方税务局与中国人民大学共同签署五年合作框架协议，市局局长杨志强，副局长朱元广、卜祥来出席签字仪式。双方就新形势下地方公共管理部门与高校进行科研合作的重要意义、合作领域、合作内容进行了交流。

8月15日 北京市地方税务局印发《北京市地方税务局关于委托代征管理有关事项的公告》（北京市地方税务局公告2013年第7号），规定主管税务机关可依法与代征人签订《委托代开发票协议书》，委托其代开发票。

8月15日 北京市地方税务局局长杨志强到党的群众路线教育实践活动联系点东城区地税局召开基层税务干部座谈会，听取意见。

8月15日 北京市地方税务局党组书记刘江平主持召开党组会议，研究决定2012年度部门决算公开工作安排，研究同意杨志强兼任北京市法学会税收法制建设研究会会长、王京华兼任该研究会常务副会长，讨论了加强延庆县地税局领导班子力量。

8月16日 北京市地方税务局向市政府报告北京市律师事务所税收征管情况。

8月19日 北京市地方税务局、市外专局联合举办“税基侵蚀与利润转移”专题讲座，邀请了普华永道（香港）税务部资深税务顾问David Smith先生就目前业内颇具争议的热点和前瞻性国际税务问题进行了专题讲解。

8月19日—20日 北京市地方税务局召开地方税工作片会，市局副局长王京华出席并讲话。

8月19日—9月13日 北京市地方税务局机关工会组织全系统480名立功受奖人员赴北戴河疗（休）养。

8月22日 北京市地方税务局召开党的群众路线教育实践活动机关党员干部征求意见座谈会，市局党组书记刘江平、纪检组长吴鼎出席座谈会。

8月22日 北京市地方税务局召开市地税系统党的群众路线教育实践活动督导及相关工作第二次会议，传达市委督导组工作推进会精神，对第一环节规定动作提出要求。

8月22日 北京市地方税务局排练的舞蹈《俏花旦》代表市直机关参加第九届首都职工文化艺术节舞蹈比赛，获得一等奖。

8月23日 北京市地方税务局财税库行横向联网系统个体工商户批量扣税模块选取西城、海淀地税局作为试点，正式上线试运行，并于2013年11月1日在全市范围内推广。

8月23日 国家税务总局所得税司司长刘丽坚、副司长缪慧频带领所得税司各处负责同志到北京市地方税务局调研。市局局长杨志强，副局长王京华、卜祥来参加调研。

8月26日 北京市地方税务局印发《北京市地方税务局关于加强委托代征管理有关问题的通知》（京地税征〔2013〕132号），进一步规范委托代征工作。

8月27日 北京市政府2013年第17次常务会议决定：王京华任北京市地方税务局巡视员，免去北京市地方税务局副局长职务（京政任〔2013〕193号）。

8月27日 北京市地方税务局局长杨志强主持召开专题会议，研究领导干部经济责任审计工作，听取了关于对秦龙生、刘春林、杜军利、刘义、王炯宁等5名同志的经济责任审计结果及下一步工作安排的汇报。

8月28日 北京市地方税务局印发《北京市地方税务局关于明确土地增值税有关问题的公告》（北京市地方税务局公告2013年第8号），自2013年10月1日起施行。

8月28日 北京市地方税务局印发《北京市地方税务局关于办理冠名发票和规范代开发票申请资料有关事项的公告》（北京市地方税务局公告2013年第9号）。

8月29日 北京市地方税务局局长杨志强被全国总工会授予“全国优秀职工之友”光荣称号。

8月30日—10月11日 北京市地方税务局组织开展全市地税系统廉政文化优秀作品征集推选活动，共征集各类廉政文化作品145件，经过评选，向国家税务总局报送廉政文化作品19件。

8月30日 北京市地方税务局召开机关党员党的群众路线教育实践活动集中学习交流活动，机关7名处级干部结合个人思想和工作实际，聚焦“四风”，交流对活动的认识和收获。

9月

9月2日 北京市个人所得税完税证明自助服务系统试点工作启动仪式在西城区地税局金融街税务所举行，北京市地方税务局局长杨志强、副局长卜祥来出席启动仪式。自即日起，凡在市地税局申报缴纳过个人所得税的纳税人，只要申请初始密码，即可采取在自助服务终端机上扫描第二代身份证的方式查询个人所得税完税信息，打印个人所得税完税证明，并可持密码在网上查询个人所得税纳税信息。

9月4日 北京市地方税务局局长杨志强主持召开专题会议，研究市局为基层减负有关工作，听取了关于税务所临时及日常工作事项调查情况及减轻基层工作负担有关建议的汇报。

9月4日 北京市地方税务局党组书记刘江平主持召开党组会议，传达学习《中共北京市委办公厅、北京市人民政府办公厅印发〈关于在正风肃纪专项整治中严明若干纪律规定的意见〉的通知》《中共北京市委办公厅、北京市人民政府办公厅关于坚决刹住中秋节国庆节公款送月饼送节礼、公款吃喝和奢侈浪费等不正之风的通知》，听取了关于成立第一党支部的汇报，审议通过了北京地税系统建立廉政教育基地工作方案。

9月4日—6日 北京市地方税务局举办2013年土地增值税业务培训会议，19个区县局、分局共100余人参加培训。

9月5日 北京市地方税务局召开征管改革试点单位半年工作会。市局副局长朱元广出席并对征管改革试点工作提出要求。

9月6日 北京市财政局、市国税局、市地税局联合转发《财政部、国家税务总局关于暂免征收部分小微企业增值税和营业税的通知》（京财税〔2013〕1891号），规定自2013年8月1日起，对营业税纳税人中月营业额不超过2万元的企业或非企业性单位，暂免征收营业税。

9月6日 北京市编办下发《关于同意为北京市地税系统增加行政编制的函》（京编办行〔2013〕177号），同意为市地税系统2011年度接收军队转业干部增加行政编制29名。

9月9日 北京市地方税务局局长杨志强主持召开局长办公会议，审议通过了《北京市地方税务局关于推进职能转变工作的实施意见》《北京市地方税务局关于鼓励干部参加专业资格考试和在职研究生学习的通知》、北京市地税局推行税务综合办公信息系统和内网办公系统改版工作方案。

9月9日 北京市地方税务局召开党的群众路线教育实践活动领导小组会议，传达9月6日市委第十二督导组工作推进会精神，按照会议要求调整工作思路和计划，部署进一步做好"学习教育、听取意见"环节工作。

9月10日 北京市地方税务局印发《北京市地方税务局关于进一步加强个体工商户税收征管工作的通知》（京地税征〔2013〕135号），明确了调整个体工商户个人所得税核定征收率等内容。

9月12日 北京市地方税务局举办"微博时代的舆论引导"专题讲座，邀请北京市互联网信息办公室网络评论处处长王强进行讲解。

9月12日 北京市地方税务局党组印发《中共北京市地方税务局党组关于成立第一党支部的意见》（京地税党〔2013〕131号）。

9月16日 北京市地方税务局党组书记刘江平主持召开党组会议，研究向市委督导组报送党的群众路线教育实践活动有关材料问题，听取了关于中共北京市地方税务局党组第一党支部成立大会议程的汇报以及关于通州区地税局屋顶绿化有关舆情的汇报。

9月17日 北京市地方税务局对通州区地税局"9·14"舆情事件展开调查处理。

9月17日 北京市地方税务局召开第一党支部成立大会。会后，市局党组书记刘江平以《坚持从严要求，扎实开展活动》为题讲党课。

9月20日 北京市地方税务局金税三期工程第一阶段城域网改造项目业务系统改造工程顺利完成。

9月20日 财政部、国家税务总局下发《关于中关村国家自主创新示范区有限合伙制创业投资企业法人合伙人企业所得税试点政策的通知》（财税〔2013〕71号），明确了中关村国家自主创新示范区有限合伙制创业投资企业法人合伙人有关企业所得税试点政策，文件自2013年1月1日—2015年12月31日执行。

9月23日 北京市地方税务局印发《北京市地方税务局关于鼓励干部参加专业资格考试和在职研究生学习的通知》（京地税宣〔2013〕138号）。

9月23日 北京市地方税务局局长杨志强主持召开局长办公会议，听取了关于贯彻落实国家税务总局会议精神，加强北京地税国际税收工作措施的汇报，以及关于国标税控完善性项目上线工作阶段性汇报，审议并原则通过了《北京市地方税务局调整部分外资银行管辖税务机关工作方案》《北京市地方税务局关于加强企业所得税后续管理的实施意见》，研究讨论了进一步完善税源户跨区县迁移工作。

9月26日 北京市地方税务局召开党的群众路线教育实践活动第三次督导工作推进会，通报各区县局、分局、直属单位开展教育实践活动情况，部署下一步工作。北京地税局7个督导组副组长汇报第一环节督导工作情况。

9 月 26 日 北京市地方税务局举办“我的中国梦，唱响地税最强音”系统主题卡拉 OK 比赛，市局副局长朱元广到场致辞并颁奖。

9 月 27 日 北京市地方税务局印发《北京市地方税务局关于进一步加强个体工商户税收征管工作的公告》(北京市地方税务局公告 2013 年 10 号)，明确了调整个体工商户个人所得税核定征收率等内容。

9 月 27 日 北京市编办下发《关于同意调整市区（县）地税局内设机构设置的函》(京编办行〔2013〕182 号)，同意增设数据管理处，为内设机构，核定行政编制 8 名，其中处级领导职数 1 正 2 副，所需编制内部调剂；同意将法制处承担的税收执法监督检查相关职责划入审计处，并将审计处更名为督察内审处；同意将区县地税局法制科承担的税收执法监督检查相关职责划入审计科，并将审计科更名为督察内审科；同意根据实际工作情况，对编制配置进行调整，并按标准重新核定处级领导职数，调整后，内设机构从 23 个增至 24 个，处级领导职数从 26 正 65 副增至 27 正（含机关党委专职副书记 1 名、工会专职副主席 1 名、离退休干部处处长 1 名）74 副。

9 月 27 日 北京市编办下发《关于同意调整市地税局稽查机构等设置的函》(京编办行〔2013〕183 号)，同意将北京市地方税务局第一直属分局承担的重点税源税收管理服务等职责按照属地原则交由各区县地税局承担，并将北京市地方税务局第一直属分局更名为北京市地方税务局第三稽查局，仍为直属正处级行政机构；同意为市地税局第三稽查局增加行政编制 20 名，所需编制分别从市地税局第一稽查局、第二稽查局、西城区地税局税务所稽查机构行政编制中调剂 9 名、6 名和 5 名；同意增设北京市地方税务局第四稽查局，为直属正处级行政机构，核定市地税局第四稽查局人员编制 100 名，其中处级领导职数 1 正 4 副。所需编制分别从东城区地税局、西城区地税局税务所稽查机构行政编制中调剂各 50 名；同意将北京市地方税务局第二直属分局更名为北京市地方税务局直属税务分局。

9 月 28 日—11 月 15 日 北京市总工会出资，北京市地方税务局对机关办公楼二层食堂进行改造。

9 月 29 日 北京市地方税务局党组书记刘江平主持召开党组会议，听取了发起成立北京市法学会税收法制建设研究会的汇报，审议通过了《中共北京市地方税务局党组加强相关社会团体管理办法》，研究同意成立北京市国际税收研究会、北京市地方税务学会换届工作领导小组、独立设置国际税务管理处以及申报 2014 年考试录用公务员计划，通报了北京市党的群众路线教育实践活动第一批单位工作会议精神和市编办关于同意设立市地税局第四稽查局、数据管理处等批复情况。

9 月 29 日 财政部、国家税务总局下发《关于中关村国家自主创新示范区技术转让企业所得税试点政策的通知》(财税〔2013〕72 号)，明确了中关村国家自主创新示范区内居民企业符合条件的技术转让所得享受企业所得税优惠政策试点，自 2013 年 1 月 1 日—2015 年 12 月 31 日执行。

9 月—11 月 北京市地方税务局组织开展国家税务总局首批领军人才选拔工作，最终 5 位同志入围税务总局领军人才培养计划。

10 月

10 月 6 日 国家税务总局副局长宋兰和征管科技司负责人到北京市地方税务局干部培训中心亲切看望国庆长假期间在金税三期工程一线加班

的税务干部和技术人员，市局党组书记刘江平、副局长朱元广参加了慰问活动。

10月8日 北京市地方税务局党组书记刘江平主持召开党组会议，传达学习了市纪委有关会议精神、习近平总书记到中关村调研时的重要讲话精神、市委、市政府领导干部会议精神和国家税务总局党的群众路线教育实践活动督导工作推进会议精神，审议通过了《北京市地方税务局税务稽查体制改革方案》《北京市地方税务局重大决策社会稳定风险评估实施办法》，听取了关于市地税局第四稽查局筹建情况汇报。

10月8日 北京市地方税务局印发《北京市地方税务局关于进一步加强个体工商户税收征管工作的公告》（北京市地方税务局公告2013年第10号）。

10月9日—12月31日 北京市地方税务局委托第三方调查公司，开展2013年度市局纳税服务满意度调查暨征询纳税人意见工作。

10月10日 北京市地方税务局组织国税、地税联办税务登记系统现场演示培训会，各区县局、分局130多人参加了培训。

10月11日 北京市地方税务局局长杨志强主持召开局长办公会议，听取了关于当前收入形势分析及组织收入工作建议的汇报，研究了北京地税网站改版、加强网站更新维护管理工作、取消年度个人所得税完税证明印制等事项，审议并原则通过了《北京市地方税务局滞纳金管理办法》。

10月11日 北京市地方税务局召开深化税收征管改革工作方案编写组成立暨动员会议，市局副局长朱元广出席并讲话。

10月11日 北京市财政局、市国家税务局、市地方税务局联合转发《财政部、国家税务总局关于营业税改征增值税试点有关文化事业建设费征收管理问题的通知》（京财税〔2013〕2078号），规定自2013年8月1日起，在中华人民共和国境内提供广告服务的单位和个人，“营改增”后的文化事业建设费由国家税务局征收，以及相关征管规定。

10月12日 北京市地方税务局党组书记刘江平主持召开党组会议，审议通过了北京地税系统党建思想政治工作会暨税务所长会议有关材料、《中共北京市地方税务局党组关于加强区县局、分局重大事项报告工作的通知》，研究同意向国家税务总局推荐首批全国税务领军人才参加考试人员名单、选派优秀处级干部到中央金融机构挂职，研究了平谷区地税局张忠良、张秀娟的职务任免、数据管理处及相关处室主要负责人任职。

10月14日 北京市地方税务局与中国人民大学财政金融学院联合举办国际税收业务培训班，市局副局长卜祥来、人大财政金融学院院长郭庆旺出席开班仪式。

10月14日 北京市地方税务局印发《北京市地方税务局关于加强企业所得税后续管理的实施意见》（京地税企〔2013〕154号）。

10月15日 北京市地方税务局召开2013年系统财务自查工作会，市局副巡视员杨文俊出席并讲话。

10月16日 北京市地方税务局印发《北京市地方税务局关于调整北京市地方税务局重大税收违法案件审理委员会组成人员的通知》（京地税稽〔2013〕148号），市局局长杨志强任主任，其他副局长为副主任，办公室设在稽查处。

10月21日 北京市地方税务局召开会议讨论研究国际税务管理工作，市局局长杨志强、副局长卜祥来出席会议并提出要求。

10月21日 国家税务总局执法督察组进驻

北京市地方税务局，开展为期52天的税收执法督察工作。

10月22日 北京市地方税务局党组书记刘江平主持召开党组会议，听取了对通州区地税局“9·14”舆情事件调查情况及处理建议的汇报、关于2014年部门预算编制情况的汇报，研究同意推荐全国税务系统先进集体和先进工作者表彰对象及2013年下半年拟录用66名公务员的工作计划。

10月22日 根据北京市人力社保局《北京市各级机关2013年下半年考试录用公务员工作实施方案》的通知要求，经过面试入围人员资格复审、面试、体检、实地考察等环节，北京市地方税务局最终录用66名公务员。

10月24日 北京市地方税务局印发《北京市地方税务局关于进一步服务基层减轻基层负担的通知》（京地税征〔2013〕153号）。

10月24日 北京市委党的群众路线教育实践活动第十二督导组组长王新一行到北京市地方税务局，就领导班子作风建设情况进行通报和反馈。

10月25日 北京市地方税务局、市国土资源局联合印发《北京市地方税务局、北京市国土资源局关于报送〈北京市开展城镇土地使用税以地控税以税节地试点工作方案〉的报告》（京地税地〔2013〕157号）。

10月25日 北京市地方税务局收到市审计局出具的《2012年度地方税收征管情况审计报告》（京审财报〔2013〕22号），组织开展整改工作。

10月26日 新版北京地税网站上线。

10月28日—29日 北京市地方税务局召开系统党建思想政治工作会暨税务所长会议，全系统218名所长、相关科长以及各区县局、分局、各处室、直属单位主要负责人参加会议。会上，7个单位做了交流发言，12个单位做了书面交流，市局党组书记刘江平代表北京地税局党组作了题为《统一思想　弘扬正气　凝聚力量　大力加强北京地税党建思想政治工作和基层建设》的工作报告，市委讲师团戴焰军教授做了专题辅导，市局局长杨志强作总结讲话。

10月29日 北京市地方税务局召开第一党支部大会，通报“9·14”舆情事件情况，由责任人作检查。

10月29日 北京市地方税务局第一党支部到中关村示范区展示中心参观，中关村管委会主任郭宏陪同参观并亲自讲解。市局局长杨志强要求地税系统进一步加强对中关村税收政策的研究，细化落实到位，并积极研提政策建议，支持产业发展。

10月30日 北京市地方税务局印发《北京市地方税务局关于各区县局、分局设立新闻发言人的通知》（京地税宣〔2013〕163号）。

10月31日 北京市地方税务局参加北京市政风行风热线“走进直播间”节目，市局副局长吕兴渭及相关处室主要负责人作为嘉宾出席。

10月31日 北京市地方税务局党组书记刘江平主持召开党组会议，传达学习了全市组织工作会议精神，审议并原则通过了《北京市地方税务局党的群众路线教育实践活动查摆问题、开展批评环节工作安排》《北京市地方税务局领导班子专题民主生活会工作方案》《北京市地方税务局领导班子对照检查材料》，研究同意撤销第一直属分局党组、成立第三稽查局党组，研究文竟任职以及丰台区地税局翟正义、朝阳区地税局谷刚生任职等事项。

10月31日 北京市财政局、市国家税务局、市地方税务局联合转发《财政部、国家税务总局关于期货投资者保障基金有关税收政策继续执行的通知》（京财税〔2013〕2535号），自2013年1月1日—2014年12月31日，对期货投资者保障基金继续予以税收优惠政策。

11月

11月1日 北京市地方税务局个体工商户批量扣款工作全市上线。

11月1日 北京市地方税务局换届改选特约监察员，协助市政府聘任市地税特约监察员12名。

11月2日—3日 北京市地方税务局组织全系统2200余名干部参加了中高级经济师职称考试，800余名干部通过了考试。

11月4日 北京市地方税务局党的群众路线教育实践活动领导小组印发《北京市地方税务局党的群众路线教育实践活动查摆问题、开展批评环节工作安排》（京地税群组发〔2013〕11号）。

11月11日 北京市地方税务局印发《北京市地方税务局税务档案鉴定销毁办法》（京地税档〔2013〕166号）。

11月12日 北京市地税系统国际税收业务培训班在中国人民大学财政金融学院举行结业式，市局局长杨志强、副局长卜祥来，财政金融学院领导为学员颁发了结业证书。

11月12日 北京市财政局、市国税局、市地税局、中关村管委会联合转发《财政部、国家税务总局关于中关村国家自主创新示范区有限合伙制创业投资企业法人合伙人企业所得税试点政策的通知》（京财税〔2013〕2295号），并对有限合伙制创业投资企业的法人合伙人概念、备案要求等进行补充，自2013年1月1日—2015年12月31日执行。

11月12日 北京市财政局、市国税局、市地税局、中关村管委会、市科委、市商委联合转发《财政部、国家税务总局关于中关村国家自主创新示范区技术转让企业所得税试点政策的通知》（京财税〔2013〕2315号），并对备案要求等进行补充，自2013年1月1日—2015年12月31日执行。

11月13日 北京市地方税务局党组书记刘江平主持召开党组会议，传达学习了刘云山同志在中央党校2013年秋季学期开学典礼上的讲话精神，听取了关于2013年全系统党建思想政治工作会暨税务所长会议分组讨论情况的汇报以及关于2013年接收安置军转干部情况的汇报，同意撤销第二直属分局党组成立直属税务分局党组，研究督察内审处处级干部任职、江聚祥、高学江职务任免以及昌平区地税局申请成立未来科技城税务所等事项，研究同意中国人寿保险（集团）公司财务部干部黄兴富到市地税局挂职。会议还传达了市委组织部关于统计领导干部在企业兼职情况有关文件要求。

11月13日 经过笔试、专业能力测试、体检和政审等环节，北京市地方税务局最终接收安置58名军转干部。

11月13日 北京市地方税务局印发《北京市地方税务局关于进一步加强纳税服务投诉管理的意见》（京地税纳〔2013〕165号）。

11月13日 北京市财政局、市地税局、市住房城乡建设委和市国土局联合印发《北京市财政局、北京市地方税务局、北京市住房和城乡建设委员会、北京市国土资源局关于开展2013年北京市经营性房地产模拟评税工作的通知》（京财税〔2013〕2261号）。

11月14日 北京市地方税务局与市文资办联合举办文化企业税收政策培训会，市局副局长吕兴渭和市文资办副主任刘绍坚出席会议并讲话，《京华时报》《光明日报》等媒体对此进行了宣传报道。

11 月 14 日 北京市地方税务局完成外网及 12366 发票信息查询升级改造工作。

11 月 15 日 北京市地方税务局召开市局领导班子专题民主生活会，市委第十二督导组、国家税务总局第四督导组、市纪委、市委组织部相关领导出席会议。

11 月 18 日 北京市地方税务局印发《北京市地方税务局关于调整部分外资银行管辖税务机关的公告》（北京市地方税务局公告 2013 年第 11 号）。

11 月 20 日 北京市财政局、市地方税务局联合转发《财政部、国家税务总局关于职业教育等营业税若干政策问题的通知》（京财税〔2013〕2471 号）。

11 月 20 日 北京市地方税务局举办系统第一届“和谐杯”羽毛球赛，市局副局长朱元广、纪检组长吴鼎出席并开球。

11 月 20 日 北京市地方税务局召开工会经费税务代收信息系统操作培训会。

11 月 21 日 北京市地方税务局印发《北京市地方税务局关于发布〈北京市地方税务局税收票证管理办法〉的公告》（北京市地方税务局公告 2013 年第 12 号）。

11 月 21 日 北京市财政局、市地方税务局、中关村管委会联合转发《财政部、国家税务总局关于中关村国家自主创新示范区企业转增股本个人所得税试点政策的通知》（京财税〔2013〕2298 号），明确了中关村国家自主创新示范区企业转增股本个人所得税试点工作管理办法，对示范区内中小高新技术企业在 2013 年 1 月 1 日—2015 年 12 月 31 日期间，以未分配利润、盈余公积、资本公积向个人股东转增股本时，个人股东一次缴纳个人所得税确有困难的，可向主管税务机关申请分期缴纳税款。

11 月 22 日 北京市地方税务局党组书记刘江平主持召开党组会议，组织学习了党的十八届三中全会精神和北京市宣传思想工作会议精神，审议通过了《市地税局领导班子专题民主生活会情况通报》《中共北京市地方税务局党组关于开展 2013 年全系统党风廉政建设责任制专项检查的通知》《北京市地方税务局成立二十周年活动方案》，研究了如何处理税务档案扫描系统历史遗留问题，听取了关于廉政教育基地筹建工作阶段性情况的汇报，研究同意部分单位处级领导干部选配、从北京地税局机关向市纪委划转了 3 个行政编制等事项。

11 月 25 日 北京市地方税务局局长杨志强主持召开局长办公会议，审议并原则通过了《税务档案管理办法（修订版）》，研究讨论了调整北京市建筑业营业税纳税地点、“国五条”政策施行后住房装修费用扣除政策的有关问题和建议，以及关于向市政府报送免征部分摩托车车船税工作情况等事项。

11 月 25 日 北京市地方税务局印发《北京市地方税务局办税服务厅（场所）服务行为规范》（京地税纳〔2013〕177 号）。

11 月 26 日 北京市地方税务局组织开展 2013 年全系统党风廉政建设责任制专项检查。

11 月 27 日 北京市地方税务局完成了企业基础数据交换系统开发工作，实现了与市国税局、市工商局、市质监局部分相关信息的共享。

11 月 27 日 北京市地方税务局印发《北京市地方税务局关于委托北京市建设工程专业劳务发包承包交易中心和北京市建设工程发包承包交易中心代征印花税有关事项的公告》（北京市地方税务局公告 2013 年第 13 号），自 2014 年 1 月

1日起施行。

11月28日 北京市地方税务局召开领导班子专题民主生活会情况通报会，市局局长杨志强主持会议，党组书记刘江平作北京地税局领导班子专题民主生活会情况通报报告，市局领导班子成员、市委第十二督导组联络员王佳林出席会议。

11月29日 北京市检察院党组副书记、副检察长卢希，反贪局局长朱小芹一行到北京市地方税务局指导调研信息化和纪检监察工作，市局局长杨志强、党组书记刘江平、副局长朱元广、纪检组长吴鼎及科技信息部门、监察处有关人员参加座谈。

11月30日 北京市委常委、常务副市长李士祥到北京市地方税务局调研，重点了解当前地方税收工作在贯彻落实十八届三中全会精神和组织收入、征收管理、政策执行、队伍建设等方面的情况。李士祥常务副市长对地税工作提出四点要求：一是依法征税。要教育干部增强法制观念、增强政治敏锐力，要爱岗敬业，要有自律意识。二是精细规范。要突出业务工作的精细化，在精细的基础上，逐步推动各项工作规范运行。三是加强调研。地税部门要重点做好税制改革和税源管理的分析研究，北京税源的培育、涵养潜力很大，要认真加以研究，提出合理化建议。四是主动服务。一方面是主动为企业、为纳税人服务，另一方面要主动为政府决策服务，希望地税部门多出研究成果，为首都经济发展建言献策。市政府副秘书长徐熙、政府研究室副主任李春荣参加调研。

11月30日 北京市地方税务局党组书记刘江平主持召开党组会议，审议并原则通过了《北京市地税局领导班子民主生活会专题报告》，研究了贯彻落实北京市委常委、常务副市长李士祥在北京地税调研时的指示要求。

11月30日 北京市地方税务局组织机关业务处室178人进行专业知识考试；同日下午，组织各区县局、分局业务科室、税务所600人参加《小企业会计准则》验收考试，市局党组书记刘江平、副局长朱元广、纪检组长吴鼎到考点巡考。

12月

12月1日 工会经费税务代收系统升级完善19项功能，并修订了操作手册，正式上线运行。

12月1日 北京市地方税务局印发《北京市地方税务局关于发布〈北京市地方税务局印花税核定征收管理办法〉的公告》（北京市地方税务局公告2013年第14号），自2014年1月1日起执行。

12月2日 北京市地方税务局印发《北京市地方税务局关于发布〈北京市地方税务局印花税核定征收管理办法〉的公告》（北京市地方税务局公告2013年第14号）。

12月5日 国家税务总局副局长丘小雄到北京市朝阳区地方税务局调研，税务总局财产和行为税司副司长杨遂周，北京市地方税务局党组书记刘江平、巡视员王京华一同调研。

12月6日 北京市地方税务局党组书记刘江平到党的群众路线教育实践活动基层联系点朝阳区地税局参加专题民主生活会。

12月7日 北京市地方税务局组织全系统稽查岗位人员业务知识考试。

12月10日 北京市地方税务局党组书记刘江平主持召开党组会议，组织学习了《党政机关厉行节约反对浪费条例》《党政机关国内公务接待管理规定》文件精神，听取了关于市委第十二督导组第三次工作推进会议精神的汇报，审议并通过了《关于做好党的群众路线教育实践活动整改落实、建章立制环节工作安排的通知》，同意追加《北京地税年鉴（2009—2012）》预算，研究了处级领导干部考察对象任职、对部分单位主要负责人进行调整等事项。

12月10日 北京市地方税务局党的群众路线教育实践活动领导小组印发《关于做好党的群众路线教育实践活动整改落实、建章立制环节工作安排的通知》（京地税群组发〔2013〕13号）。

12月10日 北京市地方税务局在《北京日报》对累计欠缴地方税收800万元以上的企业或单位、累计欠缴地方税收40万元以上的个体工商户，以及2009年12月后走逃、失踪或其他经税务机关查无下落的欠缴税款的55户纳税人再次实施公告，得到新闻媒体和公众的关注。

12月14日 北京市地方税务局印发《北京市地方税务局关于个人转让住房个人所得税有关问题的公告》（北京市地方税务局公告2013年第15号），规定自2014年1月1日起，对纳税人无法提供合法、有效住房装修费用凭证的，主管税务机关可在此次住房成交价格的10%范围内核定住房装修费用。

12月17日 北京市地方税务局党组书记刘江平主持召开党组会议，审议并通过了《北京市地税局领导班子"回头看"情况自查报告》，研究决定启动2013年度考核奖励工作和开展2013年度处级领导班子、领导干部考核测评和干部选拔任用"一报告两评议"工作。

12月17日 北京市地方税务局印发《北京市地方税务局关于个人转让住房个人所得税有关问题的公告》（北京市地方税务局公告2013年第15号）。

12月18日—19日 北京市地方税务局召开企业所得税汇算清缴工作会，市局巡视员王京华出席并讲话。

12月19日 北京市地方税务局举办2013年地税大讲堂——金融业相关知识专题讲座，特邀中国人民大学财政金融学院副院长、博士生导师庄毓敏教授讲课。

12月19日 北京市地方税务局组织召开个人所得税政策培训会。

12月19日 北京市地方税务局印发《北京市地方税务局关于深化税务稽查体制机制改革的意见》（京地税稽〔2013〕189号），标志着税务稽查体制机制改革正式启动。

12月20日 北京市地方税务局印发《北京市地方税务局关于调整我市建筑业营业税纳税地点的公告》（北京市地方税务局公告2013年第16号），规定自2014年1月1日起，北京市固定业户纳税人签订建筑安装工程合同的，营业税纳税地点为建筑安装劳务发生地。

12月20日 北京市地方税务局印发《北京市地方税务局关于取消有奖发票的公告》（2013年第17号），规定自2014年起取消有奖发票。

12月20日 北京市地方税务局召开北京市地税局稽查体制机制改革工作会议暨第三稽查局、第四稽查局成立揭牌仪式。国家税务总局稽查局局长马毅民，北京地税局全体局领导、各处室处长、各区县局、分局局长参加会议，市局局长杨志强做重要讲话。

12月20日 北京市地方税务局党组书记刘江平主持召开党组会议，审议通过了《北京市地方税务局领导班子党的群众路线教育实践活动整改方案》，研究了2013年度"以奖代补"资金分配方案以及2013年部门预算结余调整等事项。

12月20日 北京市法制办主任刘振刚、副主任李富莹、法制一处处长潘嘉到北京市地方税务局调研座谈，市局局长杨志强和副局长卜祥来参加调研。

12月20日 印发《北京市地方税务局关于取消有奖发票的公告》（北京市地方税务局公告2013年第17号），自2014年起取消有奖发票。

12月20日 召开领导班子党的群众路线教育实践活动“回头看”专题交流会，北京市地方税务局党组书记刘江平作《北京市地方税务局领导班子“回头看”自查报告》。市委第十二督导组副组长周秀惠、联络员王佳林到会指导。

12月21日 北京市地方税务局局长杨志强带队到房山区政府就中国石油化工有限公司北京燕山分公司提前入库6.62亿元城市维护建设税的问题，专题研究退税相关事项。

12月23日 转发《国家税务总局关于做好铁路运输和邮政服务业营业税改征增值税试点工作的通知》（京地税营〔2013〕195号），规定自2014年1月1日起，将铁路运输和邮政服务业纳入“营改增”试点。

12月24日 北京市地方税务局局长杨志强、副巡视员杨文俊到市财政局就组织收入等工作进行座谈，市财政局局长李颖津、副局长韩杰出席。会议就建立收入计划会商机制、税源户异地纳税问题、印花税征收管理、外资银行属地调整后税收变化情况、“三代”手续费支付问题等事项及有关工作建议逐一进行了深入沟通。

12月24日 北京市地方税务局局长杨志强主持召开局长办公会议，听取了2013年收入完成情况及2014年收入计划初步安排的汇报，审议通过了重点税源监控、减免税调查、税收调查简并简化工作方案，研究讨论了2014年税务检查工作计划、开展无税申报核实清理工作情况、精简整合区县局、分局定期上报报表材料工作情况等事项。

12月24日 北京市地方税务局印发《北京市地方税务局关于2013年度年终结账、对账和报表编报有关事项的通知》（京地税收〔2013〕191号）。

12月24日 北京市地方税务局印发《北京市地方税务局关于修订〈北京市地方税务局滞纳金管理办法（试行）〉的通知》（京地税法〔2013〕193号）。

12月24日 北京市地方税务局个人存量房交易系统开通试运行。

12月24日 北京市地方税务局召开党的群众路线教育实践活动整改落实、建章立制工作视频会议，市局纪检组长吴鼎主持会议，并传达市委第十二督导组第三次工作推进会精神，党组书记刘江平作重要讲话。

12月27日 北京市政府下发《北京市人民政府关于对本市部分摩托车暂免征收车船税的通知》（京政发〔2013〕42号），对本市排气量1000毫升以下（含本数）的摩托车，暂免征收车船税，免征期限为2014年1月1日—2018年12月31日；对本市排气量1000毫升以上的摩托车，继续按照《北京市人民政府关于印发北京市实施〈中华人民共和国车船税法〉办法的通知》（京政发〔2011〕77号）的有关规定执行。

12月30日 北京市地方税务局局长杨志强主持召开研究税收风险管理工作专题会议，听取了纳税评估处关于税收风险管理体系建设工作方案的汇报。

12月30日 北京市地方税务局金税三期工程第一阶段网络改造项目顺利完成。

12月31日 国家税务总局局长王军，副局长解学智、丘小雄到北京市调研“营改增”工作开展情况并慰问税务干部，北京市委常委、常务副市长李士祥陪同。

12月31日 北京市地方税务局印发《北京

市地方税务局关于公布税收规范性文件保留目录和修改目录的公告》（北京市地方税务局公告2013年第18号）。

12月31日 北京市地方税务局印发《北京市地方税务局关于公布税收规范性文件废止目录的公告》（北京市地方税务局公告2013年第19号）。

12月31日 北京市地方税务局、市国土资源局联合印发《北京市地方税务局、北京市国土资源局关于加强耕地占用税管理工作的公告》（北京市地方税务局公告2013年第20号），自2014年1月1日起施行。

截至12月31日 2013年北京市地方税务系统各项税费收入突破3000亿元，达到3100.3亿元，同比增收203.5亿元，增长7%。其中，完成地方公共财政预算收入2318.7亿元，同比增收100.9亿元，增长4.5%，提前21天完成市政府下达的收入任务，超收105.2亿元，占全市公共财政预算收入比重达到63.4%；完成税收收入2895.3亿元，同比增收192.2亿元，增长7.1%，比任务超收81.1亿元。

截至12月31日 2013年北京市股权转让所得共征收税款19.3亿元，同比增收10.3亿元，增长1.2倍。

截至12月31日 2013年北京市根据纳税人到税务机关申请，为纳税人开具个人所得税完税证明62万份，比上年同期增加14万份，增长29.2%。

截至12月31日 2013年北京市共征收个人所得税834.5亿元，同比增收131亿元，增长18.6%；占全市地税系统各项税费收入3100.67亿元的26.9%，在各税种收入中位列第二；占全国总收入的12.9%，增幅高于全国平均水平5.7个百分点。

截至12月31日 2013年北京市共对7.5万户次纳税人实施了纳税评估，同比增长1%；发现有问题户3万户，有问题率为40.9%；入库税款、滞纳金、罚款共计15亿元，同比增长20.5%。

截至12月31日 2013年北京地税官网税收法规库新增入库文件87件，标识全文失效或废止文件23件、部分失效废止文件55件。

截至12月31日 2013年北京市地税系统全年共归档83658卷（包），形成数字化副本档案9097021页（即扫描影像图片）。档案馆馆藏量为300万卷，共有15个库房，库房面积为5500平方米，使用率为61%。

截至12月31日 2013年通过信、访、电、网等不同渠道，北京市地方税务局共收到各类信访件100件（次）；谈话提醒27人次，诫勉谈话4人；立案1件。协助中纪委、市纪委和国家税务总局监察局等单位协查案件13件。

截至12月31日 2013年北京地方税务系统6747人参加在线学习，在线学习完成率达到100%。

截至12月31日 2013年北京市地方税务局全年在《中国税务报》和《北京日报》刊登各类新闻报道141篇，在各类媒体发表稿件848篇。

截至12月31日 2013年《北京地税》杂志共出刊6期，征稿、约稿、编辑稿件1000余篇、400余万字，刊登稿件200余篇、60余万字，刊登图片新闻、书法绘画作品等200余篇（幅）。